哈尔滨工程大学
人文社科文库
HARBIN ENGINEERING UNIVERSITY LIBRARY OF
HUMANITIES AND SOCIAL SCIENCES

哈尔滨工程大学出版社
Harbin Engineering University Press

国家社会科学基金项目"近年来中东欧非自由主义的兴起及演变研究"[项目编号:19BKS014]

特邀总策划　衣俊卿

主　编　郑　莉　张笑夷

哈尔滨工程大学
人文社科文库
HARBIN ENGINEERING UNIVERSITY LIBRARY OF
HUMANITIES AND SOCIAL SCIENCES

东欧新马克思主义伦理思想研究丛书

个性伦理学

An Ethics of Personality

［匈］阿格妮丝·赫勒
Agnes Heller　著

赵司空　译

哈尔滨工程大学出版社
Harbin Engineering University Press

黑版贸登字 08-2022-052 号

图书在版编目(CIP)数据

个性伦理学／(匈)阿格妮丝·赫勒著；赵司空译
. — 哈尔滨：哈尔滨工程大学出版社，2022.12
(东欧新马克思主义伦理思想研究丛书)
ISBN 978-7-5661-2839-3

Ⅰ. ①个… Ⅱ. ①阿… ②赵… Ⅲ. ①西方马克思主义–伦理学–研究 Ⅳ. ①B82

中国版本图书馆 CIP 数据核字(2020)第 223330 号

选题策划	邹德萍
责任编辑	王丽华
封面设计	李海波

出版发行	哈尔滨工程大学出版社
社　　址	哈尔滨市南岗区南通大街 145 号
邮政编码	150001
发行电话	0451-82519328
传　　真	0451-82519699
经　　销	新华书店
印　　刷	哈尔滨市石桥印务有限公司
开　　本	787 mm×960 mm　1/16
印　　张	27
字　　数	438 千字
版　　次	2022 年 12 月第 1 版
印　　次	2022 年 12 月第 1 次印刷
定　　价	138.00 元

http://www.hrbeupress.com
E-mail:heupress@ hrbeu.edu.cn

作为马克思学说重要维度的伦理思想

衣俊卿

马克思主义与伦理学的关系问题，也即马克思主义伦理学的合法性问题或者马克思主义伦理学是否可能的问题，在 20 世纪的马克思主义演进中成为始终没有中断的重大理论课题和争议话题。这一问题如此重要，以至于有的学者把它视作建构马克思主义伦理学的"初始问题"①。第二国际理论家、苏联马克思主义理论家、西方马克思主义理论家、各种新马克思主义理论家，以及政治哲学领域和伦理学领域的许多理论家，都对马克思主义与伦理学的关系问题产生了浓厚的兴趣，他们不仅着眼于伦理学的发展，而且从更加全面、更加深刻地理解马克思学说和马克思主义理论的视角展开关于这一问题的探讨与争论。

不同时期的马克思主义理论家关于马克思主义与伦理学关系的争论，与各个时期的革命实践或社会实践对理论的需求毫无疑问地有着密切的关联。与此同时，这一争论也有着深刻的理论渊源和理论背景，并且与人们对马克思主义，特别是历史唯物主义的理解有着密切的关系。众所周知，亚里士多德曾经对理论知识、实践知识和创制知识进行了划分。对于这一基本的划分本身，人们并没有太多的质疑。但是，这一划分带来了后人对于伦理学的学科定位问题的不同理解。按照亚里士多德的知识分类或理性分类，第一哲学或形而上学属于理论知识系列，而伦

---

① 参见李义天：《道德之争与语境主义——马克思主义伦理学的初始问题与凯·尼尔森的回答》，载《马克思主义与现实》2014 年第 2 期；李义天：《再论马克思主义伦理学的初始问题》，载《道德与文明》2022 年第 5 期。

理学属于实践知识系列，二者不是同一个系列。从这样的区分入手，后来的不同研究者对伦理学的学科定位就有很大的分歧，其中一种观点就认为，伦理学属于经验学科，因而与第一哲学或形而上学没有关系，在这种意义上伦理学甚至不属于哲学；而另一种观点则认为，哲学本身就包含着理论知识和实践知识的维度，其中形而上学代表着理论哲学，而伦理学或道德哲学属于实践哲学。例如，文德尔班（Windelband）在其著名的《哲学史教程》中就认为，"哲学"一词的理论意义主要指向理性逻辑、真理和知识体系，主要表现为形而上学和认识论，但是他强调，这并不是"哲学"一词唯一的理论意义。实际上，从古希腊起，哲学还有另外一种含义，即实践意义，后者主要指向关于人的天职和使命问题，关于正当的生活行为的教导等问题，主要表现为伦理学或道德哲学、社会哲学、美学、宗教哲学等。① 不仅如此，除了上述两种不同的见解外，还有更为极端的解释，例如，伊曼努尔·列维纳斯（Emmanuel Levinas）不仅肯定伦理学属于哲学，而且强调"伦理学是第一哲学"。

从这样的理论传统和理论背景来审视，我们可以发现，马克思主义演进过程中关于马克思主义和伦理学关系的争论实际上都与对哲学的本性和伦理学的学科定位的理解密切相关。特别是 20 世纪上半叶关于马克思主义和伦理学关系的争论在深层次上都与人们对马克思主义哲学，特别是历史唯物主义的基本理解密切相关。关于这一问题的最早争论是20 世纪初以爱德华·伯恩施坦（Eduard Bernstein）和卡尔·考茨基（Karl Kautsky）为代表的第二国际理论家关于"马克思主义是否缺少伦理学"问题的争论。在某种意义上，大多数第二国际理论家把马克思、恩格斯的唯物史观理解为以一整套科学原则表达的经济决定论。在这种理解的基础上，伯恩施坦主张"回到康德"，用伊曼努尔·康德（Immanuel Kant）的道德哲学补充马克思主义本身所缺少的伦理学内涵，因为在他看来，人类行为是由道德理想和道德力量促进的，社会主义不是一种科学，而是人类的理想价值追求，所以他主张"伦理社会主义"。考茨基则强调社会发展规律的必然性，坚持科学社会主义，主张社会主

---

① 参见文德尔班：《哲学史教程》上卷，罗达仁译，商务印书馆 1987 年版，第 31—32 页。

义的实现是社会客观规律作用的结果。考茨基虽然对伦理道德的作用也进行了阐述，但是他坚持唯物史观的科学性质与伦理观念对于经济发展规律及阶级关系的依赖和从属地位。20 世纪二三十年代，以格奥尔格·卢卡奇（Georg Lukács）、卡尔·科尔施（Karl Korsch）和安东尼奥·葛兰西（Antonio Gramsci）等为代表的西方马克思主义兴起，他们批判苏联正统马克思主义的实证主义和科学化倾向。他们认为，马克思主义不是科学，而是哲学，马克思的社会历史理论，即唯物主义历史观并不是一种经济决定论，马克思强调的不是经济必然性，而是把社会历史理解为以人的实践为基础的主客体相互作用的生成过程。正是在这种意义上，他们强调道德文化价值具有展现人的能动性、主体性和批判性的重要作用。

第二次世界大战之后，马克思主义内部关于马克思主义与伦理学的争论仍延续着。20 世纪四五十年代人道主义的马克思主义与科学主义的马克思主义之间的争论，在某种意义上是西方马克思主义和正统马克思主义之间争论的继续。这个时期关于马克思主义与伦理学关系的争论主要集中于关于马克思是否是一种人道主义的争论。科学主义的马克思主义依旧坚持马克思主义的科学性，以作为科学的"理论实践的理论"来摆脱一切意识形态特征。而人道主义的马克思主义则强调，马克思学说的核心是关于对人本身及人的实践活动的理解，是对人的自由和解放的不懈追求。因此，人道主义的马克思主义以马克思的异化理论和人道主义精神为基础，极大地彰显了马克思主义的伦理批判和文化批判思想。此外，关于马克思主义伦理学的争论还在不同的地区和国度中展开。例如，20 世纪 50 年代民主德国的理论界，围绕着"道德进步与社会进步的关系""道德评价标准"等问题，展开了一场"关于马克思主义伦理学的大讨论"；20 世纪 70 年代在英美马克思主义伦理学研究中，开展关于"马克思与正义"的争论，以及关于"马克思主义的道德论"和"马克思主义的非道德论"等问题的广泛争论。在中国学术界，马克思主义伦理学学科已经得到承认和确立，并且出版了一些奠基性的成果，如罗国杰的《马克思主义伦理学》（1982）、宋惠昌的《马克思恩格斯的伦理学》（1986）、章海山的《马克思主义伦理思想发展的历程》（1991）等。但是，即便在这种背景下，关于马克思主义与伦理学的关系问题、关于马克思主义伦理学的知识合法性问题依旧是学术界讨论的热点话题，学者们广泛探讨马克思主义伦理学的初始问题和前置问题；马克思主义的伦理学或者道德哲学"何以可能"的问题；马克思主义与伦理学之间各种可能的关系，如"相互排斥""相互补充"或"相互包含"的关系；本体论和伦理学的关系问题；等等。①

从上述简要概括中不难看出，尽管前后经历了一个多世纪大大小小的各种理论讨论和争论，马克思主义与伦理学的关系问题依旧是一个开放的、悬而未决的问题，也将继续成为今后马克思主义理论研究的重要课题之一。应当指出，虽然国内外学术界没有就马克思主义和伦理学的关系问题达成某种共识或一致的结论，但这并非消极的事情，这种状况恰好从一个方面折射了理论发展与思想创新的开放性、反思性和创造性的本质特征。不仅如此，这些并没有定论的理论争论极大地拓宽与加深了人们对于马克思主义和伦理学关系的理解，而且也从一个独特的视角丰富了人们对于伦理学理论和马克思主义理论的理解。因此，我们应当非常珍视，并善于挖掘与总结一个多世纪以来国内外学术界关于马克思主义和伦理学关系的理论争论所形成的丰富的理论资源。必须看到，这方面还有许多研究工作需要加强。其中特别需要指出的是，迄今为止，学术界关于东欧新马克思主义理论家的独特的伦理批判思想的研究还十分薄弱，缺少系统的和全面的研究。鉴于东欧新马克思主义是 20 世纪各种新马克思主义流派中非常少有的既体验着全面的现代性危机，又亲历了社会主义实践和改革探索的，富有创造性的理论家共同体，挖掘他们关于马克思主义和伦理学关系的思想理论资源，就具有十分特殊的价值。

可以肯定地说，具有鲜明的人道主义特征的伦理批判思想是东欧新

---

① 参见李义天：《马克思主义伦理学的前置问题》，载《中国社会科学评价》2021 年第 4 期；王南湜：《马克思主义道德哲学何以可能？》，载《天津社会科学》2015 年第 1 期；林进平：《历史镜像中的马克思主义伦理学建构》，载《伦理学研究》2021 年第 1 期；等等。

马克思主义理论的重要组成部分。东欧新马克思主义理论家对于马克思学说的伦理思想内涵的高度重视，从理论上源自他们对马克思的实践哲学和异化理论的高度重视，而从实践上则源自他们对现代性的全面危机，特别是现代性与大屠杀的内在关联，以及社会主义实践的艰难曲折等重大现实问题的思考。还要特别指出的是，卢卡奇对马克思学说的独特理解对东欧新马克思主义理论家产生了最直接的影响和引领作用。卢卡奇不仅是西方马克思主义的创始人，也是东欧新马克思主义的奠基者。在东欧新马克思主义的主要理论阵营中，布达佩斯学派主要由卢卡奇的学生组成，而南斯拉夫实践派、波兰新马克思主义和捷克斯洛伐克新马克思主义理论家们也都深受卢卡奇的主客体统一的辩证法与人道主义的文化批判精神的影响。而从伦理思想的维度来看，卢卡奇也对东欧新马克思主义理论家产生了直接的影响。卢卡奇一生经历了前马克思主义的浪漫主义阶段、接受马克思主义后的革命理论阶段，以及晚年的文化批判和民主政治探索阶段。无论在哪个阶段，卢卡奇都高度重视伦理，他自己承认，正是出于对伦理的考量，他选择了马克思主义和共产主义。卢卡奇认为，无产阶级的阶级意识就是无产阶级的伦理学，它有助于无产阶级打破经济决定论和物化的统治，实现主客体的统一和理论与实践的统一。卢卡奇不仅探讨了革命伦理和阶级伦理问题，还专门探讨了作为个体伦理的"第二伦理"与作为政治伦理或社会伦理的"第一伦理"之间的张力和复杂关系。这些理论思考都对东欧新马克思主义的伦理思想产生了重要的影响。

东欧新马克思主义的理论中包含着丰富的伦理思想，几乎每一个流派都有致力于阐发马克思学说的人道主义伦理批判思想的代表人物。在这方面，最为突出的是布达佩斯学派的主要代表人物阿格妮丝·赫勒（Ágnes Heller）。作为卢卡奇的亲传弟子，赫勒非常重视伦理问题，从其早期的日常生活人道化理论，直到后期的历史理论、政治哲学研究等，都包含着丰富的伦理思想。在这方面，赫勒最为集中的研究成果是被称为"道德理论三部曲"的《一般伦理学》《道德哲学》《个性伦理学》。与青年卢卡奇主要关注政治伦理（或者阶级伦理）的定位有所不同，赫勒伦理思想的聚焦点是个体的道德选择，是身处现代性深重危机之中的现代个体如何通过自觉的道德选择成为好人，她由此提出了著名的个体伦理学思想。同时，她还研究了哲学领域、政治活动领域的道德准则和公民伦理等问题。在实践派哲学家中，米哈伊洛·马尔科维奇（Mihailo Marković）、米兰·坎格尔加（Milan Kangrga）、斯维多扎尔·斯托扬诺维奇（Svetozar Stojanović）对于马克思主义的人道主义伦理批判思想做了比较多的阐发。他们专门挖掘马克思学说的伦理思想资源，依据马克思的实践哲学和异化理论来思考马克思主义伦理学的可能性问题；他们主张人道主义的伦理批判思想，特别是关于现代性文化危机的伦理批判思想；他们还对社会主义条件下的伦理问题进行了思考，他们认为，马克思的伦理思想强调现实变革，强调对资本主义社会及其道德的人道主义的批判和变革，并且把人设想成完全有道德义务去实现社会主义的人。波兰新马克思主义重要代表人物莱泽克·科拉科夫斯基（Leszak Kołakowski）和齐格蒙特·鲍曼（Zygmunt Bauman）从不同侧面阐述了深刻的伦理批判思想。科拉科夫斯基作为哲学家，是从现代性反思的角度来提出自己的伦理学思想的。在他看来，现代性危机表现为"禁忌的消失"，进而表现为人类道德纽带的消解。尽管在现代性危机的条件下通过恢复道德力量来推动现代文明的自我防卫、自我调整和自我治愈是很难的，但他仍没有放弃寄托于作为价值源泉的道德个体身上的希望。他认为，掌握着行动权的理性的道德个体应该对自己的行为担负起全部责任。鲍曼作为社会学家也是围绕着现代性危机来建构自己的伦理学的。鲍曼发表了《现代性与大屠杀》《后现代伦理学》《生活在碎片之中——论后现代道德》等多部具有重大影响的伦理学专著，深刻揭示了现代性逻辑作为普遍化的和抽象的理性机制对个体道德能力的限制及对社会文化的破坏。在此基础上，他试图发展一种道德现象学，致力于唤醒后现代个体的道德良知，挖掘每一个体的道德潜能，推动道德的重新个人化。捷克斯洛伐克新马克思主义理论家卡莱尔·科西克（Karel Kosík）在著名的《具体的辩证法——关于人与世界问题的研究》及《现代性的危机——来自1968时代的评论与观察》等著作中，依据马克思学说提出了"具体总体的辩证法"，对现代社会的异化和物化做了深刻的批判。他基于"革命性的实践"，将辩证法与道德联系起来，他认为，真正的辩证法是革命的、批判的、实践的、具体总体的辩证法，因此道德问题可以被转化为物化的操控与合乎人性的实践之间的关系问题。科西克由此恢复马克思主义辩证法的革命内核，将道德问题变成了一个基于人的实践活动的辩证法问题，因而在一定程度上恢复了道德的辩证维度或革命维度。

同 20 世纪其他马克思主义理论家与新马克思主义理论家关于马克思主义和伦理学关系问题的理解相比较，东欧新马克思主义伦理思想研究具有自己的独特性。从基本定位来看，东欧新马克思主义理论家的关注重点并非一般地探讨伦理学作为一门知识和一个学科与马克思主义理论的关系，也不是要建构一种关于人的正当行为规范体系的实证性的伦理学体系，而是要从马克思学说的本质规定性和内在理论逻辑来生发出马克思主义的独特的伦理思想维度，并且通过这种自觉的伦理维度反过来更加全面地理解马克思的学说，特别是马克思关于人的存在和社会发展的学说。因此，我们认为，东欧新马克思主义理论家致力于揭示和发展一种"作为马克思学说重要维度的伦理思想"。我们可以从马克思学说的理论逻辑、现实关切和价值追求等基本要点来理解这一理论定位。

首先，这种人道主义伦理思想以马克思的实践哲学思想为理论基础，它作为马克思主义理论的内在组成部分，可以有效地把亚里士多德所区分的理论哲学和实践哲学有机结合起来，而在马克思主义的语境中，则是有效地把以生产力和生产关系辩证运动所代表的客观必然性与人的实践所具有的主体性及创造性有机地结合起来，从而既避免陷入经济决定论的困境，也避免出现唯意志论的偏差。显而易见，这样理解的伦理思想维度不仅对于伦理学的发展具有重要的价值，而且对于我们更加全面地理解马克思的学说，也具有重要的意义。

其次，这种人道主义伦理思想以马克思的异化理论为重要理论依据，在新的历史条件下，具体说来，在现代性全面危机的背景下，行之有效地彰显了马克思学说的批判精神。东欧新马克思主义理论家对于当代社会的全方位的批判，无论是政治经济批判，还是文化批判，无论是非道德的批判，还是道德的批判，都极大地彰显了马克思学说的当代价值和生命力。在某种意义上，这样的伦理批判思想作为马克思主义的现实批判维度，可以成为有机地连接马克思学说和当代人类境况的重要纽带。

最后，这种人道主义伦理思想坚持马克思关于人的全面发展和自由人的联合体的思想，在新的历史条件下坚持和具体化了马克思学说的基本价值追求。正如很多东欧新马克思主义理论家所分析的那样，生活在普遍异化和物化之中的现代个体，缺少人类道德纽带的维系，处于道德冷漠和道德盲视的深刻文化危机之中。针对这种现实境遇，东欧新马克思主义理论家探讨如何唤醒每一个体的道德良知，使道德个体成为文化价值的载体；进而研究，在一个道德规范多样化和文化价值冲突的时代，如何使个体通过自觉的存在选择和道德选择，自觉地承载道德责任，自觉地选择成为好人。这样的理论分析和价值追求对于现代人反抗普遍的物化与异化，对于我们防止马克思关于人的全面发展和人的自由的设想在现代性危机的背景下沦为一种理论抽象与空想，显然具有重要的理论价值。

正是基于这样的考量，我们在这套"东欧新马克思主义伦理思想研究丛书"中，拟采取翻译与研究相结合、整体研究与个案研究相结合的思路，尽可能全面地展示东欧新马克思主义的伦理批判思想。我们将该丛书粗略地分为三个板块：首先是关于东欧新马克思主义伦理批判思想的整体展示和总体研究，主要有衣俊卿、张笑夷合著的《东欧新马克思主义伦理思想研究》和衣俊卿、马建青编译的《东欧新马克思主义伦理思想文选》；其次是对东欧新马克思主义伦理批判思想最具影响力的代表性著作的翻译，其中包括阿格妮丝·赫勒的"道德理论三部曲"《一般伦理学》《道德哲学》《个性伦理学》和齐格蒙特·鲍曼的《后现代伦理学》《消费世界的伦理学是否可能?》;① 最后是关于东欧新马克思主义伦理思想的个案研究成果，其中包括澳大利亚学者约翰·格里姆雷（John Grumley）著的《阿格妮丝·赫勒：历史旋涡中的道德主义者》、丹麦学者迈克尔·哈维德·雅各布森（Michael Harvey Jacobsen）主编的《超越鲍曼——批判性探索与创造性阐释》、郑莉和李天朗合著的《齐格蒙特·鲍曼伦理思想研究》、关斯玥著的《阿格妮丝·赫勒伦理思想研究》和王思楠著的《卢卡奇与布达佩斯学派政治伦理思想研究》。

我们希望以这些翻译和研究成果来奠定东欧新马克思主义伦理思想研究的基本文献基础与初步研究格局。这些只是初步的、起始性的工作成果，我们期望更多有才华的学者加入这一领域的研究，期待更加丰富的高水平成果不断涌现。

2022 年 11 月 11 日于北京

---

① 我们原计划在丛书中收入鲍曼的代表作《现代性与大屠杀》，但由于该书的中文版权目前已经被其他出版社获得而未果。读者可参阅该书已有的中译本——鲍曼：《现代性与大屠杀》，杨渝东、史建华译，译林出版社 2002 年版。

赫勒和《个性伦理学》：
值得研究的人与书

赵司空是由我从武汉带到上海来的，所以我总认为，她到了上海以后，事业上发展得如何、生活上过得好不好，我是承担着很大责任的。

2007年春末夏初，我受武汉大学何萍教授的邀请，去武汉参加她的几个博士生的毕业论文答辩，并担任答辩主席。在答辩过程中，我发现她有一个叫赵司空的博士研究生，个头不高，但温文尔雅，眉清目秀。她的论文研究的是卢卡奇。在这样一个场合，一般来说，对博士研究生我总是不会轻易"放过"的，总要提几个颇有难度的问题"镇"一下她。但赵司空在答辩中沉着冷静地回答了我的提问，既不慌乱，也不浮夸，这给我留下了很好的印象。

后来我从司空的导师何萍教授那里详细地了解了她。她是湖北钟祥人，农家子弟，荆州中学毕业后就考入武汉大学，从本科一直读到博士，对哲学有着浓厚的兴趣。何萍既是她的硕士生导师，又是她的博士生导师。司空博士毕业后，何萍有意让她换个环境继续深造，她自己也有此想法。于是她们联系了我，与我商谈到复旦大学做博士后的事情。鉴于之前对司空的了解，我非常乐意做她的博士后合作导师。就这样，在2007年8月，司空办理了进入复旦大学做博士后的各种手续，开始了她在复旦大学、在上海的学术和生活历程。

我作为她的博士后合作导师，首先要与她确定她的理论研究方向。她在博士阶段主要研究的是卢卡奇，特别是卢卡奇的文化哲学。她在博士后的研究肯定要在原有基础上加以扩展和深化。问题是，朝着哪一方向扩展和深化？一般来说，原先研究卢卡奇的，总转为研究整个西方马克思主义，从西方马克思主义的发展史中寻找与卢卡奇联系密切的某一新的流派或代表人物，作为自己研究的新的突破点。我与司空反复商议后，决定不沿着这一方向走。我们确定开拓一条与众不同的研究线索，这就是从研究卢卡奇到研究布达佩斯学派，从研究布达佩斯学派再到研究整个东欧新马克思主义。也就是说，司空来到上海后，她的注意力将不是放在西方马克思主义上，而是专注于东欧新马克思主义。

我认为，司空的研究方向从卢卡奇—西方马克思主义，转为卢卡奇—东欧新马克思主义，是十分明智的。就我本人来说，随着东欧剧变，越来越感觉到研究东欧新马克思主义的迫切性和重要性。尽管东欧剧变以后，东欧新马克思主义的一些流派的代表人物处境艰难，但他们并不像那些原先的"官方的""正统马克思主义"者那样一下子放弃了对马克思主义的信仰，从马克思主义的主要宣扬者变成了激烈的批判者，他们仍然坚持研究和宣传马克思主义。他们在东欧的共产党执政时期，对如何实施改革提出了一系列的理论观点，遭到了来自官方的严厉的批判甚至迫害，而一旦共产党失去政权以后，他们信奉马克思主义的立场没有改变，这与那些原先的"官方的""正统马克思主义"者形成了鲜明的对照。对于这些东欧新马克思主义者在共产党执政时期所提出的遭到批判的理论，对于他们在共产党失去政权以后何以还能坚守马克思主义，值得好好研究一番。我对司空转而研究东欧新马克思主义不仅全力支持，而且对她的研究前景抱有信心。

博士后出站之后，司空进入上海社会科学院哲学研究所工作。上海社会科学院哲学研究所为她提供了非常好的平台，让她能够安心地继续从事东欧新马克思主义研究。其间，她出版了一本研究赫勒的论著、两本赫勒的译著，并主持了与东欧新马克思主义相关的上海市社科课题一项和国家社科基金课题两项。由于在东欧新马克思主义领域的不懈耕耘，她获得了2014年度上海市社科新人奖，这个奖项既是对她多年从事东欧新马克思主义研究的肯定，也是鞭策。

这次，司空翻译的赫勒的《个性伦理学》一书再版，她约我为她的这一译作写一个序言。我对赫勒其人其书确实有话要说，尤其我对译者司空也有话要说，所以我同意了。

司空在"中译者序言"中对赫勒这个人简单地做了介绍。确实，赫勒尽管是卢卡奇的学生，但她与卢卡奇有着很大的区别。这主要表现在她有极强的个性。我记得前几年赫勒访问复旦大学，我们与她座谈。在座谈时她侃侃而谈，我忍不住打断她并向她讲了这么一句："我本以为您是一个'马列老太太'，但想不到您如此平易近人、豪放不羁。"她听后放声大笑。我们问她究竟是否还相信马克思主义，她竟然这样回答我们："马克思把一切都归结为经济，我是无论如何不能接受的。"这是她明确地对马克思主义的唯物史观的否定。我当时就想对她说，她不认可马克思的第一个伟大发现，当然已没有"底气"称为马克思主义者了。

但不管怎样，在我看来，她的《个性伦理学》还是具有一定学术价值的，司空将它翻译成中文推荐给中国学者是值得的。赫勒亲自对司空说："这是一本最贴近我的书。"

司空在"中译者序言"中已较为详细地介绍了该书的主要特征和内容，我在这里再"啰唆"几句。

我认为，要把握赫勒此书的理论观点，关键是首先要了解《个性伦理学》实际上是赫勒计划写的《道德理论》的一部分，也就是第三卷。第一卷是《一般伦理学》，第二卷是《道德哲学》，第三卷原计划命名为《恰当行为的理论》。在写作第三卷之前，赫勒对第三卷的体裁进行了反思，认为必须采取全新的交流方式，以体现单个个人的"好的生活"。

其次，我认为要读懂这一本书，必须不能纠缠于个别的章节，特别是个别的段落，应当在头脑里对此书有一个总体的了解。也就是说，要知道《个性伦理学》由三部分组成，第一部分"尼采与《帕西法尔》"由五个讲座组成，第二部分"维拉，个性伦理学或许是可能的吗？"由三篇对话组成，第三部分"关于道德审美的信件：论美的和崇高的人物，论幸福和爱"是由祖孙间的通信组成。这三部分是具有关联性的，既体现了赫勒的观点——不能抛弃道德拐杖，也捍卫了她的思想——应该让每个人讲话。

在第一部分第一讲中，赫勒解释了为什么选择尼采作为讨论个性伦理学的开端。她说，因为尼采是最合适的 19 世纪的激进哲学家。个性伦理学对尼采而言是个人的，当尼采讨论个性伦理学时，他也是在讨论他自己。每种个性伦理学都是一种独特个性的伦理学，这一点正是赫勒所强调的。她同时强调的还有，根据个性伦理学来生活就等同于完成了某人的工作，成其为所是。尼采正是这方面的合适代表，因为尼采使其哲学个性化了。尽管尼采自称为非道德论者，但正是这个非道德论者的尼采致力于个性伦理学。

在第二讲中，赫勒讨论了尼采越来越痴迷于瓦格纳这个问题的重要性。她指出，青年尼采喜欢瓦格纳但并不痴迷于他。但当《权力意志》写作受阻时，他对瓦格纳的痴迷开始发展。赫勒进一步指出，尼采与瓦格纳的决裂才具有公共重要性；通过与瓦格纳决裂，尼采回到了他自己。在赫勒看来，与瓦格纳的决裂，是尼采做真实的自己必须踏出的一步；而做真实的自己是个性伦理学的第一个，甚至是唯一一个准则。尼采与瓦格纳决裂的关键是《帕西法尔》，不是因为《帕西法尔》是宗教的或虚无主义的和颓废的，而是因为它不是悲观主义的。赫勒进一步引用尼采自己的话来说，因为《帕西法尔》中的英雄战胜了颓废；对尼采来说更糟糕的是，在《帕西法尔》中伦理上高人一等的英雄不是帕西法尔自己，而是"好人"古尔内曼茨，在其中找不到颓废或悲观主义的踪迹。但是在尼采看来，"好人"是伦理学的丑闻。

在第三讲中，赫勒主要阐释了谁是帕西法尔。赫勒强调了决定帕西法尔命运的两个时刻：一个时刻是帕西法尔揭开圣杯时，通过揭开圣杯，他揭开了真理；另一个时刻是揭开圣杯的帕西法尔跪在圣杯前，通过在"更高的"东西面前保持谦卑而达到了自己的命运。在尼采看来，帕西法尔因为在更高的真理面前保持谦卑而违背了自己的英雄的本能。这是尼采所不能容忍的。

在第四讲中，赫勒从《帕西法尔》的角度解读《论道德的谱系》（将之作为《反帕西法尔》）。其中涉及了"善与恶""好与坏"；"负罪感""良心谴责"；禁欲主义等主题。

在第五讲中，赫勒回到了尼采语境中"人的意义"这一主题：人迄今为止还没有意义，但明天可能就会有。赫勒指出，尼采没有返回真理的形而上学概念，而是坚持将历史的真理归于个人主体，坚持个人视角主义。但是尼采摇摆于形式的个性伦理学和实质的个性伦理学之间，并由此导致在激进的反历史决定论和激进的历史决定论之间摇摆，并且后者占据优势。赫勒认为，尼采想要解决形式的个性伦理学和实在的个性伦理学之间的紧张，要么引入"超人"来突破历史决定论，这样个人就消失了；要么通过引入额外的形式标准来多元决定纯形式的个性伦理学概念，但赫勒是反对纯形式的个性伦理学概念的，因为纯形式的个性伦理学概念可能掩盖实质性的恶。

通过以上五讲内容，赫勒论证了将尼采（和《帕西法尔》的结合）作为其个性伦理学例子的合法性。

第二部分是维拉和另外两位哲学系学生之间的对话。他们三位在不同程度上代表着尼采、康德和克尔恺郭尔。通过对话的形式，赫勒将这三位哲学家的思想设置为理解个性伦理学的三个重要视角。

第三部分是祖孙二人之间的通信，这些通信让读者有机会在更加个性化和具体化的语境中参与到对个性伦理学的理解和体悟中。

从体裁上看，赫勒的《个性伦理学》的确不同于很多伦理学著作，不论是对话的形式还是通信的形式，都不是集中于某一个主题而展开系统论述。因此从形式上看，这本著作的表述显得不是那么精练和简洁，但是从内容上看，这本著作也最少地包含了"强制"或"宣讲"的成分。相反，这本著作是充分敞开的，是每位读者都可以自由加入的。在这本著作中没有权威，没有命令式的"应该"，但是却有"拐杖"，有对每个人命运的沉思。用现在流行的话语说，阅读这本著作要用一种"沉浸式的阅读"方式。这本著作与我们每个人的生命、生活都可以相关联。

赫勒的《个性伦理学》具有很深刻的东欧背景，这与东欧新马克思主义者那一代知识分子的个人遭遇、时代之思有关。伦理问题是东欧新马克思主义的重要论题，它和实践、人道主义等命题共同构成东欧新马克思主义的学术主题。然而，在东欧剧变已经过去30多年的今天来重新思考赫勒对伦理问题的研究，我们也能看到其中的时代局限，以及赫勒从马克思主义走向后马克思主义之后的"软弱"，尤其是在面对更加"坚硬"的资本主义结构困境时显出的无力感。

不论是从积极层面上看，还是从时代局限上看，我都认为《个性伦理学》是一本值得阅读的重要著作。我建议读者在通晓本书的基本结构后，再进入赫勒的一字一句的论述之中。另外，赫勒著述颇丰，她的思想也有过变化，从批判的马克思主义转向了后马克思主义，所以要全面理解《个性伦理学》的思想及其在赫勒思想中的地位，还应该阅读赫勒其他的著作。如果要想理解赫勒的思想在整个东欧新马克思主义传统中的地位，还应该阅读东欧新马克思主义的其他著作。很多著作已经有了中译本。同时，读者可以在与西方马克思主义的比较中来阅读赫勒的《个性伦理学》及更广义的东欧新马克思主义著作。

我的以上建议不一定正确，仅供参考。

是为序！

陈学明

2022 年 8 月 7 日

与赫勒一起走近现代人的
命运与责任

2012 年 4 月，我在布达佩斯的米棱纳瑞什公园（Millenáris Park）对阿格妮丝·赫勒教授进行了访谈。在谈话中，我提到正在翻译她的《个性伦理学》，她说："这是一本最贴近我的书。"我能理解她所说的"最贴近"的含义：在《个性伦理学》的阅读与翻译中，我能感受到赫勒在写作时的自由呼吸，那是一种没有受到束缚的写作，不论是在内容上，还是在形式上。

从内容上看，"个性"（personality）的表达一直以来都是赫勒的诉求，这在赫勒的导师——卢卡奇的晚年思想中已经初见端倪。在《关于社会存在的本体论》中，个性与社会性的关系已经成为卢卡奇关注的重点之一，但在关于个性表达的过程中，仍然存在着为《历史与阶级意识》进行辩解的痕迹。对历史唯物主义的刻意靠近，使个性的表达游走在"唯心"与"唯物"之间，这阻碍了卢卡奇畅快淋漓地表达真实的内心世界。赫勒则不同，不论是对需要的专政的批判，还是对激进哲学的彰显，以及对激进普遍主义、历史主义的质疑，都是她表达其个性的努力和尝试，而《个性伦理学》则用较为系统的方式集中表达了她对"个性"的理解。借助于伦理学这一平台，"个性"的诉求解除了形而上学的束缚，成为"心"的呼声。由此，我们也能体会到"最贴近"的含义。从形式上看，《个性伦理学》由三个部分组成，第一部分是以"尼采和《帕西法尔》"为主题的五篇演讲，第二部分是三个年轻人之间的对话，第三部分是祖母和孙女之间的通信。这三个部分具有一个共同的特征，即不是作者一个人"布道"，而是让大家都说话，这也是赫勒一贯强调的"我必须使他人讲话"[1]，使"每个人都有说话的机会"[2]。
《个性伦理学》的写作方式正是对赫勒所秉持的哲学与生活原则的实践，
因此对她而言是"最贴近"的。

在"最贴近"的背景下，让我们走进赫勒的《个性伦理学》。

一、写作《个性伦理学》的缘起

《个性伦理学》是赫勒的"道德理论"（*A Theory of Morals*）系列著
作中的一部。她的道德理论致力于回答"好人存在——他们何以可能?"
这个基本问题。她原计划将这一系列著作写成三个部分——一般伦理
学、道德哲学和行为理论，前两部分分别成书为《一般伦理学》
（*General Ethics*，1988）[3] 和《道德哲学》 （*A Philosophy of Morals*，
1990）[4]，第三部分原本要写成《恰当行为的理论》（*A Theory of Proper
Conduct*），但是后来赫勒发现传统哲学的体裁无法描写单个人的"好的
生活"，于是她寻找一种全新的交流方式，并且将之重新命名为《个性
伦理学》。

以上是赫勒写作《个性伦理学》的直接原因。那么，赫勒为什么会
转向道德理论，包括个性伦理学的研究? 这是一个更深刻的问题。只有
回答了这个问题，读者对《个性伦理学》的写作缘起才会有更深入的
了解。

我将赫勒的道德理论，包括个性伦理学看作解放的理论。纵观赫勒
思想的轨迹，解放是她随着年岁的增长，日益在其理论中凸显的主线，
尤其进入 20 世纪 80 年代中期之后，以道德伦理作为解放的契机，这一
线索日渐清晰。我们可以大致将赫勒的解放主题分为两个阶段，一个阶
段是 20 世纪 80 年代中期之前，解放主要在政治、社会批判的意义上进
行，例如《日常生活》（1970）、《马克思的需要理论》（1974）、《历史

---

① Agnes Heller, *An Ethics of Personality*, Oxford UK & Cambridge USA: Blackwell, 1996, p. 7.
② 赵司空：《后马克思主义与后现代的乌托邦——阿格妮丝·赫勒后期思想述评》，上海
社会科学院出版社 2013 年版，第 119 页。
③ Agnes Heller, *General Ethics*, Oxford: Basil Blackwell Ltd, 1988.
④ Agnes Heller, *A Philosophy of Morals*, Oxford: Basil Blackwell Ltd, 1990.

理论》（1982）、《对需要的专政》（与费赫尔、马尔库什合著，1983）、《激进哲学》（1984）、《东方左翼，西方左翼》（与费赫尔合著，1987）等；另一个阶段是20世纪80年代中期之后，解放主要在文化批判以及道德伦理的意义上展开，例如《超越正义》（1987）、《一般伦理学》（1988）、《现代性能够幸存吗？》（1990）、《道德哲学》（1990）、《激进普遍主义的辉煌与衰落》（与费赫尔合著，1991）、《碎片化的历史哲学》（1993）、《个性伦理学》（1996）、《现代性理论》（1999）等。尽管赫勒自20世纪80年代中后期以来的所有著作并非都紧紧围绕道德伦理这一主题展开，但是道德伦理以及文化批判的解放路径却是相当清晰的。

个性伦理学在何种意义上是解放的伦理学？为什么赫勒需要它？解放是马克思主义的一个重要命题，无产阶级的解放以埋葬（当然也可以用"扬弃"）资产阶级和整个资本主义社会为前提。然而，在没有革命的年代，在斯大林模式的社会主义国家，解放只能是日常生活中的"革命"，这种"革命"的最好途径便是道德伦理；借助道德伦理，释放被压抑的人性；与此同时，道德伦理为每个人设限，使人性的释放不至于沦为打开潘多拉的盒子。

个性伦理学的解放意义在于：从消极意义上讲（在以赛亚·伯林的"消极自由"的意义上），它最少地设定了外在的规范和目标，这是另一种意义上的"最低限度的道德"，尽管如此，做一个好人，做一个具有担当、对自己和他人负责、对自己真诚的人，是最低限度的规范和目标；另一方面，从积极的意义上讲（在以赛亚·伯林的"积极自由"的意义上），个性伦理学旨在释放每个人内心的真、善、美的冲动，最基本的方式是让他人自己说话，表达每个人自己的道德诉求、道德见解，在交谈中碰撞。在此处，"共识"并不是赫勒刻意追求的目标。除了那个"最低限度的道德"的规范与目标，赫勒不再设限。由此，我们仍然不得不将赫勒放在东欧学者的立场上来解读，这正是一个后发现代化国家的知识分子的诉求。在这个意义上，赫勒的个性伦理学是东欧知识分子实现现代化启蒙的一个重要环节。这就是我所说的个性伦理学的解放的意义，也是《个性伦理学》的缘起之一。

二、个性伦理学的主要内容

前面已经提到，《个性伦理学》由三个部分组成，一是演讲，二是对话，三是通信。赫勒说，她的《个性伦理学》的三个部分都以哲学星丛中具有代表性的星星作为引导。第一部分由命运之星引导，第二部分由真理之星引导，第三部分由智慧之星引导。

命运之星的引导在五篇演讲中展开。这五篇演讲是赫勒对尼采与《帕西法尔》的解读，也是《个性伦理学》的序言部分，后面我将重点介绍这部分的内容。

真理之星的引导关键在于方法论，即真理在平等的交谈中呈现，而不是由某个权威颁布。赫勒为真理之星引导下的交谈设置了三个标题：有个性伦理学吗？如果有，我们如何描述它？如果有，我们如何实践它？围绕这三个问题，参加尼采课程的两个学生约阿希姆和劳伦斯，以及后来加入讨论的维拉，就这些问题充分发表了自己的见解。这三篇对话没有给出一个确定性的或者"正确的"答案，而是使结局保持敞开状态。结局的敞开本身正是赫勒的个性伦理学所追求的。在三篇对话中，赫勒巧妙地使这三个人在某种程度上分别为尼采、康德和克尔恺郭尔讲话，由此将这三个哲学家的思想带入三个学生的对话与交锋中。

智慧之星的引导在祖孙二人的通信中缓缓展开。赫勒为她们的通信设置了两个主题，一是论美和崇高的人物，二是论幸福和爱。在祖孙二人的通信中，我们看到的是真、善、美的忠实的信徒。

对话与书信的方式使真理之星和智慧之星的引导别具特色，阅读这两个部分也是令人愉快的，不知不觉中，我们自己就像进入了对话或书信的角色之中。现在我主要将命运之星引导下的第一部分的内容做一个大致介绍，以展示个性伦理学的主要思想。

第一部分主要在对尼采和《帕西法尔》的分析中展开。赫勒认为尼采的个性伦理学以悖论收场了。为什么可以将尼采的伦理学称为个性伦理学？做真实的自己，这是个性伦理学的第一个，或许也是唯一一个准

则；尼采肯定哲学家以他的哲学的方式生活；尽管个性伦理学与道德哲学、伦理学共享许多概念，例如善与恶，真理与勇气、责任，但尼采并不试图用新的道德哲学来替代旧的道德哲学。之所以说尼采的个性伦理学以悖论收场，是因为一开始，尼采的个性伦理学宣布上帝死了，这为每个人留出了空间，但最后他却用超人这个新的救赎者扼杀了个人的空间。

对尼采的个性伦理学的进一步分析在他与瓦格纳的关系中展开，在《帕西法尔》中达到高潮。尼采认为，《帕西法尔》是瓦格纳的最终的背叛。即瓦格纳背叛了他自己的命运，因此成为不真实的；瓦格纳自己的命运是悲剧而不是喜剧，但《帕西法尔》却以救赎的结局成为一部喜剧，它的英雄战胜了颓废，但颓废原本是作者的命运；不仅如此，在《帕西法尔》中，伦理上高人一等的是"好人"古尔内曼茨，在他那里找不到颓废或悲观主义的踪迹，但是在尼采看来，"好人"是伦理学的丑闻。

回到瓦格纳的帕西法尔，他的命运如何？帕西法尔是一个无知的愚者，古尔内曼茨和昆德莉试图对他进行道德的教育，但是这种知识教育并没有使他具有道德意识和责任意识。相反，当昆德莉告诉他，他的离开导致他母亲伤心死去，巨大的痛苦使帕西法尔感受到强烈的负罪感和良心谴责，"帕西法尔通过负罪感而获得了良知"①，而不是知识使他获得了良知。通过巨大的痛苦而获得的良知，是帕西法尔内在获得的，但知识却是外部的灌输，在这个意义上，帕西法尔也是一个具有个性伦理学精神的人。帕西法尔在强烈的负罪感和良心谴责下追随着他的命运；帕西法尔不再是一个无知的无辜者了。"帕西法尔在震惊中找到了通往其命运之路并且成为他自己。"②

不过，在尼采看来，瓦格纳的帕西法尔的命运在两个时刻完成，第一个时刻是揭开圣杯、揭开**真理**，第二个时刻是跪在**真理**面前。瓦格纳一方面让帕西法尔通过揭开圣杯而揭示**真理**，但另一方面他又让帕西法

---

① Agnes Heller, *An Ethics of Personality*, Oxford UK & Cambridge USA: Blackwell, 1996, p. 58.
② Ibid. , p. 61.

尔跪在**真理**面前，因为这个真理不是起源于帕西法尔，而是站在他之上。"当他揭开了比自己更高的东西并且使自己在这个'更高的'东西面前保持谦卑时，帕西法尔找到了他的命运。"① 赫勒认为，在尼采看来，帕西法尔是一个主张个性伦理学的英雄，他的任务、命运必须是自我创造的。"谦卑、屈服、在任何事物前跪拜都是不自由的行为，是最丑陋的投降。非此即彼。一个人要么是自由的，要么不是。在现代世界，一个人除非是彻底自由的，否则就不能体现个性伦理学。"②

以《帕西法尔》为契机，尼采认为瓦格纳毁灭了具有个性伦理学精神的帕西法尔。帕西法尔原本是一个自我创造的具有个性伦理学精神的人，他内在地找到了自己的命运，发现了**真理**，成其所是，但是瓦格纳却使他跪在**真理**面前，并由此丧失了尼采所理解的个性伦理学。瓦格纳也正由于改变了帕西法尔的命运而背叛了他自己，用救赎的喜剧背叛了他自己的命运，即悲剧的结局。这就是尼采通过帕西法尔完成了对瓦格纳的痴迷与反叛的过程。不过，在赫勒看来，当尼采最终树立了新的超人目标时，他自己的个性伦理学也以悖论收场了。

由此可见，赫勒所理解的彻底的个性伦理学受热爱命运的引导：你的命运是什么，你就遵从你的命运，去寻找它、实现它，这便是具有个性伦理学精神的人所做的事。所谓热爱命运，就是成为你所是。

三、现代人的命运与责任

在赫勒那里，个性伦理学不是告诉我们应该遵守什么，什么才是道德的，也不是给我们的行为指定规范；但是个性伦理学仍然认为，我们应该有道德上的跳跃，应该对自己和我们的同胞负有道德上的责任。

现代人是偶然性的存在，但是热爱命运就像"幸运的掷骰子"，骰子从哪个骰盅出来不知道，会投向哪里也不知道，这便是偶然性的含义；但骰子一旦掷出，偶然性就获得了自己的命运，获得了确定性。偶然性的人就要爱这个命运，不论它是好的还是坏的。当然，幸运者将有

---

① Agnes Heller, *An Ethics of Personality*, Oxford UK & Cambridge USA: Blackwell, 1996, p. 40.
② Ibid.

着好的命运；但即便是坏的命运，因为它是你的生活，你就应该对它说"是"。用赫勒的话说，你不能对生活说"是"，却对坏的运气说"不"。"一个以个性伦理学的精神来生活的人总是对他自己的生活说'是'，而不考虑所有外在于他的个性的东西：他所经历的遭遇、孤独、边缘化，或者坏运气。"① 你不仅要对自己的命运说"是"，而且要努力实现它，即成其所是，这便是具有个性伦理学精神的现代人应该做的。

个性伦理学表达了赫勒的乐观主义，这是在经历了纳粹大屠杀之后的乐观主义，正如她一开始所追寻的"好人存在——他们何以可能？"

不仅如此，个性伦理学告诉我们现代人，承诺与责任是至关重要的。抛开形而上学的探讨，在日常生活中，承诺也是必需的。承诺是沉甸甸的，承诺伴随着责任，放弃承诺也就是对责任的回避。例如在男女恋爱过程中，"爱"是美好的，但是"爱"本身并不是承诺。如果一个男人对女人说"我爱你，想娶你，要给你一生一世的保护"，尽管婚后男人可能做不到这一点，但只要他在说出这句话的时候是真心的，这在道德上就是正确的。如果一个男人对女人说"我爱你，但是我却因为种种原因不能娶你"，那这个男人就是放弃了承诺以及伴随承诺的责任。尽管在这段关系中也体现了"爱"，但这种"爱"还没有升华到责任的高度，与前一种情况相比，这种"爱"在道德上是较为低级的。以爱为例，在个性伦理学中，发自内心的诚挚的爱与责任都是不可或缺的。根据赫勒的观点，做出承诺的能力是内在生发的，而不是外在强加的。

在这个意义上，个性伦理学是现代人所必需的。赫勒的《个性伦理学》也因此具有突出的价值。

最后想要说一句，演讲、对话和通信所构成的《个性伦理学》，在表达方式上难免有些重复和啰唆，这更需要我们在阅读的过程中静下心来，走进这本"最贴近"赫勒的著作。不仅如此，重复和啰唆本身又何尝不是生活的现实状态呢？这不是海德格尔所讲的"烦"，它是平等而真诚的对话与交流。关于道德和伦理，每个人都有发言权，都有表达自己内心的权利，而不论你表达的方式如何。一个"絮叨"的老太婆（通

---

① Agnes Heller, *An Ethics of Personality*, Oxford UK & Cambridge USA: Blackwell, 1996, p. 17.

信部分的祖母）和一个学习莎士比亚的女孩子（通信部分的孙女），也可以从自己的视角来思考、来表达。这难道不是对个性伦理学最彻底的捍卫吗？

《个性伦理学》是我继翻译《激进哲学》① 之后，翻译的赫勒的第二部著作。通过翻译她的著作，我更加"贴近"了赫勒，这是一种难得的机缘。2019 年 7 月，90 岁高龄的赫勒与世长辞，离开了这个世界。《个性伦理学》中译本的再版是一种缅怀她的方式。我对第一版中译本中的一些措辞和明显的错误进行了修订，但可能仍然有翻译不当之处，在此敬请各位专家同人批评指正。

赵司空

2021 年 11 月

---

① 赫勒：《激进哲学》，赵司空、孙建茵译，黑龙江大学出版社 2011 年版。

以此纪念费伦茨·费赫尔（Ferenc Fehér）

致　　谢

　　感谢大卫·塔菲尔（David Taffel）、约翰·克鲁默尔（John Krummel）和玛丽·多奇（Mary Dortch）编辑我的手稿。感谢约翰·克鲁默尔编纂索引，也感谢我的尼采班上的所有学生，他们让我参与很多有益的讨论。

目　录

导　论

　　十年前，我给自己设定了一个任务，写一本全面而现代的道德哲学
著作。我称之为《道德理论》（*A Theory of Morals*）。考虑到这个项目要
全面，所以它必须包括传统道德哲学的所有三种方法：解释的、规范的
和治疗的-教育的。但是，因为它被认为是一种现代的道德哲学，所以
我不可能将这三种方法融合为一种。我必须分三次来探讨这些道德问
题，而每一次都从道德哲学的这三个不同方面的其中一个入手。在第一
卷，即《一般伦理学》（*General Ethics*，Blackwell，1988）的引言中，我
曾经写道：

> 　　一般伦理学、道德哲学和行为理论是同一计划的三个方
> 面。一个计划可以被看作同一个，当且仅当同一个关键的问题
> 在整个研究中被提出并且被回答的时候……我的确在整个研究
> 中提出并且回答了一个关键问题……这个基本的问题是："好
> 人存在——他们何以可能？"这个问题在第一部分将通过理论
> 理性的立场（即参与的观察者的立场）加以回答，在第二部分
> 通过实践理性的立场（即当代世界的参与成员的立场）加以回
> 答，在第三部分通过作为一个整体的人类个体的立场（即寻求
> 好的生活的个人的立场）加以回答。

　　在我的《道德理论》的第二卷，即《道德哲学》（*A Philosophy of
Morals*，Blackwell，1990）的导论中，继第一卷之后，我再次确认了对第
三卷的承诺："将要完成的这一卷的暂定标题是《恰当行为的理论》（*A
Theory of Proper Conduct*），但是我宁愿命之为道德智慧的理论，因为这
恰好是本书所要讲的东西。"说了这番话，我想要立即转向第三卷的工

作，但是这次——不料想——主题本身开始抵制我的努力。似乎是"我

【2】 们时代的精神"对我讲话，警告我抵制致命的危险，例如不合时宜的、过于修辞的、枯燥的，最糟糕的是，在没有被授权的情况下承担起裁判的权力。因此，我开始想，我的哲学理念是否有着某种根本性的错误。面临这种僵局，我就放下了《道德理论》第三卷的工作，首先找出"我们时代的精神"究竟要求些什么。这一探索的结果是我的《碎片化的历史哲学》（*Philosophy of History in Fragments*, Blackwell, 1993）这本书。我得出的结论是，尽管我先前关于第三卷基本内容的观点没有根本性错误，但是它的体裁却有着严重的问题。今天的人们不可能用传统哲学的体裁描写单个人的"好的生活"。辩论性散文和叙述性散文都要求哲学家承担起权威的角色，并以他人的名义为他人讲话。但是，如果"好的生活"是习俗形成的——在现时代也是这样——那么哲学家在不撒谎，有时候是撒无聊的谎的情况下，就不能承担起权威的角色。在哲学中人们不应该撒谎。我的《道德理论》第一卷和第二卷相较已经有了风格上的变化。然而，此处的变化必须进一步加大。为了忠实于内容，我必须寻找一种全新的交流方式。

我将第三卷重新命名为《个性伦理学》（*An Ethics of Personality*）。新的标题强调了我对特殊的现代伦理学传统的承诺，少数哲学家（其中有卢卡奇［Lukács］）称之为"个性的伦理学"（ethics of personality）。尽管我选择这一标题意在强调我们（我们所有致力于一种严肃的和真实的现代伦理学的人）在同一条船上，但是我对这些个性伦理学的关系绝不是不加批判的。《个性伦理学》是我的《道德理论》的第三卷。它没有废止前两卷，而是以它自己的方式强化了它们。在本书的最后，有人引用了维特根斯坦的《逻辑哲学论》（*Tractatus*）（6. 54-7）中扔掉梯子的那一段。为了最后能够扔掉梯子，人们必须首先爬上梯子。一般伦理学和道德哲学也可以被理解为梯子的梯级；人们必须爬上去，为了最后达到一种个性伦理学，它可以被合法地称为一种**伦理学**，而不仅仅是一种个性理论。但是，我更愿意说拐杖而不是梯子。梯子的比喻暗示"上升"的形象，但是拐杖的比喻就不会。如果我们认为（我就是这样

认为的）在一种个性伦理学中任何时候都会有一个新的开始，那么上升的比喻就可能是误导的。并且，如果人们扔掉了梯子，那就只能完全依靠自己了。而拐杖可以放在一边，也可以在需要的时候再次拾起。我们多数人都需要它。有的人需要得少些，有的人需要得多些，但是在情况危急时我们都需要它；拐杖必须备着，以防万一。但是不论人们是否谈论梯子或拐杖，我的故事都在此结束，就像维特根斯坦的《逻辑哲学论》以扔掉梯子结束一样。不可能有更多卷了。我十年前命之为《道德理论》的工程现在完成了。 【3】

传统的个性伦理学不用梯子。它从偶然性的经验开始。受曾经的将人神化的骄傲梦想的影响，它冒险将单个人作为伦理学唯一的和完整的载体。在这个意义上，个性伦理学是一种没有规范、没有规则、没有理想的伦理学，它没有任何是或者仍然是"外在于"个人的东西。有多少作者，就有多少种个性伦理学，例如歌德、马克思、尼采、卢卡奇就代表着这共同事业的完全不同的版本。但是还是可以区分出三种方式。第一种假定个性伦理学的普遍可行性。如果加在单个人身上的外在束缚全部消除了，那么每个人都以他或她自己的方式是完全道德的，并且每一个人都将具有全面的、普遍发展的个性。古典主义的理想建立在个性伦理学的乐观版本的基础上。第二种（个性伦理学）毫不怀疑必须对普通人加以外在束缚，但是某种特殊的人却是例外：特殊的人以他或她自己的方式是完美的，而且是绝对自由的。其他人则不值得引起理论的兴趣。第三种包括对伦理精英甚至没有一点点幻想的哲学家，也包括不赞同这种方法的人。不过，他们不关心"梯子"或"拐杖"，他们只关心处于他们自己的承担责任的困境中的单个人。

最后一点是最近由雅克·德里达（Jacques Derrida）提出的，尤其在他的"法律的力量：'神秘的权威基础'"和《马克思的幽灵》（*The Spectres of Marx*）中提出的。我现在举出这种伦理学几个重要的方面，但是并不打算对其进行批判或者全面的阐释；我的评论将是初步的。

德里达说，伦理学是对**他人**诉求的回答。**他人**不是根据外在的东西提出他的或她的要求，而是根据内在的东西（他呼唤、召唤，对我们提出要求，往往是暴力的要求）。我们（独自）做了决定。每个决定都是一次飞跃。没有决定可以建立在知识的基础上。结果是不知道的；这里没有理性的选择。（当然，飞跃也不是非理性的。）伦理学关乎个人的责任，这是对**他人**承担的责任。个人的责任是伦理学唯一的核心范畴。

德里达在这种背景下所说的关于伦理学的所有东西都符合第三种个性伦理学的一般框架。第一种不考虑责任（因为如果每个人都是完全伦理的，那么人们就不需要责任了）。第二种强调对我们自己的责任，而不是对**他人**的责任。然而，第三种以增强的（甚至是无条件的）责任为核心含义。我赞成德里达所说的一切。我的问题不是他所说的，而是他（暂时）未说的。他的伦理学是没有梯子或拐杖的伦理学。为了避免误会应当说：对德里达而言，人们必须有拐杖，这是绝对必要的；他非常坚定地强调这一点，例如在"法律的力量：'神秘的'权威基础"中，没有法律就没有正义，即使正义不是建立在那个法律的基础之上。德里达假定这些拐杖（法律、规范、德性和原则）存在，只是他的理论兴趣不是批判地考察它们。但是，既然我们需要那些拐杖，那么道德哲学也需要在理论上对它们感兴趣。

【4】

我也来详细地讨论那些德里达在最近的著作和讲演中非常强调的核心的道德问题。我宁愿将这些问题"典型化"，也不再专门讨论德里达的直觉，而是讨论当代一般个性伦理学的第三种倾向。

责任的问题

道德是对**他人**召唤或诉求的应答。**他人**呼唤，从内心向你提出要求。哪些他人？所有的他人：所有过去活着的，现在正活着的，以及还未出生的人。问题是，一个人是否能够（事实上）回答所有他人的呼唤。如果不能，那么人们更愿意选择哪些他人呢？更进一步，如果有些呼唤要求我去做某事，而**他人**又要求我去做相反的事，那么我应该听谁的呼唤呢？有一个答案可以回答所有这些问题：康德的绝对命令。绝对命令是内在于你的**所有**他人的诉求，既然"我们身体里的人类"包括所有过去活着的、现在正活着的，以及还未出生的人，但即使这个绝对的法律也不能完全引导我们。因为我们应该并且能够回答所有可能的他人的呼唤是在准则的选择内，而不是在行为的选择内；在行为中我们并不能回答。

将"责任的伦理学"与康德的伦理学并列是马克斯·韦伯最显著的失误之一。因为如果有一种绝对责任的伦理学的话，那它正是康德的伦理学。不过，当韦伯做出如下假定时，他的直觉是对的，即如果他人根据外在的东西向你提出诉求，以至于你必须回应少数非常特殊的他人的要求时，应该假定一种不同的责任。如果你决定不辜负这种特殊的责任，那么你就需要拐杖。什么是最好的拐杖？人们可以怎么使用这些拐杖？韦伯认为，首先应该考虑行为的后果，所以先见之明可以作为最好的拐杖，但它却是一种非常靠不住的拐杖。

康德的或韦伯的办法都不能满足纯粹的个性伦理学的要求。在一种纯粹的个性伦理学中，人们不能使自己的行为或决定屈从于任何一种规范，甚至不能屈从于普遍的道德律。因此，**他人根据内在的东西提出的要求不能构成"法律"，并且不能是普遍的。的确，作为**单个他人**的他人向你提出诉求，召唤你；并且**每一个**单个的他人都这样做——那些过去活着的、现在正活着的，以及还未出生的人。一个单个的人如何能对所有单个的他人承担起责任？对于这个问题，德里达（在最近一次的讨论中）说，这样做的人将立即死掉。对这种联系的揭示直接引向了模仿基督的传统。但是没有"最低限度"的基督精神就没有对基督的模仿。然而，基督教的伦理学不能作为个性伦理学的拐杖；甚至只是接受最低限度的基督教伦理学的规范，个性伦理学也失去了它的"纯粹性"。陀思妥耶夫斯基也面临着包罗万象的个性化责任的重大问题。他说，每个人都对每个他人负责；如果每个人都知道这一点，那么马上就会有一个人间天堂。然而，救赎超出了责任伦理学的范围。

最后，所有绝对的解决办法都使我们认识到我们的有限性。有限的存在必须限制自己。有限的存在者对**某些**他人负责——或者至少，他们对有些人负的责任多一些，对其他人负的责任少一些。所以我们回到了

【5】

开始的问题，即为什么我们听这些他人而不是另一些他人的要求？我们如何决定优先权？随机的吗？

这些是有限存在者的问题，有限存在者不知道绝对的答案。责任伦理学是意识到人的有限性和偶然性的伦理学。这种伦理学的富有活力的观点就是，我们从未确切地知道某事，每一个决定都是冒险，而我们必须冒这个险。没有拐杖（法律、规范、引导性原则）可以减少偶然性和风险。但是在一定程度上，如果不是涉及风险的量的问题，拐杖可以阐明揭示此风险的方法。"拐杖"不决定行为。例如，有些人更喜欢较多风险而不是较少风险的行为。无论如何，我们用我们的腿而不是拐杖跳跃。并且，使用拐杖不是强制性的。但是，如果有拐杖的话，人们觉得有必要时可以用它们。这就是为什么道德哲学需要为那些寻求道德建议的行为者提供一些引导性原则。哲学不创造这些原则，它只是使现代的（偶然的）行为者注意到它们，并且在需要的时候使用它们。

跳跃的问题

【6】 确实，每一个决定、每一个行为都是一次跳跃。我们从不知道前面等着我们的是什么。但不是每一次跳跃都具有同样的风险，并且我们也不是所有时候都在跳跃同一个深渊。尽管知识在我们的决定中不具有重要作用，但是思考有时候却是重要的。所以引导性的道德规则和德性规范也是重要的，它们经常帮助我们决定是否应该跳跃，或者应该在这个方向上而不是那个方向上跳跃。如果一种伦理学只是重申并再次确认**那个**我们跳跃的真理，那么它就是无所助益的。它需要向我们提出关于很多其他事情的建议：什么跳跃在道德上比其他的跳跃更重要，我们应该将什么环境看作对我们采取行动具有道德上的决定意义、哪些可观察的动机是我们应该置于检查之下的，等等。让我来比较两种选择。一个人可能面临这种选择，即背叛朋友而得到工作，或者忠于朋友而失去工作。一个人也可能在给学生的论文打"A"或"B"之间做出选择。在这两种情况下，我们要么以这种方式要么以那种方式跳跃，并且我们都

要冒险。如果那个学生得到了"B"，他可能就会自杀。但是在第二种情况下道德风险是很小的，而在第一种情况下道德风险却是绝对的和无条件的。人们可能说，在第一种情况下，正是因为那个选择具有明显的道德内容，所以一个正派的人不需要建议；但是在第二种情况下，行为引起破坏性结果的可能性很小，所以在做出选择时不能够——或者不需要——给出建议。在我们讨论的例子中，人们不需要拐杖。但是往往，尤其是在特殊的具体情境下，选择本身却是缺乏明晰性的。如果人们努力减少——尽管不是消除——道德风险，人们也最好咨询调节性理念、引导性原则，不是为了遵循绝对命令，而是为了倾听来自积累的经验的建议，而不用感到有义务去遵循它。

个性伦理学（第三个版本）的哲学家都不会否认类似考虑的相关性（德里达当然不会）。问题仍然是，哲学是否应该专注于此类问题和考虑。我的结论（在这本书中）是，这个问题不可回避。所有的现代伦理学都是以个性伦理学为顶点的。个性伦理学告诉我们，我们对自己和我们的同胞负有道德上的责任，并且我们应该跳跃，但它并未提供拐杖。这就是为什么现代的男人和女人仍然需要一种一般伦理学和道德哲学；单单个性伦理学并不充分。

个性伦理学自身根本不能关注这些关键的问题，即我们为什么应该听从他人的诉求、呼唤和召唤？这就是为什么我在本书中要经常诉说我的道德哲学的核心观点：有一个基本的跳跃，它赋予所有后续跳跃以道德意义，并且这是作为正派的（好的、诚实的）人的我们的（存在论的）选择。因为只有在这一跳跃完成之后，男人或女人才会问这个问题，即什么是我应该做的正确的事情？这一基本的跳跃没有"理性的" 【7】
和可追溯的原因。对于这个基本的选择而言，没有规范可以提供，没有建议可以给予，也没有引导性原则可供参考。如果这一跳跃建立起来了，那么它的基础就是超验的（transcendent）。

这一卷包括三个部分。

既然构思一种个性伦理学最大的困难源于找到合适的哲学体裁这一任务，所以我必须小心地调整体裁以适应这一任务。很快我就发现，我必须为这三个部分选择三种不同的哲学体裁。首先，我必须说一些不能直接说的事情。直接表达它们将破坏我想要传达的信息。因此我需要使用许多其他哲学家以前使用过的间接交流技巧，其中有克尔恺郭尔，这个哲学家在不止一个方面鼓舞了我。我必须戴上面具，不是为了将我自己藏在后面，而是为了承担他人的立场。我必须使他人讲话。如果不能让他人讲他们自己的语言，建立他们自己的立场，进而言之，如果不能让他人自己行动和互动，我就将辜负真正的个性伦理学的要求。

本书的第一部分是以大学讲座的形式写的，第二部分是以对话的形式写的，第三部分是以书信的形式写的。尽管体裁有变化，但这三部分完全是相互关联的；第二部分是第一部分的延续，而第三部分则是第二部分的延续。在第二部分进行对话的学生都参加了关于尼采的讲座（第一部分所描述的），他们继续讨论讲座中所提出的问题。第三部分书信中的年轻女孩也参加了尼采的讲座，并且阅读了（第二部分的）对话；她在给祖母的信中对这两部分进行了反思。

本书的三个部分都以哲学星丛中具有代表性的星星之一作为引导。第一部分是在**命运**之星的引导下，第二部分是在**真理**之星的引导下，第三部分是在**智慧**之星的引导下。瓦尔特·本雅明（Walter Benjamin）将这些星星、这些"理念"称作"神化的名字"。人们可以在哲学之星的引导下，在"神化的名字"的指引下谈话或写作，而无须写下或谈论这颗星星本身。本书的第一部分置于**命运**之星下，因为它受到热爱**命运**（*amor fati*）的鼓舞；第二部分置于**真理**之星下，因为它受到热爱**真理**的鼓舞。但是在置于**智慧**之星下的第三部分，迹象发生了扭转。在此，不是男人和女人寻找智慧，而是智慧寻找它自己的生命来源——**崇高**、**美**和**爱**。

【8】所有这三部分都在讲述召唤或诉求的故事，这是由**他人**加在某人身上的，它讲述着由这个人承担的责任的故事。每个人对这些召唤和呼唤的回答都将是独特的。这就是为什么本卷的第二部分必须采取对话的形式，而第三部分则采取书信的形式。

晚年的海德格尔认为哲学是一种诗。我对此表示怀疑。但是当我让我的角色们讲出他们的思想，并以他们自己的方式互动时，我必须应用一点儿虚构的手法。

　　除了一个例外，对话和书信中的角色没有一个是完全按照真实人物塑造的，不论是在世的还是已故的；他们是现实生活中的人、文学人物和哲学家的混合。唯一的例外是苏菲·梅勒（Sophie Meller）——书信中的祖母。在她的形象中，我努力勾勒我自己的祖母，婚前名为苏菲·梅勒（née Sophie Meller）（1858—1944）的真实肖像。我的能力不足以公正地描述她。我需要歌德的天赋来展示真实的她。

第一部分　尼采与《帕西法尔》

——个性伦理学的前言

第一讲

你们可能会想，我为什么会用举例来开始讨论个性伦理学，因为尼采的伦理学似乎不能作为这种伦理学的一个例证来服务于我们。尼采甚至不是我的代言人：他不是（至少不完全是）以我的名义讲话。我让他为他自己说话。我以尼采对待许多其他哲学家的方式对待他：我忽略他的"非道德论的道德论"（immoralist moralism）的许多特征，或者毋宁说是面具将他的观念中最能服务于我的目的的部分，或者将他的面具中我也能偶尔掩藏我自己的部分放到突出位置。

那种个性伦理学往往是**一种**个性伦理学。既然它公然反抗一般化，那么它就不能以和一般伦理学一样的方式来达到。不可能写一本专著来论述个性伦理学。为了谈论它，必须举例。或者毋宁说，人们必须举一个范例，即单个的人、单个的生活来例证它的本质和意义。确实，所有种类的伦理学都会检视某个实践。但是一般伦理学专注于对这一实践的一般特征，以及对这类实践的普遍的和特殊的情境展开讨论。一般伦理学讨论一般意义上的伦理学，它考虑 X 或 Y 的伦理学，即考虑单个人的伦理学，只是就他们是人类的范例、是一个团体的成员，或者是一个特定历史世界和时期的居民而言。

另一方面，道德哲学——或者关于道德的哲学直接关注当代人。一种现代的道德哲学转向现代的（偶然的）人，他们为这个迫切的问题，即"什么是我应该做的正确的事情？"寻找答案。现代的男人和女人是偶然的，甚至不用提出正确的道德问题就可以生活，可以成功。在承担道德立场之前，他们首先需要选择成为道德的人。选择成为一个道德的人是一种存在论的选择。一种存在论的选择就是一次跳跃，只要它不是被决定的。事实上，这意味着那个在存在论意义上选择成为体面人的人【12】绝不会提出这类问题，即"为什么我应该成为好人而不是坏人？"换言之，他不会试图为他成为一个体面人的决定寻找或者提出原因或理由。他就是将成为一个这样的人。更准确地说，他将成为他已经是的那个人，即一个体面的、正直的人。

我承认，到目前为止，现代的道德哲学非常近似于个性伦理学。毕竟，每个体面的人都选择她自己，并且只有她自己，成为一个体面的人；她选择自己的性格，她是那个当"规划"成为她所是的时候而对她自己保持真实的人。她发展的这个运动等同于个性伦理学的博学者所从事的运动。尼采的《瞧，这个人》① 的副标题写道"人如何成为其所是"（Wie man wird, was man ist）。但是在此处，那种相似性突然就终止了。个性伦理学的代表性博学者不会用这个问题，即"什么是我应该做的正确的事情？"来问你（问我们，或者问任何人），因为没有人可以给他提出建议，并且他也不会寻求建议。往往是**他人**在提出建议，向**他人**寻求建议意味着承担交互主体间性的立场，它包括他人的立场，他们的需求、欲望、价值观和规范，简言之，包括他们的期待。② 当谈到回答那个道德问题时，一个人出于她自己的性格为她自己承担她的立场，但它仍然是一种具有某种一般性的立场。根据存在论的道德哲学，人们必须重复克尔恺郭尔的威廉法官（Judge William）的话——"个体就是普遍"③。但是根据个性伦理学，当她成为她所是的时候，个人从来都不是"普遍"，她成为一种独特的个性，一个不同于他人的个体："听我说！我是这个，这个。首先，不要把我误认为任何他人！"（Hoert mich! denn ich bin der und der...Verwechselt mich vor Allem nicht!)④

一种道德哲学必须以体面人的生活方式陪伴他们——但是它可以陪伴任何体面的现代人，并且我们选择何种哲学充当我们的榜样并不重

---

① 这些演讲以我在1993年春季学期所开设的关于尼采的伦理学的课程为基础。这门课有十四讲，涉及了非常广的领域。参见尼采的《瞧，这个人》第6卷。尼采的所有德文引文（除了《论道德的谱系》）都来自15卷本的《尼采著作全集：考订研究版》。为了忠实于主要版本，我保留了尼采的拼写法。

② 我在《一般伦理学》的导言中描述了三种通往伦理学的可能途径。我在《道德哲学》中分析了存在的选择。这两本书分别于1988年和1990年由牛津的布莱克威尔出版公司出版。

③ Sören Kierkegaard, *Either-Or*, Princeton University Press, Guildford, NJ, 1987.

④ Nietzsche, vol. 6, *Ecce Homo*, Foreword, I.

要。之所以如此，是因为每个体面的人都能举例说明关于体面的存在论
立场；我们可以选择我们最熟知的体面人充当我们的榜样；即使别人并
不知道他而只有我们自己知道他。因为对体面（善）的存在论选择不是
对独特性的选择，而是对作为普遍的个体的选择。从个性伦理学的立场
来看，这是不可能的。那个充当个性伦理学范例的人并没有选择作为一
个体面的人，而是选择作为其他的什么人，例如政治家、将军、哲学家
或诗人，最后也仅仅是作为自我创造的天才。我已经将这后一种存在论
的选择称作特殊范畴下的选择（相对于普遍范畴下的道德选择而言）。
我已经指出这类选择的巨大风险，以及这一"规划"成功实现后应该具 【13】
有的难以言表的喜悦。的确，一个单个的人可以选择同时置于普遍范畴
和差异范畴之下，但是即便如此，也仅仅只有一种选择是根本性的。①
如果选择置于普遍范畴之下，那么许多其他选择仍然是重要的。但是如
果选择置于差异范畴之下，那么就不再有其他选择了。正如尼采所说：
"我从未有过选择。"（Ich hab nie eine Wahl gehabt.）② 人们不是在容忍
自己的宿命，而是在遭受宿命的重压时仍然热爱它而有（成就）自己的
命运，这就是尼采的热爱命运的含义。

　　在差异范畴之下的存在论选择也是一种跳跃，但并不是每个人都能
做出这种跳跃。能够这样做的人被尼采称为"骰子的幸运一掷"（lucky
throw of the dice）③。"骰子的幸运一掷"这一说法暗示着偶然性：特殊
情况下的运气。那个"幸运的一掷"是偶然性存在中的贵族。它的可能
性也包括一种概率。而通常的偶然性的人（只要她选择在普遍性范畴下
做一个正派的人）可以在实践中获得无限的可能性，以至于在她的情况
下，可能性站得比现实性更高，在"幸运的一掷"这种情况下则不然。
对他而言，可能性被排除了，那个唯一的概率被转换成了命运。只有一
条路可走，只有一种生活的激情；不再有第二种可能性。这就是为什么

---

　　① 我在我的《道德哲学》第一章描述了双重的存在的选择的可能性。我在这里只处理个
性伦理学的理想模型，所以我就忽略了这种可能性。

　　② Nietzsche, vol. 6, *Ecce Homo; Also sprach Zarathustra*, par. 3.

　　③ Nietzsche uses this expression frequently, for example in vol. 5, *On the Genealogy of Morals*,
essay two.

热爱命运是人的命运的自由。对宿命的爱，即自我抛弃给命运同样可以做出没有第二种选择的"幸运的一掷"。

个性伦理学是一种"骰子的幸运一掷"的伦理学。这就是为什么它不能由我们个人的熟人来举例说明的原因。它必须只能由这种"幸运的一掷"来举例说明。除了众多虚构的人物外，也有少数杰出的"真实的人"，他们很容易就可以作为例证。尼采不断地求助于两个最突出的人物——拿破仑和歌德。

偏爱个性伦理学的萧伯纳如同他之前的陀思妥耶夫斯基和易卜生一样，创造了几个虚构的人物来说明这种伦理学的宏伟和内在问题，他在《风云人物》(*Man of Destiny*)中将拿破仑作为原型来描述。① 但事实上，拿破仑是一个太过极端的例子，根本不能作为主要的现代伦理立场的代表性例证。

尼采乐此不疲地强调，个性伦理学的最强大的概括者也是最强大的引诱者。② 在其他的事情中，他们通过其存在进行引诱。伦理的榜样，如果他们是传统的，呼唤仿效和模仿。柏拉图的**美与善** (*kalogathos*)或者亚里士多德的**灵魂高贵之人** (*megalopsychos*)作为榜样提出来，将被所【14】有高贵的人模仿。然而，个性伦理学是不可模仿性的伦理学。一个人成为自己，不能像其他人那样成为自己。如果拿破仑充当个性伦理学的榜样，那么他是在他的不可模仿性中被想象的。引诱在于伟大个性的个人魅力，此伟大个性呼唤对不可模仿者的模仿。真实的个性伦理学的范例在完成的著作和在著作中投入的真实性中证明它自己。不过，那个促使模仿的引诱的光环，仍然萦绕着个性伦理学的所有现实生活中的代表性英雄。只有在一种情况下，对不可模仿者的模仿在道德上是不成问题的，并且可作为榜样：作为道德天才的"幸运的一掷"的情况以及他的作为道德的个人魅力。在此，模仿者落后于被模仿者多远不是问题，因为不会由此发生相违背的情况。但是，即使对善（对基督的模仿）的

---

① 萧伯纳对描述个性伦理学的兴趣在后面会被谈到。

② 正如我们后面将看到的，这两个主要的"诱感者"——苏格拉底和瓦格纳有时候几乎是等同的。

模仿也可能将善的接受者妖魔化。陀思妥耶夫斯基的英雄康特·梅什金（Count Mishkin），那个"白痴"，正好是一个代表。但是如果被模仿的结果超出了伦理学的范围，如果在美学、政治学、军事或任何相似成就的领域内，或者就是自己生活的完美的美学形式，那么"幸运的一掷"的模仿者往往会失败或者成为罪犯，也可能二者皆是。青年卢卡奇在他的日记中思考诺瓦利斯（Novalis）和雅尔马·艾克达尔（Hjalmar Ekdal）之间的差别问题。① 他得出的答案符合个性伦理学的典型标准。诺瓦利斯完成了他的著作，而雅尔马·艾克达尔（浪漫主义天才的模仿者）却是一个失败者，并且他对他女儿的死感到负疚。并不是所有的诺瓦利斯或歌德的微不足道的模仿者在道德上都是有罪的，但是所有的模仿者都被证明是失败者。

在这个意义上，即拿破仑是一个军事和政治人物，所以他的范例区别于贝多芬或歌德的范例。他的模仿者并未宣称是伟大的发明家或作家，但是却真诚地假装是革命的历史人物和某种征服者。这就是为什么拿破仑的典型的模仿者都犯有冤枉他人的罪过，有时候甚至是在很大的范围内。陀思妥耶夫斯基的几个英雄也例证了这种情况，首先就是拉斯科尔尼科夫（Raskolnikov）。因此，以"拿破仑的事例"作为个性伦理学的例证将把我们带得过远，超出了伦理学的范围，且即使在伦理学的范围内，它也超出了我们有限的目的。

似乎歌德可以充当最佳的"主要榜样"。歌德涉及了个性伦理学，他终其一生地实践它，他欣赏的许多英雄也是这样做的，尤其是《威廉·迈斯特的漫游时代》（*Wilhelm Meister's Lehrjahre*）中的主要人物。歌德在著作上和生活上都是非常成功的人，尽管他强调行为者总是有罪的，只有旁观者是无辜的；② 严格的道德-宗教作家弗朗茨·罗森茨维格（Franz Rosenzweig）因为他的无罪而赞扬他。罗森茨维格③认为，歌德【15】

----

① Lukács, Gyorgy Naplo-Tagebuch（1910－1911）（Lukács diary, Akademiai Kiado, Budapest, 1981.）

② 汉娜·阿伦特喜欢这种歌德式的警句；她也倾向于接受个性伦理学而不是其他种类的伦理学。

③ Franz Rosenzweig, *The Star of Redemption*, Routledge and Kegan Paul, London, 1971.

是唯一成功地实现了个性伦理学却没有负罪的人，他灵活地行走于连通生死深渊的钢丝上。他的反例是尼采。但是尼采自己也曾经说过，他根据歌德塑造他的狄俄尼索斯（Dionysus）。① 而当卢卡奇尝试着返回"个性伦理学"这一理念时，他计划写一本名为《歌德的生活》（Goethe's Lebensfuehrung）的书。

如果我想要给你们呈现一种对个性伦理学的不成问题的辩护的话，我会选择歌德而不是尼采作为我的范例。尽管歌德从维特（Werther）到塔索（Tasso），描述了这种伦理学的陷阱，但他仍然相信它最终还是会起作用的。他确信个性伦理学是我们可以达到的，因此他反对所有的替代品。选择歌德而不是尼采可能会更好地适应我们的民主时代。尽管歌德的生活行为是非常特殊的，但是他确信每个男人和女人都能以相似的方式成为"实现的"。每个人，不论伟大或渺小，都能在某件事情上具有创造性，并因此成为特殊的。歌德应该会赞同克尔恺郭尔的格言，即每个人都是一个例外，但是只有在他或她实现了他或她的所有独特的潜质的情况下，不论这些潜质是什么。

谈论尼采事件（Der Fall Nietzsche）而不是歌德事件，这是一种选择，但不是建立在我个人品味上的选择。如果我听从自己的个人品味的话，我将讨论歌德。就像尼采自己，以及卢卡奇、罗森茨维格和其他许多人一样，我也被灵活地行走在生死深渊之间的绳索上的人的生活方式所吸引。但是这不是个人品味的问题。我们即将走完这个人类历史上最恐怖的世纪。19 世纪的胆小鬼在 20 世纪自食苦果。所有类型的虚无主义都是带来人间地狱的助推手。有一些教训必须吸取。其中，要禁止继续抱有这种令人振奋的幻觉，即适合于自由的和美的创造性个性的伦理学，使所有外在规范、价值、训诫或自我审查都过时的伦理学，将要或者能够一方面取代伦理（Sittlichkeit），另一方面替代道德。更准确地说，一种完全自主的、良好平衡的、多方面的、美的个性的榜样仍然是一种

---

① 关于狄俄尼索斯，尼采说了非常不同的东西。在《悲剧的诞生》（The Birth of the Tragedy）中，《酒神颂》中的狄俄尼索斯或哲学家狄俄尼索斯是不同的，哲学家狄俄尼索斯出现在几年之后的写作中。但歌德显然是这些模型中的一个。

恰当的乌托邦；它也仍然是我的乌托邦。但是一种乌托邦是一种调节性理念。没有调节性理念可以掩藏产生于现实可能性的道德问题和困境。而正是由于那些可能性我们才被设定。这就是为什么我选择尼采而不是歌德作为我的范例。

这听起来并不令人信服。毕竟，这将是荒谬的，即认为歌德这个最【16】伟大的普遍主义者、文艺复兴式的人道主义者和世界主义者为给极权主义的野蛮开道负责。① 相反，19 世纪几个激进的哲学家，马克思和尼采是最具代表性的，他们并不完全是可鄙的极权主义政权宣传家利用他们的原有意识形态的无辜受害者。他们使自己遭受这种盗用。毕竟，激进哲学家有计划地同哲学传统（尤其是与形而上学传统）断裂。他们将哲学划分为"迄今为止的哲学"和新哲学，即"新的启蒙"，并且他们设计一种实践的哲学，即成为实践的哲学。② 他们经常"揭露"他们的对手，他们致力于反升华作用（desublimation），喜欢说着诸如"权力""力量"的语言。他们既鄙视资本主义也鄙视民主；他们渴望"自命不凡"、战争、最后的决定：为了伟大的最后决战。他们将刺骨的批判和预言的，甚至是世界末日的语言结合起来。这恰恰就是为什么他们可能更适合做这种探究中的代表人物，这种探究专注于个性伦理学的悖论，而不仅是它的（未履行的）诺言。

在这四个激进哲学家（马克思、克尔恺郭尔、尼采和弗洛伊德）中，只有两个——马克思和尼采——具有以上所有激进哲学的特征。另外，他们两个都致力于个性伦理学。但是总的来说，伦理问题在马克思的全部作品（oeuvre）中只是边缘的。马克思致力于通过指出"社会意识"对于社会存在的依赖而消解"社会意识"的崇高。传统伦理学作为社会意识的一部分，被马克思在"社会存在"所有其他上层建筑的表现的框架内处理了。"社会存在"在异化终结这一方向上的彻底转型，意味着为个性伦理学提供了全面的和完善的条件。因为在扬弃异化的过程

① 不用说，没有长期不被说的荒谬。
② 马克思在《关于费尔巴哈的提纲》中的第 11 条指出了"迄今为止的哲学"和实践哲学（世界的变化）之间的断裂。尼采经常参考狄俄尼索斯那个哲学家的激进无神论和反基督教论（和非道德论），就像参考新启蒙一样。

中，每个单一的个人都与人类相统一，个性伦理学将成为唯一的伦理学。① 但是对马克思而言，通往个性伦理学的运动不是个人的任务，因为社会存在的彻底转型突出的是革命阶级的行动。卢卡奇在他 1918——1919 年的论文中将一点点尼采的东西注入马克思的思想。它不是马克思的东西，但也不是完全陌生的东西。② 没有尼采的思想，马克思的个性伦理学也将是空洞的，并且仅仅是修辞的。

这使我们与尼采在一起。他是完美地适合于我们的智识目的的 19 世纪激进哲学家。

首先，个性伦理学对尼采而言是个人的：不论他何时讨论个性伦理学，他也都是在讨论他自己。我说"也"而不是仅仅。因为每种个性伦理学都是一种独特个性的伦理学；一个人可以写一份关于个性伦理学的报告以讲述关于某人生活的故事。在《瞧，这个人》的序言和第一章之

【17】间，我们读到了，"我如何能不感谢我的一生？因此我向我自己讲述我的生活。"（Wie sollte ich nicht meinem ganzen Leben dankbar sein? Und so erzähle ich mir mein Leben）③ 尼采开始向他自己讲述关于他生活的故事。这是他的故事，而不是其他人的故事。但是这简短的提及也已经表明，在一种个性伦理学和其他个性伦理学之间分享着一些重要的共同特征。第一个特征是感谢自己内在于热爱命运（*amor fati*）的生命，这是个性伦理学的一个重要特征。一个以个性伦理学的精神来生活的人总是对他自己的生活说"是"，而不考虑所有外在于他的个性的东西——他遭受的磨难、他的孤独、他的边缘化，或者他在所有事情上的坏运气。"骰子的幸运一掷"对他自己的生活（因此也对一般的生活）说"是"，不是因为他在生活中是幸运的，而是因为这就是他的生活、他的宿命，因为他成为他（一直）所是的那个人。这样，我们就达到了尼采关于相同事物的永恒重现这一想象的最深层次。带着感谢和欢乐接受关于相同事

---

① A. Heller, "The place of ethics in Marxism" in F. Fehér and A. Heller, *Grandeur and Twilight of Radical Universalism*, Transaction, New Brunswick, NJ and London, 1991.

② 在他 1918—1919 年几乎所有的研究中，尤其是在"作为道德问题的布尔什维主义"（Bolshevism as a moral problem）和"策略与伦理"（Tactics and ethics）这两篇文章中。

③ 尼采，第 6 卷，《瞧，这个人》（Nietzsche, vol. 6, *Ecce Homo*）。他的生活包含他的著作。

物的永恒重现这一神话形象，等同于希望一次又一次地过某人自己的生活，绝不是其他人的生活，绝不是在其他地方（例如在另外的世界）或其他时间（过去或未来）。相同事物的重复作为一种解决的姿态，是个性伦理学的一个重要特征。① 那个回避而不去接受相同事物的永恒重现，或者不是满怀热情地拥抱它的人，因此（向尼采）证明了他与个性伦理学是相异化的，或者未能成功地实践它。

我已经指出，根据个性伦理学来生活等同于完成某人的工作。一个人完成自己的工作，一个人成为其所是，一个人同时对生活说"是"，如果这个人不断地肯定自己的工作的话。在创造的六天中每一天结束时，上帝都满意地对自己说，他所做的都是"好的"。同样，个性伦理学的博学者将他们自己的工作理解为"好的"。"好的"不仅是指成功的，而且指真诚的（在某件事情上的失败也可能是真诚的，并因此是成功的）。在尼采看来，一个人是真诚的，② 只要他在工作中从未撒谎，或者从未对工作撒谎。真实性在工作中体现。工作必须是真实的，因为如果它不是真实的，那么它就不是个性伦理学的表现。一个在工作中撒谎的人——根据这种伦理学的标准——是一个低等生物，即恶棍。让我回到萧伯纳对尼采的敏感的接受的问题中。在他的戏剧《医生的两难选择》（*The Doctor's Dilemma*）中，那个根据他那个时代通常的标准来看，绝对算不上道德的垂死画家，骄傲地宣称他从未对色彩或画笔撒过谎。无论他可能做过其他什么事情，他生活的核心却从未堕落。

因为工作中的真实性是所有伦理学中非常关键的因素，所以尼采经

---

① 尼采写道："（实验的哲学）毋宁说将到达反面——到达狄俄尼索斯对世界'说是'的地方，没有减少、例外或挑选——它想要永恒的圈——同样的事情、同样的逻辑和非逻辑的纠结。哲学家所能到达的最高状态；以狄俄尼索斯的方式支持存在；我对这个热爱命运的公式……"春-夏，1888，16（注释32），尼采，第13卷，《尼采遗稿选》。（"Sie [the experimental philosophy] will vielmehr bis zum Umgekehrten hindurch-bis zu einem dionysischen Jasagen zur Welt, wie sie ist, ohne Abzug, Ausnahme und Auswahl-sie will den ewigen Kreislauf-dieselben Dinge, dieselbe Logik und Unlogik der Knoten. Hoechster Zustand, den ein Philosoph erreichen kann; dionysisch zum Dasein stehn; meine Formel dafuer ist amor fati…"）spring-summer 1888, 16（Note 32），in Nietzsche, vol. 13, Nachgelassene Fragmente.

② 尼采一般使用"Wahrhaftigkeit"（真实性）和"wahrhaftig"（真实的）这两个术语。

【18】 常尝试这种伦理学，将不同模式的正直分派给不同种类的工作（*Werk*）。一般而言，尼采的类型是启发式的理想类型，后来韦伯将其引入社会理论。人们不会将事例归入理想类型，但是会根据理想类型的指导来理解所有单个的独特事例。例如，当尼采举各种虚无主义的例子（往往不会是完全相同的）时，① 他从启发式的视角出发对它们做出了区分，为了阐明他为什么将虚无主义看作现代性的典型特征，尽管身处实证主义时代的自满之中。但是让我回到直接关切个性伦理学的类型学。在尼采那里，不同种类的创造性实践需要不同种类的伦理学。一个哲学家的个性的伦理学区别于一个艺术家的个性的伦理学。其中，哲学家成其所是，如果他（也）实践一种禁欲主义的话；而艺术家则可以承受得起感性。并且——这是决定性的差别——在一个哲学家的生活和他的哲学之间有着深刻的关联，因为一个哲学家的生活几乎完全体现在他的哲学中。甚至一个哲学家能否以另外一种方式"生活"都是成问题的。在《瞧，这个人》中，尼采向他自己讲述他的生活故事，他讲述关于他的书的故事；在远离童年和早期青年的经历之后，他仅仅通过对其著作的自我阐释来讲述他自己。根据尼采的观点，他的生活——在最后的情况下——等同于他的哲学，并且他预先假定所有的哲学家都是如此。在他早年关于希腊哲学的论文中，② 尼采指出，他主要不是对前苏格拉底传说中的哲学信息感兴趣，而毋宁说是对哲学家们的个性感兴趣，因为正是他们的个性首先体现了他们的哲学。③ 尼采经常思考苏格拉底和柏拉图的性格，因为他确信（我也确信）对一个哲学家性格公正而良好的洞察可以通过他的哲学来获得。柏拉图一定与极端强烈的感性冲动做过斗争，我认为这是显而易见的，即使我并不期待从这种无辜的"揭秘"中获得很多理论上的益处。总的来说，尼采转向了他自己，使其哲学个性化。但是，当说到艺术的时候，他不再个性化了。与哲学家-哲学的关系相反，尼采认为，艺术家在他的作品中是不在场的。他可以创造完全不同类的

---

① For example, vol. 13, Nachgelassene Fragmente, 11 (Note 149), 11(Note 332), 13(Note 3), 14 (Note 9).

② Nietzsche, vol. 1, "Die Philosophie im tragischen Zeitalter der Greichen".

③ 尼采更喜欢第欧根尼·拉尔修。

作品，其中没有一件将体现或表达他的个性。① 尽管艺术家的个性并不在他的作品中体现，但是如果一个艺术家根据一种个性伦理学来生活的话，这也将体现在他的作品中：在他的作品中，他将从不撒谎。在瓦格纳事件中，这将是尼采的一个敏感点。艺术家不像他的英雄，不像他的作品，瓦格纳的卑鄙和不真诚也并没有干扰尼采，所以尼采相信瓦格纳的作品仍然是真诚的。尼采对瓦格纳最大的控诉就是他在他的音乐中撒 【19】谎了："音乐家现在变成了演员，他的艺术越来越展现为一种说谎的才能"②（der Musiker wird ein Schauspieler, seine Kunst entwickelt sich immer mehr als ein Talent zu luegen)，就像是反对一般的腐朽艺术家，尤其是瓦格纳的判决。③ 但是尼采并不接受历史条件是减轻处罚的条件。一个艺术家仍然可以自由地创作与其性格完全无关的不合时宜的作品；瓦格纳自由地选择了一个真实的（查拉图斯特拉的）英雄加以描述，但是他可怜地失败了。创作帕西法尔④的性格对瓦格纳来说并不是必需的——它是一种犯罪、一个笑话，或者一种在坏品味中的选择（取决于尼采的一时情绪以及控诉的条件）。我将在第四讲回到这个话题。

除了哲学家和艺术家，尼采还顺便提及了几种其他类型，其中有科学家。但是，从个性伦理学的角度来看，我们可以忽略他们。

我们稍后详细讨论尼采的个性伦理学概念。但是这种——仍然是基础的——讨论对于澄清事实、消除误解是必要的。尼采是一位自称的非道德论者，或者毋宁说是"非道德论的道德论者"⑤。同时，他终其一

---

① 这就是为什么（在《论道德的谱系》的第三篇论文中）尼采对"禁欲主义理想对艺术家的意义是什么"这个问题的第一个回答是直率的"无"。我们不知道荷马，但有一件事情我们是可以知道的：他不像阿喀琉斯或奥德修斯。

② 参见尼采：《瓦格纳事件 尼采反瓦格纳》，孙周兴译，商务印书馆2011年版，第28页。——译者注

③ Nietzsche, vol. 6, *Der Fall Wagner*, par. 7.

④ 《帕西法尔》是瓦格纳的著名歌剧。故事发生在中世纪，阿姆佛塔斯是重病在身的圣杯骑士之王；帕西法尔是忠厚勇敢的骑士，一个"纯洁的愚者"，后被拥戴为圣杯骑士之王；古尔内曼茨是圣杯堡年迈的守护人，一个好人，曾经试图教导帕西法尔；昆德莉，一个任性的女子，曾经试图引诱帕西法尔。——译者注

⑤ 一般而言，尼采将他自己（在《善恶的彼岸》中，也将"自由的精神"）看作"非道德论者"，作为"非道德论的道德论者"的简写版本。

生讨伐传统的（以形而上学为基础的）道德哲学，讨伐一般的道德论，以及特殊的基督教道德。这与作为非道德论者的尼采致力于个性伦理学相同。因此，尽管尼采翻转了所有的价值，但是他的伦理学包括几个传统的道德概念。毕竟，善与恶的并列、真理与勇气的价值、责任的中心性，是道德哲学、伦理学和个性伦理学共享的概念。当然，所有的传统价值、德性和道德概念都被尼采做了激进的再阐释，甚至是翻转，但是即便如此，它们仍然属于道德术语的家庭成员。

尼采的个性伦理学（和所有其他典型的个性伦理学一样）对道德论和道德哲学说"不"。尽管道德哲学、道德论和个性伦理学共享少数道德概念，但是这三者各自的智识原理是完全不同的。

尼采和某些古代道德论者之间的共同之处却不只一些道德术语；特定的态度方面也是惊人地相似。道德论者是怀疑论者，尼采也将他自己（以及查拉图斯特拉）描述为一个怀疑论者。道德论者不是形而上学家；尼采也不是。道德论者不搞体系化；尼采也不搞。① 道德论者嘲笑人类（尤其是他们时代的习俗），并且揭露虚伪；尼采也这样做。道德论者喜欢笑而不喜欢哭；尼采也是。道德论者从颠倒的视角，带有或多或少的【20】 轻蔑来审查他们同时代人的不健康的道德习俗；尼采也是。道德论者是"不愉快的"人，他们的真理也如此；尼采也与此类似。少数道德论者（尤其是蒙田［Montaigne］和利希滕贝格［Lichtenberg］）是尼采极其欣赏的，有一些是尼采所不喜欢的（例如拉罗什富科［La rouchefoucauld］）②，但是他却分享了所有上述人物的某些特征。

1887 年之前，尼采经常使用道德论者最爱乱用的术语之一："伪善"（或者 *tartufferie*）。和其他所有道德论者一样，尼采鄙视伪善；一般的道德论者和诸如尼采这种独特的"非道德论的道德论者"之间的本质

---

① 当代尼采学院派研究中的几个杰出人物努力将尼采"提升"到学院哲学的层面。例如，德勒兹经常强调，尼采的有些特定表述只是看起来前后不一致，其实每件事情都"击中了"：尼采是前后一致的。但是如果尼采是前后一致的，那么他的前后一致是另一种东西，而不是建构体系的哲学家的那种前后一致。在尼采那里，他否弃传统的前后一致的标准，并尽最大的努力回避它。尼采的前后一致在于他的个性，他的"视角"，或者毋宁说是他的许多视角的综合。这解释了他的著作的非体系化的特征，也解释了他的逻辑非一致性的许多方面。

② 我永远也无法发现他的偏好的原因。这一定是一个品位的问题。

差别在于他们对伪善的解释。在道德论者的书中，伪善者假装道德地行动，尽管他并不是道德的；在"非道德论的道德论者"的书中，道德本身就是伪善。在道德论者的书中，道德是标准；他们嘲笑的不是道德，而是自以为是、自命不凡、讲空话、欺诈、滥用道德的语言来做不道德的事情。在尼采的书中，生活是标准，也就是说，对生活说"是"：例如成长、发展自己的力量、才能和权力，依赖某人的影响，使自己**成为**（become）。从生活的标准（非道德论的道德论者的标准）看，道德（道德论者的标准）是伪善的。一个人是否信从其所承认的道德理想，是否根据这些理想来生活，或者仅仅是口头上说说，这对于尼采而言都是次要的，因为道德标准本身就是一种伪善。在这个意义上，圣保罗（Saint Paul）和答尔丢夫（Tartuffe）都是伪善的，尽管他们——作为个性——并非如此。①

但是早期，尤其是中期（可能直到《善恶的彼岸》［*Beyond Good and Evil*]），尼采有一种倾向，即颠倒实践道德论者的批判：当道德论者嘲笑人们的小毛病时，尼采就嘲笑道德论者的小德性。因为宏大的德性不是基督教的德性，而是马基雅维利在《君主论》中所描述的德性（*virtu*）。② 然而，在尼采最新的著作中，当他开始几乎狂热地痴迷于摧毁基督教及其后继者的道德的紧迫性（砸烂可耻的东西［*écraser l'infáme!*]）时，当他经常采用预言式的、缺乏反讽的姿态时，"道德论者的道德论"和"非道德论者的道德论"之间的相似性就开始消失了。在这一阶段，尼采较少使用诸如"伪善"这类术语，他的愤怒和失望超过了他的怀疑主义和幽默感。

然而，尼采的战斗不是反对道德论者，而是反对道德哲学家，反对犹太教-基督教伦理的提倡者及其"伪善的"后继者。每一个道德哲学家都是敌人，而柏拉图和康德是所有敌人中最令人敬畏的（如果排除圣保罗，他不是哲学家）。我们可以说尼采是一位以与道德哲学同样的方

---

① 尼采认为圣保罗应该对欧洲文化的退化负责。圣保罗创造出了基督教的所有虚伪人物。有时候尼采将奥古斯丁放在圣保罗旁边。

② 每当尼采赞扬马基雅维利时，他脑子中想的都是《君主论》的作者，而从来不是《论李维》的作者。马基雅维利思考德性与命运之间相互关系的方法尤其吸引尼采。

式来反道德的-哲学倾向的道德哲学家，并且宣称他是一名"非道德论的"道德论者吗？

【21】　　我认为我们并不能这样说。如果尼采是一位形而上学家，如果他选择了本原（arché）（基本原则）并在它之上，或者围绕它建立道德的真理大厦，如果对道德价值的重估驳斥了传统价值的真理，那么我们就有很好的理由称之为具有反道德的-哲学倾向的道德哲学家。但是尼采并没有构想一种替代的（反道德的）道德哲学。他的个性伦理学也不会使其具有这一资格。这不仅是因为道德哲学（即在西方世界以及许多东方文化中获胜的道德哲学）在权力上远远高于个性伦理学（不仅如此）。因为道德哲学是"原则"，而个性伦理学却是罕见的例外，而且还有更深层的原因。道德哲学和个性伦理学从未相遇，它们绝不会为一个最终目标而战斗，因为它们从不会进入同一条船、不会玩同一个游戏。

　　我接下来的讲座将要讲到尼采的故事，这个悲剧哲学家动用了他最大的智识力量去支持一种新的道德和一种新的道德哲学，却反复地，并且越来越强烈地得出这样一个弄巧成拙的结论，即人们看不到一种可以替代旧道德哲学的新道德哲学。想一想：我重新评价我父辈的房子。他们认为这座房子是最漂亮的，是无价的。我鼓足了勇气指出它是一个肮脏的洞，是一座监狱，是一个阴暗的寓所。但是当我"揭露"旧房子的时候却没有建起一座新房子。旧房子仍然在那儿，尽管它现在已经贬值了。

　　和其他哲学家一起，尼采实践了这种标志的翻转，这后来被尼采称为邪恶的"激进化"。这种邪恶已经存在，我们正在遭受它。但是遭受是消极的，而自由是积极的。通过改变我们遭受的原因（理由）以及我们对待遭遇的视角，我们获得，或者毋宁说是再次获得了自由。以前被冠之以"邪恶"的东西现在变成了好的。我们（邪恶的人、被决定的人、被从外面建构的人）将建构我们自己，并且从我们自己的视角，我们将邪恶丢给了那些从前决定我们的人及其价值观。

　　在尼采的讲述中，邪恶的激进化是重估所有价值的一个方面。根据他的著作之一，曾经有过一种被成功实践的邪恶的激进化：它发生在所谓的道德的"奴隶起义"阶段。当前，对所有价值的重估必须导致另一种邪恶的激进化——反向的激进化。现在，自由的灵魂必须说奴隶们曾经说过的话：我们，这些"邪恶的"人，这些非道德论者，其实是好的、崇高的人。尽管尼采的历史神话学具有很多面，但当尼采描述他关于一种新的文化贵族——在未来，将现代社会重新划分为"高级的"和 【22】"低级的"，彻底的虚无主义者与超人一起，成为新的价值翻转的历史博学者，这种新的价值翻转战胜了虚无主义——的某些梦想时，他并不是真的相信这种变化会到来。① 重申一遍，尽管只有个性伦理学可能反对旧的道德哲学，但是这两个死敌却从未相遇。它们甚至都不是敌人，因为旧的道德哲学对个性伦理学并不感兴趣；它只是忽略它，至少在实践上，并不必然在哲学上。

上帝死了，旧的基督教上帝已经死了。他死于年老，死于怜悯，或者被杀害了——只需要提及关于此主题的几种不同说法。② "上帝死了"不是尼采的"话"，相反，它是对19世纪的文化老生常谈之一的引用。③这就是为什么对道德和基督教的战斗变成了被称作"邪恶的激进化"的实践的中心点。上帝死了，他不可能复活。这个世界已经失去了升华机制，其中不再有精神存留。功利主义，即"揭露"的最原始版本体现了对这个世界的高级祛魅。④ 什么也没有留给激进主义者，除了使邪恶激进化，揭露堕落、悲观主义、现代自然科学，以及虚无主义哲学的谎

---

① 这种态度（也被尼采）称作英雄的悲观主义。

② 尤其看《快乐的科学》的卷五（Book Five of *Die Froehliche Wissenschaft*）和《查拉图斯特拉如是说》的两个代表性段落，尼采，第3卷和第4卷。

③ 这是对海德格尔《林中路》中的著名文章的参考："尼采的话，'上帝死了'"（*Holzwege*: "Nietzsche's word, 'God is dead'".）。海涅经常说犹太教-基督教上帝的垂死或死亡。在他得到尼采支持的彰显其才华的《德国的宗教与哲学》（*Religion and Philosophy in Germany*）一书中，海涅归功于康德杀害了自然神论。

④ 尼采对功利主义的主要反驳可以总结如下：当他们将每件事情都缩减为一件事情的效用时，它们就等同于这件事情（现象）的起源、意义、功能和目的。保罗·瑞（Paul Rée）的"谱系"也基于这种精神受到了尼采的批判。他是一个粗糙的程序主义者，因为他未能成功地把握意义的变化和翻转，未能把握多元决定，以及精神生活的整个复杂性。即，尽管他反对粗糙的还原论，但是尼采自己也将对更加复杂的还原论负有责任，他将每个努力都还原为我们的情感，最后还原为权力意志，而这在这个框架中是没法讨论的。事实上，在19世纪，可能除了克尔恺郭尔，没有一个激进的哲学家可以完全避免还原论的缺陷。世界祛魅的概念（而不是表达）来自尼采。

言。卸掉面具，丑陋的面孔露出来了。其他的面具在等待被卸去，甚至更丑陋的面孔将出现。激进哲学不做妥协。但是尼采面对着这个悖论。

克尔恺郭尔呼唤我们面对这个悖论；这就是为什么作为一个"伦理学家"（这是他的面具之一），他能够面向作为单个人的单个人。毕竟，单个人就是普遍。相反，尼采没有从悖论开始。① 他还没有准备好放弃他的预言式呼唤、他的关于新超人的梦想，尽管他意识到这一最终目标的不可能性。尼采没有以悖论开始，却以悖论结束，因为当他在个人中找到唯一的解药和治疗方法，而个人又不是普遍时，他给他自己创造了一个悖论，一个不情愿的和不被承认的悖论。也许这就是为什么尼采和克尔恺郭尔不同。因为他从未面向一个单个人，而总是面向一群追随者：自由的灵魂，那些和他不一样，却仍然密切倾听（如果不是理解的话）他的人。最后，他的个性伦理学在《瞧，这个人》中达到顶点，其中，哲学家向他自己讲述他自己的故事。这种行为当然与"禁欲主义的理想"并不匹配。

---

① 我在这里想的不是克尔恺郭尔的绝对悖论（**永恒真理**的历史性出场），而是他的真理概念（**真理**是主观性）及其衍生物的悖论性。既然基督教的信仰跳跃不是唯一存在的跳跃，那么尼采可能展现他的这个悖论，却不用放弃他的反基督的哲学热情。

第二讲

现在我们进入核心主题：我们将要讨论尼采越来越痴迷于瓦格纳这个问题的重要性。

青年尼采喜欢瓦格纳但并不痴迷于他。在《悲剧的诞生》中，尼采既将瓦格纳作为偶像，也将他作为代言人。① 在《不合时宜的沉思》（"理查德·瓦格纳在拜罗伊特"）中，他开始疏远他的作曲家朋友，但是是有策略地、一步一步地疏远。在与瓦格纳决裂之后，没有"瓦格纳事件"，更没有"尼采反瓦格纳"。当尼采最初命名为《权力意志》（*Will to Power*）的那本书的写作受阻时，他对瓦格纳的痴迷开始发展。在那个时候，尼采开始唤起对过去与瓦格纳神秘的，或者毋宁说是天意般的关系，以及他自己生命的转折点的记忆，将瓦格纳看作不可忘怀的朋友和最令人敬畏的敌人。尼采追溯他的痴迷。确实，他的记忆是真实的，但是就像所有关于尼采的事情一样，天意的重要性开始与后来的记忆，即《论道德的谱系》（*On the Genealogy of Morals*）之后和笼罩着尼采心灵的黑暗之前的阶段胶着在一起。

与瓦格纳之间友谊的个人回忆可能是温暖人心的，但是与瓦格纳的分裂才具有公共重要性。尼采杀死了他深爱的和尊重的兄弟，这个兄弟从未伤害过他，但是尼采却恨他。尼采杀了他，不是因为他的所是，而是因为他过去曾经做过的事情。与《圣经》的神话相对照，尼采杀死他的兄弟，不是因为兄弟更得父亲的宠爱，而是因为他对父亲的爱胜过兄弟对父亲的爱。尼采杀死那个浪荡子，不是因为他离开了父亲的家，而是因为他回到了父亲的家。事实上，在建构他与瓦格纳的命定关系的神话时，尼采通过改变该隐和亚伯的神话以及浪荡子的神话，而对传统价

---

① 尼采在《瞧，这个人》中的评论，即他根本没有谈论瓦格纳，而是谈论他自己，这是一种极端的夸大。

值进行了重估。因此，他为其所期盼的现代性先锋创造了一种新的模式，或者毋宁说是一种具有代表性的主旋律。①

【24】　我引用两段具有代表性的话，它们都是来自《瞧，这个人》，第一段话来自《人性的，太人性的》（*Menschliches, Allzumenschliches*）这一章的第五段。

在转到第一个引文之前，还有一些事情需要说明。值得一提的是，尼采后来对这本（较早期的）书的解释通过对瓦格纳的回忆而具有了完整性。这本《人性的，太人性的》现在（在尼采理性生活快要终结时）被这位生活和工作"危机"的产儿回忆起来；再次，这一危机与同瓦格纳的决裂密切相关。与往常一样，在尼采那里，个人生活和哲学生活交织在一起。与往常一样，他的个性伦理学是作为指导精神出现的。

> 我当时做出的决定不仅是与瓦格纳决裂。我意识到，我的整个直觉都失效了，只有错误的举措，不论是瓦格纳还是巴塞尔教授（Basel professorship），都只是对这件事情的印证。不耐烦战胜了我；我意识到，现在正是回到我自己的时候。（Was ich damals entschied, war nicht etwa in Bruch mit Wagner-ich empfand eine Gesammt-Abirrung meines Instinkts, von der der einzige Fehlgriff, heisse er nur Wagner oder Basler Professur, bloss ein Zeichen war. Eine Ungeduld mit mir uberfiel mich; ich sah ein, dass es die höchste zeit war, mich auf mich zurückbesinnen.）②

做真实的自己，这是个性伦理学的第一个，或许也是唯一一个准则。好的直觉（在伦理学意义上也是好的）把你带回正确的道路，你自

----

①　例如，看巴托克的《世俗康塔塔》（*Cantata Profana*）。一般而言，尼采从更加现代化的现代主义版本的视角反对他称之为艺术的堕落，这种更加现代化的现代主义版本在他的时代还没有出现。从美学上看，尼采的预言是好的。的确，凡·高和塞尚是尼采的同时代人，并且，从原则上看，尼采本来可能认识塞尚，但他其实并不认识他。这两种居于尼采审美兴趣核心的艺术类型（文学和音乐），发展了先锋派的现代主义倾向，这远在美术，尤其是先锋派绘画之后。

②　*Ecce Homo*（*Menschliches*, par. 3）, Nietzsche, vol. 6.

己的道路，即你的准则之路。瓦格纳只是一个"症候"，一个伦理学缺陷的症候，因为他是尼采生成为尼采之路上的绊脚石。与瓦格纳的断裂源于好的直觉，这一直觉使人回到自己。

当然，最真实的自己是一件棘手的事情。首先，人们可能问："做哪种自我？"尼采说，人们必须从其他许多自我中解放出"最深层的"自我（unterste Selbst）。① 但什么是"最深层的自我"？是回顾中最重要的自我吗？但如果是这样，那么，这取决于人们回顾时的直觉，而回顾时的自我也要（又是通过回顾）被看作危机时最重要的自我。在哲学层面上，并没有由此产生恶的循环。尼采是现在流行的这一观点的最重要的开创者，即不存在纯粹的事实，因为所有的事实都是不同角度的阐释。但是理论困难的消除等同于实际困难的消除吗？人们如何能够区分"做真实的自己"与"充分地做真实的自己"这两个准则？作为伦理学的准则，第二个不是和第一个具有同样的程度吗？在易卜生的《培尔·金特》（*Peer Gynt*）中，是巨怪（Trolls），即自满的资产阶级的童话版本赞同这一格言，"巨怪，充分地做真实的自己！"但是尼采的实践仅仅只是尼采的实践。尼采的生活、未来、直觉，以及他最深层的自我 【25】
要求他与瓦格纳决裂——他也这样做了。但是，对瓦格纳的迷恋，尤其是通过与他的决裂表现出来的，难道不是相反的证据吗？如果你将某人抛在了脑后，你还需要喋喋不休地谈论与他的决裂，或者其他什么吗？你还需要在每个场合都为自己辩护吗？你会整日诅咒那个已经被你远远抛在脑后的人吗？难道不是可以更合理地推定，在瓦格纳死后，瓦格纳-尼采的关系变成了瓦格纳-尼采的合作了吗？这种神秘的发展与尼采放弃《权力意志》的计划有关系吗？

在绕了这一圈以后，我现在必须回到上面所引述的第一段话了。尼采将《人性的，太人性的》内容口述给彼得·加斯特（Peter Gast）。他当时处于病痛的折磨中。当书写好之后，他寄了两本"到拜罗伊特"。

---

① *Ecce Homo*（Menschliches, par. 4）, Nietzsche, vol. 6.

当时，"真是一种奇妙的巧合"（Durch ein Wunder von Sinn im Zufall）①，一本漂亮的《帕西法尔》问世了，上面有瓦格纳献给尼采的题词："献给他忠实的朋友弗里德里希·尼采，理查德·瓦格纳，教会顾问"（seinem theuren Freunde Friedrich Nietzsche, Richard Wagner, Kirchenrat）。尼采接着说：这两本书的交会——我似乎听到了不祥之声。这难道不像两把军刀的碰撞吗？至少，我们两个都有这样的感觉，于是我们都保持沉默。"（Diese Kreuzung der zwei Buecher-mir war's als ob ich einen ominoesen Ton dabei hoerte. Klang es nicht, als ob sich Degen kreuzten? … Jedenfalls empfanden wir es beide so: denn wir schwiegen beide …）② 瓦格纳将自己署名为"教会顾问"，这是一种模棱两可的态度：自我嘲讽的，但也是挑衅的和尴尬的。③ 这两本书的交会呈现出象征的–方法论的维度；这就是为什么尼采使用"骰子的幸运一掷"这个修正的比喻（偶然的奇迹的意思）。这两本书碰撞出了声音；这种声音是怎么样的？像军刀的碰撞：伴随着尖锐的、金属的声响。有着音乐耳朵的人才能听到。这是尼采和瓦格纳之间第一次军刀的碰撞——其他的是沉默。但是我们怎能说是**第一次**军刀的碰撞，如果第一次之后没有第二次和第三次的话呢？其他的是沉默，因为之后不久瓦格纳就去世了。

但是比活着的瓦格纳更令人敬畏的瓦格纳的阴影继续与尼采决斗。是帕西法尔，而不是瓦格纳举着圣矛。帕西法尔的武器比瓦格纳所使用过的都要尖锐。对瓦格纳而言，作为一名艺术家——我们从尼采处学到这一点——不是他所想象的。他所创造的英雄开始过上了独立的生活；有时候他们是瓦格纳所不是的一切东西。在与瓦格纳的圣战中，尼采事实上不是与瓦格纳，而是与帕西法尔在战斗，并且他从未打败的正是帕西法尔（而不是瓦格纳）。关于这一点我们稍后再讲。

【26】　　我现在回到第二段引文。尼采开始讲述查拉图斯特拉的故事。

---

① 参见尼采：《瞧，这个人》，黄敬甫、李柳明译，团结出版社 2006 年版，第 103 页。——译者注

② *Ecce Homo*（Menschliches, par. 5），Nietzsche, vol. 6.

③ 托马斯·曼在他的小说《浮士德博士》中使用了这一动机，但将著名的（臭名昭著的）签名归之于阿德里安·莱韦屈恩，他主要是基于尼采（而不是瓦格纳）塑造的。

这本著作最基本的概念，同一事物永恒重现的思想，绝对可以获得确认的最高公式——属于 1881 年 8 月。正是从这时候起，我开始思考，直到 1883 年 2 月突然交付——最后的部分，我在序言中从这一部分引用了一些段落，这一部分正是在瓦格纳于威尼斯去世这一神圣时刻完成的，所以我有 18 个月的孕育时间。（Die Grundkonzeption des Werks, der Ewige-Wiederkunftgedanke, diese hoechste Formel der Bejahung, die ueberhaupt erreicht werden kann-gehoert in den August 1881 … Rechne ich … von jenem Tage an vorwaerts, bis zur ploetzlichen … eintretenden Niederkunft im Feburar 1883-die Schlusspartie, dieselbe, aus der ich im Vorwort ein paar Saetze citiert habe, [1] wurde genau in der heiligen Stunde fertig gemacht, in der Richard Wagner in Venedig starb-so ergeben sich achtzehn Monate fuer die Schwangerschaft. ）[2]

瓦格纳生病的那段时间正是尼采精神孕育的那段时间。孩子（那本书/预言，查拉图斯特拉这个儿子）的降生正好发生在瓦格纳去世的时刻。我们应该听听这句话的音乐。对瓦格纳之死的严肃宣布（尼采同时谈到他的"儿子"查拉图斯特拉的降生和帕西法尔之父的死亡的"神圣时刻"）被作者"孕育"的如画般的详细描述所环绕。在最开始，在这一段落的最开始部分，出现的是同一事物永恒重现的思想，这一思想在尼采那里突然出现，但也不是完全没有征兆（Vorzeichen）。尼采谈论着他的品味的完全的和陡然的改变，尤其是他的音乐品味等，"也许人们可以将整个查拉图斯特拉当作音乐来读"。（Man darf vielleicht den ganzen Zarathustra unter die Musik rechnen…）[3] 概言之，在瓦格纳去世之日，另一种反对瓦格纳风格的音乐诞生了。这一新的音乐（尼采的《查拉图斯特拉如是说》）围绕着"永恒重现"的思想。永恒重现的思想是石蕊试

---

① 尼采这里指的是《瞧，这个人》的导言中的最后几句话。
② 同上，也见《查拉图斯特拉如是说》第 1 段。
③ 同上。

纸：他强大到足以看到他自己，并且从这一视角看到了世界，证明了他自己的高贵。他是"骰子的幸运一掷"，并且主张了（他的）个性伦理学。

在《瞧，这个人》中，将尼采-瓦格纳关系神话化是尼采愈加痴迷于瓦格纳的体现，尤其是痴迷于《帕西法尔》。① 这个故事回到了《论道德的谱系》，或者说回到了尼采笔记中关于这一计划的第一个条目。这个条目这样写道：

1. 第一篇论文（Zur Genealogie der Moral Erste Abhandlung von Friedrich Nietzsche）

【27】　　2. 禁欲主义的理想（das asketische Ideal）

3. 责任（Verantwortlichkeit）

4. "我"和"他"（ich and er）②

接下来的条目这样写道：

《帕西法尔》的序曲，很长时间里赐予我最伟大的祝福。情感的力量难以言表，我不知道还有其他的东西如此深刻地理解了基督教，且产生如此程度的共鸣。彻底的微妙而感人……我所知道的最崇高的伟大杰作，把握住富有成效的确定性的权力与力量，对它产生难以言表的伟大共鸣……（Vorspiel des P[arsifal], groesste Wohltat, die mir seit langem erwiesen ist. Die Macht und Strenge des Gefuehls, unbeschreiblich, ich kenne nichts, was das Christentum so in die Tiefe naehme und so scharf zum Mitgefuehl braechte. Ganz erhoben und ergriffen … das groesste Meisterstueck des Erhabenen, das ich kenne, die Macht und Strenge

---

① 在这里，我在尼采的意义上使用"符号"这个术语，即作为"代表性的表现"，不是在相似或类似的意义上，或者作为一个准暗喻。

② Nietzsche, vol. 12, *Nachgelassene Fragmente*, summer 1886–autumn 1887, 5(Note 40).

im Erfassen einer furchtbaren Gewiss-heit, ein unbeschreiblicher Ausdruck von Groesse im Mitleiden darueber...) ①

在回顾中，尼采将他的查拉图斯特拉阐释为具有新品味的新音乐、神秘地诞生的反对瓦格纳的作品。但是《论道德的谱系》从它诞生之日起就被看作反对瓦格纳或者说反对帕西法尔的典范作品。"我"和"他"应该被理解为"尼采"和"瓦格纳"，或者毋宁说是"我的儿子查拉图斯特拉"和"他的儿子帕西法尔"。还有其他一些额外的作品，但是最终，它们都归结为最简单的公式——尼采和瓦格纳。

是"我"和"他"，而不是"我"或"他"。作为一个不明朗而细腻的人，尼采不喜欢绝对的替代者。并且，反对者并不必然是替代者。而且，以论禁欲主义理想的论文而开始的计划（在最后版本中成了第三篇论文）和禁欲主义理想在瓦格纳的帕西法尔中得到了最好体现。至少这是尼采在另一本日记的开篇所建议的，也就是我们刚刚引用过的那段话。

现代主义作曲家阿德里安·莱韦屈恩（Adrian Leverkuehn）（在托马斯·曼［Thomas Mann］的小说《浮士德博士》［*Doktor Faustus*］中）（在绝望和厌恶中）谱写了他虚构的杰作（《浮士德博士的哀悼》［*The Lamentation of Doktor Faustus*］），以之作为贝多芬第九交响曲的反对面。用他的话说，他"正在收回"第九交响曲。相似的事情也发生在尼采和他的《论道德的谱系》中。这本书被看作标志着"正在收回"瓦格纳的《帕西法尔》——这部关于共鸣的杰作，这种通过同情所难以表达的伟大感情。尼采说，同情不应该被"收回"，共鸣也不应该被"收回"：它们必须被"收回"；基督教必须被"收回"。瓦格纳给我们"最大的福音"（die groesste Wohltat），但是它必须被收回。诚意、真实性、生活（和我的个性）都要求它们必须被收回。

尼采在关于《论道德的谱系》计划的哲学日记的开篇就点明了这本书的信息，尽管这也是事实，即人们确实可以在不了解开篇的情况下通过最后的版本而掌握这个信息。《论道德的谱系》的结构或者毋宁说构 【28】

---

① Nietzsche, vol. 12, *Nachgelassene Fragmente*, summer 1886–autumn 1887, 5(Note 41).

造，和尼采的其他书的结构或构造不同。三篇文章处理的是主体问题，序言(是序言[Vorrede]而不是前言[Vorwort])很好地介绍了这一点。益格鲁-撒克逊的哲学家学术地、僵硬地看待这种结构，由于他们在每一篇文章中都找到了直截了当的论证线索，所以就更加如此。这是一种严重的简化。这确实给尼采的著作帮了倒忙，并且引起许多无谓的争论。不过让我们把这个问题放在一边。我将尼采的《论道德的谱系》当作跟随序曲之后的三幕歌剧（或者毋宁说是音乐剧）来读。尼采的音乐剧紧随瓦格纳的音乐剧（《帕西法尔》），但是却做了改变，即前者"收回"后者。尼采从价值上改变了《帕西法尔》的价值，因此也就从价值上改变了《帕西法尔》。问题（对尼采而言而不是对我们而言的一个不可逾越的问题）是他最终并没有成功地完全"收回"《帕西法尔》，正如虚构的阿德里安·莱韦屈恩最后没有成功地完全"收回"第九交响曲一样。"收回"不是驳斥，也不是篡改，它仅仅意味着"这在现在（或者永远）是不应该的"。那么什么是应该的，或者可以的？来自救世主的救赎可以和对救世主的救赎相匹配吗？

将《论道德的谱系》当作三幕（和一个序曲）歌剧来读，这个想法对我而言是如此理所当然，以至于我很吃惊，我所知道的人中间竟然没有一个人这样想。事实上，我确信在我之前有许多人（我并不熟悉这些人，因为不可能穷尽关于尼采作品的所有文集）这样想过。我可能错过了沿着这种思路所展开的关于这个主题的重要讨论。但是既然我不了解这些讨论，那么我就将继续我自己的讨论。

《论道德的谱系》的文字形式使人联想到戏剧（可能是悲剧）而不是音乐剧。为了支持我的观点，我可以应用尼采引用过的话，说明《查拉图斯特拉如是说》应该作为音乐来读。毕竟，尼采也是一位作曲家。但是我们并不需要应用一个权威的证词。按照历史顺序一次性读完尼采的所有笔记就够了：这就像是在阅读音乐。笔记中出现了一个主旋律，开始是弱音。可能它在一小段时间里不会再出现。然后它再次出现，和其他主旋律纠缠在一起。同样的主旋律在许多变奏曲和韵律中再次响起。关于这个主旋律的变奏曲开始控制所有的篇章。渐强音比渐弱音更多。于是主旋律以最强音出现。在控制了这个场景之后，主旋律（及其一些变奏曲）开始呈现出一本书的形式。随后，同样的主旋律（及其变奏曲）开始消退；最后，它们彻底消失了。如果一本书不是来自主旋律 【29】演变的最强音控制阶段，这也会发生——就像在《权力意志》中一样。在几十个主题、标题和章节完全不同的变奏曲之后，主旋律及其变奏曲只是零星地在钢琴上再次响起，然后消失。其他的主旋律和变奏曲取代了它们的位置。

我们通读尼采全部作品所能听到的东西，也是我们阅读其单独的、精巧设计的作品所能听到的。这些作品的文字形式各异，只有对主旋律、对统治与服从形式的音乐的——类似作曲——处理方式没有变。我说统治与服从是为了强调，就音乐而言，尼采的作品是相当传统的。尼采（在音乐上）有着古典主义的品味，尽管他是美学理论中文字先锋（*avant la lettre*）意义上的先锋派。我们不能确定他是否具有作曲家的创作天分，但我们可以确定的是，这种结合（在音乐技巧上的古典主义品味和美学方面的现代先锋派作曲理念）在音乐创作中并不能被很好地结合在一起。但是对尼采而言，被认为是音乐创作的哲学是结合品味与思想的最完美方式。借用康德的话说，尼采可以成为具有品味的天才，因为他应用其哲学家的天才并且将他的品味融合进一种音乐的方式，以这种方式来思考哲学的主题。这确实是"骰子的幸运一掷"。

哲学思想的音乐创作导致的结果是连贯性和非连贯性的独特混合。如果人们把尼采的某本著作当作一连串的哲学论证来读的话，那么他很快就会发现不必要的跳跃、逻辑矛盾以及诸如此类的东西。如果阐释者花费了巨大的努力来消除那些"显而易见的"矛盾，那么他就给尼采帮了倒忙，尼采并没有着意于逻辑连贯性。① 或者，例如人们阅读《论道德的谱系》的第一篇，然后总结尼采关于好与坏或者善与恶必须说些什么，那么他就将以不完整的半真半假的东西而宣告结束。因为尼采的定

---

① 已经提到的德勒兹的作品充满了这种尝试。并且，他产生了这样的念头（在我看来完全是荒谬的），即《论道德的谱系》应该作为对康德《纯粹理性批判》中的辩证法的反驳来阅读。尼采很有可能甚至根本没有读过康德的原著（他通常参考新康德主义的版本和阐释），每当他谴责辩证法时，他经常这样做，他脑子中想的主要是苏格拉底/柏拉图的辩证法。

义（规定［*Bestimmungen*]）、说明、构想和悖论要么是关于一个主旋律的直接描述，要么是关于那个主旋律的变奏曲。那个主题（例如善、恶、负罪感、良知）在书中呈现为许多变奏曲和不同的节奏。它们中没有一个可以被指作"尼采关于 X 说了什么"中的那个"什么"。它们不是相同的，它们甚至不能成功地相互补充，因为它们只是它们所是的东西：关于一个主旋律的变奏曲。它们是相同的，它们也是不同的，但是这里没有"差异中的同一性"，因为没有一个主旋律（不论它是第一次出现还是最后一次出现）可以被描述为变奏曲（差异）的同一性，尽管所有的变奏曲都是这个"同一性"的变奏曲。不过在尼采那里也有连贯性，【30】就像在贝多芬的交响曲或者莫扎特的歌剧中有连贯性一样。如果人们反复地听贝多芬的一些作品，那么他后来就能立即辨认出贝多芬的作品，并且对以前从未听过的随后的曲调、接下来的音乐片段，或者对作品的最后乐章有一种预感（或者预知）。类似地，那些读了尼采的人也将知道关于某位作者、某个道德句子或者哲学假设，尼采可能或将要说些什么，即使据读者所知尼采关于它们什么也没有说。之所以如此，是因为尼采的个性特征明显地体现在他所有的作品中。他的个性是他所有的伪装或自我、所有的构成其作品的个性变奏曲中的共同的（连贯的）主旋律。

在绕了这一圈之后，让我回到《论道德的谱系》。它是一部歌剧（或者更恰当地说是音乐剧），并循着尼采将要"收回"（但事实上他并没有能够彻底收回）的音乐剧的足迹（或者毋宁说是音乐的足迹）。这是尼采唯一的不连贯；或者毋宁说，他的个性在这个问题上分裂了。尼采的两个"自我"，它们并没有高下之分，相互交织在一起，它们的冲突没有得到解决。这就是为什么尼采可能体会到了"那种神秘莫测感"笼罩着这本书。事实上，尼采（在《瞧，这个人》中）说到"谱系"（*Genealogy*）是最神秘莫测的（*das Unheimlichste*）。"*Unheimlich*"意味着神秘莫测，但它也意味着没有家、熟悉感的缺失、陌生、恐惧、不安。"谱系"不仅对于读者来说（它所针对的那些读者），而且对于作者来说都是令人不安的。

我假设尼采迷恋瓦格纳是因为"收回"《帕西法尔》的伟大挑战没

有成功。正是在这个关口，与瓦格纳-帕西法尔的战斗开始了，这是一场生死之战。现在军刀相向。"我"和"他"现在成了"尼采反瓦格纳"。但是，尼采的情感、动力（他的权力意志）、诚意、高贵、恐惧都被错误地表达（at false words），他自己的个人绝对命令（用他自己的伦理学术语来描述他）使他不再"收回"《帕西法尔》。但是，《帕西法尔》必须（应该）被收回。最后，尼采逃离——进入疯狂。①

让我重复一遍：在《论道德的谱系》之前，尼采还没有迷恋瓦格纳。尼采的许多著作都大量谈论瓦格纳，既有赞许也有非难。例如，在《善恶的彼岸》中，瓦格纳向叔本华的转向被尼采非难，但是《纽伦堡的名歌手》（Meistersinger）的序曲则受到最高的赞扬。② 只要粗略地看一眼尼采在《论道德的谱系》之后的作品的标题，就会发现这最后的精神战斗具有压倒性的重要性。

接下来的标题是《瓦格纳事件》（The Case of Wagner）。这是对引诱者的宣战。"啊，这个老巫师！所有克灵索尔的克灵索尔！他是如何和我们所有人作战的！我们，自由的灵魂！是的，老引诱者！愤世嫉俗者警告你：当心恶狗（cave canem）。"（Ach, dieser alte Zauberer! Dieser Klingsor aller Klingsore! Wie er uns damit dem Krieg macht! uns, den freien Geistern! … Wohlan, alter Verfuehrer! Der Cyniker warnt dich-cave canem.）③ 我们必须【31】注意，在这里和在其他许多地方一样，尼采用瓦格纳的神话反对瓦格纳。④ 但是在同样的著作中，他将瓦格纳融进一种（颠倒的）基督教神话。"恰恰在我们的时代虚假变成了真实存在，甚至成为天才，这是奇

---

① 尼采是否有梅毒，没有人知道。但是人们能够知道的是，他动员他自己进入一种哲学情境（并且哲学是他的整个生命），在那里，疯狂是他唯一剩下的逃避。正如克尔恺郭尔一样，在他攻击基督教王国之后，没有剩下其他的选择，只有跨越基督教和无神论的界限，或者死亡，要么就是崩溃及死亡。人们可能反驳我的阐释，即甚至在对《论道德的谱系》的再阐释的最后（在那里，他称之为他所写过的最可怕的作品），尼采还是回到了这个立场，根据这一立场，查拉图斯特拉是反帕西法尔的理想的。在这两个方向上都总有着运动。但是在尼采看来，没有希望（信条）以保证确定性。

② *Beyond Good and Evil*, par. 47 and par. 240, Nietzsche, vol. 5.

③ *Der Fall Wagner*, Postscript, Nietzsche, vol. 6.

④ 这也出现在《善恶的彼岸》中，在那里，尼采将瓦格纳和昆德莉等同，就好像昆德莉是一个男人，而不是一个女人。

迹吗？瓦格纳居住在我们中间吗？我将瓦格纳称作现代性的卡廖斯特罗（Cagliostro）不是没有理由的。"（Was wunder, dass gerade in unsern Zeiten die Falschheit selber Fleisch und sogar Genie wurde? dass Wagner "unter uns wohnte". Nicht ohne Grund nannte ich Wagner den Cagliostro der Modernitaet …）①

《瓦格纳事件》之后是《偶像的黄昏》（*The Twilight of the Idols*），作者自己将这本书看作他第一次以书的形式努力对所有价值进行价值翻转（尼采说，正是那个时候，他开始用锤子来做哲学了）。《偶像的黄昏》这个标题是明显的呼应。序言宣称"这篇小文是一次伟大的宣战"。（Diese kleine Schrift ist eine grosse Kriegserklarung.）② 尽管标题还暗指瓦格纳，但是这本书中却极少提到瓦格纳。向基督教、形而上学传统、（道义的）道德[（moral）morality]宣战了；因此也是向《帕西法尔》的价值观宣战了。《帕西法尔》的上帝、道德和形而上学——这些是偶像。它们现在被锤子毁灭了（而不仅仅是像之前一样被解构）。当心恶狗……

接下来（在那些不再被尼采出版的著作中）是《敌基督者》（*Der Antichrist*）。从我们的问题的角度（以及从我们在此不能讨论的其他重要问题的角度）看，基督/敌基督的二分不像它初看上去那么简单。第一眼看去，尼采的区分是清晰的。**他**是敌基督者或基督教的死敌（既然在德语中基督徒这个词就是"基督"，那么"敌基督者"也就意味着"敌基督徒"），但是"变得虔诚的"③ 瓦格纳为基督和基督教，并以二者的名义而战。但是如果我们回忆起上面从《瓦格纳事件》引述的话，那么对"敌基督者"最初的解释方法就不能够使我们满意了。它是"敌基督者"主旋律的一个变奏曲，它甚至可能是最经常重复的变奏曲，但它不是唯一的。

毕竟，尼采将瓦格纳看作克灵索尔（瓦格纳《帕西法尔》中的主要敌人）并且补充道，难怪在虚假的情况下瓦格纳"居住在我们中间"。

---

① *Der Fall Wagner*, Postscript, Nietzsche, vol. 6.

② *Götzendämmerung*, Preface, Nietzsche, vol. 6.

③ 《瞧，这个人》："难以置信！瓦格纳变得虔诚"，《人性的，太人性的》，第5段，尼采，第6卷（*Menschliches, Allzumenschliches*, par. 5, Nietzsche, vol. 6）。

邪恶的引诱者是瓦格纳而不是尼采：他就是符合敌基督者形象的人。那么谁符合基督的形象？有时候是帕西法尔那个"敌人"，但是在其他时候却是尼采自己，尽管他从未完全符合过。理解这种鉴定、改变和反转游戏的最好方法就是去想想音乐方面的文本。

　　尼采对耶稣的解释经常变化，以至于呈现一种甚至相对一贯的版本都将会过分简化。但是在《敌基督者》的文本中（从尼采的瓦格纳情结【32】这个视角来看）一个特别的段落值得重视。① 在这段话中，也在其他场合下，他说起耶稣的"孩子气"。②

　　　　他不是通过奇迹、奖励或者传教来证明自己。他每时每刻
　　都是他自己的奇迹、奖励、证明和"上帝之国"……如果能够
　　忍受这种表达的话，那么人们可以将耶稣称作"自由的灵
　　魂"……他只发自内心地讲话："真理"或"光"的"生命"
　　是他对内心事物的表达……这个符号超群地矗立在宗教之
　　外……他关于它的知识只是纯粹的愚蠢。（Er beweist sich nicht,
　　weder durch Wunder, noch durch Lohn und Verheissung…er selbst
　　ist jeden Augenblick sein Wunder, sein Lohn, sein Beweis, sein

---

① *Der Antichrist*, par. 32, Nietzsche, vol. 6.

② 现在不是谈论尼采与陀思妥耶夫斯基的矛盾关系的恰当时候。在其他人物中，尼采注意到了《白痴》中的梅什金这个人物："我只知道一个心理学家，在他生活的世界，基督教是可能的，基督可能在任何时候来临。他是陀思妥耶夫斯基。他发现了基督，他被粗鲁的勒南人所保护以至于不能理解这种类型。他们认为，勒南在巴黎遭受了太多的手腕！但是人们可能犯下比基督，他是一个愚者，作为天才更大的错误吗？"）[第13卷，《尼采遗稿选》，春季1888，15（9）] 有时候尼采简单地将基督看作"白痴"。显然，他将陀思妥耶夫斯基对梅什金的描写与瓦格纳的帕西法尔联系在一起，作为愚者（*reine Thor*）。我们应该说是一种联系，而不是一种比较。这种比较在任何事件中都将是不被支持的，只要帕西法尔仍然是一个愚者，他就不是一个好人。并且，通过感同身受就能知道，他不会成为一个"好人"，而会成为一个救赎者；而梅什金是并且仍然是一个愚者，恰好是作为"好人"的原型。 （"Ich kenne nur einen Psychologen, der in der Welt gelebt hat, wo das Christentum möglich ist, woe in Christus jeden Augenblick entstehen kann…Das ist Dostoewsky. Er hat Christus errathen: –und instinktiv ist er vor allem behüter geblieben diesen Typus sich mit der Vulgarität Renans vorzustellen…Und in Paris glaubt man, dass Renan an zu vielen finesses leidet! …Aber kann man ärger fehlgreifen, als wenn man aus Christus, de rein Idiot war, ein Genie macht?"）

"Reich Gottes"… Man koennte, mit einiger Toleranz im Ausdruck, Jesus einen "freien Geist" nennen … Er redet bloss vom Innersten: "Leben" oder "Wahrheit" oder "Licht" ist sein Wort fuer das Innerste … Eine solche Symbolik par excellence steht ausserhalb der Religion … sein "Wissen" ist eben die reine Thorheit darueber.)

这里，拿撒勒的耶稣被描述为"骰子的幸运一掷"，他（几乎）是一个自由的灵魂，一个只知道（他的）个性伦理学而不知道其他伦理学的人。与"自由灵魂"的结合将耶稣与尼采而不是瓦格纳连接在一起，但是耶稣是一个愚者（reiner Thor），这将他和帕西法尔而不是尼采连接在一起，尽管变成基督徒之前的帕西法尔倾向于救赎。然而，难道不正是这个愚者被承诺为那个"救世主"吗？谁是谁？谁是谁的敌人？谁是那个敌人？谁是那个救赎者？那个愤世嫉俗者（当心恶狗！）仅仅只和神话中的人物玩耍吗？这是一个笑话吗？尼采曾经问《帕西法尔》是否被瓦格纳当作一个笑话。① 这个问题是一个笑话吗？但是尼采是严肃的。如果角色的变化和翻转是笑话的话，那么这些笑话本身也是严肃的。

《敌基督者》之后是《瞧，这个人》。这个标题充满和蕴含着多种解释的可能性。"瞧，这个人"是俄狄浦斯对斯芬克司（Sphinx）之谜的解决（很久之后，阿多尔诺和霍克海默将追溯以人为中心的世界，即致命的"人道主义"的起源，并返回到这个感叹）。② "瞧，这个人"——因此彼拉多（Pilate）指向耶稣。"瞧，这个人"（voilà, un home!）——所以拿破仑反思歌德。"瞧，这个人"这个感叹、这个"指向"不仅表征被指的对象，而且表征指的主体。（当时）俄狄浦斯不能被指，他是那个指向（其他事物）的人，就像彼拉多或拿破仑。俄狄浦斯这个人物几乎伴随尼采终生。尼采写了一篇论俄狄浦斯王（Oedipus Rex）的学校

---

① *On the Genealogy of Morals*, essay three, Nietzsche, vol. 6.

② T. W. Adorno and M. Horkheimer, *Dialectic of Enlightenment*.

论文。① （《俄狄浦斯王》［*Oedipus Rex*]）②对俄狄浦斯的认同和《悲剧的诞生》对狄俄尼索斯（Dionysus）的认同是非常著名的。后来，狄俄尼索斯的主旋律在许多差别很大的变奏曲中再次出现。但是在他（后来）所有的解释中，狄俄尼索斯将和个性伦理学结合在一起（不论歌德或尼采自己是否等同于狄俄尼索斯）。彼拉多在尼采的神话中占据一个 **【33】**有趣的位置。他的著名的（臭名昭著的）的问题（"什么是真理？"）被誉为在一本枯燥和没有品位的书中所发现的最伟大的智慧。③ 尼采对拿破仑的特殊尊重已被提及。俄狄浦斯、耶稣、彼拉多、拿破仑和歌德的共同特征是什么？是个性伦理学。《瞧，这个人》不仅是一本关于尼采的个性伦理学的书，而且界定了他的个性伦理学的内容。

个性的内容就是个性的命运。但是这个命运不可能被完全意识到，不能够被转换成外在目标、计划和目的的语言；因为如果被转换成这些语言，那么个性就崩塌了。但是尼采在这本书中做了一些超越个性伦理学界限的事情：他重新命名了他的命运，他重新界定了它，他提出了他的计划，他使自己成为外在计划的工具。个性的内容最后被界定为对基督教的最后的和激进的"揭露"与毁灭："启发我们认识它的人是不可抗力，是命运；他将人类的历史分解为两部分。"（Wer über sie aufklärt, ist eine *force majeure*, ein Schicksal-er bricht diese Geschichte der Menschheit in zwei Stücke. Man lebt vor ihm, man lebt nach ihm.) 个性伦理学在此被翻转了：这个任务将个性界定为"命运"，而不是反之亦然。

在《瞧，这个人》中，对瓦格纳的直接战斗似乎失去了动力。一

---

① Frederick Love, *Young Nietzsche and the Wagnerian Experience*, university of North Carolina Press, Chapel Hill, NC, 1963.

② 《克洛诺斯的俄狄浦斯》（*Oedipus at Colonus*）中的俄狄浦斯对尼采而言一定是太基督教了；他完全无视索福克勒斯最后一部戏剧。

③ 尼采写道："彼拉多，这个唯一诚实的人，蔑视犹太人关于'真理'的喋喋不休，好像当谈到真理的时候，这样一个民族拥有发言权似的。"（Pilatus die einzige honnete Person, sein dedain vor diesem Juden-Geschwaetz von "Wahrheit", als ob solch Volk mitreden durfte, wenn es sich um Wahrheit handelt)，尼采，第12卷，《尼采遗稿选》，秋季1887，9 (88) (63) [Nietzsche, vol. 12, Nachgelassene Fragmente, autumn 1887, 9 (88) (63)]. 在《敌基督者》中尼采类似地表达了他自己，第46段，尼采，第6卷。

度，尼采提到他的自我克制：作为一名老炮兵，他本可以将重炮投向瓦格纳，但是，"我对这个事件中所有决定性的东西都持审慎的态度，我爱过瓦格纳"（ich hielt alles Entscheidende in dieser Sache bei mir zurück, ich habe Wagner geliebt）①。但这个告白只体现了尼采瞬间的精神状态，因为在他最后的小册子《尼采反瓦格纳》（*Nietzsche contra Wagner*）中，他又返回了战场。尼采理性生活的最后时刻确实致力于收集他的一些反对瓦格纳的作品，以向这个世界显示"我们是正好相反的两极"（wir sind Antipoden）②。对《帕西法尔》的迷恋在最高峰再次出现："因为《帕西法尔》是一部恶作剧，是一部意欲报复之作，是对生活条件的秘密毒害之作，是一部坏作品。"（Denn Parsifal ist ein Werk der Tücke, der Rachsucht, der heimlichen Giftmischerei gegen die Voraussetzungen des Lebens, ein schlechtes Werk.）如果我们回想起尼采对他第一次遇到《帕西法尔》这一音乐时的情感的描述，那么很显然他坚持《帕西法尔》必须收回，而这一坚持战胜了（got the upper hand against）他自己的音乐经历：他再也听不到他正在听的东西了。于是（在分章"我是如何摆脱瓦格纳的"［Wie ich von Wagner loskam］中）两个重要的主题，一个是热爱命运，另一个是尼采反瓦格纳，两者就融合成一个主题了。瓦格纳和尼采的生活再次交织在一起了。然而，这次不是像在《瞧，这个人》中以神秘的、神话学的方式，而是以简单的、人性的、太人性的方式。

【34】因为尼采写道"除了理查德·瓦格纳我没有其他人"（ich hatte Niemanden gehabt als Richard Wagner），③ 但是如果不抛弃他，他也不能成为他自己。

　　仅仅通过一件一件考察，甚至是一起考察尼采对瓦格纳的反对，是无法以一种有意义的方式来谈论，更不用说解释尼采在他神志清醒的最后几年里与瓦格纳的决裂或者对瓦格纳和《帕西法尔》的迷恋。让我们简洁地重申一下来自尼采大量著作中的一些建议。

---

　　① *Ecce Homo: Der Fall Wagner*, par. 1, Nietzsche, vol. 6. 参见尼采：《瞧，这个人》，黄敬甫、李柳明译，团结出版社 2006 年版，第 137 页。——译者注

　　② *Nietzsche contra Wagner*, foreword, Nietzsche, vol. 6.

　　③ *Nietzsche contra Wagner*: "Wie ich von Wagner loskam", par. 1, Nietzsche, vol. 6.

首先是心理学的解释。让我简单举两个例子：据说尼采对瓦格纳毫不掩饰看不起尼采的音乐创造这一事实很不满。

这个解释是相当麻木不仁的。尼采不仅写书反对**怨恨**，而且他个人鄙视它并且从未如此行事（他想必从未感受过怨恨）。而且，尽管瓦格纳不能够赞扬一个他认为没有或几乎没有艺术价值的音乐作品，即使它是由他所爱戴的朋友创作的，但是他明确地表达过对尼采的年轻人的天赋的真诚尊重和崇拜。这个与众不同的功利的、粗鲁的和自负的人只要遇到一个真正具有天分的人，就会战胜他所有的令人讨厌的性格特征，并且情愿将这样的人抬高到超过他自己。不论他年轻或年老、知名或默默无闻，对他来说都不重要。这正是尼采所发现的。当尼采读一封瓦格纳以敬畏、崇拜和谦逊的语气写给小他很多岁的波德莱尔（Baudelaire）的信时，尼采将它与瓦格纳写给他自己的信做比较。

让我们回到另一个版本的解释：据说尼采爱上了柯西玛·瓦格纳（Cosima Wagner）；他嫉妒瓦格纳；或者换个说法，他不能原谅瓦格纳的放荡和对柯西玛的无礼。

尼采可能是爱上了柯西玛，但是他随后也爱上了瓦格纳。柯西玛可能被看作阿里阿德涅（Ariadne），但是其他妇女也可以作为阿里阿德涅的模型。并且，作为一个精致而敏感的人，尼采显然厌恶瓦格纳的放荡，一般而言，厌恶他在"肉欲"之事上缺乏自控力。但是"不赞成"是一个道德术语，而作为一个非道德论的道德论者，尼采从未在道德的意义上"不赞成"，而只是在个性伦理学的意义上（例如在他的音乐中声讨瓦格纳的伪善）"不赞成"。否则他就只是表达了他的厌恶。当然，他从来没有像瓦格纳那样生活，但是毕竟，他**不是**瓦格纳。

现在我们回到尼采自己经常用来攻击瓦格纳的几点异议上来：瓦格纳是一个疯狂的反犹分子，而尼采鄙视反犹主义。对他而言，反犹分子是**怨恨**的人，是群畜（Herdentier）这一物种的标本。但是反犹主义不会是尼采与瓦格纳决裂的原因，更不是他痴迷于攻击瓦格纳的原因。当尼采过去成为他的朋友时，瓦格纳已经是一个反犹分子，并且尼采也从未彻底地与他妹妹决裂，而她正是疯狂的反犹分子。【35】

瓦格纳是一个德国民族主义者，而尼采鄙视德国的（以及其他所有类型的）民族主义。这是事实。但是尼采不仅攻击瓦格纳的性格，而且攻击他的音乐，在（后期）尼采的观念里，瓦格纳的音乐根本就不是德国的而是法国的。并且，不论尼采将何种坏特征归之于瓦格纳的性格，都是根据尼采自己的理论，这些特征中没有一样与瓦格纳作品的伦理和美学价值相关。

那么，尼采可能因为瓦格纳的"法国"音乐而攻击他。成为"法国的"被理解为在艺术上致力于 19 世纪中叶法国的颓废。尼采用尖刻的语言阐明了包法利夫人（Madame Bovary）和瓦格纳的（准神话的）女英雄们之间的相似性。在这一点上，我们遇到了一个真正的美学问题。尼采梦想着一种能够战胜颓废的健康的先锋音乐（尽管他自己的品味相当保守），从这一点来看，瓦格纳是问题的一部分，而不是解决问题的一部分。但是，至少在他最后的岁月里，尼采将颓废作为虚无主义的子问题来谈论，或者毋宁说是作为虚无主义的分支来讨论；就虚无主义而言，德国人（路德）和俄国人都被当作比福楼拜（Flaubert）、乔治·桑（George Sand）或者龚古尔兄弟（Goncourt brothers）更可怕和危险的人物来对待。①

然后，《帕西法尔》被指控为"天主教的"。但是在尼采口中，作为一名路德宗信徒并不是赞扬。

并且，让我们来看看假定的瓦格纳背叛问题。（据称）他背叛了费尔巴哈（以及他自己革命的年轻时代），（通过改变歌剧的计划）背叛了西格弗里德（Siegfried）。② 一名个性伦理学的哲学家可以谈论一位艺术家的"背叛"，如果这位艺术家在背叛其他人（费尔巴哈、西格弗里德）的同时背叛了他自己的话。毕竟，尼采自己"背叛"了叔本华，也"背叛"了瓦格纳。在尼采可以证明瓦格纳的自我背叛的情况下，关于"背叛"的观点才是有效的。但是只有证明瓦格纳的著作本身是坏的（也就

---

① 很难解释为什么尼采豁免莫泊桑，不将他看作颓废的法国人。

② 尼采似乎更喜欢原初的结局：光荣的西格弗里德和布伦希尔德唱着自由之爱的赞歌。感谢上帝，瓦格纳像尼采一样，有他自己对命运之爱——不能任他自己出于意识形态的缘故而去毁灭他的作品之一。

是说，瓦格纳本可以创造出其他的东西，如果他坚持真实的自己的话），这一点才能得到证明。但是如果事实上瓦格纳从背叛费尔巴哈转向叔本华的时候坚持了真实的自己（他的工作和使命）呢？如果叔本华被证明对艺术家的工作有益，对哲学家的工作有害呢？然而，尼采不能为这种（非常瓦格纳式的）解释留有余地，原因很简单，因为他认为瓦格纳的全部作品都是颓废的、危险的和欺骗的，除了《纽伦堡的名歌手》【36】（Meistersinger）的序曲这一可能的例外。

我把王牌留到了最后：瓦格纳通过创作一部宗教作品而成为（自由、知识、思想的）背叛者。没错，瓦格纳之前也创作了具有宗教色彩的作品（例如《唐豪瑟》[Tannhäuser]），而他的《神界的黄昏》（Götterdämmerung）成为最深刻的悲观主义的案例。①但是《帕西法尔》是最终的背叛。

自从尼采在瓦格纳创作了《唐豪瑟》和《尼伯龙根的指环》（The Ring）之后而与之交好以来，瓦格纳作品中的宗教"色彩"便不会成为他们决裂的原因。且这样说并不牵强附会，即瓦格纳音乐中最初吸引尼采的东西也是他在其（理智）生活的最后时刻最想要羞辱的东西。例如，在给罗德（Rohde）的一封信中，当他试图解释是什么东西使他被瓦格纳如此吸引时，年轻的尼采写道（带有某种自我嘲讽）："是伦理的氛围、浮士德的气味、十字架、死亡和地狱（die ethische Luft, der faustische Duft, Kreuz, Tod und Gruft）②。"这其实也是他从《帕西法尔》中获得的东西。但是让我提出一种思想，或者毋宁说是一种怀疑。尼采如此强烈地想要"收回"《帕西法尔》，不是因为它是宗教的或虚无主义

---

① 悲观主义也是虚无主义，尤其是"消极的"虚无主义的一个分支。也有另外一种类型的悲观主义——悲剧，或者英雄主义。英雄的悲观主义与彻底的虚无主义相关联，那是因为将导致战胜虚无主义（可能在未来）。尼采有时候根据英雄的悲观主义和完全的虚无主义来描述他自己。他也说他是一个颓废者，但**也是颓废者的反面**。作为一个历史主义者，尼采置身于他的 19 世纪的世界，但他是一个从独特视角看待这个世界的人，他（在他的生活和哲学中）实践一种新的伦理学，并且（只要它是可能的）是"不合时宜的"，他领先于他的时代。尼采最激进的反对者也与他分享了许多东西。瓦格纳作为一个优雅的颓废者、虚无主义者和悲观主义者（一个天才），应该受到攻击，而不重要的小小的工人们，那些群畜只需要在群体中被提及，而不需要作为个人被攻击。当然，即使在这里也有例外。例如，尼采恶毒地攻击了杜林，他的确是个群畜，是一个不重要的（尽管是个满怀恶意的）人物。

② Nietzsche, *Sämtliche Briefe*, 2 vols, Gruyter Verlag Munich, 1980.

的和颓废的，而是因为它不是悲观主义的。或者，用尼采自己的话再说一遍，《帕西法尔》是（除了《纽伦堡的名歌手》之外）瓦格纳唯一的作品，在其中作者是颓废的，但是他的英雄却战胜了颓废。那个英雄帕西法尔更像尼采而不像瓦格纳的其他任何一个英雄。并且，对尼采来说更糟糕的是，在《帕西法尔》中，伦理上高人一等的英雄不是帕西法尔自己，而是"好人"古尔内曼茨，在其中找不到颓废或悲观主义的踪迹。但是在尼采看来，"好人"是伦理学的丑闻。从任何一个角度来看，《帕西法尔》（在尼采看来）都不应该是那样的一部作品。

让我回到（我希望是最后一次）在《论道德的谱系》之后尼采对瓦格纳的迷恋。在这一迷恋之下，尼采所有的典型关系、个人的或历史的神话学后来都被重写或重新思考。我之前已经提到尼采在介绍耶稣和敌基督者时所发生的变化和翻转。难怪已经疯了的尼采在他的一封信上署名"狄俄尼索斯"，而在另一封信上署名"钉在十字架上的人"。现在我来简洁地讲一讲具有代表性的哲学家的神话：苏格拉底和柏拉图的关系。

尼采讲了很多关于苏格拉底和柏拉图的故事。和往常一样，我们在此遇到了同一主旋律的几个变奏曲。一些变奏曲消失了，另一些变奏曲变得更加强劲，新的变奏曲也出现了。在尼采最早期和富有创作力的中年时期，变奏曲更加简单。（例如，苏格拉底：理性主义者，毁灭了悲剧；或者柏拉图，他不是希腊人而是闪米特人。）稍晚，尼采建议他对哲学家（尤其是柏拉图）的有些描述应该被当作漫画来读。[①] 在他最深刻的哲学著作，例如《善恶的彼岸》《论道德的谱系》和《神界的黄昏》[②] 中，尼采谈论苏格拉底和柏拉图的方法，用音乐的语言来说，变成了和弦。其中有许多变化、翻转、歧义、角色的改变。但是，长话短说（从我们有限的视角出发），苏格拉底-柏拉图的关系越来越像瓦格纳-尼采的关系。换言之，尼采通过反思柏拉图和苏格拉底的关系来反

【37】

---

① Nietzsche, vol. 12, autumn 1887, 10 (111–113).

② 也有一种哲学的品味。如果我有机会分析那些被随机提到却值得分析的书，那么我将为我的品味做出一个好的示范。不幸的是，我不能够接触到在这个有限的计划中，尼采反形而上学的哪怕是最重要的方面。

思他和瓦格纳的关系。

首先是苏格拉底，接下来是一般意义上的"危险的哲学家"被尼采描述为"卡廖斯特罗和心灵捕手，简言之——引诱者"（Cagliostro und Rattenfaenger der Geister, kurz … Verführer）①。你可以回想起来，自从我们最近引用它之后，这些词汇正是尼采用来声讨瓦格纳的。

让我从几个变奏曲中组合出一个故事。苏格拉底是一个平民，一个来自街头的、粗俗的、滑稽的、丑陋的、色情的，同时也是颓废的和病态的人。他是一种病态文化的病态儿子（上帝已经死了）。为了战胜情感的无政府主义，他创造出了禁欲主义的理想，并因此在治愈者、救赎者的面具下引诱城里的贵族青年。这完全是一个误读。人们可能会问：这是苏格拉底的形象还是瓦格纳的形象？这显然是在说苏格拉底，但苏格拉底是通过瓦格纳被理解的。柏拉图也是通过尼采被理解的，不过柏拉图不是尼采。柏拉图本应该是一个尼采但他却不是；当尼采在某一点上冒险变成一个柏拉图时，他逃走了。

柏拉图是一个贵族。他利用未开化的苏格拉底的粗俗民歌将它们改造得适合他自己的雅趣。② 他像一个自由的心灵，但是……唉，他从未彻底摆脱苏格拉底。他将道德正直与幸福联系在一起，并且完善了禁欲主义理想而不是抛弃它。笼罩在哲学史中所有柏拉图身上的危险就是他们仍然被他们自己的苏格拉底所迷惑。当尼采抛弃他的苏格拉底/瓦格纳的时候，他就抵制住了这种引诱："我如何摆脱了瓦格纳（Wie ich von Wagner loskam）。"与瓦格纳的断裂是他的转折点；尼采/柏拉图在摆脱苏格拉底/瓦格纳的时候，也将自己抛掷进了孤独和无爱，而且也抛掷进了他自己命运的"稀薄的山间空气"。

人们仍然怀疑，未开化的、丑陋的、色情的、平民的演员和滑稽角色（那个"Kirchenrat"）或者救赎者帕西法尔，或者"好人"古尔内曼茨，他们每一个人是否会独自地讲述同样的故事。

---

① *Jenseits von Gut und Böse*, par. 205, Nietzsche, vol. 5.

② Ibid.

第三讲

　　昨天我们都参与了《帕西法尔》的表演。正如你们所见，舞台表演的方式是传统的且不引人注目。为了有更精彩的体验，你们应该看西贝尔伯格（Szyberberg）的《帕西法尔》的电影版本。我不会鼓励你们这样做，因为西贝尔伯格将会强加给你们非常强的阐释。另一个选择是去听优秀的唱片。但是《帕西法尔》是一部音乐-戏剧，而不是一首交响曲；即使你去听一个唱片，也至少需要有想象中的现场（mise-en-scène）。尼采对后期瓦格纳歌剧的著名批评之一，即倾向于剧场效应①并具有生动的价值（valeur），建议我们在试图阐释《帕西法尔》的时候应该运用两种感官（听和看）。确实，尼采也指控后期瓦格纳成为纯音乐的支持者而放弃了融合悲剧与音乐的伟大理念。② 但是尼采认为瓦格纳主要在他的美学著作中这样做了。

　　你们同时听和看瓦格纳的文本，但是你们当然不能使自己沉浸其中。我现在可以要求你们通过回忆来复苏这个音乐，尽可能在所有场景中实验另一种现场。我能为你们的回忆增加的东西只有文本。在展示（并阐释）某些选取的文本时，在将《帕西法尔》作为一出戏剧来处理时，我只是尽可能地补充你们对它的音乐体验。这是一种有缺陷的阐释。但是这些讲座的目的不是阐释《帕西法尔》，而是阐释尼采与《帕西法尔》的关系，阐释尼采在他生命的最后的理性岁月中对这部作品和瓦格纳的迷恋。再次，这是重要的，因为它可能阐明尼采的个性伦理学，而尼采的个性伦理学可能反过来阐明一般个性伦理学的悖论。对这个目的而言，甚至我们有缺陷的阐释也将是充分的。

---

　　① *Der Fall Wagner*, Nietzsche, vol. 6.

　　② Ibid. Nietzsche has in mind Wagner's book on Beethoven, *Beethoven*, E. W. Fritzsch, Leipzig, published in 1870.

在上一个讲座的结尾我指出，对尼采与瓦格纳决裂的通常解释都是 【39】
不相干的，不论他们是否借用尼采的自我阐释。即使所有那些解释都是
对的（例如，瓦格纳背叛了他的青年时期，他从不信教转向了宗教，从
无神论转向了天主教和最后的"晚餐"），他们仍然没有解释尼采与瓦
格纳的决裂。然而，我们确实也看到了唯一相关的（因为是不明确的）
自我阐释：尼采必须与瓦格纳决裂，因为他必须遵从他自己的星宿、他
自己的运气、他自己的命运、他自己的情感、他自己的本能、他自己的
"权力意志"——并且他的确这样做了。尼采最后的音乐创作（在决裂
之前）的标题是"友谊赞歌"（Hymnus an die Freundschaft）。这个标题
后来改为"生命赞歌"（Hymnus an das Leben）。热爱命运……①

但是，仔细考察之后就会发现，刚刚列举的观点也是不对的，或者
至少不完全对。让我们粗略地看一眼《帕西法尔》的前历史。在 1843
年，瓦格纳谱写了一出神剧："使徒的爱情盛宴"（Das Liebesmahl der
Apostel）。他于 1845 年，在他的"费尔巴哈的"时期开始全神贯注于
《帕西法尔》的计划。在 1865 年他写了《帕西法尔》的第一个散文草
稿。这发生在他遇到尼采之前。不错，那是在 1877 年——在尼采所发
起的决裂之后的两年——瓦格纳完成了这个主题。决裂要么是在所谓的
决裂原因（《帕西法尔》）之前，即尼采对已经不存在的瓦格纳做出的
回应，要么是瓦格纳对决裂做出的回应，而此决裂是尼采在瓦格纳死后
很久所写的一本书（《论道德的谱系》）中提出的挑战；同样没用的是，
瓦格纳被认为对创作《帕西法尔》时期并不存在的尼采做出回应。尼采
与《帕西法尔》的作者决裂，因为在《帕西法尔》被创作之前他就已经
知道它了；瓦格纳与尼采决斗，因为远在这些观念形成之前，瓦格纳就
了解尼采从《朝霞》（Morgenröthe）到《尼采反瓦格纳》的所有著作。
两个典型的，并且在这个意义上是历史的、精神的孩童在他们还处于他
们父亲的思想中时就受到了攻击。这是什么？罗穆卢斯（Romulus）和
瑞摩斯（Remus）的故事？或者是神灵的反向显现？

不过让我们回到昨天所看的和所听的著作。谁是帕西法尔？

―――――――――――

① Love, *Young Nietzsche and the Wagnerian Experience*.

不论是何种道德（异教徒的、基督徒的、怀疑主义的、世俗人道主义的或者其他的道德）激励着一部戏剧的角色，一部悲剧的主要英雄总主张一种个性伦理学。这是激励他们完成其命运的主要情感。黑格尔所说的"感伤"（pathos）① 也是一种尼采所说的热爱命运。悲剧的英雄往往是自我推进的；尽管他们命定去完成的任务通常是世界——"情境"——所赋予的，而不是，至少不完全是自我创造的。在创造一个现代的，即偶然的悲剧角色时，艺术家必须面临一个（几乎）不可跨越的困难。这种角色命定要完成的任务必须是完全自我创造的，但是这个人的命运又必须成为世界的典范。尼采认为，浪漫主义的戏剧解决不了这个困境；这就是为什么浪漫主义的剧作家不让他们的英雄"存在"（be），而是不断地和强制地干预他们的命运。浪漫主义剧作家的典型代表是席勒，尼采认为瓦格纳（尤其在《帕西法尔》中）是另一个席勒。② 尼采将西格弗里德看作瓦格纳的真正"自由的"英雄（在此"自由"也代表偶然性和个性伦理学），因为西格弗里德是完全自我推进的；相反，瓦格纳（正如席勒一样）强迫帕西法尔献身于一个来自这个英雄之外的理念，并因此违反了真诚和现代性。

【40】

那么谁是帕西法尔？既然他是一个主张个性伦理学的戏剧英雄，那么必须从他的结局，即从他命运的完成处往前追溯来理解他。如果他是一个具有偶然性的人（他是这样一个人），并且是个性伦理学的代表（他是这样一个人，尽管尼采总是不同意），那么他的任务、命运和宿命就必须是自我创造的。

让我们初看一眼帕西法尔的命运完成的时刻："帕西法尔：……它再也不会被隐藏了：揭开**圣杯**，打开神龛！"神龛被打开了：这是真理，是揭露，是**真理**（Truth）的时刻，是**真理**之光。于是，"帕西法尔登上祭坛的阶梯，从已经打开的神龛中取走了**圣杯**……跪在它面前陷入安静的沉

---

① 见黑格尔《百科全书》第三部分——《精神哲学》中的 3："绝对精神"，第 560 段（See Hegel, *Encyclopaedie*, Part Ⅲ, Philosophy of Mind, 3: "The absolute spirit", par. 560）。或者见黑格尔的《美学三讲》导论（*Lectures on Aesthetics* Introduction）。

② 马克思对席勒形成了相同的观点。他将莎士比亚和席勒进行对比，而对尼采而言，莎士比亚仅仅是半野蛮的。对他而言，只有希腊悲剧（在欧里庇得斯之前）才是回事。

思"。男孩们、青年们和骑士们一起唱："最高拯救的奇迹——我们的**救赎者被救赎了！**"（德语是 "Höchsten Heiles Wunder! Erlösung dem Erlöser!"）①

　　帕西法尔的命运因此在两个时刻被完成。首先，揭开（揭示）**圣杯**：这是**真理**的时刻。他是揭开**真理**的那个人。如果我们能够把这第一个时刻与后面两个时刻分隔开来，那么帕西法尔仍然可以被看作体现了偶然性的（现代）人的完美形象。揭示的姿态本来可能意味着："这就是我的**真理**，我向你展示我的**真理**。"但是帕西法尔完成的第二个时刻则取消了这种可能性，因为我们的英雄跪在**圣杯**前安静地祈祷和沉思。关于这个时刻，我们不需要根据基督教或根据**神圣礼拜五**的神话精神来思考。只需要想到：帕西法尔，这个偶然性的人通过跪在**真理**面前而到达了他自己的目的地。这是**他的真理**（他就是那个揭开**圣杯**的人，而不是别人）；但是这个真理不是起源于他，而是站在他之上，它比他更高。当他揭开了比自己更高的东西并且使自己在这个"更高的"东西面前保持谦卑时，帕西法尔找到了他的命运。按照尼采的方式，帕西法尔并不像西格弗里德。他不是一个自由的人（一个自由的人不会在任何事物面前跪下）；既然瓦格纳使他不自由，那么他不会让帕西法尔操控自己的发展方向；他通过强迫他在**真理之光**面前保持谦卑而违背了他自己的英雄的本能。男孩们、青年们和骑士们组成的合唱团没有增强帕西法尔的命运而是称颂它：他们歌颂已被救赎的**救赎者**。这最后一句话在最高程度上是模棱两可的。它可以意味着：我们的救赎者（帕西法尔）是，或者应该是被神圣的**圣杯**（基督）所救赎的；它也可以意味着：我们的救赎者（基督）是，或者应该是被帕西法尔一个人所救赎。第二个行为中的适当的主题部分支持了第二种解释。但是，这两个解释中的任何一个都不能单独地公正对待音乐剧。因为只有当我们同时考虑模棱两可的两种解释，并且如果我们在非常时刻仍然站在（聆听、注视、沉思）——幼稚的虔诚和亵渎上帝的结合处（因为这是人救赎上帝的地方），帕西法尔的命运才会清晰地展现在我们面前。【41】

　　在这件事情上，尼采显然不会容忍模棱两可。他极少用"非此即

---

①　英文由 Lionel Salter 翻译，1970 年。

彼"的词汇，但是他在此这样做了：谦卑、屈服、在任何事物前跪拜都是不自由的行为，是最丑陋的投降。非此–即彼。一个人要么是自由的人，要么不是自由的人。在现代世界，一个人除非是彻底自由的，否则就不能体现个性伦理学。

但是如果是这样的，那么尼采为什么对《帕西法尔》具有如此大的兴趣？为什么努力"收回"《帕西法尔》（以和阿德里安·莱韦屈恩"收回"贝多芬第九交响曲同样的方式）？原因之一是：帕西法尔的命运是暧昧不清的。他的偶然性并不少于西格弗里德，甚至更多；并且显然他更加复杂。孤儿西格弗里德至少从他父亲那里继承了名叫诺顿克剑（Notung）的神奇的剑的碎片，而帕西法尔则完全通过他自己的努力，通过他自己对绝对共鸣的能力而赢取那根圣矛。

如果帕西法尔不是一个偶然性的人，不是被他的热爱命运所激励，那么我们就不需要"向前追溯"，即从他命运完成的视角去理解他。但是既然他是偶然性的人，是"结果"——**真理**（揭示），那么帕西法尔跪在真理面前，并且**救赎者**一定会（已经、将会）由此被救赎——必然成为讨论的中心。从结果出发，我们现在可以返回到开端。

第一幕开场了，没有帕西法尔。我们发现自己处于一个病弱的世界，正如古尔内曼茨所抱怨的，"征服了其他种族的君主（Geschlecht）处于盛年的骄傲与鲜花中，却也成了他自己疾病的奴隶！"一切都不像从前了；力量的圣矛、自信与信仰都丢给了敌人。阿姆佛塔斯（Amfortas）很少揭开**圣杯**，并且也很难揭开它；**真理**从世界上消失了。一句话：我们遭遇了尼采术语所说的颓废文化。颓废文化转变成了虚伪的（且奢侈的）救治，就像舒缓浴或阿拉伯的香料。阿姆佛塔斯渴望死【42】亡：只有死亡才是他的救赎者。但是这种颓废文化已获得一个神圣的幻象、一个讯息："通过同情被启蒙的那个无辜的愚者——等待着他，那个被任命的人。"

在论歌剧《特里斯坦》（Tristan）的著作中，瓦格纳将第三幕中痛苦的特里斯坦和瓦尔特·冯·埃申巴赫（Walter von Eschenbachs）的史诗《帕西法尔》（Parzifal）中的阿姆佛塔斯联系在一起。当时，他（在给玛蒂尔德·威森东克［Mathilde Wesendonck］的信中）写道，阿姆佛塔斯是《帕西法尔》的真正核心人物。在考虑创作他自己的《帕西法尔》这一想法之后，他总结道："盖布尔（Geibel）可能这样做，李斯特（Liszt）可能将它植入他的音乐！"（Das mag Geibel machen und Liszt mag's komponieren!）①。阿姆佛塔斯是一个颓废的人，他像特里斯坦一样挑战旧秩序。他们两个都受致命伤的折磨，他们都渴望死亡而别无他求，并且将死亡看作他们的救赎，但是他们都不能死。特里斯坦被伊索尔德（Isolde）的爱所救赎，就像唐豪瑟被伊丽莎白（Elizabeth）的爱所救赎一样。但是救赎者也死了。在这两部歌剧中，（尼采意义上的）颓废和悲观主义都交融在一起。② 但是在《帕西法尔》中它们没有交融在一起。阿姆佛塔斯不再是核心人物，尽管他仍是一种特里斯坦，是不能生也不能死的颓废者。如果他还是核心人物的话，那么瓦格纳的《帕西法尔》就会和以前的著作一样，完全被叔本华的哲学所激励。但是这是一部不一样的著作，在其中，瓦格纳将叔本华抛在了一边，就像尼采曾经所做的那样，只不过是以不同的方式而已。《帕西法尔》描述了一个颓废的世界——但它不是一部悲观主义的作品——因为在第三幕的结尾**真理**战胜了颓废；圣杯被挽救了，救赎者被救赎了。是的，如果一部艺术作品能被一个"理念"所描述（就像它不能被描述一样），那么人们可以说瓦格纳的《帕西法尔》的"理念"在挑衅的意义上是尼采风格的（请回忆寄给尼采的《帕西法尔》"漂亮"副本的反讽的题词），因为它是关于战胜颓废的。颓废被帕西法尔揭开**圣杯**（**真理**）的胜利姿态战胜了。阿姆佛塔斯像特里斯坦、唐豪瑟和西格弗里德那样死去了，但是这里没有神界的黄昏。颓废被战胜了，**真理**的世界恢复了。阿姆佛塔斯不可能是瓦格纳最后创作的《帕西法尔》的核心人物。他那来自致命伤（罪恶以及颓废）的痛苦成为救赎的条件。但是这部作品最后的句子和欢呼（关于救赎者的救赎）不是指向阿姆佛塔斯的。不是死亡而是**真**

---

① 给玛蒂尔德·威森东克（Mathilde Wesendonck）的信，1859 年 5 月 29—30 日。

② 尼采乐此不疲地理顺悲剧和悲观主义的关系。真正的悲剧，作为狄俄尼索斯类型的表现，对生活说"是"。

理（以及复活的承诺）才是救赎。

重点是"胜利"这个词：帕西法尔是成功的，就像汉斯·萨克斯（Hans Sachs）是成功的一样。但是帕西法尔，这个虔诚的艺术大师并不是汉斯·萨克斯；古尔内曼茨则更像汉斯·萨克斯的兄弟。既然《帕西法尔》不是艺术家的悲剧（像《唐豪瑟》）也不是艺术家的喜剧（像《纽伦堡的名歌手》），而是一部神秘剧，那么古尔内曼茨则不可能是一名艺术家。他只是好人、体面的人、正直的人。古尔内曼茨取代阿姆佛塔斯成为瓦格纳的《帕西法尔》的核心人物。

【43】　将《帕西法尔》作为非悲剧的戏剧类型的最伟大的现代成就来讨论，这是一个吸引人的主意，① 但是在此我们需要将自己限制在对个性伦理学的可能性的探讨上。阿姆佛塔斯不可能是瓦格纳最后一部著作的核心人物，因为他不是个性伦理学的载体。起初，当瓦格纳将阿姆佛塔斯和特里斯坦联系在一起时，他一定是想到了另一种阿姆佛塔斯（尽管他感到在埃申巴赫的故事框架中这样一个计划无法实现）。特里斯坦体现了一种个性伦理学：他注定要去爱伊索尔德，并且他遵从了自己的情感，他的感情就是他的命运（被魔汤所象征），直到生命的终结。他成为了他所是：伊索尔德的忠于坟墓的情人。但是阿姆佛塔斯却不同。在已经注定要服务于**圣杯**之后，他受到了命运的打击（昆德莉［Kundry］的罪恶的爱情）；他被悬置在两种命运之间：一种是他不想完成的，另一种是他不能完成的。但是古尔内曼茨是个性伦理学的最纯粹的代表之一，就像他所是的那样。他在日常生活的意义上是正直的，"高贵"与之无关。他只是爱着人们并且帮助他们，他甚至也帮助昆德莉：他不赞同残酷（杀天鹅），也不赞同**怨恨**和偏见（乡绅们对昆德莉的侮辱）。长途旅行回来之后，帕西法尔仅用了一个适合他的词来形容他："好人"（*dich, guten Greisen, zubegrüssen*）。当他认识到帕西法尔就是那个救赎者，并且将他带入**圣杯**的神龛时，古尔内曼茨也以一种方式达到了他生命的最高点。但是古尔内曼茨生命的成功并不是他的命运的完成。他的命运

---

① 卢卡奇在他杰出的论非悲剧的戏剧梗概中指出，非悲剧的戏剧的英雄要么是智慧之人，要么是圣人。他只讨论智慧之人。

"注定"是他一直所是的那个样子：一个好人。他就这样存在而不能是其他的样子。他是《帕西法尔》中唯一的好人。虔诚的艺术大师（即帕西法尔）比好人还要好，但是他从来都不仅仅是好人。古尔内曼茨是好人，因为总是**他者**（从来都不是他自己）占据着他生命的核心位置。古尔内曼茨以与森塔（Sentha）或伊丽莎白不同的方式做着一个好人：不像那些救世的妇女，他不是救世的男人。他甚至也没有"拯救"他所爱的人。他只是爱；他爱人们、爱牲畜、爱花，也爱树。古尔内曼茨为了生命自身的目的去爱生命。

对尼采来说，古尔内曼茨和帕西法尔都是令人困扰的谜。古尔内曼茨是，因为他恰好是他自己的英雄，即查拉图斯特拉的反面；帕西法尔是，因为他在一个（关键的）问题上，尽管不是在所有问题上，非常像查拉图斯特拉。

在尼采的基督教全景（panopticum）中，"好人"是虚无主义、颓废和悲观主义的原型。这种"好人"有四个显著特征。第一，他使自己屈服于外在法规（尼采指责所有的好人都是伪君子［tartufferie］）。第二，他太软弱，以至于无力去战斗和征服；这就是为什么他要宣扬同情和谅解。第三，**怨恨**在他心中生长。第四，他仇恨生命。① "好人"的这些特征几乎都不能应用于古尔内曼茨。在瓦格纳的神秘剧中，他仍然【44】是好人的模范，这也正是救赎者专注于他的原因。

我说过，以圣弗朗西斯（Saint Francis）的理想塑造出来的古尔内曼茨热爱生命，对生命说"是"。他和帕西法尔（当时他已经被认为是禁欲主义神父的形象）之间的小小分歧发生在第三幕，在古尔内曼茨将水洒在帕西法尔头上之后。帕西法尔欢喜地转向树林和草地："草地今天看起来多美啊！……我从来没有看到如此清新迷人的绿草和鲜花，它们也从未有过如此青春甜蜜的气味，或者如此充满温柔爱意地对我诉说。"听那首音乐！它是如此明显：那个完成其命运的人如此欢乐，自然与之一起欢乐。于是古尔内曼茨答道："我的主人，那是……**神圣礼拜五**的魔力！"现在帕西法尔大吃一惊；"禁欲主义的神父"变得悲伤和忧郁：

---

① 所有这些都涉及尼采对"好人"的理解。

"啊，因为那最悲痛的一天！现在我感到那所有的鲜花、所有有呼吸的东西、所有的生命以及再生的生命都只应该哀恸和哭泣。"但是古尔内曼茨并不赞同："你看并不如此。"于是便有了对生命的最迷人的赞美（尤其以歌的形式，因为文本尽管也美，但却表达不了古尔内曼茨的热情）：忏悔者的眼泪洒在田野和土地上……"现在所有的生命都在**救世主**爱的迹象中欢乐"，等等。帕西法尔没有直接回答古尔内曼茨，而是转向了渴求救赎并首次流下眼泪的昆德莉："你的眼泪也是祝福的露珠；你哭泣——并且看到草地在微笑。"于是，救赎者接过了那个"好人"的主题，但却以他自己的热爱命运的精神改变了它。

尼采的查拉图斯特拉是一个治愈者，帕西法尔也是。查拉图斯特拉教导"超人"，那个救赎者。但是在《帕西法尔》中没有预言者（或哲学家）"教导"救赎者；在这里没有东西要被创造或教导。治愈者的来临是被超验的声音所宣布的。承诺在戏剧开始之前就已做出；它只是在戏剧中被重复。如果你愿意，帕西法尔同时像超人和查拉图斯特拉。他可以同时是两个人，恰恰是因为在此没有人能够做出承诺。人们只能重复超验的声音做出的承诺。帕西法尔是一个查拉图斯特拉或超人，他们的命运（宿命）是被形而上学地奠定的。但是一个偶然性的人的命运何以能够被形而上学地（先验地）奠定呢？一个偶然性的人，一个个性伦理学的人的命运何以能够被神圣的声音所宣布呢？当尼采说《帕西法尔》是一个"笑话"时，难道他不是正确的吗？

这件事情的主旨在于，帕西法尔并没有意识到那些神圣的声音；在成为他所是的那个人之前，帕西法尔并不理解（**真理**、形而上学、**圣杯**等）神秘王国里所发生的一切。在第一幕的结尾，当古尔内曼茨叫他离开这个神圣之地时，他是对的。上帝（或者天使）提前知道帕西法尔的未来，但是他们并没有在他的道路上引导他。尤其是他们没有预先决定它：帕西法尔是一个彻头彻尾的自我决定的人。那些神圣声音的"功能"（如果我可以用这个糟糕的词汇的话）不是引导帕西法尔的命运，而是宣布他的命运的来源或者毋宁说是核心：通过同情（怜悯、共鸣）而得以启蒙。坦白地说，救赎者的品德，以及这一品德所来源的那个价

【45】

值被公布了。在《帕西法尔》中，正是这个价值和品德是超验的（或形而上学的）：它是同情（*Mitleid*）。① 同情不是被选择的，也不是不被选择的；它只是被感受的。没有同情就没有救赎者。② 查拉图斯特拉及其超人，这些尼采的治愈者或救赎者赞扬残忍，鄙视同情。在这个方面，尽管帕西法尔像查拉图斯特拉，但它却是反查拉图斯特拉的（在查拉图斯特拉存在之前）。在此我们必须指出，救赎是不能用意志力驱使的。如果（他人的）救赎可以被意志力驱使，那么帕西法尔就不能被解释为个性伦理学的代表；他就会从上面接受他的（作为承诺的）目标。但是帕西法尔并不"想要"去救赎，因为他甚至不知道"救赎"意味着什么。他通过他所感受到的东西成为一个救赎者；通过他自己的感受，他自己的"权力意志"（在尼采的意义上）。在《帕西法尔》的故事中，同情是唯一的（是的，唯一的！）可以救赎的感受、感情或情感，假如它成为个性的主要驱动情感和核心的话。之所以如此，是因为同情是唯一地包含了**他者**的情感。同情的价值和品德来自"上面"；在我们可以理性地反对他（正如尼采出色地做的那样）也可以理性地赞成它的意义上，它是超验的。但是帕西法尔的同情却完全发自内心。在此，超验成为内在的。我们很快会回到这个故事。

在我将帕西法尔和查拉图斯特拉及超人联系在一起之前，我将他和拿破仑联系在一起。一个乡巴佬（大自然的孩子帕西法尔，正如尼采所说）碰巧被偶然地"抛向"一个高级复杂文化的颓废的（疲惫的、病态的）世界，正如年轻的拿破仑（同样也是一个乡下男孩儿）碰巧被从遥远的科西嘉岛（Corsica）"抛向"一个垂死旧体制的疲惫的精巧世界。最后，两个"边缘人"都成为王国的受膏国王（anointed kings），从那里开始他们第一次被驱动。我不想比较他们的命运，我只想再次指出，在瓦格纳的描述中，帕西法尔是一个偶然性的现代个体。

---

① 伦理学中的怜悯的核心也是叔本华的。正是叔本华写道，道德的基础是自发地承认他人是我们自己。然而，同情–伦理和悲观主义的结合，以及对佛教的强调，这次没有列入瓦格纳的日程表。

② 山多尔·费伦茨（Sándor Ferenczy）用心理分析的术语表达了相似的观点：没有同情就没有痊愈（Ohne Mitleid keine Heilung）。

在冒险经历了颓废文化之后，帕西法尔到达了——对他而言完全是偶然地———一种同样颓废的且恶魔般的反文化。这个恶魔般的世界不能仅仅用"邪恶"这个词来描述，在尼采的意义上它也是"基础"。我们知道，克灵索尔竭尽全力想要成为一个神圣的人，想要属于真理的高级精神文化，但是他失败了。因此他纯粹出于**怨恨**而建立了他的城堡和王国。因为他失败了，所以其他人也应该失败；他没有成功的地方，其他人也不应该成功。他属于歌德所写的（现代）人。

【46】

> 你为什么要抱怨你的敌人（Was klagst du ueber Feinde），
> 这些人能够成为你的朋友吗？（sollten die warden Freunde），
> 你的本性（denen ein Wesen wie Du bist）
> 就是对他们的一个永恒的指责（im Stillen ein ewiger Vorwurf ist）。①②

克灵索尔是恶魔般的，因为他利用所有可能的手段以达到他唯一的目的：进入克灵索尔领土的人就应该失去自我。我们必须提醒一点，瓦格纳（不是在《帕西法尔》中）将**怨恨**归之于基本的恶，而不是善。并且，尽管他没有从价值上颠倒传统价值，但是他对**怨恨**的感知却像尼采一般。瓦格纳如果不是像尼采那样激进的话，将**怨恨**和"平等"联系在一起；它也和奴隶的态度联系在一起（尽管奴隶也可能是一个国王，就像克灵索尔）。瓦格纳的**怨恨**的人（阿尔伯里希［Alberich］、哈根［Hagen］、贝克迈塞［Beckmesser］）对他们自己和精神上"被祝福的"人、贵族、精致的人、天才、成功者是平等的而感到骄傲；它是一种不断论证它自己的正当性的态度、宣称和确信，不是简单地等同于嫉妒的情感。

让我回到克灵索尔散播的邪恶以及他用来折磨受害者的手段上来。克灵索尔动用了所有引诱的手段只为了一个目的：使他的受害者们失去

---

① Goethe, J. W.: *Gedichte*, in *Werke*, west-Östlichter Divan.
② 叔本华：《人生的智慧》，韦启昌译，上海人民出版社 2005 年版，第 72 页。——译者注

自我。当阿姆佛塔斯拥抱昆德莉的时候，他不仅失去了他的纯洁，而且失去了他的矛。失去矛也可以理解为失去了男子气概。① 男子气概在这里意味着权力、力量、性能力和目的；失去了它就意味着颓废、失去权力和堕落。人们不应该误解克灵索尔：他自己是颓废的化身。尼采对瓦格纳的英雄的一般评价特别绝妙地符合克灵索尔："具有史前的力量和后天的勇气"（Mit Muskeln aus Vorzeiten und mit Nerven von Uebermorgen）②。他成为他所是的东西，因为他没有成功地成为他想要成为的东西。并且他仍然想成为另一种东西："尚未实现的是成为圣物的守护者，这令人烦恼；不久——我知道——我自己将守护**圣杯**"（第二幕）。如果所有人都在孟沙瓦（Monsalvat）染上了疾病，并且如果所有揭示**真理**的希望都破灭了，克灵索尔就将取得最后的胜利。但是如何取得？通过占领那片死地，通过守护已经失去意义的**圣杯**，通过失去最渺茫的揭示**真理**的机会。

　　克灵索尔所设置的引诱是性的引诱。（在瓦格纳那里）有些男人和女人在肉欲的爱中不是失去而是找到了自我，他们通过爱完成其命运，例如特里斯坦和伊索尔德。肉欲的爱和一般的爱一样，是他们生命的原则和感伤。但是肉欲对那些将其感伤和命运赋予其他人的男人和女人而言，则是"失去自我"的引诱。阿姆佛塔斯和帕西法尔就是这样的例子。尽管有魔汤这件事，但是特里斯坦和伊索尔德却是献身于他们自己的爱。他们不是被第三方"引诱"，他们不是被控制成为什么东西，他们不是外在力量的玩物。然而，昆德莉的引诱却是设置的：它是被控制的；它具有策略的特征（所有的手段都是用来达到一个目的：引诱）。屈从于这样一种引诱就意味着失去自由、自主和个性。这是唐豪瑟在维纳斯的洞穴里告诉维纳斯（Venus）的话：他已经失去了自由，他想要在"真实的"世界里找回他的自由。唐豪瑟担心，如果他继续和维纳斯住在一起，他将再也不能看到事情的真实存在。《帕西法尔》没有阐明

【47】

---

① 　我驳回了那个庸俗的阐释，即阿姆佛塔斯染上了性病。因为在这种情况下，梅毒也代表某种其他的东西；它具有象征的意义。我正是从这个象征意义开始的。

② 　尼采，第 13 卷，春季 1888（15）。

这一点，但是克灵索尔的宫殿却非常像维纳斯的洞穴。帕西法尔是一个极度感性的青年，尼采曾经将他和凯鲁比诺（Cherubino）做比较。① 你们可能想起我提到过易卜生的培尔·金特和巨怪族。培尔·金特为了幸福而接受了巨怪的所有条件，除了一个：他不愿意让他的眼睛被挖掉。如果他的眼睛被挖掉了，那么他将像一个巨怪而不是人一样地看世界。瓦格纳将维纳斯的洞穴（在《唐豪瑟》中）表现为巨怪的王国。住在永恒的快乐中，住在黑暗或者人工照明中，人们将失去"正常的"视力，失去判断的能力。在克灵索尔的世界里也是如此。它是人工的；那里没有草地，没有森林；所有的花都是虚构的；那里没有自然。那个世界里也没有眼泪。昆德莉不会哭泣，她只会笑。当她的罪被宽恕的时候她才滴下了她的第一滴泪。

如果人们用尼采的耳朵来听《帕西法尔》，就能理解他鄙视的原因了。让我提出一个看似不重要的问题：瓦格纳将笑，准确地说是孤独的笑与邪恶联系在一起。但是尼采的查拉图斯特拉却一直在笑，并且往往也是孤独的。在尼采那里，笑是优越的表现或者毋宁说是症候。瓦格纳的"邪恶"必须被激进化，他的价值必须从价值上被改变、被翻转。但这是可能的吗？克灵索尔，这个自己就是颓废的人，这个人工的、无生命世界的国王可能获胜吗？如果他获胜了，如果**真理**再也不能被揭示了，如果欺骗的圣洁，以及象征性的孟沙瓦的同情的价值失去了，如果上帝死后的所有复活都被取消了，谁会将我们从克灵索尔那里拯救出来？除了帕西法尔登上王位，他在那里再次揭示（古老的）**真理**，在我们西方、欧洲、犹太教－基督教的文明中我们赖以生存（并为之而活）的**真理**之外，还有其他的救世主吗？除了他自己的想象之外，尼采所觊觎的那些"罗马人"的价值在哪儿？克灵索尔是一个病态的独裁者，他
【48】 除了控制和力量之外没有其他的引诱手段；用一个现代的表述，他的控制没有被任何一种理念或信念合法化。他强迫其他人（这些人的缩影就是他的主要财产，昆德莉）服从；他使他们处于虚弱和罪过的弦上。他是一个现代的暴君，是现代邪恶的缩影；他身上没有辉煌，只有被称作

---

① 尼采，第13卷，春季1888，15(15)。

赤裸裸力量的东西。

让我们回到瓦格纳神秘剧的第三幕。帕西法尔在**神圣礼拜五**到达孟沙瓦。就像拿破仑·波拿巴，他在找到返回孟沙瓦的路并且被加冕为**圣杯**之王之前，必须通过战胜许多国家、取得许多胜利来打拼出一条路。我重复一遍，他在**神圣礼拜五**到达。上帝死了。上帝也在现代的（和尼采的）意义上死了。正如古尔内曼茨告诉帕西法尔的，"**圣杯**长期被封闭在神龛中……圣餐现在拒绝了我们……启示不再从它而来……我们失去灵魂的、群龙无首的骑士苍白而忧伤地四处游荡……"帕西法尔，这个自我创造的人，于**神圣礼拜五**到达；他带回了矛，治愈了伤口并且……揭开了**圣杯**。当白鸽降落在帕西法尔的头上时仍然是**神圣礼拜五**（还不是复活节）。"我们的救赎者被救赎了。"上帝死了，但是他能够或者将要被一个由同情所启蒙的人复兴，这个人为古代的（旧欧洲的）**真理**而战，并且牢牢地抓住它。与从价值上对所有旧价值进行翻转不同，《帕西法尔》（以及帕西法尔自身）支持这样一种希望，即那些现在没有人坚持的旧价值仍然可以由人们夺回并且得到救赎；确实，只能由那些也体现了个性伦理学的人来夺回并救赎。我们可能由于瓦格纳对后者的限制而责备他，但尼采却从未这样做。

如果说有人理解这个启示，那么这个人就是尼采。在对《帕西法尔》的无数谴责中，我们发现有一种评论在我看来是既古怪又生动的。尼采不止一次地评论道，他永远都不会原谅瓦格纳的《帕西法尔》。换言之，尼采将《帕西法尔》视为道德的失败，视为一种罪过，视为其作者所犯的罪而加以否弃。这本身还不古怪，毕竟，尼采拒绝为艺术而艺术（*l'art pour l'art*）的概念，尤其是泰然自若（*impassibilité*）的规范。但是在尼采看来，一出歌剧可能是不可宽恕的罪过，这是古怪的。它是绝对不可宽恕的，因为它是关于宽恕的；并且正是对宽恕的并非真诚的捍卫（尼采提到了正直［*Redlichkeit*］的缺乏）才是绝对不可宽恕的。

谁展示了那被强烈否弃，被高于基督教的价值所严厉裁判的东西？为了认识到其中的引诱是引诱，那条假装引向上帝而 **【49】**

实际上引向虚无的道路在永恒的价值中看到了虚伪的背叛——在两千多年中，其他什么东西使我们感到骄傲，已经使我们感到骄傲，并且给予我们荣誉？（Wer zeigt mir noch etwas Widerlegteres, etwas von allen höheren Wertgefühlen so endgültig Gerichtetes als das Christentum? In ihm die Verführung als Verführung erkannt zu haben, in ihm die grosse Gefahr, den Weg zum Nichts, der sich als Weg zum Gottheit zu geben wusste-diese ewigen Werte als Verleumder-Werte erkannt zu haben-was anderes macht unseren Stolz, unsere Auszeichnung vor zwei Jahrtausenden aus?）①

帕西法尔就是那个引诱者，通过将宽恕神化而引诱人们通往基督教，这是不可宽恕的。尼采没有原谅瓦格纳——相反，他谱写了他自己的（反）帕西法尔。

---

① 尼采，第13卷，15(17)。

第四讲

我们现在可以回到我们的起点。尼采的著作《论道德的谱系》是作为一部歌剧，或者毋宁说是作为一部音乐剧来创造的，它有三幕和一个序曲。正是在他以音乐谱写的散文–歌剧中，尼采"收回"了瓦格纳的《帕西法尔》。对尼采而言，这是一个揭露引诱者的关乎"正直"的事件；但它同时也是面对他自己立场的悖论本质的"正直"事件。

《论道德的谱系》"收回"了《帕西法尔》，但它并没有盲从于《帕西法尔》的故事。它讲述了它自己的故事。但是这两个故事的同步却达到了惊人的程度。接下来，我没有公正地对待尼采著作的复杂性。我们仍然主要从个性伦理学的角度对"尼采与《帕西法尔》"这个主题感兴趣。

从《帕西法尔》的角度看《反帕西法尔》①：梗概

序　曲

这是一个哲学家的创作。一本哲学书就是一部回忆录。在写（创作）哲学家帕西法尔的同时，我们（哲学家）也写我们自己。因此帕西法尔主题必须在第一句话中就出现。事实也是如此。"我们对于自己是未知的，我们是知识之人（*wir Erkennenden*）……我们从未探讨过我们自己——我们从来都应该找到我们自己，这是怎么回事？"在一个恰当的序曲中，这个主题就预示了所有的内容。哲学家被描述为采蜜者，他们只关心"将某些东西带回家"（*etwas heimzubringen*）。（这里的引号表明了尼采对帕西法尔之矛的直接参考。）但是和帕西法尔不同，他们没 【51】有经历生活，他们不能在行动中证明自己；所以当正午12点的钟声突然响起时（正如在第三幕中），他们没有理解他们自己的经历。但是他

① 即《论道德的谱系》。——译者注

们问："我们究竟是谁？"并且"随后……数着我们的经历、生活与存在的 12 声颤抖的钟鸣——啊！将它们数错了。"① 这个帕西法尔在孟沙瓦的王国仍是一个陌生者。

第二段首先指出了这部音乐剧的主题（道德偏见的起源），即《反帕西法尔》的主题。这个主题的变奏曲的复杂性被预示了。于是关于树的比喻出现了（它也将发生多次变化）。这是作为个性伦理学载体的哲学家的比喻："毋宁说，我们的理念、我们的价值……从我们中生长出来，并且具有果实必然从一棵树上生长出来的必然性……一个意志、一种健康、一种土壤、一个太阳。"②

紧随其后，尼采谈到他自己，谈到他的非道德的或非道德论的"先天"（a priori），谈到他的反康德主义的"绝对命令"。这整本书（歌剧）现在被预示为尼采自己的世界和真理，"我自己的国家、我自己的土壤，一个完全分离的、兴旺的、繁荣的世界，就像一个秘密花园……"③。

拥有"秘密花园"的哲学家不像克灵索尔吗？或许因为那个魔幻花园是哲学家自己建立的，所以他并不像克灵索尔，又或许因为他并不是出自**怨恨**，而是听从他自己的绝对命令，即"先天"的召唤而建立这个花园的。这个作品（花园）彻头彻尾是他的命运，他的个性。

于是，这个故事的音乐主题（道德的谱系）再次出现，并且主题由此弹奏出了强音（forte）（当然是参照叔本华而不是瓦格纳）："我将不断蔓延的道德怜悯理解为……我们欧洲文化的最凶险的疾病（虚无主义）的症候。"④ 怜悯的药剂确实是有毒的。帕西法尔的治疗法害死人。接下来就是对"好人"的攻击："如果衰退的症候是'善'的内在所具有的，就像危险、引诱、毒药和麻醉剂，那么由此现在就很可能是**以未**

---

① Nietzsche, *On the Genealogy of Morals*, par. 1. All English quotations translated by Walter Kaufmann.

② Nietzsche, *On the Genealogy of Morals*, par. 2.

③ Ibid., par. 3.

④ Ibid., par. 5.

来作为代价的吗?"① 同情和"好人"的德性在此被看作症候——颓废和悲观主义的症候。在这里,尼采简单地倒转了瓦格纳的表征。在《帕西法尔》中,古尔内曼茨不是被描述为"症候的",而是用克尔恺郭尔的话被描述为例外的(个体的存在者,即那个例外,也是普遍的)。尼采挑战这种表述,认为它是未经反思和未经思考的。

尼采现在向我们许诺,他将首次发现道德的领地:"向前!我们的旧道德也是**喜剧**的一部分!"② 不应该期待任何神秘剧。毕竟,严肃将得到快乐的回报。但是请听:"快乐是回报:是对长期的、勇敢的、隐藏的严肃的回报,但是显然,并不是人人都有能力获得这种回报。"③ 不是帕西法尔,那个哲学家在说话吗? 快乐不是来自"我们的树"、我们的"先天"的命运得以实现的症候吗? 不是对我们的盲目勇气和良好技艺的回报吗?【52】

第一幕:"善与恶""好与坏"

很遗憾,我在这里要跳过尼采与瑞(Rée)和功利主义的论战,以及关于善恶起源和其他许多迷人的(也是富有争议的)词源学的和哲学的沉思。我们必须集中阐明尼采-《帕西法尔》之争,以及这一争论(或者毋宁说是痴迷、迷恋)与个性伦理学的相关性。

好-坏、善-恶问题在瓦格纳的《帕西法尔》的第一幕也不是附带的问题。我们也可以将《帕西法尔》当作一部"教育小说"(*Bildungsroman*)来读,并在我们的帕西法尔角色中辨认出威廉·迈斯特或者绿亨利的弟弟。④ 并且如果我们这样做了,那么我们将很快意识到,我们英雄的教育开始于他杀害那只天鹅的时候。行动者(帕西法尔)对他行动的意义依然无知,但他仍然成为小型剧的核心人物,在那里,观众理解了他不能把握的事情的意义。让我们大致看一看剧本。

---

① Nietzsche, *On the Genealogy of Morals*, par. 6.
② Ibid. , par. 7.
③ Ibid.
④ 在相当长的时间里,戈特弗里德·凯勒(Gottfried Keller)和瓦格纳的哲学倾向与兴趣是非常相似的。尼采分享了对维姆·梅斯特(Wilhem Meister)的热情,这是热爱命运的另一个例子。

67

　　古尔内曼茨：真是前所未闻的行为！这儿——你看——你射中他这里……他的眼睛呆滞无神——你可看见他的表情？①

　　换言之，古尔内曼茨通过帕西法尔的行为与他相遇。这种相遇是简单却剧烈的；肇事者应该面对被谋杀的无辜者。面对面的情境有几个维度。帕西法尔面对他的受害者，那只死去的天鹅；他也面对他的控诉者，即**圣杯**骑士。在此，瓦格纳的"谱系"和尼采的谱系并没有实质的区别。既然帕西法尔还未发展出他的良知，那么他也就不能在面对被谋杀的无辜者时表现出"良心谴责"。面对面的相遇没有引起负罪感，而是引起了羞耻感。

　　作为一个体贴的道德的人，古尔内曼茨没有简单地告诉年轻的帕西法尔：你违反了神圣的秩序，你很可耻；但是他也试图解释神圣的秩序是什么，为什么恰好这是神圣的秩序，以及违反它意味着什么。好人古尔内曼茨是一个启蒙的人，一个伦理理性主义者，因为他认为年轻人会理解显而易见之事（如果显而易见之事不是神圣的秩序，那么还有什么是呢？），尤其是当它被如此生动地解释之后。帕西法尔的第一反应是什么？他折断了他的弓。这显然表明，他误解了自己与其行为之间的关系，他不理解其中的因果关系，关于天鹅之死，他指责那张弓（那件事情）而不是他自己。但是古尔内曼茨坚持道："现在你认识到你的错误行为了吗？"在无言的回答中，帕西法尔用手捂住了眼睛。这是羞愧之态。他不想看到那只天鹅（他的残酷行为的受害者），他不想被古尔内曼茨和所有的控诉者看见。但是古尔内曼茨再次坚持道："说吧，孩子，你认识到你的大罪了吗？你怎么可以犯这种罪？"帕西法尔应该解释其行为动机。他回答："我不知道。"我们似乎进入了一个死胡同。但事实上，偶然性个人的道德教育正是在"我不知道"这个点上开始的。

　　与罪行（而不是与控诉者）的面对面的相遇对帕西法尔有着情感上的影响，但不是关于由此而导致的好与坏或善与恶的知识（*Erkenntnis*）。古尔内曼茨所呼唤的启蒙理性仍然无效。接下来是关于人的偶然性境况

【53】

---

　　①　参见《瓦格纳戏剧全集》，高中甫等译，中国文联出版公司1997年版。——译者注

的最简洁且最打动人心的解释。"谁是你的父亲？我不知道。谁让你走上这条路的？我不知道。那么你的名字是什么？我有许多名字，但我一个也不记得了。"零时（*Stunde Null*）①。

在古尔内曼茨毫无所获之后，另一个人接过了对帕西法尔的道德教育：昆德莉。② 她提醒帕西法尔，强盗和野兽都怕他。这是西格弗里德的主题。

> 帕西法尔：说！谁怕我？
>
> 昆德莉：恶人！
>
> 帕西法尔：那些威胁我的人，他们是恶人［*böse*］吗？……谁是好人？③

在此，我们到达了——在唤醒帕西法尔的道德教育中——善与恶的问题。

尼采也是在零时开始他的《论道德的谱系》的。据我们所知，他以"好"的概念，即高贵之人、贵族（*vornehm*）阶层的自我认同开始他的故事。"坏"是"他者"，是社会下层、怯懦者，是应该被鄙视的下贱之人。善与恶的区分是关于价值的第一次价值倒转。它发生在由犹太人执行并由基督教完成的起义中。由此，贵族、好人，以及"他者"构成了"恶人"；而那些断定他们是恶者的人则将自身界定为善人。在这里又可以用树的比喻：基督教可以只是生长在犹太人仇恨这个树干上的一个分支——"拿撒勒的耶稣、道成肉身的爱的福音、'救赎者'……难道他不是以最神秘和不可抗拒的形式呈现的引诱，是刚好通往**犹太人的**价值和新理想的引诱与旁道吗？"④ 你们会发现，尼采用完全相同的术语来描述耶稣基督和帕西法尔，不仅仅在这里。让我来复述尼采的话：你理解

---

① 这里的"零时"（zero hour）应当理解为"关键时刻"。——译者注

② 这里有两种昆德莉，邪恶的和悔改的，但她们也是一个人。昆德莉，作为善的引诱者，昆德莉，也作为恶的引诱者，同样令人想起帕西法尔的母亲这个人物。

③ 参见《瓦格纳戏剧全集》，高中甫等译，中国文联出版公司1997年版。——译者注

④ *On the Genealogy of Morals*, par. 8.

【54】他了吗？尼采控诉反犹太分子瓦格纳的不是别的，而是他（通过他的英雄，帕西法尔）坚持最复杂的和最崇高的（也是最具有引诱性的和最危险的）捍卫——捍卫什么？捍卫耶路撒冷，捍卫犹太教——反对罗马。在罗马与耶路撒冷的"永恒之战"中，据称瓦格纳偏袒耶路撒冷，而尼采则偏袒罗马。这就是他们的军刀如何（以及为什么）在世界舞台上相碰撞的。①

现在让我们回到帕西法尔。他问这个问题："谁是好人？"古尔内曼茨回答："被你抛弃的母亲……"对尼采而言，这个回答显然是骗人的。因为在孟沙瓦，在救赎者的神龛里，"好人"应该等同于我们自己。真正的（真实的、真诚的）犹太教－基督教的回答（根据尼采）将是："我们是好人"或者"你们——恶人所追求的人——是好人。"但是在此这些都不会发生。善与恶以非常不同的方式构成。那个年轻人被恶人所追求，但是，是因为他抛弃了他的母亲，他不是好人——相反，他的母亲却是。并且还会发生其他的怪事。昆德莉说帕西法尔的母亲死了，帕西法尔的反应是疯狂地掐住昆德莉的喉咙。古尔内曼茨大声喊叫："疯狂的年轻人！再次发生暴力？"在此，瓦格纳很好地讲述了他的道德谱系。和先前帕西法尔没有能力区分天鹅之死的原因（他的行为）和使用的工具（那张弓）一样，现在他又未能区分他母亲死亡的原因和他悲痛的原因（昆德莉，坏消息的通报者）。

道德教育对帕西法尔没有影响，尽管他感到羞愧，尽管他看到了死去的天鹅，甚至理解了那些对他讲的话。正如我已经指出的，他没有良知，他不知道责任是什么，他对因果问题一无所知。帕西法尔正是尼采意义上的高贵的野蛮人。② 这个自我发展的质朴的年轻人（*Naturbursch*）——在森林里——与强盗和野兽战斗，但是也在孟沙瓦杀害了天鹅——就像尼采的谱系中高贵的武士野蛮人的行为一样。"愚者"帕西法尔是没有伙伴的金发野兽，他是一只孤独的狮子。古尔内曼茨和其他人努力对帕

---

① 这也是悖论的，就像尼采那里的几乎每件事情一样。显然，瓦格纳不会承认尼采所呈现的他的计划，不仅因为他的反犹太主义，也因为他对基督教有着非常不同的理解，甚至在他严格的无神论和共产主义阶段。

② 当然，尼采反驳卢梭对"高贵野蛮"的理解。

西法尔做出尼采在他的《论道德的谱系》中所描述的事情："使猛禽对作为一只猛禽而**负责**。"① 而这种方法对帕西法尔仍然不起作用。

孟沙瓦皇宫的外部特征不符合尼采关于观念形成之场所的想象，因为这个"场景"使人们再次想起尼伯龙根的洞穴。② 但是他所描述的观念，"发出恶臭"的"谎言"，确实是这个神圣之地的道德观念。

让我们再次回到《帕西法尔》。昆德莉看到帕西法尔的悲惨处境，就递给他水喝。古尔内曼茨说："做得好，根据**圣杯**的仁慈行事；以德报怨之人就战胜了恶。"但是听听尼采所说："他无力报复，却被称作不【55】愿意报复，甚至可能被称作宽容……他们也谈论'对敌人的爱'——当他们这样做的时候却直冒冷汗。"③ 我们将在下一讲回到"冒冷汗"的问题，但是现在我们仍然跟随帕西法尔的道德教育。在古尔内曼茨赞扬了昆德莉的善行之后，她回答："我从未行善；我只是想要休息……"是这样吗？古尔内曼茨说过昆德莉从不撒谎。因此人们似乎可以在不行善的情况下以德报怨。

我们知道剩下的部分。参加了神圣的变体圣餐仪式（血变成了酒，等等）之后，帕西法尔什么也没有说，什么也没有理解，或者毋宁说，他没有意识到已经理解了某些事情。他的道德教育是失败的。但是在宗教仪式举行的过程中，神圣的声音重复着这个承诺："通过同情得到启蒙，那个无辜的愚者……"我们熟悉《论道德的谱系》的第一篇论文的其他部分。在犹太人和罗马人的战斗中，犹太人似乎获胜了。但是"古代的战火一定不会在经过了更长时间的准备之后，在某一天更加熊熊地燃烧吗？并且，人们一定不会全心全意地渴望这场战斗吗？甚至是驱使它，促成它吗？"④ 第一幕都是以失败告终的；疾病和颓废蔓延。但是第一幕也都吟诵着期盼治愈的旋律。

---

① *On the Genealogy of Morals*, par. 13.
② Ibid. , par. 14.
③ Ibid.
④ Ibid. , par. 16.

第二幕："负罪感""良心谴责"及其他

几个令人兴奋的主题被第二篇论文具有引导性的标题中的单词"相关"（*Verwandtes*）（及其他）所涵括了。可惜的是，我们不能在此讨论所有这些主题。我们不会讨论（还）没有与良知相融合的负罪感（它还不具有负罪感的意义）；我们也不会讨论惩罚的复杂性；我们还将避免讨论（关于交易、契约和交换的）正义问题，正如我们在第一篇论文中已经回避了通往正义德性的首要方法一样。确实，所有被冷漠的单词"相关"所涵括的主题都在尼采反《帕西法尔》的战斗中占一席之地。但是尼采歌剧第二幕的主题并不总是与瓦格纳歌剧的第二幕同步。我们只限于讨论同时包含了这二者的概要。

尼采又是在一开篇就开始了。问题是如何将人养育成与动物不一样的东西。人是具有承诺（das versprechen darf）权利的动物。① 遗忘，这一与压制有关的积极能力为新事物留出了空间，这个心灵秩序的守门人、保管者②需要被积极的意志记忆所废除。 "在原初的'我想要'……和现实的执行意志之间，它的**行为**，一个陌生新事物和环境的世界，甚至意志的行为可能被打断，却不会中断长长的意志之链。"③ 这是关于责任如何诞生的漫长故事。

[56]   史前的劳动使人具有可预见性和理性。当一个人学会了如何区分偶然事件与必然事件，如何区分目的与手段，当他也学会了根据因果性和预见性来思考的时候，他就获得了做出承诺的能力。④ 显然，音乐-戏剧第一幕中的帕西法尔还没有经历这个"史前的劳动"。他还未获得做出

---

① 我更喜欢我的翻译"做出承诺的能力"，而不是考夫曼的"做出承诺的权利"。

② 这使我不可避免地想到了弗洛伊德。在《帕西法尔》中也有唤起相似关联的动机（例如恋母情结的特征）。

③ *On the Genealogy of Morals*, par. 1.

④ 尼采以非常敏感的方式使用了几种不同的合理性概念。合理性（在这里我赞同他）是一种实践的范畴，它指行为。尼采在这里（在处理基本的生活实践的事实时）运用的概念不是形而上学-本体论的。例如，尼采不"相信"本体论的因果性（在他看来，信念是意志的行动），也不假设它是一种认知的先天；他更加赞同休谟，认为因果性地思考有助于我们合理地行动、预期，也有助于拥有做出承诺的权利。对传统形而上学-本体论概念的批判尤其看（对《论道德的谱系》的补充）：《善恶的彼岸》（*Beyond Good and Evil*）和《神界的黄昏》（*The Twilight of the Gods*）。

承诺的能力；事实上，他还没有做出任何承诺。在第二幕中，我们看到的仍然是同一个帕西法尔；他仍然是那只金发野兽，那个高贵的野蛮人，那个还未获得承诺权利、前理性的、勇敢的、健康的，却也是无趣的人。

尼采继续说："史前的劳动"最成熟的果实是独立自主的个人，是成为符合自我标准的自由人；肩负责任成为这个人的本能，他将此本能称作他的良知。尼采在此讲述的是个性伦理学的主题。① 这个主题以很好的理由打断了叙述的进程。根据尼采的观点，这个"成熟的后期果实"②，即尼采的真正英雄、歌德、拿破仑和哲学家狄俄尼索斯（尼采的面具之一）的伦理学不是《帕西法尔》的伦理学。《帕西法尔》的伦理学之根必须在其他地方寻找。

这个主要的叙述讲的是，鲜血、折磨、牺牲——那是痛苦——如何成为记忆术的最有效的器皿。正是痛苦使帕西法尔记忆。人们有这种印象，即帕西法尔的神话学故事在此被翻译成了神话化的历史语言。帕西法尔在音乐-戏剧第二幕中（通过痛苦）获得的知识是使人们有能力，以诸如理解因果性，期待并且区分偶然性与必然性的方式，做出承诺的知识。帕西法尔通过痛苦成为人，这是"受伤的动物"的痛苦。③ 是痛苦，而不是古尔内曼茨或昆德莉的道德教育将这个无辜的愚者（个体发生学意义上的史前人）转变为一个道德的人。正是在这时，帕西法尔做出了他的承诺并且将要信守它。帕西法尔能够做出这个承诺，是因为他获得了做出承诺的能力。从帕西法尔战胜克灵索尔到他返回的神圣礼拜五，即他将圣矛"带回家"之间经过了多长时间？谁知道？瓦格纳说过去了很长时间。是什么使得帕西法尔在"陌生新事物"的世界信守承诺？只有尼采称之为"意志的记忆"的能力。

尼采在他自己关于良知出现的故事中，总结了帕西法尔转变的戏剧。但是在这个阶段，我们仍未获知他的整个故事。为了获得完整的图

---

① *On the Genealogy of Morals*, par. 2.

② Ibid. , par. 3.

③ 尼采曾经在论文三中将人类描述为"受伤的动物"。这或许是参考了帕西法尔的痛苦。

像，我们需要追随尼采谱系之树的另一个分支。

我遗憾地重复，我们跳过债务与契约的故事是因为一个简单的原因，即在《帕西法尔》中没有契约。帕西法尔跳过了负罪感的债务阶段①，正如尼采的个性伦理学的榜样所做的那样。帕西法尔没有他应该"偿还"给他的共同体（他没有），或者他的先人（他不知道他们），或者上帝（他丝毫没有关于上帝存在的概念）的债务（负罪感，Schuld）的想法。如果他终究受到了惩罚，那不是被他的先人，也不是被他的共同体，甚至不是被上帝所惩罚，因为他的惩罚（如果可以用这个词来说的话）是直接的自我惩罚。并且，这甚至不是来自反思的自我惩罚，而毋宁说是来自本能的自我惩罚。我可以说这是独立自主的自我惩罚吗？

再次，尼采非常接近瓦格纳（或者毋宁说接近瓦格纳的《帕西法尔》）；他们擦肩而过。尼采与瓦格纳都是苦难的敌人，前者并不比后者更多一些。在这个问题上他们都欠叔本华的。在《悲剧的诞生》中，尼采完全致力于狄俄尼索斯的苦难的形而上学。后来形而上学的基础消失了，苦难在尼采那里起着伦理学的，而不是道德的重要作用。苦难具有道德的重要作用，如果它与他人一起遭受苦难的话。苦难具有伦理学的重要作用，在个性伦理学的意义上，如果它提升生活的话。尼采赞成唐豪瑟反对维纳斯：苦难毕竟是生活，人们不可能对生活说"是"，却不对苦难说"是"。"真正引起对苦难愤怒的，"尼采说，并且在很多场合都重复说，"不是苦难本身而是苦难的无意义：但是不论是对于将整个拯救的神秘机制都解释为苦难的基督而言，还是对于更远古的蒙昧之人而言……都不存在**无意义的**苦难这种东西"。② 但是苦难和"良心谴责"的苦难仍然不是同一回事。

在尼采"良心的谴责"的谱系中，我们可以发现和他的承担责任的

---

① 这是负罪还未和坏的良心融合在一起的阶段，还没有内在化，没有和痛苦联系在一起。毋宁说它是一种契约的（或准契约的）义务。任何没有偿还他的债务的人都是负罪的，即他仍然处于债务中，并且将（一定）受到惩罚。我在论文《羞耻的力量》中再次讲述了这个故事，只是略作改动，这篇论文载于阿格妮丝·赫勒：《羞耻的力量》，伦敦：劳特利奇和基根·保罗，1989 年版（Agnes Heller, *The Power of Shame*, Routledge and Kegan Paul, London, 1989）。

② *On the Genealogy of Morals*, par. 7.

谱系中相似的模棱两可的分支。本能转而反对人自身，本能执行转向内在——这也就是我们如何总结尼采关于良心谴责的起源的故事的。驯服的动物、愚者（尼采用的是 *Narr*，和瓦格纳在《帕西法尔》中用的一样）发明了"良心的谴责"。紧接着，你听见（是的，你听见）帕西法尔及查拉图斯特拉的关于救赎之声的主题：

> 从现在起，人类**被包括进**最不可预测的和令人兴奋的、赫拉克利特（Heraclitus）的"伟大小孩"，可以称之为宙斯（Zeus）或运气的骰子的幸运一掷的游戏中；他引起人们的兴趣、紧张、希望、接近的确定性，仿佛跟着他有某种东西正在自我宣称和自我准备，仿佛人类不是目的而是手段，是插曲、桥梁、承诺……①

同一根大树枝的两个分支再次被分别审视。一个分支带来了个性伦理学的奇妙果实，② 另一个分支则带来了犹太教的-基督教的-康德主义【58】的道德版本的腐烂产物：

> 毫无疑问，这是**疾病**，是折磨人的最可怕的疾病；谁还忍卒听……在这个痛苦与荒谬的夜晚，响彻着爱的呼喊、最强烈的怀旧狂喜的呼喊、通过**爱**得到救赎的呼喊，而这些都将转身离去，因为慑于不可战胜的恐惧。③

在尼采看来，瓦格纳的《帕西法尔》是后一种分支的产物，而不是前一种分支的甜蜜果实。他的歌剧《反帕西法尔》的第二幕是关于个性

---

① *On the Genealogy of Morals*, par. 16.

② Ibid. , par. 18, par. 19. 坏的良心在这里已经被描述为一种疾病——但是，尼采补充说，作为疾病，正如怀孕是一种疾病一样。

③ *On the Genealogy of Morals*, par. 22.

伦理学的甜美英雄与病态文化的可憎英雄的离别的。① 二者都是病态的（毕竟，人就是病态的动物），但是前者战胜了疾病，而后者则屈从于疾病并以此感染了其他人。在尼采歌剧的第二幕，同时存在罗马的帕西法尔和犹太教–基督教的帕西法尔。我们将在第三幕看到他们身上发生了什么。

但是在瓦格纳的歌剧中则只有一个帕西法尔。个性伦理学的帕西法尔和基督教的帕西法尔是同一个人。这里发生了什么？

我们跳过鲜花少女，返回到对应于尼采的第二幕戏剧中来：昆德莉和帕西法尔的戏剧性相遇。

> 昆德莉：帕西法尔，站住！
>
> 帕西法尔：你叫我吗，谁是没有名字的？
>
> 昆德莉：……如果不是想要知道真相，那么是什么使你到这里来的？
>
> 帕西法尔：……我现在所看到的使我充满恐惧。②

帕西法尔听到他的名字。他现在被命名了。它是这个偶然性人的第一个决定因素。一个名字迄今仍然是"无"。昆德莉用她的词源学强调帕西法尔的名字的"虚无"：帕西法尔只是意味着 *fal parsi*, 即"无辜的愚者"。但是对他名字的呼唤在这个年轻人心中唤起了梦一般的记忆之痕，同时出现的还有对他的"情境"的认识。他的第一反应是恐惧。③ 在这一点上，瓦格纳说着克尔恺郭尔的语言：无辜者的焦虑是作为可能

---

① 尼采经常用嗅觉的隐喻，例如，他说他可以"闻到""空气中的"东西。在讨论道德，尤其是基督教的道德时，他经常大声说："空气很差！"他最喜欢的诗人海涅在一首诗中写道："不论是拉比，还是修士，双方都有点臭味。"（参见海涅：《海涅诗集》，钱春绮译，上海译文出版社 1990 年版。——译者注）

② 参见《瓦格纳戏剧全集》，高中甫等译，中国文联出版公司 1997 年版。——译者注

③ 这是瓦格纳的经常性主题。西格弗里德，这个无畏的人，当遭遇苏醒的布伦希尔德时体验到了畏惧。在《帕西法尔》中也是，恐惧（**焦虑**）在遇到引诱者时便出现了。但在这里，焦虑的情境更加复杂，所有这些都与知识（*Erkenntnis*）相关。

性之可能性的自由的现实。① 人们从焦虑"跳跃"进自由。这个非尼采的主题是一个插曲。主要的主题仍然是知识（*Erkennen*）与无辜–无知。正如我们所见，昆德莉马上挑战帕西法尔：他并不是偶尔来到克灵索尔的城堡的，她说。他显然是被对讯息的欲望（*der kunde Wunsch*）吸引过来的。他不是被"内在驱动"的，而是被它"牵引"的。被对讯息的欲望牵引预示着命运的萌发。帕西法尔仍然是一个愚者，他没有记忆，也 【59】不期盼未来；但是，某种东西将他驱为某种东西：他想要知道，尽管他并不知道想要的是什么。命运开始在帕西法尔的灵魂中萌发，就像一种本能、情感——是无意识的。尼采和瓦格纳都以戏剧的（悲剧的）体裁来思考（和创作）。这就是为什么他们都不接受将一方面的理性和另一方面的本能进行粗鲁的对比。在典范性个人生活那里，最深层的理性是对（他的）命运之爱。通往命运的内在驱动可以同时被称作理性和本能。它是人们生活的理性（合理性），但是这种理性并不是一直被有意识地追求的；它"驱使某人通往"其命运，它很少被反思。帕西法尔被他的命运吸引并通往知识。无知是清白；那么拥有知识就有罪吗？

这时，昆德莉讲述了关于帕西法尔母亲的故事，那是一个令人心碎的伤心故事，母亲抚育这个没有父亲的孩子，保护他不受敌人侵害，同时也使他远离了知识。恋母情结的主题（亲吻、拥抱）第一次出现。昆德莉继续说："但是你没有考虑到她的悲痛……当你最后没有返回时……悲伤耗尽了她的痛苦，她渴求死亡的解脱：她的悲伤令她心碎。"帕西法尔的反应是"可怕的忧虑"和悲伤（*schmerzlich ueberwaeltigt*）："啊！我是多么悲痛啊！我做了些什么？我当时在哪里？母亲！亲爱的母亲！你的儿子，是你的儿子杀害了你！傻瓜，瞎眼的大傻瓜。"因此，突然之间，当知识在悲痛中降临于他时，帕西法尔承担起了责任。他在杀害天鹅之后，尽管看到了天鹅的伤口和呆滞的眼神却仍然无法理解的东西，现在他不用看到也理解了，这是通过记忆的能力和想象力而获得的：母亲死了……是我杀害了她。帕西法尔通过负罪感而获得了良知。

---

① Sören Kierkegaard, *The Concept of Anxiety*, Princeton University Press, Princeton, NJ, 1980, p. 42.

事实上，昆德莉并没有问他："你做了什么？"她没有指责他直接杀害了他母亲，因为这个简单的事实，即他确实没有杀害他母亲，至少在杀害天鹅的相同意义上他没有。帕西法尔现在是翻转了千倍之后的该隐。他没有简单地说："我离开了母亲，所以我对她的死负有部分责任。"他立刻反应强烈，他用他新获得的良知承担了其罪孽的全部责任重担。这恰恰是他的命运，作为救赎者的命运所支配的姿态。

这个场景对尼采而言肯定是一个丑闻：与他如此接近，却又如此疏远！没有人告诉帕西法尔他杀害了他的母亲，甚至没有人问他这个问题，但是他自己承担起了这个罪孽。与尼采如此接近，因为负罪感与良心谴责的情感直接来自帕西法尔的灵魂和心灵，以此作为对他自身命运之吸引的回答。没有什么权威命令帕西法尔为他的恶行悔恨。他是自己这样做的，他反应强烈，他完全出于本能的和情感的义务而感到良心受到谴责。与尼采如此接近却又如此疏远！因为从负罪感、良心谴责、同情和所有"病态的"情感中，帕西法尔发展了他自己的灵魂。

【60】

当尼采赞扬负责之人有能力做出承诺时，他赞扬的是未来的责任，而从来不是怀旧的（追溯的）责任。正如我在第一讲中所说的，未来的责任与良心谴责或负罪感无关。一个为某事而承担起责任的强大的健康之人将信守承诺，以至于不会有负罪感。帕西法尔的热爱命运，在同等程度上是作为承担责任的姿态，它与负罪感紧密交织在一起。只有存在负罪感、罪孽、错行或某种类似东西的时候；只有存在某种人们必须承认它是自己的行为或行为结果的东西的时候；只有存在某种人们至少是以给自己造成痛苦的方式而准备为之偿还的东西的时候，怀旧的责任才有意义。帕西法尔也将承担未来的责任（营救**圣杯**），但是只有在他已经（为他的罪行）承担了怀旧的责任之后才能这样做。

但是，没有任何东西可以取消瓦格纳的帕西法尔作为个性伦理学载体的资格。毕竟，他在承担怀旧责任的过程中追随着自己的命运。这是他的命运，因此也是他的个性伦理学。

让我们回到故事中。认识到罪行之后，随之而来的是悔恨。帕西法尔说："我怎么忘了我的母亲——我的母亲！啊，我还忘了其他什么吗?"这对作为引诱者的妇女而言是危险的时刻。根据她的策略,帕西法尔只被要求记起到此为止的事情。如果没有发展出由抛弃宠爱他的母亲而导致的良知剧痛的话,帕西法尔仍将是一个无知的无辜者。昆德莉可以和他做爱,但是却不能引诱他,因为没有知识就没有引诱。到目前为止,帕西法尔所需要的知识是必要的,也是充分的。但是当他问:"我还忘了其他什么吗?"帕西法尔就往前推动得更远了。一知半解使帕西法尔在劫难逃,但是完备的知识却挽救了他。

帕西法尔被(他自己的本能)吸引着去记起孟沙瓦、**圣杯**和阿姆佛塔斯。昆德莉抓住唯一的(半知识的而不是完全知识的)片刻并且回答:"忏悔将结束你的罪,理解将改变愚蠢。"这句话的内容是对的,但是在它所说的背景下,真理则变成了不真实。尼采说过非常类似的话:某句话的真理是依赖于情境的,或者毋宁说依赖于说话者或倾听者的观点。真正的问题是"你说这句话的用意是什么?"在此背景下,昆德莉的话意味着:你经历了悔恨;这就够了,你现在不再是一个愚者了,而是一个有感知的人。昆德莉必须抓紧时间;她必须在帕西法尔记起阿姆佛塔斯之前引诱他。因此她诉之于最有力的引诱武器,即恋母情结的主题。帕西法尔应该与她做爱,就像他是他自己的父亲,而昆德莉则是他 **【61】** 的母亲一样。她亲吻他,而正是此时,帕西法尔被最大的恐怖(*höchsten Schreck*)和最难忍受的痛苦所攫住。帕西法尔说:"阿姆佛塔斯——那个伤口!那个伤口!它在我内心燃烧!"

这正是此歌剧的核心:帕西法尔在震惊中找到了通往其命运之路并且成为他自己。正如尼采在《瞧,这个人》中所说的,他成为他自己——实现从无辜的愚者到禁欲主义神父的彻底转型和变身。(在西贝尔伯格的电影中,重生的帕西法尔是由一个崭新的人、一名女演员扮演的。)帕西法尔突然听到了救世主的哀叹,要求帕西法尔去救赎他。帕西法尔已经承担了其母亲之死的责任,现在他又为上帝之死承担责任:你们已经遗忘的上帝,死了。"救赎者!救世主!主的恩典!我这个罪人何以能够清除我的罪啊?"

一个自我塑造的人就抓住了他的命运。为什么这个故事(到目前为止）在尼采的术语中完全是欺骗呢？我们现在只讨论（《帕西法尔》和《反帕西法尔》的）第二幕。

对尼采而言，认同爱欲/负罪感/知识是对自然的冒犯，是基督教最病态的发明之一——就像在帕西法尔的传说中所显现的那样，是一种被过分简化的交易理念。当瓦格纳将爱欲，将他的性"引诱"的力量作为对拥有同样力量的致命敌人的支持而引进其音乐时，他就不停地唠叨着这一主题。这是一个很好的分析。① 毕竟，性爱的伤口、病态（颓废）的伤口，以及同情的伤口都是同一个伤口。这是一个具有多重目的的主题。帕西法尔可以成为一个完全内在决定的个性伦理学的人，因为他的同情是一种认同其他人痛苦感的情感。他作为禁欲主义神父的命运已经被他的强烈情感所预示。正如他为杀害他的母亲（其实不是他所杀）负责一样，他对阿姆佛塔斯的同情也区别于"普通的"同情心。在第一幕中，古尔内曼茨要求他发展出"普通的"同情：去感受痛苦，因为其他生物也感受痛苦，并且乐意且迫切希望不再制造痛苦。但是"好人"并不希望他去感受与他应该同情之人相同的痛苦。这种感受是救赎者的特征，而不是好人的特征。过去甚至不同情他人苦难的帕西法尔，现在感受到了他人（在相同时刻）的苦难。对他人的绝对认同唤起了对苦难来源的绝对认同。这个来源是昆德莉的吻。尽管帕西法尔不是被矛所伤，但他是被吻所伤，并且这个伤口使他免受矛的力量的攻击。**他在行动之前不仅"预知"而且感受到了他的行为的后果**。行为被所感知到的行为的后果所制止，而这个行为是永远也不会发生的。这就是帕西法尔为【62】何——通过同情——不仅营救了阿姆佛塔斯和**圣杯**，而且通过认识到他自己而营救了自己。帕西法尔只有通过成为救赎救赎者的那个人而成为他所是。同情是他通往救赎宝座的高贵之路。

我反复提到昆德莉恋母情结的引诱本质。帕西法尔和俄狄浦斯（即解决了斯芬克司之谜的俄狄浦斯）有几个相似之处，但他同时又是俄狄浦斯的反面：他没有娶他的母亲，他使他本应被杀害的父亲复活了。最后，我们应该记起巨怪的主题。不仅是鲜花少女，昆德莉也引诱她的受

----

① 在其他地方呈交，载《瓦格纳事件》（*Der Fall Wagner*）。

害者堕落。回到母亲子宫的帕西法尔不仅犯有违反神圣法律的道德罪，而且犯有反对自我的罪。返回到没有完成其命运甚至反其道而行之的开端，就是反对热情地接受命运的永恒复活。首先完成你的命运，然后想着去重复它，否则你就是一个失败者，一个仍然具有偶然性的偶然的人。帕西法尔不是由他的世界、知识或精神所"决定"的。他是一个投影，但不是尼采所喜欢、支持或者向往的那种类型。

呼吸着锡尔斯·玛利亚（Sils-Maria）（他的孟沙瓦）山上的空气，尼采梦想着另一种"计划"：关于未来将"救赎我们的人"的梦，关于"反对基督和反对虚无主义者；战胜上帝和虚无——他必然在某一天降临"① 的梦。

通过同情这个尼采所鄙视的品德，帕西法尔成为一名禁欲主义的神父。尼采的《反帕西法尔》这部音乐剧的第三幕将讲述这个禁欲主义的神父。

第三幕：禁欲主义理想的含义是什么？

"禁欲主义理想的含义是什么？"这个问题概括了《反帕西法尔》第三幕的主要思想，或者毋宁说概括了整个《反帕西法尔》以及《帕西法尔》第三幕和瓦格纳所有歌剧的主要思想；它直接出现在尼采第三篇论文的第一段的第一句。尼采管弦乐队的所有乐器都演奏着同一个主题，它后来将经常被某一组单独的乐器重复演奏。我所称的一组乐器是指所谓的"视角"（perspective）。无论你的"视角"是什么，禁欲主义的理想对你而言都意味着某种东西。它对艺术家、哲学家、学者、女人、我们大多数凡人、神父、圣人而言意味着不同的东西；但是它总是意味着某种东西。听那个最强音（*crescendo fortissimo*）："禁欲主义的理想对人们而言意味着太多的东西，但它是对人的意志的基本事实、它的害怕真空（*horror vacui*）的表达；**它需要一个目标**，它宁愿想要无，也不会什么也**不要**。我被理解了吗？……我一直都被理解了吗？"② 第一段也是一

---

① *On the Genealogy of Morals*, par. 24.

② Ibid. , par. 1.

【63】 个歌剧的小把戏，是"管弦乐队的序曲"，是在拉幕之前对整个歌剧的简洁的期待。

幕拉起来了，我们看见理查德·瓦格纳，这个"失败的讨厌者"将他的对立面帕西法尔，这个乡村愚者和禁欲主义的神父作为一个笑话放置在舞台上。① 之后，尼采在第一段从他的"管弦乐队"中"剔除了那些艺术家"，并将注意力转向哲学家。对他们而言，禁欲主义理想的含义是什么？第一个主题（第一个指示）是从感官享受或爱欲的"折磨中解放出来"，② 而不是从德性中解放出来。

> "但是因为最高的主人审慎地且冷酷地要求他们如此：他只对一件事情满意，并且集中和积攒所有的东西——时间、精力、爱和兴趣——只为了那一件事情。"③

这个最高的主人是哲学，或者毋宁说是"权力意志"，如果这种意志投身于哲学的话，也就是说，投身于哲学家的命运。现在我们如火如荼地转向了最初的"序曲"的主题（见上）。非常遗憾，我要跳过第三篇文章接下来的部分，可能（对我而言）也是最美的部分了，因为我们所听所看的对于我们有限主题的进一步阐述已经足够了。但是结论，如果有的话，必须指出。尼采写道，"世界上哲学家的最远和最近的体验：任何在某个时候建立了一个'新天堂'的人都只是在他**自己的地狱**中发现了这样做的力量"。④ 我必须在此插入一个评论：对帕西法尔而言也是如此。难道他不是同时侍奉着两个主人吗，他的命运的主人和天堂的**主人**？既然这两者是一致的，那么帕西法尔和哲学家对禁欲主义理想的承诺的区别究竟是什么？如果帕西法尔的同情、流血伤口的痛，以及感官享受/性经历之痛只是同一个的话，如果欲望的直接的精神升华使得他

---

① 《论道德的谱系》中第 2~5 段讨论了瓦格纳和他的《帕西法尔》，也讨论了这个艺术家和他的作品的关系。我们既然已经谈论过这些主题，那么在这里就略过去了。

② *On the Genealogy of Morals*, par. 6.

③ Ibid. , par. 8.

④ Ibid. , par. 10.

找到了自己的生活和命运的话，难道他不是也在这同一幕中找到了在他的（新获得的）地狱建立天堂（不是哲学的，而是世界的工作）的力量了吗？

但是我们不能向尼采提出那些他自己并未提出的问题。这就是他如何继续的：

> 哲学精神总是不得不利用**先前建立起来的冥想之人**——神父、巫师、占卜者以及任何宗教类型——的形象作为面具和保护茧，**全是为了能够生存**：禁欲主义理想长久以来就作为哲学家可以呈现的形象出现……他不得不如此**代表它**……因为在那最漫长的时间里，哲学在世界上**根本不可能**存在，如果没有禁欲主义的掩饰和伪装，没有禁欲主义的自我误解的话……**禁欲主义神父**直至最近的时期都还在提供可憎的和阴沉的毛虫形象，只有在这个形象中哲学家才能存活和爬行。①

帕西法尔与这个哲学家共同具有的东西也是他与毛毛虫–哲学家，【64】即哲学家的伪装，共同具有的东西。在哲学家那里伟大的东西，在其伪装那里也是伟大的。为了避免误解，伪装不是"现象"，哲学家也并不是作为"本质"躲在伪装背后。② 确实，在尼采看来，现象/本质的二分本身就属于哲学的形而上学"伪装"。禁欲主义神父是哲学家迄今所呈现的存在形式，这是他们唯一的（典型的）存在形式。但是哲学"类型"还存有其他形式，一种新的、充分的形式：一个漂亮的外表——而禁欲主义神父则保持着自我同一。他获得了他的最终形式，却不能呈现出新的形式。③

---

① *On the Genealogy of Morals*, par. 10.

② 尼采对本质/现象二分的批判，见《善恶的彼岸》（*Jenseits von Gut und Böse*）和《偶像的黄昏》（*Götzendämmerung*）。

③ 在第二幕中，我们遇到了怀孕的比喻，当尼采提到男人的良心的疾病时，他补充说这是一种疾病，正如怀孕是一种疾病一样。但是随后就讨论了另一种"疾病"的分支，它是完全无价值的。

现在我们必须仔细听好：尼采的救赎者的主题在此以一种极其有趣的变形表现出来。通常（你可能从迄今已经读到的文本中想到两个例子），尼采以呼喊的形式，或者以紧急呼叫的祈祷者形式，或者以强烈呼唤承诺的未来的形式来使主题听起来强劲有力。但是在此，救赎者的主题采取的是问题的形式，该问题不是修辞的而是真实的；这个问题是不知道答案的人提出来的。该问题也是一种呼唤，因为在提出这个问题时就渴望引出回答"是"。问题听起来如下："今天存在充足的骄傲、胆识、勇气、自信，以及充足的精神意志、责任意志、**自由意志**，使得'哲学家'从今以后——**可能存活于世吗**？"①

但是蝴蝶只出现在尼采迸发的抒情中；我们位于第三幕的第二个场景，在那里，毛毛虫（帕西法尔）及其变种占据着舞台。尼采从不同角度靠近他们。这个禁欲主义的神父享受着他的苦难；他通过痛苦的形象来施以引诱，为了阉割有知识之人，他意欲悬置所有的情感。但是这个（神秘的）禁欲主义神父是禁欲主义理想、反对堕落生活的保护本能，以及在病态文化中保持生活的伎俩的典型载体。这个悖论在许多变奏曲和不同的管弦乐中明确表达了出来，但是它们所有的都归结为一个：这个禁欲主义神父是病态的，并且使我们生病；但是只有这个（病态的）引诱者，这个生活的敌人才能拯救生活。② 归根结底，帕西法尔还是阿姆佛塔斯的颓废世界的"救赎者"吗？

在此，尼采在对这个（病态的）男人的赞扬中前进了一步。他对这个男人的赞扬更加现代，但并不是更加没有力量，它可能比索福克勒斯（Sophocles）的《安提戈涅》（*Antigone*）中的著名合唱之声更加感人。

> 　　人……是**病态的**动物……他也有更多胆识，做了更多新事情，更加勇敢，也比其他所有动物的总和都要更多地挑战命运；他是最伟大的自我实验者，永不满足、贪得无厌，与动物、自然和诸神搏斗，只为获取最终统治权——他，这个仍未

---

① *On the Genealogy of Morals*, par. 10.

② Ibid., par. 11 and par. 12.

被征服的、永恒地通往未来的动物，他自己永不停歇的能量使得他永不得安宁，以至于他对未来的追逐就像插入每个现代人肉中的马刺——这样一个勇敢的、天赋卓越的动物如何能够不同时被置于最危险境地，成为所有病态动物中生病最长和严重的？……即使当他**伤害**了他自己，这个破坏与自我破坏之王——之后也会被那个伤口强迫**活下去**。①

最后一句话如此明显地指向《帕西法尔》，因此不需要做过多解释。

但后来尼采转变了他的观点。我们的疾病越是变得正常，我们就越应该将"关于灵魂与肉体的伟大力量的罕见事例：人的**幸运的撞击**（lucky hits）"② 置于更高的尊崇之位。"幸运的撞击"这个词汇在此指的不是一般意义上的个性伦理学的人，而仅仅指已经抛弃了所有禁欲主义理想的"蝴蝶"人。正是从保护"幸运撞击"之人的健康这个角度出发，"禁欲主义神父"才得以在此被描述和讨论。遗憾的是，我们必须跳过关于这个讨论的许多重要环节，尽管它们进一步见证了尼采作品的音乐本质。例如，第一幕的主题（**怨恨**）在此返回并且和禁欲主义神父的主题（转而反对我们自己的**怨恨**）交汇在一起；基督教关于负罪、罪孽、堕落、罚入地狱和救赎的主题（作为独立的小主题）被主要的主题所吸收了。牧群的主题（以及理查德·瓦格纳也列举的牧羊人的主题）不仅与牧群而且与"情感的狂欢"（见瓦格纳的音乐）相关联，这也是"强大的巫师"（禁欲主义神父）所制造的。品味的破坏（被《新约》、路德和瓦格纳）也是反复出现的主题。

于是尼采再次转换了观点，不是彻底"后退"，却非常接近"后退"了。现在他不是要讨论禁欲主义理想做了什么，而是要讨论它意味着什么。③ 现在我们开始怀疑我们已经猜想的东西：尼采的《反帕西法尔》不是激进的《反帕西法尔》。尽管尼采鄙视甚至痛恨瓦格纳的后期著作，

---

① *On the Genealogy of Morals*, par. 13.

② Ibid. , par. 14.

③ Ibid. , par. 23.

但我们现在所见的并不是两个对手之间的较量。或者毋宁说，随着《论道德的谱系》这出戏剧的发展，有些事情发生了变化。第一篇文章（第一幕）是间接的哲学（和艺术）争论的直截了当的例子。在第二篇文章（第二幕）中，尼采对伦理和道德的许多观察或许可以作为我们阅读《帕西法尔》的阐释手段，但是尼采自己却从未采取《帕西法尔》的立场。但是在扭转局面的（turns the tables）第三部分（或幕）中却发生了某些事情。

【66】　　尼采建议把第三篇文章当作对查拉图斯特拉的一句话的长篇评论来读："不感兴趣的、嘲弄的、暴力的——因此智慧需要**我们**：她是一个女人，往往只爱勇士。"① 这是尼采的一个玩笑，因为第三篇文章当然不是对这句话的"评论"，尽管它是以这句话的精神来撰写（或创作）的。但是让我们回到尼采在第 23 段提到的问题，这个问题也成为第三篇文章的标题（禁欲主义理想的含义是什么？）。禁欲主义理想是强大的，因为它表达一种意志，它代表一个目标（一个唯一的目标）并且提供解释。"这个封闭的意志、目标和解释体系的对手在哪里？它为什么没有找到对手？**其他的'某个目标'**在哪里？"②

　　我们得知，不论是现代科学，还是无神论，或是激进启蒙都不能提供这么一个目标。因为不论人们说上帝存在或者不存在，都同样信仰真理。对真理的信仰，对真理价值的信仰是禁欲主义理想本身。但是，"从信仰禁欲主义理想的上帝被否定的那一刻起，一个**新的问题就出现了：关于真理的价值**的问题。"③ 随后是关于上帝的极度痛苦与死亡，关于抛空旧信仰的最简洁和睿智的讨论之一，最后上帝被问号所取代并且所有的事情都被允许；它是关于消极的与积极的虚无主义，关于理想的现代复制品的讨论。对基督教上帝之真理的信仰出现了什么问题？尼采问道，并且回答了他自己的问题："所有的伟大之物都带来了它们自己

---

① 查拉图斯特拉的引文在《论道德的谱系》第三章第一节之前。

② *On the Genealogy of Morals*, par. 23.

③ Ibid. , par. 24.

的毁灭。"① 作为教义的基督教被它自己的道德（真理的德性）所毁灭，作为道德的基督教也必须毁灭，因为真理（真理的意义、真理的意志）现在被质疑了。道德将要毁灭；这是为未来两个世纪所储备的"一百个行动中的伟大奇观"；是"最可怕的、最成问题的、或许也是最有希望的奇观"②。我们可能注意到了，尼采只在这第三个事例中说到了"或许"。

我们不需要返回到《帕西法尔》，因为我们一直都在谈论《帕西法尔》，谈论"《帕西法尔》问题"、真理问题。帕西法尔的命运是救赎救赎者，是使颓废世界的死亡上帝复活，是揭开**圣杯：真理**。帕西法尔发展了对真理的意志，并且通过对真理的意志，他将意义注入无意义的世界。苦难再次具有了意义，生命与死亡也是如此。再次有了目标、解释和意志，唯一的**真理**现在得到了恢复。从表面看，尼采反瓦格纳，后者抛弃了费尔巴哈转而屈从叔本华。但是从深层看，其他更多的东西岌岌可危。不论**圣杯**的"内容"是什么，是基督教还是异教徒，这并不重要。因为它象征着**真理**，那个唯一被保存的**真理**，那个形而上学的**真理**。③ 这个真理不像尼采的真理那样是明晰的。帕西法尔不能说"这是我的真理"或"你的真理"，他只是"展示"真理。帕西法尔因此扮演形而上学**真理**的典范。但是植根于形而上学**真理**中的道德对这种病态的动物"做"了所有那些传统犹太教–基督教道德总是做的那些事情：它羞辱他们，奴役他们，去除他们的性别（de-sexes them）。并且，既然帕西法尔是一个现代的、偶然的人，那么他的世界就是现代的、颓废的世界，关于拯救形而上学**真理**的神秘剧就纯粹是欺诈的姿态。在对上帝的信仰消失的地方，没有旧的"救赎者"可以恢复它。在对绝对真理的信仰消失的地方，所有的事情都是被允许的，"揭开"（真理[Alethieia]）的姿态是错误的；**圣杯**是赝品。救赎者不能被救赎。神秘剧的所有装备

【67】

---

① *On the Genealogy of Morals*, par. 27. 不仅是这个句子，整个的思想之流都很明显是黑格尔主义的。尼采反对黑格尔的哲学，这是众所周知的。但我不认为他读过黑格尔的《现象学》。

② *On the Genealogy of Morals*, par. 27.

③ 《帕西法尔》的一些当代阐释者，在它之中看到了一种异教徒的神秘，而不是一出基督教的神秘剧。

都是一个谎言，而在一件艺术品中人们不应该撒谎。帕西法尔，这个个性伦理学的博学者、发现了自我偶然性的人，他自己的命运和真理不应该指向作为**真理**的圣杯。

尼采在《反帕西法尔》的第三幕中，说反对帕西法尔的话和支持他的话一样多。事实上，他在关于《帕西法尔》的主题上创作了比瓦格纳更多的现代歌剧；这是以问号终结的歌剧，但是一部歌剧如何以问号终结？

尼采歌剧的结局（它是一个结局!）[1] 以小号的声音开始："除了禁欲主义理想，人——迄今还没有意义。"于是一个旧的主题再次出现了，是以弦来演奏的："苦难的无意义，而**不是苦难本身**，是迄今施加在人类身上的诅咒——**而禁欲主义理想给人类提供意义**。""它……带来了新的苦难，更深沉的、更内向的、更有害的、更加毁灭生活的困难：它将所有的苦难都置于**负罪感**的观点之下……但是……人由此**得救**了，他拥有了意义……**意志本身得救了**。"[2] 正如在尼采音乐-戏剧的序曲中回响的一样，这种意志是对无的意志。"人宁愿要**无**，也不会什么也**不要**"。(Lieber will noch der Mensch das Nichts wollen, als nicht wollen. [3])

我先前指出尼采的音乐-戏剧以问号终结。我可能错了。毕竟，第三篇文章的最后一句话显然是一个确定的陈述。并且它确实是尼采最后一个音乐之句。但它也是音乐-戏剧的最后陈述吗？

让我们回到第二幕的结局。我们从第 24 段中引述了几个词。尼采在此渴望一个救赎者，渴望反帕西法尔，渴望"上帝和无"的战胜者。（第三幕）结局没有提到这样一个救赎者。只剩下了一个救赎者：帕西法尔自己，这个带着他的虚无主义的禁欲主义理想的禁欲主义神父，这个救赎者的复制者。但是第二幕（第二篇文章）的结尾处却回响着另一个主题："但是我在说什么？够了！够了！在这一刻它使我必须只保持沉默；或者我就将侵占……只有**查拉图斯特拉**才拥有的权利。"这个主

---

[1]　*On the Genealogy of Morals*, par. 28.

[2]　Ibid.

[3]　Ibid.

题在结局中没有出现，或者至少没有"回响"。其他都是沉默。沉默"使"尼采"必然"（*geziemt*）孤单。查拉图斯特拉呢？查拉图斯特拉的格言（你记得，它是关于智慧的，这个智慧就像个妇女，她只爱勇士）作为箴言放在第三幕（第三篇文章）的标题上。

查拉图斯特拉被要求吟诵尼采（他的父亲）将要阐释的主题。我们 【68】看到这并没有发生，我们说这是尼采的玩笑之一。它是一个深沉的玩笑。因为正如尼采所说，只有禁欲主义理想提供真理、目标和阐释的意义。查拉图斯特拉谈论真理，但是尼采在他音乐-戏剧的结尾处回避不步入查拉图斯特拉的位置而去宣布一个新的真理，一个关于新的救赎的新希望。在**神圣礼拜五**，尼采的（模棱两可的、精神分裂的、两面的[Doppelgänger]）帕西法尔揭开了**圣杯**，但是就像第二幕中的瓦格纳的帕西法尔一样，他单独地——遭受剧烈情感的极大打击而像在梦一般的狂乱中——看到了血，看到了闪烁的希望，看到了揭开的**圣杯**。那些围绕着他、选出他就是要拯救他们的其他人却什么也没看到；帕西法尔的真理不是他们的。没有天国的声音，没有白鸽降临到帕西法尔的头上。他独自站在那里，眼睛盯着他的真理，他唱起了歌。但是其他人保持沉默。尼采也如此。

第五讲

众所周知，《论道德的谱系》最后一段以这句话开始："离开了禁欲主义理想，人，即人这种动物迄今为止就失去了意义。"① 人们可以说"人"（der Mensch）就是"人"种（the genus "homo"），是驯化和自我驯化的产物，是"病态的动物"。初看起来，尼采是在谈论一般的人类。但是再一看，我们就会发现尼采在这里不是谈论一般的人类，而是自我担负起塑造"理想"重担的人的群体或者（可能）是所有人。他谈论那些为他们自己以及他人建立起价值平台的先锋者。当且仅当有一群塑造、维持并且扩大理想的人的时候，人才有意义（Sinn），苦难才有意义（Sinn），意志也才能被拯救。禁欲主义理想、对虚无的意志、古代西方文化两千多年辛勤努力的结果没有其他选择。如果确实如此的话，那么瓦格纳就通过创造帕西法尔这个保守主义英雄而为"权力意志"做出了巨大贡献，这个保守主义英雄将颓废的世界带回到了它先前的、还没有颓废的状态；他敢于将旧时的光荣与真理返还给已经虚弱的、不足信的理想；因此他也给生命和苦难赋予了意义。如果这些结论对于尼采这个激进启蒙的人来说可能是不可避免的话，那么它们就将是不可避免的。但是尼采却反对他自己的结论（因为这个结论仅仅是从他自己的前提中得出的)。除了禁欲主义理想，人**迄今为止**还没有意义。迄今为止他还一无所有，但是明天可能就有了一个。或许他会有。② "或许"（perhaps）打开了可能性。"或许"一种新哲学的蝴蝶将飞出禁欲主义神父的外壳，"或许"所有的价值都将被重新评价，"或许"会有另外一组理想，"或许"人只是通向某种"更高级"存在的桥梁。帕西法尔是欺骗的，因为他删除了"或许"。

---

① *On the Genealogy of Morals*, par. 28.
② 黑格尔说，"或许"这个词在哲学中没有位置。但它在尼采的哲学中有位置。

激进哲学沉迷于惊人的和挑衅的命令式陈述。尼采是一个典型的激
进哲学家，他也喜欢惊人的和挑衅的命令式陈述。但是他也解构"必然
性"，首先是历史必然性，这就为他留出了"或许"。在服务于命令式陈
述的情况下只有一种应用"或许"的方式，并且这需要帕斯卡
（Pascalian）意义上的赌注（wager）观念。根据帕斯卡的赌注来表达尼
采的声音并不是一种荒谬的想法。在尼采的哲学神话学中，帕斯卡就像
坠落的天使：一位伟大的天才，却将所有的赌注都压在错误的选择，即
上帝存在上，他在这种懦弱的方式中失去了自己的信誉。① 帕斯卡和尼
采都将"掷骰子"用作他们最喜欢的比喻，以它来指偶然性。尼采并不
"赌"上帝存在与否，因为对尼采而言，关于"上帝存在"的问题本身
就是一个形而上学的沉思。选择没有上帝的生活是一个伦理学－哲学
问题：

> 我们，这些他者，意欲恢复它的纯真，想要成为更纯洁思
> 想的传教士……没有这样一种**存在**，可以为任何人的存在，为
> 任何人的如此这般负责，它诞生在这样或那样的时刻的这些条
> 件之下……没有这样一种**存在**是一个巨大的安慰。（wir Anderen,
> die wir dem Werden seine Unschuld zurueckgewinnen wünschen,
> möchten die Missionäre eines reinlicheren Gedanken sein… Es fehlt
> ein Wesen, das dafür verantwortlich gemacht warden könnte, dass
> Jemand überhaupt da ist, dass Jemand so und so ist, dass Jemand
> unter diesen Umständen, in dieser Umgebung geboren ist… *es ist ein
> grosses Labsal, dass solch ein wesen Fehlt.* ）

没有人和我们一起尝试创造一种"完美的理想""德性的理想"，或
者"幸福的理想"。

> 无论如何都没有一个地方、一个目标、一个意义，我们可

---

① Pascal, *Pensées*, Series Ⅱ（The wagner）.

以将我们的如此这般存在与之相关联。人们不能判断、衡量、比较甚或否认整体……因为，例如在整体之外别无其他。(Es fehlt jeder Ort, jeder Zweck, jeder Sinn, wohin wir unser Sein, unser So-und-so-sein abwaelzen koennen. Man KANN das Ganze nicht richten, messen, vergleichen oder gar verneinen…zum Beispiel, *weil es Nichts gibt ausser dem Ganzen.*)①

本来没有必要插入这段引用来进一步支撑已经讲过的话，即尼采与所有本体论问题，包括**真理**问题的关系主要是实践的关系。他不是问"它是什么？"而是问"它对于我们的意义是什么？"或者"它对我们意味着什么？"但是同样简洁的引用（为我们）打开了相关的询问领域。尼采对他自己的视角主义（perspectivism）提供了一种非常莱布尼兹式的反莱布尼兹的解释。他非常赞同莱布尼兹（在没有提到莱布尼兹的情况下），以至于两人都认为，在宇宙或历史宇宙中没有特权的观点、时间、情境，也没有特权的群体或个人立场。所有单独的立场都以它们自己独特的方式反映（或表达）了宇宙。② 每种立场都根据自身，依据自己的尺度来衡量其他立场；没有绝对的尺度。但是在莱布尼兹那里仍然有绝对的立场：上帝的立场统一并整合所有特殊的视角。用笔一划，尼采就删除了这个绝对的立场。这一姿态可能意味着（尽管它并不必然意味着）所有的立场都同等有价值或无价值，或者毋宁说，所有的视角都产生了对分享它们的男人与女人而言，而不是对其他人而言最有价值（或者**唯一**有价值）的理想或承诺。人们如何能够通过一种命令的与绝对的主张来反对这种激进视角主义的背景？③

【71】

---

① Nietzsche, vol. 13, spring 1888 15(30)2. 这些引用的句子终止了关于（反对）颓废的长篇大论。这个引用的"我们"是指那些人，他们像尼采一样，是颓废者，但同时也是颓废者的对立面。

② 莱布尼兹和尼采的视角主义的相似性被海德格尔在《林中路》中指出："尼采的话，'上帝死了'"，法兰克福：克洛斯特曼出版社，1952 年版。

③ 为了不放弃视角主义去拯救绝对的立场，卢卡奇在《历史与阶级意识》中陷入了巨大的痛苦。但是然后，为了上帝的绝对意识，他必须重新将"特权立场"的概念引入他的叙述中，代替无产阶级的被灌输的意识。

现在我们回到赌注这个问题上。尼采的赌注不是关于什么东西，尤其不是关于上帝是否存在的问题。也不是关于意义的问题。如果我们的生活有意义的话，那么意义就仅仅存在于我们的视角之内。但是没有视角拥有特权，可以作为总体性的包容器或作为**真理**的储存者，可以成为衡量他人的尺度；我们的视角可以包容或承载"我们的真理"，这是提升我们的生活（以及其他人的生活）的真理，尽管它并不必这样做。我们参与这个真理。如拿破仑所说，也如尼采本来会说的那样（或许他的确在某处这样说过）："首先投入真正的战斗，然后再看分晓（On s'engage, et puis on voit.）。"那么赌注的重要方面是什么？不是参与，而是"看分晓"。这是对未来的赌注。首先我们致力于特定的价值，于是我们将会看到发生了什么。但是既然我们不能活到去看几个世纪后将发生什么，那么我们就进入了关于未来的赌局。① 但是或许……我们将所有的赌注都下在这个"或许"上。你可能会想起《论道德的谱系》第三篇文章的第 27 段。尼采在那里说，在一系列的奇观中"道德将消亡"：这是一个关于未来的命令式陈述。这里没有"或许"。但是在这句话的末尾，尼采也提到这个未来"或许是所有奇观中最有希望的"②。在尼采的著作中，"道德将消亡"这句话不是预言式的表达，而仅仅是一个推断。它是一个弱的命令式陈述，而激进哲学要求强的陈述。"或许"引起了某种更加强大的、有力的希望。尼采不会说："或许是，或许不是"，只有"或许是"；尽管从逻辑上看"或许是"也意味着"或许不是"。"看分晓"（Puis on voit）可以这样翻译：我们或许会看到成功，或许会看到失败。但是如果"看分晓"之前是"投入真正的战斗"，那么它就意味着：尽管所有事情都可能发生，但是我打赌会出现好的结果。好的结果可以是几种情况。尼采也用几个措辞来描述"好的结果"对他而言意味着什么。他关于"好的结果"的描述越具体，当代的读者就会越失望。一个新的等级社会或者超人（尤其是他被伪生物学的术语 【72】

---

① 吕西安·戈德曼（Lucien Goldmann）在他的《隐蔽的上帝》（*Le Dieu caché*）中以相似的方式应用瓦格纳的帕斯卡的理念。

② *On the Genealogy of Morals*, par. 23.

描述）社会的出现对我们有些人而言反倒像是"坏的结果"。但是尼采的描述越不具体，我们就越有同感。如果重点放在参与本身上，并且关于未来的赌注仍然（或变得）模糊，就像我们现在讨论的尼采最后阶段所发生的那样，那么现在就越发优先于未来。

这就是激进哲学的命令式的敏锐性（sharpness）如何能够与视角主义，与（关于未来的）赌注，以及"或许是"意义上的"或许"相结合的方式。尼采的赌注尤其是实践的：它是经过参与的赌注。当我参与某事时，我已经将自己的赌注押在"或许"会发生的未来上面了。在尼采那里没有绝对的视角但是有绝对的参与；没有总体性但是有总体的参与，没有应该向所有人布道的**真理**，但是有我完全生活期间的"我的真理"。弗里德里希·尼采致力于重估所有的价值；他指"**所有的**价值"而不仅仅是少数价值。弗里德里希·尼采致力于单枪匹马地（或专心致志地）"收回"欧洲文化两千多年的价值体系。

这里的问题是什么？使"总体性"概念离开所有视角的"总体性"（莱布尼兹的上帝或卢卡奇的无产阶级）转向个人参与的"总体性"，这有什么问题吗？一方面，这个转变是"幸运的撞击"。新的真理概念初现端倪，或者毋宁说有一些新的真理概念同时出现了；我们的世纪还未完全整合它们。没有强大的认识论断言的真理是"为我的真理"（truth for me）；它只是我由于存在论的承诺而全身心投入其中的东西。弗里德里希·尼采选择作为一名哲学家；这就是它的总体承诺，这对他而言就是"整体"；（对他而言）"上面""旁边"和"外面"都没有剩下东西。他完全致力于成为他所是。他倾听他的"情感""权力意志"和他的命运之声，这些给予他的哲学以内容和方向。正因为如此，他成为一名致力于颠倒传统价值体系的激进哲学家；正因为如此，尼采构造了他的真理。直到这个时候，我们被告知的仍然是个性伦理学的故事。直到这个时候，为了实践整体论而放弃认识论总体性，确实是作为一种有用的东西而出现的。在尼采的术语以及我自己的术语中，有用的东西——也就是将总体性参与和总体性知识分开——是诚实（真诚）的姿态或标志。康德在此赢得了得不偿失的胜利。因为知识与实践之间的分离在此

完成了，但是却牺牲了普遍性。同所有得不偿失的胜利一样，这个胜利 【73】
也是模棱两可的，不仅对普遍主义者如此，而且对尼采自己也是如此。

"我为什么是命运"（Warum ich ein Schicksal bin）是《瞧，这个
人》的最后一节。在个性伦理学的框架中，这一标题是谦逊的。每一个
遵从个性伦理学的人都是一种命运。他是他自己的命运。正如卢卡奇在
大约20年后表达了同样的观点："从偶然性到必然性——这是每一个成
问题的个人的方式。"① 当尼采回答他自己提出的问题时，他说了其他一
些更多的事情：

> 你理解我了吗？对基督教道德的发现是一个无可比拟的事
> 件，是一个真正的大灾难。揭露它的是不可抗力（force
> majeure），是命运——其将人类的历史分为两个碎片。一个在
> 其之前，一个在其之后——击中这件事情的真理的闪电至今仍
> 然占据最高峰。(Hat man mich verstanden? …Die *ent-deckung* der
> christlichen Moral ist ein Ereignis, das nicht seines Gleichen hat,
> eine wirkliche Katastrophe. Wer über sie aufklärt, ist eine force
> majeure, ein Schicksal-er bricht die Geschichte der Menschheit in
> zwei Stuecke. Man lebt *vor* ihm, man lebt *nach* ihm … Der Blitz der
> Wahrheit traf gerade das, was bisher am höchsten stand …)② （重
> 点为尼采所加）

尼采不仅是他自己的命运，而且是历史的命运。他不仅代表他自
己，正如所有的贵族（vornehme）被认为会做的那样；他也代表着历史
的关头；而且是千年来唯一具有决定性的历史关头。真理的问题在此以
报复的姿态重现。尼采断言，正是他大力宣扬的"那个"真理，那个总
体的和绝对的真理，而不是那个"为他"的真理，在他看来是所有世界
的好的、旧的、整体的真理。尼采认为"迄今为止"的每个真理都作为

① Lukács, *A Regeny Elmicere Mapueto*, Gondoled, Budapest, 1975.
② *Ecce Homo*, par. 8.

虚假的而被揭露、抹去、取消，并据此来谈论**真理**的"闪电"。当然，尼采没有返回到**真理**的形而上学概念；他的任务不一样。他从实践的一个层面转换到另一个层面。现在，个人的个性（个人的哲学）的真理呈现为历史的真理，尼采的命运等同于历史的命运。尼采的真理概念的主观主义现在适得其反了。① 如果尼采承认存在衡量真理−非真理的尺度，哲学家自己也应该或者将会用这个尺度来检验他的理念的话，那么他一方面就会保存一些形而上学真理概念的痕迹，另一方面他也将坚持他自己真理的历史相关性。卢卡奇的确在他硬撑着的关于马克思的阐释中这样做了。在这种情况下，历史的真理归因于历史的（而不是个人的）主体。尼采拒绝这种方式，认为它是不诚恳的（它确实如此）。但是他接下来断言历史的真理，甚至绝对的真理（就像有这种东西一样）是某个个人主体，即他自己的发明。这是疯狂的逻辑。对个人视角主义、对个性伦理学的绝对承诺并不和世界−历史主体的概念混淆在一起。② 疯狂的逻辑导致疯狂。热爱命运？

【74】

　　尼采清楚地意识到他的问题的一个方面。个性伦理学与历史完全无关。一旦前历史的辛勤努力结束，一旦"伦理习俗"（Sittlichkeit der Sitte）之人获得了承诺的能力，就总是会有完成了自身命运的个人，他们生活在个性伦理学的精神之中："这种更加强大的类型往往已经充分，但是是作为幸运的事例，作为例外——却从来不是人们想要的。""Dieser stärkere Typus ist oft genug schon dagewesen: aber als ein Glücksfall,

---

　　① 许多人都不会同意这句话。毕竟，在有些哲学圈子中这是共同知识，即尼采完全解构了主体。这个主题太复杂了，在这里没办法完全展开讨论。让我引用两个看似矛盾的句子来简要地说明我的观点。这两句话都是从《研究版》（*Studienausgabe*）第 12 卷的尼采笔记中摘录的；它们都忠于我们在这里更加严密审查的那篇文章。第一个见 7（60）："你说，每件事情都是主观的；但这已经是一种**阐释**了。这个主体不是某种给定的东西，而是某种被增加的或者被背后给予的、背后放置的东西……"于是看 9（106）："只有主体能被确认。这个假设，即只有主体存在，客体除了是一种被一个主体或其他主体所施加的影响之外什么也不是……一种形式或主体。""在这里我们讨论的不是一个本体论的主体，更不是一个先验的主体，而是权力的意志，是驱动能量，是像驱动别人一样驱动我们的情感和生活；但它在不同的方向上驱动我们并且通往不同种类的知识。"

　　② 黑格尔有时候被控诉没有给出正当的理由，做出了相似的事情。他在历史中看到了命运（在世界精神的演进中），并且决不会将天命（Schicksal）与他自己等同。

al seine Ausnahme-niemals als gewollt."另一种类型（"宠物"［Haustier］、
"群畜"［Herdentier］等家畜）"是人们想要的"（"war gewollt"）。① 那么，
历史的任务"想要"骰子的幸运一掷吗？这听起来很奇怪，因为我们知
道，即使那个自身就是骰子的幸运一掷的人也不能有意识地想要他自己
就是如此。如果一种类型被其他人想要的话（并且一种类型总是被其他
人想要），那么从定义上来看，这种类型就不是"骰子的幸运一掷"，因
为他（或者它？）不是自主的。然而，"想要"一种类型并不意味着他真
正在"那里"之前，在他呈现自己之前就想要这种类型的某个单一的事
例。这种"想要"毋宁说关注于取消阻碍这种伟大类型出现的障碍。它
把精力投入为承认更高类型的范例而铺路中，一旦更高类型的范例在
"这里"，一旦它们存在于我们中间。"骰子的幸运一掷"没有原因，这
就是为什么人们不能限制它。但是人们可以为恰当的"存在于人类之间
的排列顺序"（"Rangordnung""innerhalb der Gattung Mensch"）②建构起
最合适的条件。这是一个弱的陈述，它必须被认真地考虑。毕竟，我们
的民主时代并不赞成人的特质、独特性，以及对个人命运的诉求。**怨恨**
的可怕增长不能够被阻止，但是它的进一步发展仍然可以被一种揭露的
热情所战胜，这种热情以承认"骰子的幸运一掷"为职责。

　　一方面是（永恒的）个性伦理学特征，另一方面是为增加"骰子的
幸运一掷"而创造最佳的历史条件，处理这两者之间的紧张关系看似简
单。但是在尼采那里与往常一样，同样的主题以不同的变音和管弦乐呈
现，有时候甚至发展出不可解决的不和谐音。于是，尼采谈论"新的哲
学家"，即未来之人，他们重估永恒的价值。

　　　　该物强制束缚现在，强迫它们走上新的道路。应该教给人　　　　【75】
　　们，他们的未来依靠他们自己的意志，依靠人的意志力，并且
　　建议正在繁殖和被繁殖方面做出伟大的冒险和实验，结束迄今
　　为止被称作"历史"的无意义与偶然性的可怕控制……

---

① Nietzsche, vol. 13, spring 1888, 15(120).

② Ibid.

(welche in der Gegenwart den Zwang und Knoten anknüpfen, der den Willen von Jahrtusende auf *neue* Bahnen zwingt. Dem Menschen die Zukunft des Menschen als seinen *willen*, als abhängig von einem Menschen-Willen zu lehren und grosse Wagnisse und Gesammtversuche von Zucht und Züchtung vorzubereiten, und damit jener schauerlichen Herrschaft des Unsinns und Zufalls, die bisher "geschichte" hiess, ein Ende zu machen…)①

在尼采身上发生过如下事情吗？他对康德的最严重指控，② 即康德世界的"终极目标"取消了他自己的道德，这个指控击中要害了吗？或者毋宁说，这个指控对尼采的打击远远超过了对他的攻击目标康德的打击？如果历史的偶然性被取消，骰子的幸运的一掷也被取消，那么个性伦理学也随之被取消。在个性伦理学中，人们是他或她自己的命运，没有其他人可以在此"意愿"或"繁殖"。每个人都已经在偶然性世界中被"培育"并且变成了偶然性的；如果每个人现在都将在必然性世界中被"培育"，那么我们就都退回到了"伦理习俗"的世界，退回到了人类这种病态的动物开始他在地球上的主权之旅之前。那么帕西法尔难道不是一个更伟大的承诺吗？毕竟，他不是被任何人培育的，他不是那些可疑的"未来哲学家"的意志的产物，他只是从历史的"无意义与偶然性的可怕控制"（schauerlichen Herrschaft des Unsinns und Zufalls）中出现。但是尼采将会说，所有这些都是被授予的，但是帕西法尔的理想，那些禁欲主义理想却阻止了"骰子的幸运一掷"的出现，因为这些理想促进形成了一个错误的排列顺序（*Rangordnung*）。但是如何以及为什么？帕西法尔自己难道不也是骰子的幸运一掷吗？谁创造了排列顺序？它是什么？

到目前为止，我们提到了尼采个性伦理学中的一对紧张关系（或偶然的不和谐音）。对尼采而言，它是这种伦理学的永恒特征和这种伦理

---

① "*Jenseits von Gut und Böse*", par. 203, Nietzsche, vol. 5.
② 正如黑格尔在他面前上演的，但没有尼采的知识。

学被期望完成的"历史使命"之间的紧张关系（或不和谐音）。这种紧张关系（或不和谐音）直接导致了第二种紧张关系（和不和谐音），即个性伦理学的形式及其内容之间的紧张关系。我们不知道是否**每个**"骰子的幸运一掷"的男人或女人——他们成为他或她所是，即成为他或她自己的命运——都被尼采看作个性伦理学的博学者，或者只有部分人是。如果情况是前者的话，那么个性伦理学在形式上就像康德的道德哲学，尽管它的形式不是普遍的而是个体的，就像艺术品的形式。你成为　【76】你自己，彻底地成为你自己，而不是你自己"之中的人类"。

和一般意义上的形式伦理学（formal ethics）一样，关于个性的形式伦理学也考虑大量不同的实质性决定因素。相当不同的事例、完全不同的个性都能够符合要求。由于它的自由主义，所以形式伦理学的概念可以体现在诸如我们的时代，它格外重视多元主义。然而，我们很快就将面临严重的问题。例如，阿道夫·希特勒（Adolf Hitler）显然将是这种伦理学的合格的例子：他是一个偶然性的人，他毫不犹豫地遵从自己的命运，他成为他所是。但是用高级的伦理学术语来描述阿道夫·希特勒却完全是一件令人厌恶的事情。我重复一遍，如果我们仅仅接受关于个性的形式伦理学概念，那么我们就不能避免在其中包含具体化的恶。表面上看，尼采并没有提出反对在个性伦理学中包含恶的缩影。毕竟，他侮辱和取笑"好人"，而他对黑格尔的唯一赞扬就是后者赞同恶的积极的历史作用。但是与黑格尔一样，尼采对恶也有非常特殊的观点，并不是所有的怪物都符合这个观点。有些是恶的错误类型。尼采首先提到了恶的概念的常识性特征，例如愤世嫉俗、耽于声色、残忍和自我主义，接下来在颠倒这些标志时，他宣布那些"恶"在马基雅维利的意义上是如此多的"德性"：那些德性正在变成最伟大的、"真正的好"人。但是有些常识性的恶被他忽略了，而其他的他仍然将其看作"坏的"特征（坏的空气！），例如报复、虚荣、妒忌、不诚实（撒谎）。

总而言之，尼采从未完全满足于仅仅根据形式来描述个性伦理学。他经常，尽管不是一直，用一系列实质性的关键要素来充实个性伦理学的形象。有时候，那些实质性条件确实起作用。例如在尼采的术语中，

怨恨使一个现代人不具备成为个性伦理学代表的资格。作为**怨恨**之人的典型代表，希特勒根据尼采自己的术语就不具备尼采伦理学的条件。另一方面，尼采的实质性关键要素可以将"骰子的幸运一掷"的例子限制或缩小为尼采的超人这一种类型。如果帕西法尔不是"幸运的一掷"，那么谁是？如果"禁欲主义神父"（尽管不是所有的禁欲主义理想的博学者）被排除在个性伦理学的框架之外，那么谁被包含其中呢？或者一方面是根据形式的个性伦理学，另一方面是在这种伦理学中被实质性决定的"类型"（这是他评价最高的），尼采是否在这两者之间做出区分？如果是这样的，那么只有实质性的"类型"才被欣赏吗？让我举一个随机的例子。在尼采 1888 年春天的笔记条目中，我们发现了一个条目，（尼采拟定的）题目是"典型的自我呈现。或者：八个主要的问题"

【77】(Die *typischen Selbstgestaltungen. ODER: DIE ACHT Hauptfragen*)①。既然尼采在此讨论的是典型的自我创造的问题，那么毫无疑问，所有这些都是个性伦理学的问题。但是在自我创造的模型中还是有着显著差别，无疑，其中一种模型比其他的更受到尼采的欣赏（受到更高的评价）。有时候有两种以上的选择，但是尼采的评价角度仍然是明确的。关系到典型的自我创造形式的八个问题如下：（1）人们希望自己多样化(*vielfacher*)还是简单化(*einfacher*)；（2）在面对幸福和不幸时，人们是希望获得更多的幸福还是冷漠；（3）人们是希望自我满足还是更加苛求(*anspruchsvoller*)和更加难以安抚(*unerbittlicher*)；（4）人们是希望更加人性还是更加"非人性"(*unmenschlich*，引号是尼采加的)；（5）人们是希望更加聪明还是更加轻率；（6）人们是希望达到目标还是毋宁回避所有目标(allen Zielen aus weichen)，例如，就像这个哲学家所做的，他在每个目标中都嗅到限制、角落、扭曲、愚蠢(wie es zum Beispiel der Philosoph tut, der im jeden Ziel eine Grenze, einen Winkel, ein Gefängnis, eine Dummheit riecht)；（7）人们是希望被尊敬，还是被害怕，还是被鄙视(*verachteter*)；（8）人们是希望成为暴君、引诱者，还是牧羊人或群畜(ob man Tyrann, oder Verfuehrer, oder Hirt, oder Herdentier werden will)。

---

① Nietzsche, vol. 13, spring 1888, 15(114).

显然，尼采自我选择的类型（无疑是他自己）更喜欢一组特别的选择而不是其他的，这本身就已经是一种排列顺序。我们假定这个特殊的笔记条目关乎对致力于自我创造的不同类型的排列。在自我创造的类型中，一种在排列阶梯中居于高位，而其他的则可能居于低位。尼采想要他自己的复杂性：意志的复杂性比意志的"简单性"排得更高。古尔内曼茨不是相当"简单的"吗？帕西法尔，那个愚者，即使在被启蒙之后难道不仍然是一个愚者吗？只要他完全致力于一个非常简单的理想。尼采自我选择的类型（他自己）拒绝幸福；但是救赎的幸福（felicity）（帕西法尔的幸福）难道不是柏拉图幸福（eudaimonia）体验的翻版吗？尼采的高贵类型从未被满足。但是救赎者的救赎者（或者好人）如何可以是更苛求的（anspruchsvoll）呢？对尼采最支持的类型来说，古尔内曼茨和帕西法尔是两个相反的类型，尽管帕西法尔并不完全赞同这种相反的类型。上面所提到的类型中非常有趣的最后一点（第八点）支持我们的观点。根据柏拉图的传统，尼采在此区分了四种主要性格类型（或精神）。第一种和第四种与柏拉图的是一样的：暴君在一极，群畜（Herdentier）（柏拉图的民主的精神）在另一极。在他们中间有引诱者和【78】牧羊人。（这两种确实也出现在柏拉图那里，尽管不是作为暴政和民主精神的替代者。）那两个（中间）精神中的哪一个在排列顺序中居最高位？忠实于尼采的精神，我们必须回答：当然不是牧羊人这个典型基督教的类型。剩下的就是引诱者。根据尼采自己的神话学，瓦格纳是引诱者，苏格拉底也是。根据观点（第八点）的精神，他将他们排在最高位，与他自己、查拉图斯特拉和超人并列吗？帕西法尔在排列顺序中处于一个模棱两可的位置。人们可以说他是，他成为一个牧羊人。但是他也是一个引诱者。他被瓦格纳，那个引诱者（他自己也是克灵索尔那种人）所创造，其目的就是引诱。①

我不能再跟随尼采将"'自我创造'类型"的各种不同解释并列在一起了，我只是想表达下面的观点。尼采在形式的和实质的个性伦理学概念之间犹豫，自然导致了一方面激进的反历史决定论和另一方面激进

---

① *Nietzsche contra Wagner*: "Wie ich von Wagner loskam", par. 1, Nietzsche, vol. 6.

的历史决定论之间的不和谐，并且是后者再次占据优势。激进的反历史决定论支持形式的概念，而他的激进的历史决定论则强烈支持实质地决定的概念。尼采的理想类型（这次我们谈论个性伦理学的理想类型）居于简单的形式概念和完全的实质概念之间。①

我经常得不能再经常地强调尼采的激进的历史决定论是实践的。激进的历史唯物主义认为关于未来承诺的唯一的"或许"应该被多元决定，而实践的历史决定论则认为这个"或许"应该在实践中被多元决定。它可以通过实践的典型载体的实质性要素，即通过可以成为未来"桥梁"的"那一类人"而发生。这一类人致力于个性伦理学，他是骰子的幸运一掷，但不仅如此。它提前决定哪个数字是许多骰子的幸运一掷中的最幸运的数字。这个特殊的数字使他与我们的历史时代——上帝死了，没有救赎——的需要相符合。

排列顺序在尼采的个性伦理学中居于非常核心的位置。尼采解构了柏拉图的形而上学。柏拉图许多关于灵魂从最低级到最高级的爬升的论述激起了尼采的鄙视而不是同情。② 尽管如此，他还是保存了排列的空间图景，这个图景恰恰与形而上学具有紧密的关联。最好的站得最高，最差的站得最低。并且，尼采还保留了另一个以形而上学为基础的术语区别，即"深"与"浅"之间的区别，尽管他反对"本质"与"现象"之间的形而上学的划分。你可能会想起尼采在他的伦理学中谈论（在我们的许多自我之中）"最深刻的自我"。③

【79】 有一个普遍的排列顺序，但是在每个顺序里面可能又有另一个排列顺序。囊括一切的差别是"高级"与"低级"之间的差别。根据尼采的非历史主义的、形式的语言，所有那些体现个性伦理学的都属于"高级

---

① 舍勒在他论伦理的形式主义的书（《伦理学中的形式主义与质料的价值伦理学》[*Formalismus in der Ethik und die materiale Wertethik*]）中，从尼采那里学到了很多。我要补充一点，在他的"阶段"（stages）概念中，克尔恺郭尔通过一种象征主义也解决了纯粹形式的和纯粹质料的方法之间的冲突。

② 尼采要么参考《会饮篇》（*Symposium*）中狄奥提玛（Diotima）的论述，要么参考《理想国》（*Politeia*）中苏格拉底的论述。的确，尼采有时候观察到，对柏拉图而言，形而上学是在颓废的时代保存贵族价值和理想的方法。

③ *Ecce Homo*（Menschliches, par. 5），Nietzsche, vol. 6.

类型"，而其他所有的则属于"低级的"。但是，只要实质性的价值和承诺参与到排序过程中，那么这种区分就变得更加复杂了，有时候还很模糊。例如，在尼采的价值等级中，犹太教和基督教价值位置很低。但是那些挑起奴隶反抗（对价值的第一次重估）的人在评价梯级中排得高，不相信平均主义的人和实用主义者排得低。个性伦理学与行动、具有原创性和创造性联系在一起。因此，所有真正具有创造力和行动力，并因此完成了自己命运的人就在等级排列中居于高位，即便他的价值被尼采所拒绝，认为它是奴役的、危险的，甚至是不正当的。好与坏之间的区分模式，就如尼采在《论道德的谱系》的第一篇文章中所描述的，在通常意义上代表了个性伦理学。一个自主的人不是根据与他人的观点相符合来塑造他的个性，而是他界定其他人。通常，他带有一点轻蔑或漠视，也含有一点怜悯（不同于犹太教–基督教类型的同情）地看低他人。他与他人保持距离，不是因为他傲慢，而是因为这就是他的本性——既然他是高贵的（vornehm）。他在这种方式中也是"非人性的"。

高贵的人也是好人，不过是在与犹太教–基督教意义上的好人完全不同的意义上讲的。对高贵的人来说，没有善的榜样可以追溯（因为这是反应性的）；其他人的需要对他没有吸引力（这也将是反应性的）；他不在犹太教–基督教的意义上去爱，因为他不需要这种爱（尽管他能够具有恋爱的激情[amour passion]）。① 尼采在他的笔记中写下了如下关于良知的话：

> 一旦他们做出了决定：良知拒绝这种行为，那么这种行为将被拒绝。事实上，良知拒绝这种行为是因为它很久以来就已经被拒绝了。它只是重复已经说过的；它没有创造价值。（Ehemals schloss man: das Gewissen verwirft diese Handlung: folglich ist diese Handlung verwerflich. Tatsächlich verwirft das Gewissen eine Handlung, weil dieselbe lange verworfen werden ist.

---

① 参见《善恶的彼岸》（Jenseits von Gut und Böse），第 260 段。关于基督教的爱的主题见第 269 段。

Es spricht bloss nach: es schafft keine Werte.)①

这种反应性的良知排序很低。但是（具有承诺能力的自主的人的）积极良知排序很高，因为它是积极的、创造性的。② 高贵（作为真正的善）是灵魂的伟大；它的财富（*Reichtum*）是那种不需要思考就会自发地倾泻到他人身上的财富。富裕的、高贵的人赠予礼物（*schenkt, verschenkt*）；他的产品是奢侈的、漂亮的。

【80】

尼采直到他有意识的生命结束之前都一直思考着"什么是高贵?"（Was ist vornehm?）这个问题。在《善恶的彼岸》这本我们可以将之描述为尼采百科全书的书中，第九章（Neuntes Hauptstueck）就是主要针对这个任务的（尽管尼采在至少有两章之多的篇幅中谈论"高级"与"低级"的划分）。但我不能在这有限的框架内讨论第九章的叙述部分。并且这些属于尼采著作中最有名的段落（主人道德 [*Herrenmoral*]与奴隶道德 [*Sklavenmoral*]之间的区别、贵族文化的高贵野蛮，等等）。我不是特别喜欢这些段落，我倾向于谈论那些我喜欢的，甚至带有一些或许多附带条件。

尼采继续强调：高贵之人的道德是反功利主义的。一个高贵的人甚至不知道虚荣是什么，尽管他想要并且接受对他自我价值的承认。他是一个精致的人。当他与第一等级中没有权威的人相遇时，他的伦理就遭受到最大的挑战：正是在这个时候，他表现了他的尊重的本能（*Instinkt der Ehrfurcht*）。③ 只有"低级的"人（*gemein, Herdentier*）才会妒忌，才自以为是。但是高贵的人是真正的自我中心主义者，因为他在接受和赠予时都没有关切之心。他的苦痛更深，但他也很干净或者纯粹。高贵的

---

① Nietzsche, vol. 13, Spring 1888(92).

② 对主动/被动之区分的讨论是德勒兹论尼采的书中最好的部分。这个区分是伴随尼采一生的主题；它在"历史学对于生活的利与弊"中占据重要的位置，摘自《不合时宜的沉思》。

③ 参见《善恶的彼岸》（*Jenseits von Gut und Böse*），第263段。在这一点上，我们应该回想一下瓦格纳给波德莱尔的信，以及尼采对这封信的评论。

灵魂有自尊。① 他更害怕的是被理解而不是被误解。他有黄金般的（奥林匹克般的）笑的能力。通常有三个评价的层次，体现在三个问题中：**谁**是那个说或者做某事的人？那个人**如何**说或者做这件事情？这件被说或者做的事情的价值是**什么**？通常对第一个问题的回答在另两个问题的回答之前。但是有时候"如何"共同决定"谁"，有时候，尽管不那么经常，甚至"什么"也能共同决定它。现在我们简短地讨论一下"谁"和"如何"之间的密切关系。

稍后（在 1888 年春天的笔记中）尼采将用下面的话来回答"什么是高贵的?"这个问题：

> 那个人必须不断地代表他自己。那个人寻找需要姿态的情境。那个人将幸福丢给了伟大的"数字"。那个人本能地寻求困难的责任。那个人知道如何使罪大恶极的敌人自身被包括在内。但是人们不是以文字而是以行动不断地反对那个最伟大的数字。（Dass man sich bestaendig repraesentieren hat. Dass man Lagen sucht, wo man bestaendig Gebaerden noetig hat. Dass man das Gluck der Grossen Zahl ueberlaesst… Dass man instinktiv fuer die schweren Verantwortungen sucht. Dass man sich ueberall Feinde zu schaffen weiss, schlimmsten Falls noch auch sich selbts. Dass man der *grossen Zahl* nicht nur durch Worte, sondern durch Handlungen bestaendig widerspricht.）② （重点为尼采所加）

【81】

对"什么是高贵的?"这个问题的回答在这里与许多场合一样，它作为个性伦理学的某种定义。毫无疑问，列举的灵魂"高贵"的所有特征在某种意义上都是伦理的，不能符合这些标准的人就不具有个性伦理学的资格。这次，定义没有直接的实质性特征。让我们从代表这件事情

---

① 见《善恶的彼岸》（*Jenseits von Gut und Böse*），第 287 段。

② 尼采，第 13 卷，春季 1888。这是明显的，即尼采想在他计划的书《权力意志》（*The Will to Power*）中重新开启这个事件。

入手。首先，高贵的人不断地"代表"他自己。尼采在这里提到传统贵族的自然特征，但是他将那些特征归之于非传统世界中的非传统的人。一个现代的偶然性人并不是出生在他所代表的那个角色中。在现代世界中没有角色去代表，这个世界用数字和数量来运作，但是代表却是质的。质不能以角色扮演的形式出现，就像在古代野蛮的武士文化中所呈现的那样，因为功利取代了传统的代表。这就是为什么代表必须作为独特的、作为例外出现。没有为代表性姿态准备好的情境；现代时期的高贵之人不断地向外寻找要求这类姿态的情境。自然和伦理交汇在一起。"骰子的幸运一掷"成为他所是（否则他就不是幸运的一掷），但是他也应该倾听他内在的呼声（权力意志），寻找那些要求他的代表性姿态的情境。

本能和实践理性在此是等同的，但是它们仅仅在代表性的高贵人物中才是等同的。高贵的人的生成（becoming）（他的生命理性）是由他的情感，即他的通往生命的本能所引导的。这就是尼采在"代表"这个术语中所表达的意思：理性与通往生命的本能的融合；关于一个人，一个独特的、例外的人，一个"如此之人"的内容与形式的融合。本能与理性（内容与形式、存在与形成）的融合是美丽的。任何从内在成长的东西都是本能与理性的结合，都是有意义的，这个意义在有意义的和代表性的姿态中体现出来。有意义的姿态为个性提供了形式。在此，伦理的理想与美学的理想相融合。不是艺术家，而是艺术品（更具体地说，是现代艺术品）将支持尼采的个性伦理学模型。高贵的人必然不断地反对"最伟大的数字"，不仅是以语言的方式，而且是以行动的方式，因为一件完美的艺术品必须是全新的、不可置疑的、无法期待的。"高贵"类型的审美化将尼采和伊壁鸠鲁主义者与斯多葛主义者彻底区别开来，①尽管他的高贵之人确实有斯多葛主义或伊壁鸠鲁主义的特征。例如，高贵之人必须寻求困难的责任，必须知道如何树敌，必须挑战懦弱之人，必须对好运或坏运，以及民众的观点保持冷漠，等等。简而言之，道德

【82】

---

① 尼采深深地厌恶斯多葛主义，将它看作基督教伦理的先驱之一。他与伊壁鸠鲁主义的关系更加复杂。

的（或伦理的）美学与道德的（或伦理的）心理学在尼采这里交融，但是它们既不是在斯多葛主义的也不是在伊壁鸠鲁主义的传统中交融。

是时候来总结我们先前的结论了。尼采在个性伦理学的纯形式的与纯实质性的定义之间徘徊。他的实践承诺，使他绝不能完全满足于纯形式的定义。但是在他决定其伦理学内容的各种尝试中，他也将开拓出两种不同的方法。采取第一种方法，他用他自己的价值，其中最强的就是历史决定论的价值，使"幸运的一掷"概念超出负荷，以至于最后只有通往"超人"的"桥梁"才能满足它的标准。个人在支持一般承诺的类型中消失了。采取第二种方法，他将用额外的形式标准，例如代表、姿态、独特性和绝对的质，来多元决定纯形式的个性伦理学概念。换言之，他将审美地多元决定它。

我已经表达了我对纯形式的个性伦理学概念的理解，以及对尼采试图实质性地决定这个概念的反对意见。审美的与伦理的形式的融合看起来比较有吸引力，至少是第一眼看上去这样。然而真实的情况却是，尽管它具有吸引力，但是在理论上它却是最不令人满意的解决办法。纯形式概念的所有问题在这里再次出现，其陷阱无一被避免。我们可以回想希特勒的例子：人们可以说希特勒使他自己成为一个代表性人物（一件艺术品）；他是一种姿态之人；他接受了重大的责任，并且也为世界带来了绝对的独特性（毕竟，奥斯威辛［Auschwitz］是绝对"新"并且"独特"的）。但这是何种伦理学？[①]

确实，希特勒是尼采模型中的"精致"之人的绝对反面。而且，希特勒原本会被尼采所厌恶。

我们必须在此停一会儿。厌恶的情感在尼采的伦理学嗅觉研究中扮演重要的角色。尼采闻到恶劣的空气；不纯洁者散发恶臭；未开化之人使他厌恶。他的厌恶提示他（可能像提示所有高贵之人一样）这个事实，即他遭遇到一个可耻的人或者可耻的行为。厌恶于是成为伦理学品味（ethical taste）的体现。就像法国烹调美食家厌恶在糟糕的饭店里放在他面前的酱一样，高贵之人也厌恶恶劣的态度和行为，厌恶一切"渺

---

① 事实上，尼采对伦理的审美化被纳粹德国的头头们，包括希特勒直接接受了。

小的""卑微的"、未开化的和有失尊严之物。毫无疑问，有某种伦理学的（道德的）品味。但是伦理学的品味——在某种程度上，尽管从未完全——通过类似于烹饪品味发展的方式而获得。在我们为正派而发展出一种审美特性，并且开始由此而厌恶不正派之前，我们必须知道正派的

【83】 人如何行动，并且必须首先体验一些正派的行为。但是如果伦理学的排列顺序仅仅由审美的标准来构成，如果"高级"与"低级"伦理学梯级主要是审美的立场，那么我们的厌恶就将显现我们的审美的而非伦理学的品味。只要伦理学与美学相融合，类似的事情就会发生。尼采的伦理学中甚至还有更加复杂的东西。既然高贵之人不是反应性的，那么他就不能以类似于发展其烹饪品味的方式来发展他的审美品味。作为骰子的幸运一掷的人，他的本能仅仅从内在控制着他，他的品味也因此仅仅由这种本能-理性所决定。他不是因为发现那个人（在审美或伦理学上）是令人厌恶的而感到恶心，而是因为有了恶心的体验才"感觉"那个人是令人厌恶的。然而，康德是对的。"天才"可能仅仅从内在发展出他的所是，但是品味之人却不能。这对审美品味和伦理品味而言都是对的。

于是，尼采必须再次引一些实质性特征到他的审美伦理学模式中。现在他告诉我们**什么**将，什么**必须**，以及什么事实上**的确**招高贵之人的厌恶，尽管所有的高贵之人都从内在发展出他们的厌恶之感。（审美）个性伦理学的复杂版本现在似乎豁然开朗了。但事实上它并没有。让我们回到起点：尼采原本会厌恶希特勒，因为希特勒不精致，而精致（作为审美范畴）是尼采的所有高贵之人都具有的特征。但是就像所有认为仁慈是一种德性的人都会认为自己是仁慈之人一样，即便他不是，所有赞同"精致"价值的人也会认为自己是极其精致的，不论他是否精致。这个问题不是希特勒是否符合尼采的伦理-审美标准（他不符合），而是这些标准究竟是否具有伦理学特征以及是否可靠。

如果不能引入至少是一个实质性的和纯粹伦理的（即并不同时是审美的）资质，人们就仍然会卷入纯粹的形式主义中。我不否认道德的（伦理的）美学的重要性，但是和柏拉图一样，我将它排在恰当的道德

概念之后。**什么**是有价值的并且被做了，优先于"谁"（做了它），也优先于它"如何"（被做），尽管行为的美，以及行为者的高贵性格都为行为的善和人的正派增添了崇高的维度，即画龙点睛。在道德中，内容从来都没有被形式完全吸收。

尝试使个性伦理学审美化将我们带回到已经遇到过的那些问题上面：我指的是那些从纯形式概念的实质性多元决定而产生的问题。即使在"高贵之人"的审美资质仍然仅仅是形式的，"谁"只包括"如何"（代表、姿态的行为、独特性、原创性）而不包括"什么"的情况下，【84】从纯粹伦理的观点来看，审美形式自身也作为实质性特质而发挥作用。这种实质性特质是指，例如一个丑陋的人不可能是高贵的，或者因为良知拒绝接受而避开某种行为的人同样也不可能是高贵的（因为她不是在行动，而毋宁说是在反应）。无论我怎样看，都觉得尼采的个性伦理学还不足以成为一种可以替代帕西法尔道德伤感的伦理学。

但是乍看上去，这正是尼采所建议的。"迄今为止"没有禁欲主义理想的替代者。但是"从今往后"，从查拉图斯特拉和尼采之后就有了。但是确实如此吗？或许。至少尼采是这么说的。① 但尼采也说了别的。他将自己既看作引诱者又看作愤世嫉俗者：当心恶狗。尼采不止一次地警告我们当心他自己的伦理学。

恐怕我们快要没有时间了。所以我们现在必须简短地返回尼采个性伦理学的起源处，返回《论道德的谱系》，也返回瓦格纳的《帕西法尔》和尼采的《反帕西法尔》。但是让我首先总结一些我们的较为重要的评论和反对意见。为简单起见，我将在广泛的尼采意义上使用"禁欲主义理想"这个术语。于是这个概念包括过去两千多年的西方文化、犹太教传统，也包括佛教和其他东方宗教的价值。它包括形而上学，即"迄今为止"的所有哲学、现代科学，以及平等、普遍主义和民主的理想。它包括关于真理理念，以及道德理念和道德的所有东西。它也包括传统道德的所有内容，它们的压抑特征、他律性、对感官享受的轻蔑，以及其他很多东西。

---

① *Ecce Homo*: "Zur Genealogie der Moral", Nietzsche, vol. 6.

纯粹形式的个性伦理学概念不能提供禁欲主义理想的替代物，如果不为其他原因而只为最明显的一个原因的话，即禁欲主义理想的代表人物（包括帕西法尔）也是个性伦理学的代表人物。

实质性决定的个性伦理学概念的任何版本都不能作为禁欲主义理想的替代物，因为所有这些版本都表达了哲学家自己的排列顺序；他们使自己的历史视域合法化。从其他视角来看，它们可能并不具有吸引力：从伦理学视角来看是相当恐怖的，从美学视角来看是非常恶心的。当然人们认为还存在许多其他视角。如果尼采成为一名新的异教徒基督，如果他的《查拉图斯特拉如是说》成为一本新的《圣经》，就像他有时候预言的那样，那么所有的事情就将成为另外一种样子了；但是情况却不是这样的。①

个性伦理学的美学概念不能成为"禁欲主义理想"的替代物，因为它只对那些创造了新的、无法预料的并且为他们自己赋予意义的"骰子的幸运一掷的人"（例如歌德、拿破仑或者毕加索）才有效。

【85】

最后，尼采归之于高贵之人的"德性"，没有一样有能力以理论上令人满意的方式为纯形式的个性伦理学概念提供内容，因为所有这些德性都没有击中道德的要害。我宁愿反过来重复一遍我曾经说过的：我将"道德核心的德性和价值"称作这样的德性和价值，它们履行如下任务，而这些任务是尼采希望通过他最喜欢的德性和价值来完成的。只有道德核心的德性和价值才能够在最小的程度上决定形式的个性伦理学的内容，即对于不牺牲其形式特征而获得主体间诉求（普遍性的最小分母）所绝对需要的程度。

康德的非工具化的实质性公式（即人们不应该把他人仅仅作为手段）非常胜任这个角色。但是康德的解决办法却不为尼采所赞同，如果不是因为其他而是因为它的禁止性特征的话：这种新伦理学被认为会将我们从所有"应该不"中解放出来。

---

① 尼采的情感波动也需要注意。当他像谈论一个历史转折点一样谈论他自己的时候，他也指出，他对基督教道德（以及一般的道德）的攻击根本没有伤害道德；道德没有被基督教道德以及一般的道德所触及。

瞟一眼尼采的价值清单，我们就会发现其中有如下微妙的东西：
"赠予礼物"、好品味、承受巨大痛苦的能力、正直（*Redlichkeit*）、"那
些被人们称作灵魂的威严的东西"（the befehlerisches Etwas, das vom Volke
der Geist genannt wird）①、排序的本能、漠视、自尊，以及其他许多德性
或价值。但是显然它们中没有一个可以纳入道德中心，这就意味着它们
中没有一个可以履行绝对命令的实质性公式从而非常出色地履行的
任务。

但是却很难不赞同尼采所操心的事情。用伦理-审美的标准来判断，
确实有一种排列顺序不同于纯粹根据道德标准而形成的"排列顺序"。
甚至人们是否仅仅会根据道德标准而丝毫不考虑审美特征或行为这些维
度来谈论"排列顺序"，这是成问题的。我已经简略提及这个问题了。
我们更加欣赏优雅为之的善行而不是粗鲁或毫无章法为之的善行。它们
显然是不一样的行为。在个性中有某种东西（称之为他的或她的本质、
自我、核心……）本能地在我们的道德评价中发挥作用。哎，微热可能
比寒冷要好一些（根据道德标准），但是它也是被愤怒地说出的。为什
么？人们情愿赞同尼采的直觉：自以为是的人，即便他从未做过不应该
做的事情，也并不特别地令人心动。

当我们思考这个问题的时候，很快就会意识到尼采的排列顺序与旧
欧洲传统并不是相异的；相反，它深深地植根于它。这并不奇怪。毕 【86】
竟，尼采自我承认是一个旧欧洲人。在遵从戒条的"文字"或"精神"
之间做出区分，同样重要的是根据心灵的品质执行伦理顺序的排列，以
及他律与自律之间突出的（尽管不是排他的）现代区分——所有这些都
属于这一传统。它们似乎是完全纯粹的道德区分；自律与他律之间的区
分似乎非常具有康德主义起源，但是敏锐的接受者，例如席勒很快就发
展了它们的审美维度。② 并且，即使在纯粹的道德排序中，高位通常被
其善中也包含着"伟大"的"善"所占据，例如灵魂高贵之人、圣人，

---

① *Jenseits von Gut und Böse*, par. 230, Nietzsche, vol. 5.

② 为了避免误解：在绝对命令中没有什么"审美的"东西。但是（《德性的原则》[*The
Doctrine of Virtues*] 的）正直的人已经获得了审美的维度，这是自《判断力批判》以来就开始
准备的。

或者（几乎）完全自律的人。并且在尼采之前就有根据非道德标准进行的伦理个性排序的现代尝试。例如黑格尔根据世界历史重要性的标准建立了他自己的排列顺序。人们可能会有这个印象，即尼采想要在一个现代的平等主义时代拯救一种非常欧洲的东西。并且那些像我自己一样的人，即对尼采厌恶政治平等而感到恶心的人，很可能和尼采同感，即维护并珍视在人群中在纯粹人性的意义上直观地建立排列顺序，这是一件有价值的事情。在我们综合考虑到道德和品味的复杂尺度而直观地建立起来的排列顺序中，那些具有个性的人比那些不具有个性的人值得拥有更高的评价，尽管他们在政治上是平等的，有的人占据的位置更高，而有的人占据的位置更低。

在前现代世界个性的排列顺序与社会-政治秩序密切相关，与之相反，在我们的偶然性世界中再没有这种情况了。因此，很难描述，更不用说确切地界定是什么造成了高等的、或贵族的、或微妙的、或高贵的个性。人们很难领会它、很难把握它——人们如何才能培育它却不失去它呢？但不管怎么说，尼采在此有一种非常强烈的诉求，对人的个性进行排序必须有意培育之；如果你愿意，它必须被欲求……因为如果失去了这个尺度，就没有人可以在高等与低等之间、高贵与卑微之间做出区分了，旧欧洲世界的许多宝贵传统、旧欧洲文化也将失去，或许已经失去了。那么受苦的意义将是什么呢？

禁欲主义理想——尼采这样写道：

> 它相信……自己相对于其他所有权力的绝对优先的排列顺序——它相信世上没有权力不需要首先接受一种意义、一种存在权利、一种价值，以之作为禁欲主义理想的工具，作为通往**它的**目标、通往**唯一**目标的手段和工具。这种关于意志、目标和解释的封闭体系的强劲对手是什么？为什么它没有找到自己的强劲对手？——**另外一个"唯一"**目标在哪儿？[1]（重点为尼采所加）

---

① *On the Genealogy of Morals*, essay three, par. 23.

我们追随尼采对这个"其他"道路的探求并得出结论，没有这个其【87】他道路，至少在尼采的意义上如此。实践的总体化不是形而上学总体性的强劲对手。那个"其他的唯一目标"，那个没有对**真理**而只对"尼采的真理"做出断言的意志、目标和解释的封闭体系从来都不会在战场上成为禁欲主义理想的强劲对手。尼采的理想赋予他自己的困难以意义；他将救赎他自己，而不是其他人。这听起来挺古怪。毕竟，过去一百年的哲学家没有人比尼采对欧洲思想的影响大。这是事实，但是他的影响与这个单独的"唯一目标"、与禁欲主义理想的"强劲对手"无关也是事实。作为一名形而上学家的话，当然在任何情况下他都不是，尼采不能提供一种替代物。谁可以？作为一名虚无主义者，他有大批的追随者。但是如果虚无主义是定论（the last word），那么胜利仍然属于禁欲主义理想，如果我们根据尼采的术语来思考的话。然而，我们可以根据其他术语来思考。人们不仅可以把形而上学（或者至少是关于所有的形而上学），而且可以把尼采的理想，即认为实践应该取代形而上学，应该赋予行动以关于绝对、总体性和真理的绝对性抛到一边，而在我们的"权力意志"的激励下，根据我们自己的视角来行动。要是人们彻底抛弃了关于绝对的绝对性会怎样？我们会因此屈从于禁欲主义理想吗？或许会，或许不会。或许这是一个错误的选择，或许这根本不是我们需要的。尼采在这里是对的，我们所需要的就是知道我们苦难的意义。但是知道我们苦难的意义是什么意思呢？

让我们最后一次回到《论道德的谱系》的第二篇文章，回到尼采歌剧的第二幕：他的《反帕西法尔》。这个故事是关于获得做出承诺的能力的。尼采在这里讨论这个过程的"结尾"，"这棵树最后在那里结出果实"：

> 于是我们发现最成熟的果实是**独立自主的个人**，就像只针对他自己，再次从习俗道德中被解放出来，是自律的和超道德的（因为"自律的"和"道德的"是相互排斥的）。简言之，这个人有他自己独立的、持久的意志和**做出承诺的权利**——他

每个细胞中都有着骄傲的意识，是关于最终获得并且成为其生命一部分的**那个东西**的，是关于他自己的权力和自由的，也是对人类完成的感知（*ein Vollendungs-Gefühl des Menschen überhaupt*）。这解放了个人……这个自由意志的主人，这个独立自主的人……他的信任是区分的标记……将会把他的罕见的自由的意识称作他的良知。①

这段话包含着对尼采个性伦理学的最简洁清晰的描述。它是清楚的，或者毋宁说是纯粹的，因为所有的实质性要素仍然是缺失的。个性【88】伦理学的人出现在我们面前，就像一个站在道德之上的个人。站在道德之上有两层意思：第一，他并不屈从于道德；第二，他并不使任何其他人屈从于他的道德（因为他没有道德）。他蔑视其他人，但是他并不"教育"他们；他没有原则、目标和理想地行使他的权力。因此他既不是一个引诱者或牧羊人，也不是那个会为禁欲主义理想的替代物而战的人。他仅仅是他自己。如果我们根据排列顺序来思考的话，那么这个"自由的"或"独立自主的个人"将由于他的**所是**而居于排列顺序的顶部。所有居于排列顺序梯级顶部的人都只遵从他自己的良知。如果我们根据形而上学的"总体性"概念来思考的话，那么我们必须承认我们的自由个体不需要它，因为他没有它也行。或者，如果我们根据实践的总体性来思考，我们也将承认我们的独立自主的个体还是不需要它，因为这种个体往往已经拥有了它。他的苦难具有意义仅仅因为他是其所是，而他的苦难就是他的（他成为他所是）。但是这个意义是唯一的，它不能被扩展，甚至不能被扩展至一个唯一的他者，一个唯一的第二个人。**因为在这个伦理学的范围内没有他者，没有第二个人**。这个独立自主的个人就像一件艺术品。它自主地存在，但他也独自地存在。一件雕塑品的存在或美与另一件雕塑品的存在或美无关，所以一个自我完善的独立自主的个体的存在代表他自己，而不论是否有一个其他存在和他一样。他们之间没有关联，没有影响，也没有关系。尼采是对的：在这个模型

---

① *On the Genealogy of Morals*, essay two, par. 2.

中，道德是完全不在场的。之所以如此，并不是因为他的独立自主的个人良知不服从于一个普遍的准则，而仅仅听从于他的独处的良知，而是因为除了个人的自我完善或完成的规划（情感、权力意志）之外，这个独处的良知将没有任何内容。

这个独立自主的人是一个孤独的人；他独立行动和吟唱；他不看任何人的脸色。缺乏承诺能力的人无足轻重，因为他们是"低等的"，他们只被相应地对待。具有承诺能力的人也无足轻重，因为我简要提到过原因：自律的人不需要他们，而他们（同样自律的人）也不需要他。巨怪，做你自己足够了?!

在他最后一首诗"最富者的贫穷"（Von der Armuth des Reichsten）中，尼采写道：

　　静，我的真理开口了（Still, meine Wahrheit redet）!

　　……

　　可悲啊，查拉图斯特拉（Wehe dir, Zarathustra）!

　　你活像（Du siehst aus, wie Einer, ）

　　一个吞金的人（Der Gold verschluckt hat）

　　……

　　你过于富庶（Zu reich bist du），【89】

　　你树敌太多（du Verderber Vieler）!

　　……

　　你想馈赠、送掉你的（Du möchtest schenken, wegschenken deinen）

　　丰盛（Überfluss），

　　可你自己就是最丰盛者(aber du selber bist der Überflüssigste)!

　　放聪明些，富庶者（Sei klug, du Reicher）!

　　把你自己先分送掉，查拉图斯特拉啊(VERSCHENKE DICH SELBER ERST, oh Zarathustra)!

　　……

你必须变得更穷（Du must ÄRMER warden），

聪明的愚者（weiser Unweiser）！

你要使自己能够被人爱（willst du geliebt sein）。

人只爱受苦者（Man liebt nur die Leidenden），

人只把爱给予饥馑者（man giebt Liebe nur dem Hungernden）：

把你自己先分送掉，查拉图斯特拉啊（VERSCHENKE DICH SELBER ERST, oh Zarathustra）！

——我就是你的真理……（–Ich bin deine Wahrheit）①②（重点为尼采所加）

这不是巨怪之声，这是帕西法尔之声。

如果我们仔细地听，我们仍然可听到个性伦理学的独声。毕竟，尼采说，"是我的真理在说话"，而不是"真理在说话"。他说，"我是你的真理"，而不是"我就是那个真理"。但这是带有淡淡的谦卑的个性伦理学，在这里，自我放弃（self-abandon）被给予了比自足（self-sufficiency）更高的位置（im eigenen Safte süss geworden und gekocht）；简单性的位置比复杂性的位置高；自我放弃（于他人）比漠不关心且毫无关切地倾倒我的剩余财富的位置高。尼采仍然是为帕西法尔而着迷的最后一人。

它是一个"失败的讨厌者"、一个角色扮演者、一个演员，他为一出关于无辜愚者的音乐神秘剧布置歌剧舞台，成为一名禁欲主义的神父，在彻底地自我放弃于他人的情节中找到自己（并成为自己）。知识、**真理**在揭开**圣杯**（aletheia）的过程中表现自己，但**圣杯**并不是那个**真理**。**真理**是实践的，在道德的意义上是实践的。**真理**是认同，但不是主体和客体的认同；而是主体和主体的认同。这里有总体性，实践中的总体性，总体的自我放弃，但是这种自我完全放弃于自己的命运之中同时

---

① Nietzsche, vol. 6, Dionysus-Dithyramben.

② 参见尼采：《尼采诗集》，周国平译，中国文联出版公司 1986 年版，第 209－211 页。——译者注

也就是自我完全放弃于他人的命运之中。瓦格纳，这个巫师，表演他的魔术。他（而不是尼采）解决了个性伦理学的形式概念与实质性特质之间的冲突，或者毋宁说是不和谐音。

我们知道这个不和谐音所包含的内容。个性伦理学的纯粹形式的概念太宽泛了（例如，甚至于希特勒也具有这个特质）。尼采所提供的实质性决定，要么将伦理学缩小到（对尼采自己、对他的超人、对他的狄俄尼索斯）最喜欢的类型，要么仍然不适合主体间性的概括。《帕西法尔》的简单故事做得比尼采要好。帕西法尔完美地适合个性伦理学的形 **【90】** 式概念。他是那个自由的、独立自主的、自律的个人；他是那个总是在行动而从不是在反应的人。他是那个不是通过同情，而仅仅根据来自内部的、他自己的良知之声而启蒙（关于善与恶）的人。瓦格纳（和帕西法尔）只需要一个唯一的实质性价值或德性来决定帕西法尔的个性，以至于他的真理和"真理自身"能够融合。这个唯一的实质性价值或德性就是同情（*Mitleid*）（是共鸣，而不是怜悯）。想想吧，如果同情对一个人而言是最高的价值或德性，那么他就能够自由地遵从他自己的那颗星，成为他自己的命运；因为这种伦理的命运也将是他人的救赎。被同情单独实质性决定的个性伦理学已经包含了道德。但它仍然不啻为一种个性伦理学，是独立自主的个人的自我完善。之所以如此，是因为同情属于构成道德中心的德性或价值。它行使着与康德的公式相同的使命，禁止工具化，它将必要的质的要素给予形式的概念。既然所讨论的形式概念是个性伦理学的形式概念，那么质的要素就不是禁令，甚至不是命令。这在《帕西法尔》中是清楚的。没有人告诉帕西法尔"你应该同情"；他就是这样做了。

所以尼采写道，同情的道德是颓废、虚无主义和悲观主义的最险恶的症候。[1] 它是耶路撒冷战胜罗马的症候；是我们的生活以牺牲未来为代价这一事实的症候。这种未来是反基督的未来，是反虚无主义者的未来。同情击溃了**意志**。但是这可能只在叔本华的背景下才会发生。可能我们能想象一种没有击溃意志的同情。毕竟，帕西法尔的同情没有击溃

---

[1] *On the Genealogy of Morals*, essay one.

他的意志。帕西法尔的同情非常好地符合了尼采自己的关于权力意志的哲学。如果我们在更加传统的意义上讨论意志，那么帕西法尔的意志反倒是被他的同情加强了。

尼采主要的哲学沉思，例如相同事物的永恒重现或权力意志，没有一件是反对帕西法尔的恰当武器。他的个性伦理学也不具备这个资格。尼采能够带到战场上的军刀也只包含"不"（对同情说"不"，对救赎者的救赎说"不"，对耶路撒冷的传统价值说"不"），而所有的仅仅是少数实质性价值的翻转。在这场战斗中，尼采，这个激进的虚无主义者与"消极的"虚无主义者作战；他将邪恶激进化。但是他是带着坏的（不是坏的道德而是坏的哲学）良知这样做的。人们宁愿要无而不是什么也不要，到目前为止一切还好。但是（在尼采看来）帕西法尔想要的是其他人也想要的无：通过同情而达到的对救赎者的救赎。而尼采想要的无是什么也没有，是不存在的无，是禁欲主义理想的不在场的替代【91】者。第一种能够提供意义、理解和阐释，第二种不行。但是帕西法尔在**圣杯**前跪下了，他向上看，他在高于他自己、在超验的东西前面变得谦卑了。如果不满含激情地承认有某种东西（或某个人）在所有单个人之上，那么就没有道德，绝对没有。人们可以称它为"神圣法律""先验的自由"（transcendental freedom）、"苦难的**他者**"①，或者其他什么东西，但是这样一种价值、道德律，或者超验的声音，必须被预先假定。尼采反抗了：人是自由的；他必须是完全自律的。但是有完全自律的东西吗？如果有的话，它还能被称作"人"吗？

英雄主义的悲观主义反抗神秘剧。这是没有胜利希望的反抗；胜利也将是失败。这就是为什么尼采痴迷于帕西法尔的原因。这就是为什么他被瓦格纳所吸引的原因。引诱者被引诱了。

它是被祝福的痴迷。因为通过这种痴迷尼采成为其所是：给路人出谜语的斯芬克司。与他的最爱俄狄浦司不同，尼采从未解答出谜语；与

---

① 陀思妥耶夫斯基的英雄——拉斯科尔尼科夫在人类苦难面前深深鞠躬。我在我的研究"羞耻的力量"中讨论过这种"道德姿态"，用的是和我现在讨论帕西法尔的共鸣相似的术语，载《羞耻的力量》，伦敦：劳特利奇，1985年版（*The Power of Shame*, Routledge, London, 1985）。

斯芬克司不同，尼采沉迷于设置了不仅我们这些路人不能解答，而且他自己也不能解答的谜语。他走向了极端；他不能再前进一步了。他说了——对他而言——所有应该说的话。我们这些 20 世纪的孩子，同时也是永恒的路人，去解答他的谜语；但我们也设置自己的谜语。我们中的有些人（像我自己）仍将被巫师-作曲家的魔幻世界所吸引，仍将根据列维纳斯（Levinas）的文本来解读《帕西法尔》的讯息，而其他人将对他的音乐充耳不闻或者将转身离开这个角色扮演的小丑。但是尼采和《帕西法尔》仍将永远捆绑在一起。（抱歉，我离题了。）让我再次确切阐述我的最后一句话：只要所谓的"禁欲主义理想"仍然给人的苦难提供意义，那么尼采和《帕西法尔》就仍然会结合在一起。

第二部分　维拉，个性伦理学或许是可能的吗?

——三篇对话

对话一：有个性伦理学吗？

【95】

（这个对话发生在 1992 年的纽约。在参加完关于尼采和帕西法尔的课程后，两个哲学学生约阿希姆［Joachim］和劳伦斯［Lawrence］一起回家。和往常一样，他们卷入了一场生动的对话。）

约阿希姆： 我承认这门课有趣且令人愉快，但是它并没有吸引住我。因为我丝毫没有被说服去相信有一种叫作个性伦理学的东西。尼采是一位迷人的思想家、一位修辞学大师、一个诗人——但他并不是一个伦理学家。瓦格纳的音乐-戏剧也不是伦理寓言。伦理不能从内在，从单个的、独特的人的"灵魂"中召唤出来，它与独特的个性毫无关系。伦理学的本质毋宁说是将相同的标准强加于我们所有人，或者至少是强加于具有相同精神的团体的所有成员。人们不必成为一个教条主义的普遍论者才能看到这一点。诚命说："你不该杀人。""你"在这里同时指普遍的主体（"没有人可以谋杀"）和作为单个人的你不应该杀人。

劳伦斯： 你说伦理学将相同的标准强加于我们所有人。但是不论是强加什么标准，都是在强迫我们。你将伦理学和强迫等同。这正是尼采对道德的控诉。他还说：强迫是不自由的，它是跛足的、丑陋的；它使我们丑陋。但他坚持认为，摆脱了犹太教-基督教传统，并不强迫人们的伦理学是可能的；我们称之为个性伦理学。

约阿希姆： 你想要没有强迫的伦理学？我亲爱的朋友，人生中没有什么东西，或者至少没有伟大的或细微的东西可以不通过强迫而获得。你甚至忽视了你亲爱的尼采。我可以提醒你吗？尼采过度神话化的道德谱系也讲述了一系列他人强制和自我强制的暴力行为，他认为这些行为【96】对形成和塑造人类是非常必要的。既然没有做出承诺的能力，就没有个性伦理学，既然这种能力据说来自最痛苦的"史前劳动"，那么个性伦理学，如果有这种伦理学的话，也是强迫的结果。你可能反驳说，正因

123·

为如此，所以现在实行没有强迫和强制的个性伦理学是可能的。但是这样你就会发现，你的现代的，甚至后现代的尼采将会像一个非常老式的进步主义者。一个迄今为止都不可能的事情，即实行个性伦理；换言之，完全从内在、没有强制、没有他人强加的暴力、没有强迫地发展一种伦理学，如何在现在，并且恰好是现在就成为可能的了。"人的本性"（human mature）一定发生了什么事情，才使强制和强迫成为多余的或富余的。你的尼采将会说，我们人类经历了退化，但是人类的退化状态也富含以前所不存在的诸多可能性。这种思维方式使我想起了马克思……坦率地说，你的个性伦理学植根于历史决定论。你要么相信我们占据着历史中的一个特权位置，并且由于我们的特权位置，我们不仅有资格而且有能力实行个性伦理学；要么你不相信特权位置，并且你没有理由预设我们可以在没有强迫、暴力和武力的情况下能够过上或者的确过上一种道德的甚至是非道德的生活。换言之，我们生活在和所有"迄今为止"人的世世代代相同的困境中。让我再强调一遍：没有强迫就没有伦理学，因为没有强迫就没有人生。我们并不比第一个智人（homo sapiens）部落更加"文明"。有必要指出奥斯威辛和古拉格（Gulag）来阐述我的观点吗？问题不在于是否有强迫，而毋宁是谁或什么强迫我们做什么？

劳伦斯：你把所有的事情都混淆起来了！我从未说过离开强迫也可以想象一种个性伦理学……

约阿希姆：你说过……

劳伦斯：但这并不是我要表达的意思。我在这里要表达的是，强迫由内而生，来自个性自身的最深层。我的意思是，这种强迫——如果你想这样叫它的话——不是由命令-服从关系来表征的。而毋宁说是我自己的直觉，即我自己的理性发出命令，由我自己并且只是我自己来服从。再说一遍，服从是错误的表达，因为我只追随我的命运，只通往我的命运。

约阿希姆：你典型地是将直觉和理性画上等号。

劳伦斯：难道你不认为它们在根本上是一样的吗？难道你从未盲目

地接受你的直觉的引导，后来却发现你所遵从的其实是你的理性之 【97】
声吗？

约阿希姆：从来没有。直觉和理性是相反的。

劳伦斯：在你自己的经验中总是相反的吗？

约阿希姆：不，我不再深入谈这个问题了。但是一般而言，我不可能依赖我的直觉。恐怕不仅是在涉及道德的问题上——在其他许多事情上也是如此。我通常都理性地做出决定，在道德问题上听从实践理性的引导。我所遵从的当然不是我的命运。生活是人们必须解决的一个问题，是人们必须诚实地履行的困难任务。但是你却是一个引诱者，难道不是吗？你刚刚引诱我来谈论我自己。如果人们在哲学问题上开始谈论自己，那么这个人立即就滑向了个性伦理学的不可靠的基础上。这是我努力避免的。讨论伦理学、道德，以及相关领域时，我们应该抵制自己去谈论约阿希姆或劳伦斯；相反，我们应该谈论一般的人，谈论每个人都可以用的 "X"，而不管他或她的具体性格特征、心理禀赋和才能。

劳伦斯：为什么应该抵制？为什么又有这么多 "应该"？并且，引诱你谈论你自己是很容易的。

约阿希姆：我不喜欢谈论我自己。

劳伦斯：不，你喜欢。因为哲学化往往是与我们自己进行关于我们自己的谈话。尼采说过，哲学就是一种回忆录……

约阿希姆：哲学化可能是**与**我们自己进行一场对话，但却不是**关于**我们自己的对话。哲学家们很少谈论他们自己。

劳伦斯：或许他们很少谈论自己，恰恰因为他们总是在谈论自己，如果不是直接地，那也是间接地。

约阿希姆：废话。克尔恺郭尔是第一个哲学地应用间接交流的。

劳伦斯：毋宁说，他是第一个有意识地应用间接交流的，因为作为一名后形而上学家，他不可能，至少不能真诚地以其他方式行事。在后形而上学思想中，直接的交流就像欺诈，因为没有绝对的权威可以支持哲学家的真理宣言。尼采的视角主义也是一种间接交流。

约阿希姆：那么你承认了只有现代哲学家、后形而上学家沉迷于哲学的伪装中写回忆录。

劳伦斯：我决没有如此承认，我只是说形而上学家本能地这样做（你看到的，他们的直觉和理性是相同的），而后形而上学家则失去了这种天真质朴。他们变得反思了，他们提出关于他们的类型的可能性问题，却没有现成的答案，他们讽刺性地捍卫他们自己。而讽刺往往也是自我讽刺。对哲学家而言，当主干道已经被阻塞时，间接的交流就成为替代的道路。即使我承认只有现代哲学家沉迷于写他们的回忆录，但我并不承认这个理论也仍将适合你的情况，因为你刚好是一个现代哲学家，或者至少是（后）现代时代中的一名有希望的哲学学徒。

约阿希姆：这都是废话，你必须清楚这一点。我们从哲学前辈那里继承我们的范畴体系和语言。我们都这样说的话，通过这种语言来交流。语言在这里不是手段，而是哲学存在本身。哲学不是来源于哲学家的心灵。当我说这种语言的时候，我不能将它作为私人的手段和个人的体验。我不能通过这一媒介而仅仅以自我的身份来表达我自己。

劳伦斯：但是回忆录或自传都不只是自我表达的手段。一个哲学家忍不住在他的哲学语言中理解自我，他只是通过说着继承来的语言、他的语言、他的存在来谈论自我，尽管并没有直接表达自我。

约阿希姆：你一点儿都没有使我信服。哲学家过他的哲学的生活，这种情况并不意味着他将自己的生活作为哲学来书写。你不会再引诱我了，我也不会让自己被引诱。如果在哲学中有主体客体的同一，那么只有一种方式能够获得它：唯一的存在者必须在客体（语言）中消失，他必须将自己完全抛弃给它，他必须摆脱他自己个性特征的独特性，而不是强化它们。人们只是让哲学自己说话……

劳伦斯：让哲学自己说话意味着哲学家让哲学说话，遵从着哲学家自己作为一名哲学家的直觉……

约阿希姆：即使我承认这一点，尽管我会非常不情愿地这样做，这次你的个性伦理学也不会得分。是的，一个将要履行一项任务的人最好彻底地将自己抛弃给那项任务，但这和个性伦理学没有关系。只要我将自己抛弃给普遍，那么我也就将自己抛弃给某种东西，而不是抛弃给我

【98】

的直觉，甚至也不是我们的个性化的理性。既然我通过尊敬（*Achtung*）而将我自己、我的独特性、我的现象的自我彻底归入本体、普遍的道德律，那么康德主义者对道德律的尊敬就是一种自我放弃。是我将我自己放弃，每个单个的人都单独地为自己而这样做，没有人可以替代我而为我做这些——这就是为什么人们可以谈论人的个性的自治。但是自治（尽管从未完全获得）被设想为个体与普遍的同一。我痛苦地发现相对 【99】于道德律我是多么渺小，但是这种痛苦也提升了我，因为我——在我自身中——独自发现了绝对。

劳伦斯：当然，人们不是将自我抛弃给了自己，而是抛弃给了他人或他物；它依赖于"给了谁"，"如何"以及"在什么的指导下"你抛弃了自己，而不论你是否将自己抛弃给了你的命运。你的康德主义的问题显然不是自我放弃。即使你将自己放弃于普遍，那也不是自我放弃；但是如果你成为，或者努力成为普遍的自我，那就是放弃了。你责无旁贷地尊重居于他人之中的人类、存在于他人之中的道德律以及理性。因此你责无旁贷地尊重的、居于他人之中的东西恰好等同于同时居于你和他人之中的绝对。这种普遍主义不是自我中心主义最微妙的形式吗？再想想：你不是责无旁贷地尊重多元性，尊重他人的特质、他人的"自性"（*ipseity*）、她的唯一品质、她的美吗？不，你只是尊重居于她之中的人类，你尊重的是一个幽灵、一个无、一个纯粹空的概念。

约阿希姆：自我中心主义在这种情境下是愚蠢的，因为没有自我的地方也就没有自我中心主义。只有独特的现象的人（*homo phenomenon*）才可能是自我中心主义的，因为他是那种珍视自爱胜过普遍律的人……

劳伦斯：我用了一个不恰当的词，但是你知道我是什么意思。我不是特别喜欢的黑格尔，当涉及康德的道德哲学时，他击中了要害……

约阿希姆：请不要把黑格尔引入我们的讨论。在他的"道德"体系中，如同"自为"（*for itself*）（否定、主体性）的要素，必须被超越。更糟糕的是，他讨论所谓的作为道德表现的幸福（*well-being*）权利；最糟糕的是，他偏爱国家伦理（*Sittlichkeit*）高于个人道德。的确，黑格尔宣告道德哲学的无效，在《精神现象学》（*Phenomenology*）中程度轻一些，但是在《法哲学》（*Philosophy of Right*）中则几乎彻底宣告它的无效了。他落在了康德后面……

劳伦斯：主要观点我还是赞同你的，但黑格尔对康德的某些批判我还是很喜欢。例如，和你不同，我发现黑格尔将"幸福权利"作为道德的要素之一来讨论是很可爱的，尽管"权利"在这里是一个不恰当的词……

约阿希姆：对你来说是不恰当的，因为你根据个性伦理学来思考。"权利"在这里是一个恰当的词，而"道德"是不恰当的。我毫不犹豫地接受这一观点，"对幸福的追求"在现代社会应该是一种权利，现代体制应该为个人能力的发展打开广阔的领域，以至于每个人都能够以他或她自己的方式找到幸福，但是我不会在道德的标题下讨论"对幸福的追求"（因为这是黑格尔在这里所描述的）。

【100】　**劳伦斯**：道德，不。但是伦理学，是的。即使你的康德，至少在他的《道德形而上学》（*Metaphysics of Morals*）中也屈尊去谈论我们对于我们自己的义务——并且发展个人的天赋和能力在那些义务中占有令人骄傲的位置。我讨厌"义务"这个词。我在义务中没有发现一点高贵性。它使我想起了艾希曼（Eichmann），他在耶路撒冷审判之前也宣称他履行了他的义务而不是其他什么……

约阿希姆：哎呀，我头都晕了……你从一个主题跳到另一个主题，制造了最大的混乱。让我们理一下起码的顺序。首先对康德而言，他的确讨论了我们自己的义务，并且在那些义务中，也讨论了有条件的、宽泛的和间接的义务类型；所有那些你很乐意在你的个性伦理学中适应的东西。但是你的努力因为很多原因注定会失败。让我举几个例子。首先，在对我们自己的义务中，无条件的义务优先于所有有条件的义务，这就是"无条件的"意思。尽管义务之间没有冲突，但是义务的基础却有冲突：著名的承诺的基础（*Verpflichtungsgründe*）。如果一个有条件的义务的基础和一个无条件的义务的基础相冲突的话，后者必须被给予优先权。事实上，所有完全不可能（或者至少不可能完全）是外在的道德义务，例如禁止自杀或撒谎，都在我们对自己的义务中被讨论——至少在《道德形而上学》中。在这里，康德离亚里士多德的距离比通常所认为的要更加近。在《尼各马可伦理学》（*Nicomachean Ethics*）的第五卷，亚里士多德将正义定义为与他人相关的（居于其他事物之中的）所有德性的总和。这意味着道德德性，例如勇气或节制，或智力德性，例如实践智慧（*phronesis*）或智慧，都是与我们自己相关的德性。在康德的术语中，它们是对我们自己的义务……

劳伦斯：义务的概念对亚里士多德而言是完全陌生的，就像对所有希腊人而言一样……

约阿希姆：让我接着说……第二，即使在对我们自己的间接义务中，康德也反对寻找幸福这样一种断言。他人的幸福，而不是我们自己的幸福，才是我们的义务……

劳伦斯：之所以如此是因为康德有一个非常可怜的幸福概念。难道还有比感觉到我们充分发展了自己的力量还要大的幸福吗？

约阿希姆：但我们在这里谈论的是普遍的伦理学。对劳伦斯来说最大的幸福可能包括充分发展他的能力，但是对他的邻居们来说，折磨他人却是最刺激的事情……

劳伦斯：哎，哎，你没有公正地对待你自己的康德。尽管增进他人的幸福是一种有条件的义务，并且人们应该根据那些正在增进其幸福的人们关于幸福的观念来增进他人的幸福，但是我们却不能仅仅因为我们的邻居从集体屠杀或折磨中获得幸福而给他提供大规模屠杀或折磨的手段。你自己刚刚说无条件的、严格的和直接的义务优先于有条件的、间 【101】接的或宽泛的义务。约阿希姆，注意了，我这次会很合逻辑的：为什么我不能拥有增进我自己幸福的义务呢，如果我并不从折磨他人或相似的被禁止的行为中获取幸福的话？

约阿希姆：增进你自己的幸福不能够成为你的义务，因为你无论如何都会这样做，因为你喜欢这样做。

劳伦斯：但是如果我喜欢发展自己的能力，那么这可以被称作义务吗？对我自己的义务？

约阿希姆：我告诉过你，你不必根据所谓的个性伦理学来讨论康德。康德没有谈论过劳伦斯或者约阿希姆。他谈论每个人，并且他也面向每个人谈论。对叫劳伦斯的人来说，他对其义务的履行碰巧也是他幸福的来源，这很好，但在道德上却是无关的。因为幸福无关义务，但是发展我们的能力却关乎义务。许多人——我想是多数人——会认为如果他们可以游手好闲，让他们的天赋荒废就是最大的幸福。

劳伦斯：我想你又错了，因为多数人都喜欢运用他们的天赋和能力……

约阿希姆：我的对错与否并不重要。因为这仍然是对的，即有些并不是每个人都幸福追求的东西在强迫着每个人。第一个是必然的，第二个是偶然的。

劳伦斯：为什么最伟大的道德价值的空洞必然性，为什么偶然性的一组东西，即性格和命运之间的幸福巧合，不论它是多么有价值，都如此不值得呢？这和我们自己的伦理关切和判断有关吗？难道不是哲学，或者毋宁说就是形而上学重视必然性、普遍性、不可避免性、永恒性、无限性、绝对性等，而不重视偶然的、消逝的、有限的、短暂的、单一的个体、当代的东西？你控诉我引诱你；但正是你自己将哲学的疯狂，对必然性、普遍性、永恒性等东西的追求——即哲学家的疯狂、哲学家自己的命运——强加给所有其他尘世生命的时候，成为那个危险的引诱者！听听色雷斯女仆（Thracian woman）的嘲笑吧！它是一个很好的嘲笑，一个解放的嘲笑……

约阿希姆：那些哲学，或者毋宁说哲学家喜爱你刚才提到的那些伟大而高尚的东西，我并不否认这一点。但是，当色雷斯女仆大笑的时候，她所笑的最后一件事情就是实践哲学。道德哲学不是被哲学家创造的。他们只是为最好的人、理想的人的永远流传的道德实践做长长的注脚，为他们举例；他们为他们中间最好的人的行为和生活做出一贯的、经过很好修饰的、微妙且深奥的辩解。让我本着应有的谦虚来说：道德哲学——如果我们将它和哲学的其他分支，尤其和形而上学相比——是非常低调的沉思练习。有时候人们会有这样的印象，所有的道德哲学家基本上都说着同样的东西，几乎没有什么变化。如果我忽视最伟大的哲

【102】

学家——柏拉图、亚里士多德、奥古斯丁、斯宾诺莎和康德——那么道德哲学家多数都是朴实的，有时候甚至是枯燥的。道德哲学家说得太多，坚持得太多，他们啰唆，有时候也简洁。但他们说的是他们同时代人的话。确实，他们说着永恒性和必然性的语言，但是通常他们的同时代人也如此做。毕竟，一个普通的雅典公民不会将一种只是短暂的价值归之于勇气，或者将相对的德性归之于智慧之人。但他还不是一个历史决定论者……

劳伦斯：但是康德已经生活在历史决定论的世界了。他——在某种程度上也包括黑格尔——仍然在必然性、普遍性和绝对性以及类似理想已经被破坏的世界中坚持着这些理想。

约阿希姆：确实如此。但是你最不喜欢的康德的这一点恰恰是他最伟大的地方。海涅（Heine）在关于德国现代哲学的有趣的书中曾经比较了康德和罗伯斯庇尔（Roberspierre）。他认为在这两个伟大的人物中，康德是更大的恐怖主义者；他不满足于杀害人，而是有着更大的抱负，即他已经杀害了上帝。康德终其一生都关注在上帝已死的世界中解救出道德和道德的绝对性，这一点海涅并没有什么兴趣。

劳伦斯：你所说的"终其一生"是从他的批判时期开始的。康德提出了自己的问题，并拿出了解决的方案……

约阿希姆：你刚才所说的完全偏题了。我最后一次请求你不要将传记性的因素插入到我的解释中来。

劳伦斯：但是请原谅，我并没有插入传记性的东西。我的意思是，康德必须澄清他自己的哲学体系所产生的道德哲学问题。直到50多岁，到他的中年危机时，他才面对这些问题。

约阿希姆：你提到的所谓的康德中年危机难道不是传记性的提法吗？

劳伦斯：也许是，也许不是。你脱离体系的作者来谈论某种体系。我也谈论体系，但是我却没有脱离开它的作者。面对伦勃朗（Rembrandt）的模仿品时，能够区分真品和赝品是很重要的，甚至事关重大，即使你不能肉眼鉴别它们。什么使伦勃朗的真品成为真品？难道

【103】不是作者权吗？或者，如果你愿意的话，也可以说难道不是传记使它成为真实的吗？为什么在伦勃朗的事例中是自明的东西用到康德那里就不是自明的了？

约阿希姆：我可以用你自己的武器来回击你。作为一名后现代思想者，你不应该去捍卫作者权——我应该这么做。但是对我而言，体系是真实的，作者只是一个名称。当我们讨论哲学时，康德的名字就只是一个缩写；例如当我提到康德的道德哲学，任何学哲学的学生都知道我在说什么，所以我就省去了冗长的解释。但是在我看来，康德及其哲学之间的关系完全是偶然的。你认为自己很时髦，但是如果你试图在哲学家的生活及其作品之间建立直接的联系，那么你就是过时的哲学动物。

劳伦斯：我以为至此为止我们已经解决了这个问题。难道我必须重复我已经说过的关于自传和传记的每句话吗？我并不是说一个重要的哲学家必须根据他的哲学来生活，我也不认为他会在其哲学中直接表达他的生活经历。我的意思是，哲学就是哲学家的生活，他就是过着这种生活，他不是在"解决问题"。毋宁说，似乎他也在解决问题，但是这些所谓的问题，让我重复一遍，是他自己创造出来的，因为这些都是他自己世界中的问题。人们认为康德在创造他的批判哲学时建立了他自己的世界。在这个世界中，他才开始了生活；在快乐的世界中，他过着快乐的生活：他的世界，他的生活。但是他将自己的世界呈现为"那个"世界，似乎在描述一个对我们所有人而言都共同的、唯一的真实和正确的世界。这就是他所玩的游戏。当他自我愉悦时，他叫我们拿起武器反对我们的偏好，向我们许诺喜悦与泪水。

约阿希姆：如果我们想深入问题的实质，那么我们就应该停止讨论这个问题。我们想要弄清楚个性伦理学是否可能。我说过，或者我至少试图说过，个性的理论肯定是可能的，但是它不会类似于某种伦理学。

劳伦斯：我希望将你更深入地推进这个方向，这样你就会意识到：在现代时期，其他伦理学都是不可能的，至少对于这个时代来说是不充分的。要么是个性伦理学，要么就没有伦理学。有多少伦理的人就有多少个性伦理学。康德的道德哲学也是一种个性伦理学——当然是关于他的个性的伦理学。但是他对此是不真诚的，或者至少说，他的伦理学自身阻碍了他的真诚。康德必须在普遍性的包装下呈现他的个性伦理学……

约阿希姆：天啊，别说了，你再次把所有的东西都混淆在一起了。我从来没有否定过康德的个性在他的体系中清晰呈现，我只是补充说体系本身与他的个性是无关的。让我再次明确一遍，是我否定了作者权的相关性，而不是你。与伦勃朗不同，康德不能被模仿。欢迎你写出一部 【104】第四批判；第二批判经常被复制，即被打印机复制。

劳伦斯：但是你说过康德关注从上帝已死的世界中拯救出道德，难道不是吗？你恨他，你将他固定在他自己的位置（you put him into his place），你将他历史决定论化。但是历史是我们自传的一部分。在我们讨论之初，你以历史决定论来指控我；难道**你**不正是一个历史决定论者吗？

约阿希姆：我承认在某种意义上我是的。我将伊曼纽尔·康德和他的关切放在历史背景之下，却没有在这个背景下讨论他的体系本身，即《实践理性批判》所传达的信息。当然人们可以说，康德在现代性中并且为了现代性而建构了绝对的道德哲学；在强调这种联系时，人们将历史决定论的要素引进到这个问题中来。但是只有一个历史决定论的要素，因为人们仍然可以坚持认为在上帝死亡之后，对我们现代人而言只有一种充分的道德哲学，那就是康德的道德哲学。如果我们拒斥康德的道德哲学，代之以沉溺在一种个性伦理学中，那么我们就失去了一切，我们就将无力区分好与坏、善与恶。如果我预言康德的死亡，怀疑**道德律**将分享旧上帝的命运，那么我就会为不必生活在下一个世纪而感恩戴德。相比较过去，我更害怕未来……

劳伦斯：我们又回到这个问题上了。你用很强的修辞来反对个性伦理学，但是基础何在？这完全是源于你自己个性的害怕和悲观预感所刺激的结果。如果我很好地阅读你的康德，那么他会是相当有希望的……但是，唉，他在你那里却有着不同的命运和不同的特征……

约阿希姆：如果我是你，我会说"太好了！"在我看来，在客观的讨论中谈论我的个人感情是相当失礼的（*faux pas*）……

劳伦斯：但同时你让我感到好奇，却又没有满足我的好奇心。你说过康德致力于在上帝已经（几乎）死了的世界中拯救道德哲学。你也说过康德的道德哲学是唯一的现代性道德哲学。说到底，要么就是康德，要么什么也没有，要么是康德，要么是混乱……

约阿希姆说：我继续说，要么是康德，要么是"伦理习俗"（*Sittlichkeit der Sitte*）。正如你的尼采那样，没有良心和反思的生活，只有羞耻的规约，只有合法性没有道德性。虚无和混乱，你是对的，因为至少在现代世界中，只有合法性没有道德性是不能长期存活的。尼采谈论对虚无的欲望。但是更糟糕的是欲求很多东西，但是从意义上看这些东西却是虚无的。

劳伦斯：我们不喜欢的是同样的东西，差异只是在于我们相信不同
【105】的治疗方法。我们知道哲学的治疗方法也可能是有害的。柏拉图的药物（*pharmakon*），不仅仅是在德里达的意义上，包含了许多有毒的药水。

约阿希姆：我们再次达成了一致。但是康德配制了绝对无害的唯一治疗方法。

劳伦斯：这提醒我，你仍然没有回答关于艾希曼履行其康德主义义务的问题……你如何应对这一挑战？

约阿希姆：很简单。首先，康德是一个怀疑主义者，他很清楚人的自我欺骗的智谋。例如，他认为，即使清楚意识到绝对命令的人也不会恰当地根据经过很好检验的准则来生活，或者即使他们这样生活了，但也不会总是具有相应的行为。他发现，如果人们仅仅应用道德律中的一个公式，那他的基础仍然是不稳的。他建议我们至少根据两个，但更可取的是根据三个公式来检验我们的准则和意欲的行为，其中实质性的和限制性的公式是：禁止工具化。例如，康德的确说过不遵守我们国家的法律在道德上是不可能的，但是他也说过我们不能将其他人用作工具。我承认，在有些情况下，仅仅根据康德的基础是无法做出选择的。即使康德在面临那些复杂的唯一决定时，也不是设有自动保险装置的。在与本雅明·康斯坦特（Benjamin Constant）的论战中他就遭遇了这样一个

例子。拯救其他人的生命——在他看来——是有条件的义务（外在的义务），但是禁止说谎是直接的和无条件的义务。正如我已经说过的，根据定义无条件的义务往往具有优先权。但是即使对于正统的康德主义者而言，在诸义务的基础发生冲突的情况下建立起义务的等级也并不总是可能的。例如，如果我们国家的法律将其他人用作工具，那么我们如何遵守这样的法律？然而，所有这些观点在艾希曼的事例中都是不相关的。遵守国家的法律是一回事，自觉接受屠杀上百万人的任务是另外一回事。艾希曼对引用康德的观点是欺诈的和伪善的；他并不了解康德……

劳伦斯：但是他可以用康德来使其行为合理化……

约阿希姆：你可以在任何时候，用任何东西来使你的行为合理化。不论我们写什么，做什么，都可以被用来反对我们，反对我们的意图和我们的意思。在我们死后，我们不能保证我们不被滥用。但是只要我们活着，我们就仍然可以反抗。你不能指控康德忽视了这个义务。

劳伦斯：我没有指控他任何东西，也就是说，没有指控他任何个人的东西。我在和你讲话，不是和他；我想要说服的是你，你对康德道德哲学的捍卫是不合时宜的和不可靠的。尽管你承诺告诉我为什么康德的道德哲学在现代性中——并且——对现代性而言是唯一相关的伦理学，【106】但是你仍然没有给我一个答案。与此同时，它变得黑暗、寒冷，我都发抖了，却还没有听到可以使我暖和起来的关于你的真理的宣言。

约阿希姆：在大学区有一个很好的酒吧，我们过去喝一杯。这会使你暖和起来。我承诺会对康德做出一个有力的辩护。

劳伦斯：好的，但是别忘了你的承诺。

（场景转换。大学区酒吧。劳伦斯和约阿希姆在一楼一个四人座的桌子边就座。约阿希姆喝白兰地，劳伦斯喝咖啡。）

劳伦斯：难道康德不会介意你沉溺于白兰地吗？

约阿希姆：浓咖啡和古巴雪茄，这些颓废文化的装备是如何符合狄俄尼索斯的理想的呢？

劳伦斯：的确，这些东西对于我而言要比喝得醉醺醺的强，你使脑子处于虚无主义的半睡半醒之中。

约阿希姆：我只是以你自己的方式开了个玩笑。我们的个人品味和习性与我们的哲学之间没有联系。

劳伦斯：在这个神圣的时刻，康德和尼采都将提醒你遵守诺言。恐怕你必须信守诺言了。对于现时代而言，为什么康德的道德哲学在现时代是唯一可能的呢？

约阿希姆：我们赞同这个观点，即在上帝死后，道德必须被拯救……

劳伦斯：所以你将康德历史决定论化了……

约阿希姆：我已经告诉你了，我并没有将绝对命令历史决定论化；如果我这样做了，那我就不是一个康德主义者。但是我将它的发现历史决定论化了。康德自己也承认，他仅仅只是提供了一个新的公式；我将这个公式历史决定论化了……

劳伦斯：很抱歉，但是现在是你无望地将事情混作一团了。你不能将三件事情说成一件。第一，由于上帝死了，为了拯救旧欧洲的良心和道德，人们必须发明一种道德律，将其安置在所有人的心中。第二，那种道德律永远地安置在所有人心中，但是它必须被发现（就像欧洲人发现美国）。第三，那个道德律一直被人所知（就像欧洲人知道欧洲），但是它还不能被正确地运用，因为康德所提出的奇妙公式还未出现。它是哪一个？

约阿希姆：显然我不是指第一个。

劳伦斯：确定吗？不是第一个？约阿希姆，你有麻烦了！因为如果道德律安置于我们所有人心中并且我们意识到了它，如果那个奇妙的公式是康德所添加的，那么你的断言，即只有康德的道德哲学能够将我们从混乱或绝对虚无主义中拯救出来，就将是无效的——因为道德律可以
【107】自己照看它。如果是第二种情况，即康德发现了道德律，就如同欧洲人发现美国一样，那么这种发现一旦确立就决不会被彻底遗忘。哎，康德关于法国大革命说了类似的话。当且仅当绝对命令，即道德律是康德自己的发明，我们将会陷入、迷失在混乱或虚无主义的危险之中，最后的救生筏将被抛入虚无主义的海洋。我们要么抓住这个救生筏，要么沉

下去。

约阿希姆：我从来没有以你这种方式来思考这个问题……但是现在我猜想第二种解释会最适合我的想法。因为以下说法是不正确的，即如果某物一旦被发现，那么它就将永远不被遗忘。关于这一点，你比我知道得更清楚，因为你的尼采关于遗忘和记忆的经济学写了很多有趣的东西。

劳伦斯：遗忘中包含着解放……

约阿希姆：确实，这取决于我们遗忘的是什么，以及我们从什么中解放出来。忘记我们中的道德律将是致命的遗忘。康德主义者——包括我自己——正在做什么？我们提醒人们记得道德律，因此它是应该被记住的，因此它是不应该被遗忘的。只要康德的道德哲学活着，我们就仍然抱有希望。

劳伦斯：我不同意你自鸣得意的结论，但暂时接受你的解释。不过我们还没有深入到问题的关键。

约阿希姆：只因为你不让我讲。

劳伦斯：那我就再要一杯咖啡，然后听你讲。

约阿希姆：康德的道德哲学不是使男人和女人变得善；没有道德哲学能够创造奇迹。

劳伦斯：为什么不？难道那不正是道德哲学自我设置的任务吗？

约阿希姆：天啊，你答应要听我讲一种不同的东西的。

劳伦斯：我的第二杯咖啡来了。现在我真的听你讲。

约阿希姆：道德哲学没有使男人和女人变得善。它所提供的是使人们辨别善恶的可靠拐杖。道德由之起源的目标是做出这种区分的能力，并且是正确地和恰当地做出这种区分的能力。这根拐杖帮助你走出来，提供给你必要的支持。如果人们依赖这根拐杖的话，那么就不会混淆道德的区别和其他的区别，例如成功与不成功之间的区别、有用和有害之间的区别、美和丑之间的区别……

劳伦斯：抱歉，我打断一下：为什么你想要回避，正如你所说的，混淆善恶和美丑？例如，在你的哲学中，善难道不是美，恶难道不是丑吗？你为什么不把善恶的区别与真假的区别并列起来？

【108】　　约阿希姆：不管怎么说，到时候我会回答这个问题的。但是让我想想。当然，我们可以将一个善的行为描述为美的，将恶的行为描述为丑的，但仅仅只是比喻性的。在非比喻的、严格的审美意义上，恶的行为也可能是美的。恶魔般的力量是美的……

　　劳伦斯：除非在比喻的意义上，否则我们不能谈论美和丑。

　　约阿希姆：让我们跳过这个微小争论来继续讨论。我没有在人们不应该将之与善恶相混淆的区别中列举真和假（不真），因为正是在这一点上康德的道德哲学明显地具有革命性。希腊人，尤其是基督徒将善与真等同（并且经常也与美等同，正像你所建议的），因为他们的道德哲学是建立在比喻基础上的。上帝，最高的善被认为是最高的真与美。洞察这个**至高者**，即原创者和开创者、三位一体的**善－真－美**的本质，也为确切地认识衍生出的善、真和美的特征与内容打开了通道。考虑到人们被认为是从上面接受诫命，那么道德在严格意义上是实质性的，也是异质的（至少在康德的意义上）。作为生物，他们是德性与恶行分类的接受者，他们注定有义务去遵守诫命，并且践行分类所列举的德性，回避列举的恶行。

　　劳伦斯：你夸张了。例如库萨的尼古拉斯（Nicholas of Cusa）……

　　约阿希姆：是的，我的确夸张了。但是在库萨的尼古拉斯的事例中，虽然他提出习得的无知（learned ignorance）的理论，我们仍然被引导去认识善的确切特征。例如在他关于"抛"的比喻中，**上帝－人**位于圆圈的中心，作为**善**和**真**的唯一体现；人、生物试图接近圆圈的中心，尽管他们永远都不能到达中心。确实，康德的绝对命令是相同的模型，但是没有比喻。对康德而言，击中中心是什么意思？如果人们根据绝对命令的引导来选择所有的准则，如果人们只是出于责任，而从来都不是被迫地行动，如果道德律因此在最终的意义上不再是命令，因为人们不可能有其他的行动，**那么**人们就到达了中心。但是人们不可能击中中心，因为他只能接近它。如果人们不知道中心是什么，那么他就没有尺度；如果拐杖缺失，那么人们就迷失了并且无法找到通往善的路。但这并不意味着人们可能是完全善的……

劳伦斯： 我不能理解拐杖的比喻。自己能够自由地走路，不需要帮助，并且步态端正的人不需要拐杖。那些需要拐杖的人是丑陋的，他们【109】也可能是精神上的跛子……

约阿希姆： 康德从未提起拐杖；这是我的比喻。但是康德将人与很难——如果不是完全不可能——弄直的弯曲的木材相比较。这根拐杖帮助弯曲的木材（*krummes Holz*）向笔直的木材转变。并且，绝对命令（拐杖）存在于我们所有人中，它不是被强加的，它没有侵犯人们的自主性；相反，它保证了自主性。

劳伦斯： 所以，你的意思是现象的人（*homo phenomenon*）将他自己的本体的人（*homo noumenon*）（即存在于他自身中的纯粹理性的人）用作自己的拐杖，在这个意义上，弯曲的木材依靠他自己弄直了腰杆，端正了步态？

约阿希姆： 是的。但是让我暂时回到库萨的比喻中，因为它是一个很好的比喻。当我说道德哲学为我们提供了一根拐杖，我也可以用以下方式来表达相同的意思："道德哲学指向我们的道德中心。如果道德中心被指出来了，我们就知道向什么东西靠近。"看吧，康德并不相信会有一个个体的人，他总是使他的准则屈从于绝对命令的审视。无论如何，我们都不能知道是否有这样一个人存在；对于我们自己我们也不知道。主要的不在于我们总是做正确的事情，而在于我们总是知道什么事情是正确的，我们应该做什么。如果我们未能履行我们对绝对命令的承诺，我们会感到不安，或难过、或自责、或愧疚。

劳伦斯： 这完全是传统基督教的。如果我们没有这种承诺呢？为什么你就假定一旦我们的中心被指出来了，我们就总试图接近它呢？

约阿希姆： "总试图"——这说得太过了……康德对这种信念是非常怀疑的。但是的确，人们总是这样告诉自己："如果情况不同，也就是说，如果情况更好，如果我有那个机会，如果我能够那样做却不损害我的利益、我的舒适度——接近那个中心该是多美的事啊。但是，唉，世事艰难……"你看到了，康德用"激进的邪恶"这个词，但是却从不相信激进的邪恶。他对激进邪恶的称呼的确既不激进也不邪恶，而毋宁说是追随自爱方向的动力（它自身是无害的）……

劳伦斯：这使康德听起来很荒谬。我宁愿没有拐杖而被扔到一边，也不愿意使用他的……

约阿希姆：是那样吗？我可以问你为什么吗？

劳伦斯：好人在善恶之间做出区分，因为他是善的，并且也做正确的事情。他不需要拐杖。只有弯曲的木材，正如你所说的，才需要拐

【110】杖，因为他的意志总是"分裂的"，因为他喜欢重复地做错事。我承认，尽管他是带着内疚和问心有愧而这样做的。一个好人可以自由地遵从其自爱之心，因为他爱一个善的自己。他不需要接近那个圆圈的中心，他甚至不能那样做，因为有多个圆圈和中心。每个正派的人都是他或她自己的中心，是他或她自己的圆圈，与其他的差异甚大。这就是为什么善也是美。你的正派之人正在流汗，他是丑陋的……

约阿希姆：让我首先指出，你已经接近你所说的单一中心（single-centred）之人的概念了。请再想一想。

劳伦斯：让我自我纠正一下。每个人都是一个圆圈，有着尽管是有限的几个所谓中心……

约阿希姆：你打败了几何学吗？我宁愿回到我的弯曲的木材的比喻。问题在于你的眼睛，而不在于图像。在康德看来，整个人类都像弯曲的木材，这只是意味着我们不是圣人；我们毕竟只是人。在时间的压力下，被不满足所困扰，被野心所唾弃，人仅仅是一根弯曲的木材。如果你不接受这种观点，那么你就在对自己撒谎——这不仅对于我的康德，而且对于你的尼采而言都是重大的罪。如果你想起了一个驼背的心理图片、一个弄臣，或者一个侏儒作为康德道德哲学的主角，那么你当然会心怀恐怖地拒斥它。我也会如此。但是正如你自己所说，那个比喻体现了本体的人和现象的人之间的关联：拐杖内在于所有的人。所有的哲学家难道没有说过人的欲望、愿望、动机至少在实践的意义上，都应该转而听从理性之声吗？除此之外，康德的实践理性在更根本上等同于自由意志……

　　劳伦斯：我们驶进了哲学陈词滥调的安全港湾。康德的实践理性和纯粹意志是巨大的陈词滥调。

　　约阿希姆：陈词滥调可能是自明之理，而自明之理可能是真的、对的。在实践哲学中我们处理善与对的，它们有时候是无趣的。但是在道德哲学中，"有趣"这个范畴没有地位。平心而论，在做出这种让步之后我仍然不认为，你可以将康德阐述其实践理性和纯粹意志的方式称作陈词滥调。将实践理性与纯粹意志相等同远不是陈词滥调，而是一种创新。你可以从两个方面来解读。你可以说，通过将它等同于另外一种被称作"**理性**"的旧的哲学特征，康德消除了被称作"**意志**"的旧的独立的哲学特征，或者你也可以说通过将它等同于"**意志**"，康德消除了（至少从道德哲学中）被称作"**理性**"的最古老的哲学特征。对康德的实践理性而言，假定它不提供任何知识，那么它很难在严格的传统意义上被称作"理性"。有些人，你也是其中之一，指责康德将道德过分理 【111】性化，如果这个指责是正确的，那么康德就不会是富有创新性的。形而上学家通常将道德过分理性化，这才是你所说的陈词滥调。但是人们可能得出截然相反的结论：康德通过使其实践理性不提供任何知识内容，从而将理性剔除于道德之外。

　　劳伦斯：你混淆了事情，并且将康德进行了无边界的"后现代化"。那么你要将康德称作非理性主义者吗？

　　约阿希姆：不，当然不是！顺便说一句，在康德的时代还没有"非理性主义"，尽管浪漫主义运动的蛛丝马迹刺激康德的程度就像后来完全成熟的浪漫主义惹怒黑格尔一样。但是康德，在他的实践哲学中是一名理性主义者吗？让我重复另外一个相当古老的自明之理：在他所谓的认识论中，康德结合了经验主义的和理性主义的传统。在他的道德哲学中，他显然没有这样做。《纯粹理性批判》章节的顺序在《实践理性批判》中颠倒了，加之康德自己对这种颠倒的解释讲述了整个的原委，所以我不需要再讨论它了。因此，康德的道德哲学显然不是理性主义和经验主义传统的结合。但是迄今为止我们说他遵循理性主义传统了吗？绝对命令、道德律、先验的自由、纯粹实践理性、纯粹意志——它们都包含在"理性事实"之中……

　　劳伦斯：如果我没记错的话，康德在道德律的先验演绎问题上做了两次尝试，都是在《道德形而上学基础》（*Groundwork*）中，只是得出了这样的结论，这个结论将终归被猜到，即自由**何以**可能的问题是无法回答的……

　　约阿希姆：是的，的确。这就是为什么他在第二批判中放弃了这样的尝试。因此，道德律是一个理性的事实……

　　劳伦斯：理性的事实，当然，而不是人的本性或者人的境况的事实，或者类似这种东西……

　　约阿希姆：但是这个事实从何源起？从先验的自由？但是你只是通过"理性的事实"才了解先验自由的。然而，我应该向这个理性事实问以下问题吗？"你的父亲是谁？"它将以非常帕西法尔的方式回答："我不知道"。"谁送你走上这条路？""我不知道"。"那么你的名字是什么？""康德通过我的行为来描述我，以绝对命令召唤我，但是我却不知道我的真名。"为什么这个不知道的东西要被称作"理性的事实"，而不被称作人的本性的事实？因为道德律，这根我们在普遍性和必然性道路上需要倚靠的拐杖被称作理性。但是道德律，这根拐杖本身却不能被解释。这就出现了《帕西法尔》的主题：它的起源是未知的。它就是在那里。它就是事实。

【112】　　劳伦斯：像太阳一样的事实？或者像吸引力法则一样的事实？或者像人的（法律）法则一样的事实？我摸不着头脑，我不理解你要说什么……

　　约阿希姆：我现在正在接近理性的限制，接近合理性的限制。我将向你展示合理性的限制在康德的道德哲学中与在他的认识论中一样是很严格的……

　　劳伦斯：但这又意味着一件非常基础的事情。康德那些所有的能力都曾经有一个共同的起源，只要有上帝和人的灵魂的起源就可以被指出来：莱布尼兹的被创造的以及未被创造的物质。那么你仍然有你的前定和谐，好的。但是拿走了这两种物质，所有这些能力都将被斩断起源，它们将只是飘浮在空气中。当它们从其自然栖息地被连根拔起之后，你将有义务将它们再次结合在一起，这次是人工的结合。如果你甚至无法自己来行使这个小伎俩，那么你将会说：这是一个事实，很抱歉，我无法再前进一步。

约阿希姆：不过，难道你没有理解我的重点？自现代自然科学出现以来，整个的知识世界就逐渐地——如果我可以用这个词的话——去中心化了。如果有些东西在昨天被认为是对的，那么在今天它可能被认为是错的，它是对事实，对所谓自然规律或范式的描述。视角主义、历史决定论、相对主义已经占据了绝对的位置，占据了永恒的、不变的、必然的、神圣的世界秩序——确定性——的信条。这就是我们现在所处的位置，这就是我们现在知道和遗忘、学习和不学习的方式。如果道德与知识捆绑在一起，那么相对主义和虚无主义就会直接跟随其后。道德哲学，就像一般的实践哲学一样，必须从知识的哲学、旁观者的哲学的致命拥抱中解脱出来。亚里士多德在实践生活与理论生活之间所做的区分对我们而言还不够激进；实践的思考和理论的思考必须彻底地并列。如果你责备康德忘记了作为好的道德判断基础的行为后果，那么这是一个无力的反驳。康德并没有傻到认为后果不起作用，他只是坚持认为它们不能够也不应该被用作一般的道德判断和道德准则选择的基础。因为如果它们被这样用了，那么知识就会优先于道德律，关于现代世界观——世界观（*Weltanschauung*）——的不可避免的相对主义和视角主义会将所有的道德提前拖进坟墓……

劳伦斯：后库恩的科学概念可以被描述为视角主义的，尽管并不必然也是相对主义的。现代男人和女人都是偶然的，他们意识到他们的偶然性，并且也意识到被抛入监狱——暂时性的房子：历史性。后库恩的概念非常符合现代男人和女人的自然态度。为什么你欣赏康德，尽管他 【113】在理论理性的情况下接受现时代的逻辑，直到最后一刻面对实践理性时反对它，而不是谴责他的前后矛盾呢？你为什么仍然保守？为什么你在知识中促进一个新的物种却在伦理学中保留一个垂死的物种？因为，很抱歉，我仍然没明白为什么绝对命令的必然性和本体的人与现象的人的虚假并列将是道德相对主义的唯一替代者。你当然是将相对主义和视角主义等同，这对我而言完全不是理所当然的。除非面对一个绝对，要不就没有相对主义，而视角主义与相对和绝对的并列毫无关系。每个视角都自我支持。从每个视角来看都有着不同的世界，但是这些世界，尽管不同，也分享着共同的东西；在我们可以共居于一个共同的世界这一点上，我们是彼此理解的。从视角主义的观点来看，真理要么可以是绝对的，要么可以是相对的，但它是绝对的还是相对的，并不取决于一般的视角主义，而是取决于每个特殊个人的具体视角。尼采是一个视角主义者，而不是相对主义者；他在相对主义中看到了消极虚无主义的病态。莱布尼兹——正如海德格尔指出的，我们的教授在最近的讲座中也指出的——也是一个视角主义者。他和尼采之间有相似之处。你可能说克尔恺郭尔以他自己的方式也是一个视角主义者。他的道德标准还不足够高吗？我认为当你试图兜售以下观念，即绝对命令这个最奇怪的理性事实的唯一替代物根本不是道德的时候，你在这个哲学游戏中作弊了。不论是生活还是后康德主义哲学都没有证实你的要求。我充满激情地强调这一点，是因为我的个性伦理学也是视角主义的。当你将视角主义等同于相对主义时，你就以反对这种伦理学的偏见方式影响了人们。如果相对主义和视角主义等同的话，那么个性伦理学要不就是不可能的，要不就是完全功利的，在后一种情况下，它对我而言就没有吸引力了。我将自己看作一个视角主义者，并且致力于绝对真理。请不要再次打断我，说什么对康德主义者而言，像劳伦斯这样一个单个的人无关紧要。因为我坚持认为我应该是重要的，而不仅仅是"人类"的一个标本，而且是一个单独的个体，作为我自己，作为"劳伦斯这个实体的完整概念"，引用一个老的、已故的但是聪明的形而上学家的话……

约阿希姆：劳伦斯确实重要，他对他的朋友和他自己而言是非常重要的。你对我而言是重要的，我爱你，我像你自己一样地关心你。但是你的"自性"和道德哲学没有关系。既然所有人都生活在相同的道德律之下，那么在道德中平等就比至高者（supreme）更加盛行。这里没有差别；既没有朱庇特可做的牛不可做（*quod licet Iovi non licet bovi*），也没有牛可做的朱庇特不可做 （*quod licet bovi, non licet Iovi*）。你看，这种严谨、刚性，这种形式的平等并没有束缚你；相反，它给你自由。一旦【114】你尽到了你的责任，就像每个人所期待的那样，那么你就是你自己了，是一只和其他蝴蝶不一样飞舞的蝴蝶……

劳伦斯：但是有什么东西比关心他人，关爱他人更宝贵的吗？为什么你优先考虑道德律？为什么为了获得前进的信号以在没有标准的情况下彼此关心，劳伦斯和约阿希姆就应该首先被所谓的普遍标准来衡量？

约阿希姆：因为劳伦斯和约阿希姆不是独自生活在荒岛上。退一步，即使我们独自生活在荒岛上，但是我们也基本不可能放弃普遍的尺度，因为我们并不了解我们自己，或者至少我们对自己而言也不是完全透明的——即使在我们之间，那些不应该发生的事情也可能发生……

劳伦斯：天哪，你混淆了你的比喻！一只美丽的蝴蝶也是弯曲的木材吗？

约阿希姆：恐怕是的。尽管你可能不是，但我肯定是弯曲的木材。

劳伦斯：不要那样讲！你是我所认识的最正直、最诚实的人。

约阿希姆：你那样讲是因为你年轻，并且恕我直言，还因为你有一点天真。但是从非个人层面来讲，弯曲的木材可以是非常正直和诚实的。如果你将自己看作是弯曲的木材，可能更容易过诚实的生活。让我们更严肃地回到你的问题上，一个人当然可以不依赖绝对命令这根拐杖而过上诚实的生活，如果这个人有好运和好心肠，并且如果这个人一生都在相似的环境中生活的话。但是热爱命运之人，你的个性伦理学的典型主角是大胆的。他们踏出新的道路，要么有好心肠，要么没有；他们可以有好运，也同样可以有霉运。并且，他们可以有好运却没有好的道德运气。麦克白 （Macbeth） 是一个好例子……

劳伦斯：但是麦克白也有一个好例子，说明了康德伦理学的无力。他可以分辨善恶，他知道他正在做最邪恶之事，但是他仍然这样做。难道还有唯独遵从其本能行事的人可能比麦克白还要血腥吗？

约阿希姆：可能没有；但是麦克德夫 （Macduff） 本可以做出更坏的事情，麦克德夫夫人也是。如果没有他们，没有人们对他们的喜爱，那么我们可能没有基础来说麦克白是邪恶的，因为我们（不仅是他）将失去辨别善恶的尺度。但是《麦克白》不是一个好例子；它是一部异教徒的戏剧。反过来想想伊阿古（Iago）和他的妻子。在莎士比亚的每部悲剧中，都至少有一个人，其个人对实行正义（有时候甚至热衷于掩饰邪恶）并无兴趣，但仍然实行正义并且保持道德标准的纯洁性；伊阿古的妻子、肯特（Kent）和霍拉旭（Horatio）就是这样的人。如果我是一个更好的哲学家的话，那么我就会用莎士比亚而不是康德来阐明道德哲

【115】 学。因为莎士比亚有无误的道德判断。他也了解关于弯曲的木材的一切，当他等待奥菲利娅（Ophelia）的时候，他也想着哈姆莱特（Hamlet）的独白……

劳伦斯：但是关于个性伦理学，他知道得更多……

约阿希姆：关于两者莎士比亚知道得都多。但是每次当我试图用语言表达我的莎士比亚体验时，我的行为就像是谚语中的瓷器店里的公牛一般。但是我却忍不住要谈论莎士比亚。所以请原谅我的笨拙。在莎士比亚那里有两种不同的价值等级阶梯，主要在他的悲剧中，但有些也在他的喜剧中。一种是关于伟大的价值等级，另一种是关于道德的价值等级。在第一种等级中居于最高位的在第二种等级中则从来不会居于最高位，反之亦然。例如，哈姆莱特在关于伟大的价值等级中居于最高位，但是在关于道德的价值等级中霍拉旭则居于最高位；李尔王（King Lear）在关于伟大的等级中居于最高位，但不是他，而是肯特在道德阶梯上居于最高位。这也回答了你的坚持，即爱应该比道德律具有伦理优先性。考狄利娅（Cordelia）最爱她的父亲，但是是肯特选择忠诚于正义，选择为了价值本身而捍卫价值……

劳伦斯：在你的优先游戏中，我不能完全听从你。我承认有两种阶梯，或者用尼采的话说，有两种排列顺序：一种是伟大，另一种是道德。但我为什么要在这个阶梯之内建立等级呢？为什么肯特就应该站得比考狄利娅高？并且我也不赞同你关于两种价值等级的描述，其中一个人站在伟大等级的最高位，而另一个人则站在道德阶梯的最高位。在我的个性伦理学中，伟大、品质的重要性或分量也来自伦理和伦理价值，

或者是它们的体现……

约阿希姆：我想，你在哈姆莱特或李尔王那里就看不到你的热爱命运的范例吗？

劳伦斯：可能不是"我的"热爱命运，因为它们的个性伦理学与我的不同。但是他们都以悲惨的心情成为个性伦理学的储备者。但是在莎士比亚那里也有一些重要的人物，例如安东尼（Antonys）和克莉奥佩特拉（Cleopatra）、裘力斯·恺撒（Julius Ceasar）和勃鲁托斯（Brutus），他们完全符合我的要求。

约阿希姆：但是勃鲁托斯也居于道德的价值等级的最高位……

劳伦斯：现在我开始意识到在莎士比亚那里也有一种"骰子的幸运一掷"——在这种特殊情况下，即道德的"最高位"和伟大的"最高位"这两者相重叠的时候……

约阿希姆：在莎士比亚的悲剧中极少有这种"幸运的一击"。到目前为止，你只提到了布勃鲁托斯……

劳伦斯：确实，但在他的喜剧中则有许多；贝特丽丝（Beatrice）和培尼狄克（Benedict）可能是其中最可爱的两个人。他们是日常的人，不是英雄或作者或其他某种杰出人物。你看，我使莎士比亚站在我这【116】边：个性伦理学是可能的，而不仅仅是例外……

约阿希姆：你的记忆真短期啊！我宁愿喜欢"幸运的一击"和"骰子的幸运一掷"这种表达；这也就是我为什么提醒你注意它们的原因。但是那些"幸运的一击"不符合你的个性伦理学的需要。而你已经忘了我们开始思考道德等级的最高位和伟大等级的最高位相重叠的情况了吗？这个重合点包含最高程度的道德。很遗憾，在现代世界这种"幸运的一掷"的可能性降低了。不是因为好心肠的人变少了，而是因为快速的历史变化，人们每天都遇到新的和更新的情况，以及新的选择。是的，"幸运的一击"的机会减少了，这也伤害了我。

劳伦斯：你曾指责我是历史决定论者，还记得吗？现在你正在咏叹着历史决定论的主题。如果你的绝对命令是永久的、永恒的和不变的，并且如果人们是并且仍然是一根弯曲的木材，那么我就不明白为什么我们的"幸运的一击"的可能性应该减少。

约阿希姆：我们已经解决了历史决定论的问题，请不要再把它翻出来！不论是道德律的永恒特性还是我们本质的弯曲的木材这个特性，与我们所生活和行动的背景毫不相关。但是，康德总是将伦理问题情境化。每当他为选择符合道德律的准则举例时，他总是选择极端的情境案例。你能想出比这个问题更特殊的情境吗？即在除了挪用还是不挪用中间进行选择的那个人之外，没有其他人知道这笔保证金的情况下，那个人是否允许挪用已经死亡的储户的保证金？当我将这个 20 世纪末的现代人生活中的历史情境引入我们的讨论时，我忠实地遵循康德的脚步，检查我们的准则并做出道德决定。在这个具体的情境（它大大区别于文艺复兴时期相对封闭的社会情境）中，一个道德的人、一个自觉检视他的准则是否符合道德律的标准的人，减少了骰子的幸运一掷的机会。他必须更加自觉，必须做出简洁的理性决定，能够更少地依赖他的直觉……

劳伦斯：等一下！半个小时前你力图劝说我，康德被错误地指责为理性主义者，并且你沉迷于用理性的事实与《帕西法尔》进行比较。然而，现在你恰恰说出了我希望你说的东西：我们必须想得更多，更多地考量长处和短处；我们必须更加自觉。这正好是理性主义，或者是具有实践意图的逻各斯中心主义。但是在你打断我之前……

约阿希姆：我从未打断过你，你不断地打断我……

劳伦斯：……让我说得更实在一点。你接受这样的观点，即有这种
【117】 我们可以称作"骰子的幸运一掷"的人，尽管你仍然拒绝接受个性伦理学。到目前为止还好。但是如果有关于"骰子的幸运一掷"（称他们为培尼狄克和贝特丽丝）的事例，或者即使是在特殊历史情境中的几个事例，难道你没有注意到尽管仅仅作为特例，你已经接受了本体的人与现象的人的结合，即统一的单一个体，"自性"，他可以在这个约定中遵循他的直觉做正确的，甚至是最好的事情，可以是幸福的、可爱的、漂亮的、机智的、快活的、精致的？

约阿希姆：道德哲学对于贝特丽丝和培尼狄克，和对于劳伦斯一样

极少是由习俗造成的。难道我没有告诉你，道德哲学不解决例外情况吗？

劳伦斯：但是如果你需要一个作为目标的中心的话，具有代表性的"骰子的幸运一掷"难道不是居于这个目标的中心吗？

约阿希姆：我亲爱的后现代朋友在此突然变成了前现代的人。什么剥夺了我们的自由？我可以向你保证，不是绝对命令，不是道德律。这是我们应该接近的。但是纯粹的形式可以被各种内容来填充；这就是为什么为普遍性举出严格事例的康德，也为独特性，为个体的史无前例性举出了最好的事例。没有一个单一的、独特的骰子的幸运一掷可以坐在我们的道德圆圈的中心。所有这些骰子的幸运一掷都是在他们自己的，而不是我们的情境和条件下行动，他们所有的都和我们自己一样是经验的存在；但是我们是不同的，我们是我们自己而不是他们。如果你通过现象的人和本体的人的完全统一而指出，有些人从未停下来去反思他所做的和他将要做的，但是他仍然总是做正确的事情，我认为这是不可能的，我认为不论培尼狄克还是贝特丽丝都不会是这种人的例子，因为她们实践着前瞻性的和回顾性的道德反思。或者如果你用哲学的马虎方式认为，在我们的道德本质上辛劳了足够长的时间之后，我们的判断变得可靠和迅速，那么我同意。道德判断有时候似乎表现为本能的，尽管它们来自禁欲……

劳伦斯：首先，不要将伦理和打字相比较……

约阿希姆：禁欲不像钻孔。但是，它们之间有着肤浅的相似性，即它们都变成了并不总是本能的准本能的行为。你可以有自由的本能……

劳伦斯：真滑稽，一个康德主义者竟然说什么自由的本能……

约阿希姆：康德自己也提到过。自由的本能不仅是人类的；动物也具有自由的本能；这种本能驱逐它们离开动物园（如果可能的话，它们会逃走）。但是也有另外一种"为了自由的本能"（instinct for freedom）——康德将会从这种表述中退回来，我猜想——一种来自禁欲的本能，即来自由道德律执行在我们经验本质上的劳动。或者，如果你愿意的话，也可以说是来自我们加之于我们自己的劳动，一种自觉的劳动。自由是遵【118】

从道德律。用一种更加朴实的公式来表达：如果你为了正确的原因做正确的事情，那么你在道德上就是自由的，并且如果你做了错事，过后你不会去——因为你不能——以有些事情已经先在地"决定"你做错事来为自己找借口。你也不能说，你做错事是因为你不幸的童年，因为你是神经质的，因为你想要保护你的孩子或者你的祖国，因为你没有预料到严重的后果，等等。毋宁说，你做这件事情是因为你做了它，它完全是你的行为，你不是被迫的或者被决定这样做的。如果有人完全自发地和无意识地做着正确的事情，将她的行为完全归功于她自己，那么我们有权谈论第二种秩序的自由的本能。在这种情况下，你可能具有个性的伦理学，不是因为这种个性体现了她的命运，或者至少主要不是因为这个原因，但是因为道德本身有着她的命运……

劳伦斯：你认识这种人吗？我是指那种道德已经成为他们的命运的人？

约阿希姆：我个人不认识这种人，但是我可以想象这种人。韦伯称他们为"名家"（virtuosi）。道德的名家是可能的。在他们的行为中，普遍性变成了个体性……

劳伦斯：我发现，根据你的理论甚至道德本能都是可能的。我总是猜测你并不是一个正统的康德主义者。但是尽管你让步了，你还是不能够掩饰你无望的理性主义的痕迹。你甚至不能领会理性的第二本能将和理性的第一本能具有某种关联……

约阿希姆：你很理解我……

劳伦斯：现在卢梭出现在康德的背后。第二种去自然化的理论……

约阿希姆：如果你问我，在这方面卢梭的阴影总是笼罩着康德。但是，但愿你不会发现卢梭犯有无保障的、极端的理性主义？或者逻各斯中心主义？

劳伦斯：这是个复杂的问题。我宁愿讨论问题而不是讨论作者。至少对我而言，康德支持一种典型的现代道德哲学。对你而言，他支持那种唯一可能的现代道德哲学。"谁说过什么"是第二重要的。毕竟，我们不是处理版权问题。

约阿希姆：我同意。

劳伦斯：我想的是，人们可以淡化康德中像卢梭的怀旧成分，并因此了解一个改善了的并且更加有吸引力的康德。顺便说一下，我已经做了观察，尽管康德将自己看作是先验的自由和道德律的辩护律师，但是【119】他几乎不谈论他的当事人而宁愿讨论"自然"……

约阿希姆：但这很好理解。立法者的共同体，目的的王国都只包括本体，但是如果我们讨论的可能性的希望，不是本体与现象的结合而是现象不断接近本体，那么"自然"的定义就一定会成为兴趣的中心。关于永恒不能说什么，但是关于变化、暂时和历史等则可以说很多。

劳伦斯：后者也更加有趣。自然的技巧、自然的目的论、美、崇高、历史，甚至法律和共和国、永久和平和联邦、有趣的伦理政府的观念——这些组合、联结和方法是丰富的、复杂的和令人着迷的……

约阿希姆：现在轮到我警告你，我们谈论的是道德哲学而不是康德的作品。请你运用主题的禁欲主义。

劳伦斯：对你而言的小路却是我的主干道。我不想运用禁欲主义、主题智慧或其他任何智慧……

约阿希姆：你的尼采不会反对禁欲主义……

劳伦斯：但他是远比你随和的哲学大家。他不干涉我自己的思想，更不会干涉我的生活方式。但是你现在像一个尼采主义思想家一样行动，不断地改变，变动，翻转主题、标志和其他所有东西。让我再重复一遍我的老问题，这次是直接地。请注意，你必须马上作答。请不要再扭曲、变动和变化这个主题了，不要再逃避了。第一个问题：康德，这个道德哲学家，他是理性主义者或者不是？第二个问题：如果在你的思想中为尼采所说的"骰子的幸运一掷"留有一席之地的话，就像培尼狄克和贝特丽丝，那为什么你的那种康德主义不能够容纳个性伦理学呢？为什么你不能至少承认它的可能性呢？

约阿希姆：首先回答第一个问题：我是否将康德称作道德理性主义者，这取决于我的理性主义概念。他肯定不是传统意义上的道德理性主义者。在前康德主义的理性主义那里——后来以某种特定方式，再次在黑格尔那里——好的行为取决于真知识。在切断知识与道德之间的脐带时，康德不再是这种传统意义上的理性主义者。并且，让我重复一遍，作为唯一理性事实的道德律不能够被解释。在这种背景下，我早些时候在我们的对话中参考了帕西法尔。我本来应该增加这句话的，当帕西法尔著名的"我不知道"构成他偶然性的基础时，道德律的"我不知道"则强调它自己的必然性。因为很容易通过功利主义的、历史决定论的和其他类型的争论来合理地解释人们内在的道德声音的存在。但是道德律

【120】 的必然性和普遍性却超出了所有的合理解释。你将会同意的、先验的推演是强版本的合理解释。这个难点不是刚刚才被发现的。人们毋宁说，自一开始这便是道德哲学的起点。当苏格拉底说，例如在《高尔吉亚篇》（*Gorgias*）和《理想国》（*Republic*）中，宁愿蒙受不公正对待也不做不公正之事，为了证明这个重要陈述的真理性，他运用了所有的理性讨论工具——但是他失败了。显然，道德哲学的基础性陈述，它的真正本原（*real arché*），即"宁愿蒙受不公正对待也不做不公正之事"不能够被证明。但如果这句话是错的，那么就没有道德。如果有道德，那么这句话就是对的。你真正能证明的是什么？是对一个好人来说，遭受不公正对待的确比行使不公正要好；而对一个坏人来说，行使不公正比遭受不公正要好。我们只剩下与终极原理为伴了：有好人，也有坏人。但是这些终极原理是同义反复的、常识的、前哲学的；结果，它们不能作为终极原理被接受。我们必须继续证明那不可证明之物。所以柏拉图继续前行并开始谈论理念，只有达到最高的理念，**善**的理念。他发明了回忆的哲学神话来证明他的观点，在同一个行为中，他发明了我们自此称作形而上学的语言游戏。通过这种迂回，他最终成功地将知识和道德联系在一起。如果你知道**善**的理念，你就是善的。理念成为知识和善的源泉。它**是的**，它是那个**最高存在**，等等。当康德切断道德和知识之间的脐带时，他削弱了形而上学。他必须这样做，因为正如我所说，知识已经去中心化，因此道德中心先前的骄傲——被安全地囊括进**绝对的确定性**的形而上学中心——遭到了羞辱。康德是一位现代思想家。他看到，如果我们继续依赖知识，我们将被抛回道德哲学的那个最基本陈述（遭

受不正义比行使不正义要好），这个本原不能通过定义被证明。康德的道德律占据了**最高善**的理念所腾出的空间。"宁愿蒙受不公正对待也不做不公正之事"是正确的，并且是绝对正确的，因为根据这句话来行动就是服从道德律；它是对道德律的崇敬。苏格拉底的这句话，尽管是以笨拙的方式，恰恰表明了普遍的-必然的-绝对的东西。如果你问，"为什么是这样?"，"为什么宁愿蒙受不公正对待也不做不公正之事?"，你的这类问题将把你放置到道德领域之外。这种问题根本不是道德问题。道德问题是，"我应该做什么?"，"什么是我应该做的正确的事情?"如果你问你自己这些问题，那么你就独立地转向了你自己心中的道德律，因为这个道德律是你可以并且应该依赖的拐杖，靠它去找到你的道德问题的正确答案。当康德说道德律存在于我们所有人中，他的意思是，每【121】个人都内在地具有他应该咨询的最高权威。但他并不是说我们通常确实咨询这个权威，更不是说我们通常——更不用说总是——遵从这个权威的意见。现在让我回到合理性问题。咨询我们自己内在的道德律是合理的，既然我们咨询的**那个东西**是合理的（它是理性），并且我们咨询一个我们应该咨询的权威，**这**也是合理的。但是如果知识和道德被分隔开来，那么我们为什么应该将权威称作"理性"？我想，这是一个关键点，不仅在康德那里。他的理性在思考，但它并不知道。我的意思是，康德强烈地，比任何其他人都强烈地在思考和知道（thinking and knowing）之间做出区分。我在括号中（in brackets）承认，康德对莱布尼兹关于事实真理与理性真理二分的再解释是有点不牢靠的，我也承认他将实践理性的合理性等同于"理性的真理"，它排除了自相矛盾，是对仍然受到尊重的传统的让步。并且，我还承认在康德的道德哲学中，思考被过分狭窄地理解了。思考仅仅是一种包容的行为；将一种规则包容到道德律之下，这决定着判断。如果你还有足够耐心听的话，我可以举例说明被更广泛理解的康德主义，并且将反思判断包括进道德思考（《道德形而上学》或者《判断力批判》为广泛地理解这个概念提供了许多线索）；但是既然我们不是讨论康德，而是将他的哲学作为唯一的现代性道德哲学，那么我将坚持基本的东西。道德律存在于我们所有人之中，这个陈述是对不可解释之物的解释，也就是说，我们是自由的，我们绝对可以在自然世界中发起某种东西。我们可以在自然中并通过自然，我们的自然和外在的自然，做许多事情，但是我们仍然处于因果决定的链条之中。在这个意义上我们并没有引进任何绝对崭新的东西到这个世界上。但是在道德行为中我们的确这样做了。你看，康德说所有没有插入自然因果之链中的东西都来自某个另外的地方。这"某个地方"不应该在空间的意义上被理解——康德不是柏拉图——但是一定有"某个另外的地方"。长话短说：善不能被解释，道德自由不能被解释，但是它能被思考。并且它被思考为普遍规律、自然规律的唯一可能的竞争者。毫无疑问，这是某种理性主义，因为它不承认单一经验的、感性的、独特的、怪癖的、个人的道德动机是道德的基础，甚或是作为部分的来源。所有这些归结为一个简单的表述：自然不能决定自由。将直觉和理性等同起来将会激怒康德，也会激怒我。但是并不需要成为一个康德主义者才能看到，对我们现代人而言是思考，首先是思考而不是冲动最好地充当了道德指南。尽管我并不特别喜欢阿伦特（Arendt）对艾希曼的分析，并

【122】且我以前在其他情境下批判过她的一个观点，但是在有一点上我完全赞同她的观点：艾希曼是一个从不思考的人。一个现代人必须经常思考他正在做的事情。在你做某事之前，加入一个机构、政党、运动之前，在你进入一段新的关系之前，首先要仔细考虑，考虑好你正在做什么，它在道德上有什么意义。人们不可能停止思考其行为的道德意义。我现在在非康德主义的水域航行，但是我很确定我们需要一种道德诠释学。思考我们正在做什么不仅仅是一种包容的行为，也是一种解释的行为。我注意到我偏题太远了……很抱歉。只让我说清楚一件事：解释的工作不应该侵犯一个限度。这个限度仍然是由我们的准则的公正性，尤其是由听从康德的非工具主义化的公式来界分的。正是从道德律的立场出发，我们从事着伦理诠释学的工作……

劳伦斯：我亲爱的约阿希姆，你能好心地最终转到第二个问题吗……

约阿希姆：关于第一个问题还有很多话要说。但是我看天色已晚，你可能已经饿了。我们现在应该回家了。

劳伦斯：没关系，我们可以在这里吃顿饭。我太着迷于你的演讲了，以至于不想打断我们的谈话。请继续吧。

约阿希姆：我现在忘记我想说什么了。所以让我们直接进入第二个问题吧。是的，我倾向于相信有某种骰子的幸运一掷的事情。你是其中之一，劳伦斯。或者毋宁说，你像一株植物：你的每一样东西都以某种方式在你体内有机地生长；你保持着生长，优美地伸展你的枝叶，你的树将结出果实。你也是一个正派的、诚实的人，一个正直的人。你正确地做每件事情，并且毫不费力，至少没有公开费力的痕迹。你没有坏的本能，这就是为什么你相信本能和理性的统一。你可能没有必要去咨询那个道德律。是的，有少数人遵守道德律，却从未通过有意识的道德判断，从未将他人仅仅作为手段，因为他们就是这种人。但是人们不能根据骰子的幸运一掷的模型来塑造一种伦理学，因为他们是极少数。我已经跟你讲过许多遍了，你肯定都感到厌倦了。除此之外还有另外一点。有许多不同种类的所谓骰子的幸运一掷，并不是所有的都是道德上的"幸运一掷"。存在邪恶的幸运一掷。骰子的幸运一掷成为它已经是的东西——只有他们中的极少数成为善的，只有那些已经是善的人。即使我承认骰子的幸运一掷在道德上是相关的（假使幸运的一掷也是一个道德的人），因为他的道德没有汗臭味，但总体上我仍然不能赞同个性伦理学。它是个太宽泛的概念，也包括那些上帝应该从他们手中拯救我们的那些人。

劳伦斯：你就像你自己的哲学——我爱你，但是我不爱你的哲学。【123】我想……

约阿希姆：这也是我所感受到和所想的。我喜欢你这个人，但是我认为你的哲学是错误的。但是可以这么说，这在我看来是很自然的。我恰当地区分了理性（思考）和本能（感觉）。但是你却没有。你怎么可以不喜欢某种作为你所喜欢的人的化身的东西？难道你不能至少在你的**判断**中区分理性和本能吗？

劳伦斯：既然我信赖间接的交流，所以我回避直接的方式。我不喜欢以表达的方式谈论我自己，而宁愿躲在面具的后面。为什么你就认为我等同于我的面具？为什么不让我拾起我的面具？

约阿希姆：不要吓唬我，请吧……

劳伦斯：为什么不？啊，在个性伦理学储藏室的生活中，他的判断同样揭示他的命运——当他爱某个人时，也爱他的命运；当他不喜欢一种哲学时，他也爱他的命运。我并不思考爱你——没有关于这类事情的思考。但是我确实思考我对康德道德哲学的不喜爱；我是一个哲学家（可能），哲学是我的思考的语言游戏。然而，我的不喜欢本身不是源自我的思考而是源自我的本能，我意识到我对你的康德主义的所有反驳什么也不是，而只是我的厌恶的理性化。

约阿希姆：你厌恶牛排吗？

劳伦斯：一点也不。我的命运欢迎一块好的牛排……

（场景变换。劳伦斯和约阿希姆正在吃饭。当他们吃饭时，一个全身穿着黑衣的年轻女孩走向他们的桌子。）

维拉：约阿希姆？劳伦斯？

约阿希姆：我们认识吗？

劳伦斯：你怎么知道我们？你怎么知道我们的名字？我不记得见过你。

维拉：我们见过，但你们记不得了。

劳伦斯：既然你用我们的名字称呼我们，那么你可能是我们共同的梦中的熟人。坐下来加入我们吧，让我们的梦继续……

约阿希姆：你亲近的亲属最近去世了吗？你这样穿着是为了悼念这个人吗？

维拉：为了悼念你们。

约阿希姆：请再说一遍？

维拉：直到我一小时前注意到你们在这儿，我以为你们两个都已经死了。

约阿希姆：你认为我们何时已死，如果我可以问问的话？

【124】　维拉：你，约阿希姆，二十年前，在一个非常伟大的时代；你，劳伦斯，死时年纪轻轻，在 1911 年。

约阿希姆：你疯了或者是在演戏剧？

劳伦斯：噢，不，听着！她知道我们的名字，难道不是吗？告诉我，我死时多大年龄？

维拉：二十三岁。

劳伦斯：这是我的年龄，我是说是我现在的年龄。这就是命运，这就是热爱命运！相同事物的永恒重现……

约阿希姆：恐怕你读了太多三岛由纪夫（Mishima）关于清显（Kiyoaki）三转世的小说……

劳伦斯：你不懂。一个哀悼仍然活着的人的年轻女子被称作智慧，我们应该爱她。你叫什么名字？

维拉：我叫维拉。

约阿希姆：至少她知道自己的名字。她不是如同你的帕西法尔那样的愚者……

劳伦斯：或者你的道德律……

维拉：现在是你们扮演着愚者。很抱歉，我听了你们的谈话。我不是偷听，没有必要。你们谈得太投入了，没有注意到你们的声音有多大。你们看到周围所有的空桌子了吗？

约阿希姆：你的偷听解释了你如何知道我们的名字。我们彼此称呼对方名字的……

维拉：当我第一次遇见你们，你们已经——或者说仍然——年轻、高贵、充满热情。当然你们讨论着最高利益的问题。那是在 1908 年，你们深陷于关于歌德和斯特恩（Sterne）的讨论：约翰（Johann）——或约阿希姆——歌德和劳伦斯·斯特恩（Lawrence Sterne）。那段对话致力于当时仍然年轻的乔治·卢卡奇的论文，它题献给他的朋友，利奥·波普尔（Leo Popper）。多么复杂的转世系列：约阿希姆·歌德（Joachim Goethe）、乔治·卢卡奇、乔治·卢卡奇塑造的约阿希姆、纽约的约阿希姆——劳伦斯·斯特恩、利奥·波普尔、乔治·卢卡奇塑造的劳伦斯和利奥、纽约的劳伦斯。

劳伦斯：请给我讲讲百岁以上的约阿希姆和劳伦斯的一些事情：他

们说了什么？他们有趣、有吸引力、深刻吗？他们爱你吗？你爱他们吗？

维拉：读那段对话你们会知道他们说了什么。他们是否有趣或有吸引力——你们来判断。他们想取悦我却并不爱我。他们对彼此感兴趣而不是对我感兴趣。我只是倾听。我不爱那些我没有和他们讲过话的人。

劳伦斯：那为什么你在哀悼？

维拉：因为我本可以爱他们的。他们是我的可能性。

劳伦斯：我们是你的可能性吗？

维拉：我表示怀疑。

劳伦斯：为什么？

【125】　　**维拉**：因为你们不够耐心。

劳伦斯：那么你为什么还要到我们桌上与我们搭讪？

维拉：我想听。

劳伦斯：你想听什么？

维拉：我想听关于这个场合的事情。

劳伦斯：什么场合？

维拉：你们讨论的场合。

劳伦斯：这是一个非常简单的要求。约阿希姆和我，我们一直在参加讲尼采和《帕西法尔》的课。我们为这个主题着迷，享受关于它的阐释。但仍有某些东西缺失了。更准确地说，"要点"缺失了。许多问题，想必是刻意地，有待讨论。今天课后，我们迫切感到有必要继续讨论那些问题；它们就像敞开的伤口，我们必须缝合它们……

维拉：你们缝合它们了吗？

劳伦斯：没有，完全没有。或者毋宁说，我们得出了这个结论，既然劳伦斯是劳伦斯，约阿希姆是约阿希姆，我们的伤口是不同的，所以可以缝合它们的**药物**或神剑……

约阿希姆：对不起，这可能是你的结论，显然不是我的结论。并且，你跳跃式地解释我们的争论——没人能听懂一个词。让我来解释一下。首先，忘掉《帕西法尔》吧。那是次要的。主要的问题如下：尼采，我们所争论的教授，阐述了个性伦理学。这种伦理学可以用以下要素来描述：我们遵从我们自己的理性－本能的引导，爱我们的命运，完善我们自己而不让我们的过去来决定我们自己。如果我们注定要选择，我们将反复过着相同的生活——因为对我们而言没有其他选择。个性伦理学主要的德性是真实、真诚、诚实、高贵、骄傲，是理智和情感贵族的所有特质。我们获得做出承诺的能力，我们承担责任。但是来自"外面"或"上面"的规范、命令却不能或不应该被遵守。一个真实的人从来不是被动的，而总是主动的。我们的教授进一步区分了个性伦理学的不同概念。其中之一是审美的概念，另一个仅仅是形式的概念，当然还有其他的。她说如果我们找到一个实质性的价值或德性——例如同情的德性，或者康德绝对命令的非工具化公式——作为形式概念的实质性决定因素，那么个性伦理学可能就像一种道德哲学一样切实可行。但这最后的问题仍然是模糊的。这就是为什么我们卷入了讨论。个性伦理学是否可能？我说不可能，劳伦斯说可能。这就是全部。不做正式的介绍，我可能概要地补充一点，我是一个康德主义者，劳伦斯却是尼采主【126】义者……

劳伦斯：有康德主义者，却没有尼采主义者。我就是我自己，也是一个喜欢尼采的人。

维拉：告诉我，劳伦斯，约阿希姆是一个正派的、正直的人吗？

劳伦斯：他绝对正直。

维拉：你，约阿希姆，告诉我，劳伦斯在道德上可信赖吗？

约阿希姆：你肯定偷听到了我刚刚告诉他的话：他是我所遇到的最诚实、最正派的人。

维拉：你，约阿希姆，完全致力于康德的道德哲学，而劳伦斯则同情尼采的个性伦理学。但你们两个都是好人。

约阿希姆：我反对，我不是好人，我有许多坏的本能……

劳伦斯：我反对，我不是好人，我仅仅遵从我的命运……

维拉：好人是在别人的判断中的好人。在朋友、爱人、债务人和债权人的判断中，也是在旁观者的眼中。没有人是她自己的善的判断人。

约阿希姆：但是我比别人更好地了解我自己……

维拉：首先，没有人对自己是完全透明的……

约阿希姆：没错……但他对别人就更不是透明的。

劳伦斯：是否更加透明，这是个敞开的问题，但是我同意。

维拉：但它有什么关系吗？我的意思是，它在伦理上有关系吗？

劳伦斯：对不起？

约阿希姆：对不起？

维拉：如果你做了正确的事情，如果你是一个诚实的人，对别人来说，找出为什么如此，为什么你不反而是邪恶的，这重要吗？

约阿希姆：对不起，这是一个幼稚的问题。我们是哲学家，追溯事情的终极原因是我们的热情，也是我们的兴趣。你可以说，劳伦斯是正派的，约阿希姆是正派的，我们只关心他们的正派，而不关心他们的观点。但是我们生活在那些观点之中并且也关心它们……

维拉：我理解你们生活在你们的观点之中。但是，对不起，你们的正派和那些观点毫无关系。我知道少数正派的人，他们中有伏尔泰主义者（Voltaireans）、虔诚的天主教徒、哈西德派犹太人（Hassidic Jews），但是其他许多伏尔泰主义者、虔诚的天主教徒和哈西德派犹太人却是相当不正派的。就像许多康德主义者和尼采主义者也是不正派的，甚至是邪恶的一样……

约阿希姆：这也是我反对劳伦斯的观点。在哲学家的个性和他的著作之间没有直接的联系。

劳伦斯：不，有的。

维拉：那么让我幼稚地阐述一下：在特定情况下有，在其他特定情况下没有。无论如何，引用一下约阿希姆的行话：没有必然的联系。

约阿希姆：这跑题了。道德哲学不是使人们诚实，而是告诉我们，他们为什么以及如何是邪恶的或诚实的。

【127】　维拉：抱歉，我不是一个哲学家。但是我认真地听你们的谈话。你，约阿希姆说，"先验的自由是何以可能的？"这个问题不能回答，道德律是理性的事实。是你而不是我引用了帕西法尔关于他未知出生的著

名的话。道德律在那里是简单的。我们为什么相应地或不相应地行动，这个问题在你的康德那里没有作答，因为坚持自爱将我们带远了，是一个贫乏的回答。因为我们可以提问，我们的确进一步提问：为什么自爱将我们带远了？你的康德是一个过于真诚的思想家以至于不能理解他已经到达了零点。《道德形而上学》的一个简洁的脚注尤其吸引了我的注意力。在这里康德问了我刚才幼稚地问的那个相同问题：为什么我们遵从我们的自我利益而反对义务的召唤？他公然说他无法回答这个问题。自然是神秘的；我们为什么不做我们应该做的事情，毕竟是不可解释的。这永远不可能被解释，你理解吗？不论是我们遵从绝对命令的要求这个事实，还是不遵从这个事实，都永远不可解释；并且，绝对命令本身不可能被解释……

约阿希姆：这一点我承认。但让我重复一遍：道德哲学不是使你善。它描述人们为什么以及如何变善……

维拉：它描述？你的意思是，道德哲学知道人们为什么以及如何变善而不是变邪恶？是的，我知道哲学在你的脑子里是一系列合理的知识，康德概念中的理性认识（*Vernunfterkenntnis*）。它是理性认识，好的。它是一种知识，知道道德自身不是建立在知识基础上，而是建立在思考和服从道德律的基础上。"实践哲学"中存在张力，因为哲学显然是非实践的（impractical）……

约阿希姆：轮到我来好奇你在做什么……

维拉：我是那个好奇的人。我在好奇，恰当地作为理性认识的哲学宣称道德的唯一真理，但与此同时，又说不能解释为什么约阿希姆或劳伦斯是好人而不是坏人。并且，它不能解释道德的来源，也不能解释为什么人们听从自爱而不是听从良心的声音。它是贫乏的真理。

约阿希姆：你过度扩展了你自己。你开始听进去我们关于康德的谈话了。但是你却错过了一个基本点：康德只发明了一个公式，他从日常生活的实践中得出他的伦理学……

维拉：所以他从好人自身那里得出了关于好人的观点。这很简单。但是我们刚才赞同，这些好人之一是哈西德派犹太人，另一个是尼采主

义者，第三个是伏尔泰主义者，第四个是虔诚的天主教徒——每个人都

【128】 从其他源泉获取他们各自善的力量，每个人都认为他们各自的源泉是善的唯一来源。什么使你如此确信只有康德的公式理解了所有这些好人的善？因为如果一种哲学不去解释道德的来源并且不能回答"为什么"的问题，即为什么有些人是好的而不是坏的，当它承认苏格拉底的要求不能被证明是正确的或错误的时候，那么为什么不能得出结论，好人的善可以通过其他公式来被描述，或者人们根本不需要任何公式来解释它。人们可以简单地指着正派人说：这就是你……

劳伦斯：这是我一直说的……

维拉：允许专心的听众表达她的疑问。你说，正如约阿希姆所做的那样，你不知道伦理学的来源。"骰子的幸运一掷"意味着"我不知道"。正如约阿希姆——他没有回答关于道德起源的问题——有信心知道那个基础，即每个人的道德的决定因素，所以你也对知道一般的伦理生活的终极目的充满信心：热爱命运。我不是一个非常讲逻辑的人，我并不强烈反对逻辑循环，也不坚持超出理性的同一性逻辑。但是让我适度地指出你那贫乏的逻辑。

约阿希姆：有善良意志的人——正是因为善良意志的确存在，所以我们才意识到道德律——但是道德律决定了善良意志之人的善。

劳伦斯：有人爱他们的命运，成为他们之所是——他们自己的命运；他们是骰子的幸运一掷；骰子的幸运一掷是那些爱他们的命运并履行他们命运的人。

维拉：约阿希姆有他的优点：普遍性。劳伦斯也有他的优点：个体性。约阿希姆有一个优点：必然性。劳伦斯也有一个优点：偶然性。

约阿希姆：我不想无礼，但是显然你不是一个哲学家。你如何在描述好人的善时同时考虑必然性和偶然性、普遍性和个体性特征。或者你是黑格尔的秘密弟子？

维拉：我不是，尽管我并不反对某种辩证法。但是让我这个门外汉当心哲学：当心恶狗。当谈论伦理学时，人们可能宣称普遍优于个体的知识，反之亦然，除非人们有关于道德来源的知识。但是你们两个都是

现代哲学家；你们都不宣称关于来源的知识；你们都坚持认为，不能回答为什么遭受不正义比行使不正义要好这个问题；你们都承认，尽管没有用很多文字，道德的来源在你们，或者说在我们的思维能力之上，它是超验的、形而上学的。它依赖于你们的哲学或宗教信条，你们宁愿用这些表达来描述你们的共同无能这个共同信念。但是如果如此的话，我们都只能求助于那个唯一的经验：好人存在——句号。康德主义者在这【129】种情况下将拒绝谈论经验，但是我允许我自己这个非哲学家折中地对待这个问题。我倾向于黑格尔的经验概念，如果人们严肃地对待他的概念的话，那么我们确实有关于好人存在的经验。好人是谁，我们已经描述过了。好人是她的朋友、爱人、债务人、债权人（当然是在比喻的意义上）所认为的好人，也是旁观者，即无偏见的裁判、偷窥狂、小说阅读者，等等眼中的正派人。所以我们不需要去界定或决定好人的单个要素。如果我们知道他们中的许多人，那么我们也知道他们是多么不同。一个人像劳伦斯，另一个则像约阿希姆；一个人具有很高的天赋，另一个人却没有。每个人以**他或她自己的方式**，独特地是善的——这一点将使劳伦斯高兴；**每个人**都可以以他或她自己的方式是**善的**——这一点将使约阿希姆高兴。现在你们能明白为什么我可以同样地喜欢约阿希姆的普遍主义和劳伦斯的个人主义了。正如索伦（Sören）曾经说过，没有"义务"这个东西；你尽你的义务，我尽我的。

劳伦斯：我懂，我懂。你非常精明。你淘汰了我们的英雄，把你自己的英雄放在他们的位置上。

维拉：索伦不是一个哲学家，只是一个现存的思想者（existing thinker）。我们都是的。索伦邀请我们成为现存的思想者，我们已经是了。我不用他取代任何人；他的位置在我们之间。

劳伦斯：上帝啊，你真有点儿是个伪君子！我很少遇见一个像克尔恺郭尔那样老练和复杂的哲学家！理解他要比理解康德痛苦得多。如果我理解了康德的一句话，那么我一定会理解下一句话。对克尔恺郭尔却不行。

约阿希姆：对尼采呢？

劳伦斯：这个……让我们不要自找麻烦吧。但是至少我总是知道尼采要做什么。

维拉：我不需要知道索伦要做什么。他给我自由。他想要我进行我自己的思考，得出我自己的结论，过我自己的生活……

劳伦斯：绝对错了……他总是向某人讲演、宣讲和教导……

维拉：他不是的，是化名在宣讲。他们向相当不同的人讲演，在他们宣讲的范围内，他们宣讲着不同的东西。索伦只在他有教训意味的论述中讲话：它们是宗教论述，不在伦理领域或阶段宣讲。但你肯定对这些很熟悉，我听到你先前提到间接交流。

劳伦斯：对不起，为什么你将克尔恺郭尔称作"索伦"，但你从未称康德为"伊曼纽尔"或者尼采为"弗里德里希"？你私下认识克尔恺郭尔吗？

【130】 维拉：我私下认识他们所有人。但是索伦是我的朋友。我用名字称呼我的朋友们。

劳伦斯：这是对我们的奉承。

维拉：请不要误解我。我叫你们的名字，是因为我不知道你们姓什么。

劳伦斯：我们也不知道。

维拉：索伦没有让我说任何事情，但是他让我说我将要说的东西：劳伦斯和约阿希姆，你们都是正派的人。你们正派的来源是完全一样的东西，尽管它们完全不同，都是普遍的和独特的。

劳伦斯：你使我想起了斯芬克斯；你在讲谜语。

维拉：对一个孤独的旅人来说，这些谜语是很容易解答的。孤独的旅人特别擅长解决那些最简单的谜语……

劳伦斯：我仍然谦逊地请求我们亲爱的斯芬克斯自己揭开她的谜底。

维拉：讽刺很适合你。劳伦斯和约阿希姆都是正派的人；我假定他们都是存在地选择做正派的人。他们成为他们已经是的那个人——正派的人。对善的选择代表普遍性的要素；但是劳伦斯选择劳伦斯，约阿希姆选择约阿希姆，这代表独特性或单一性的要素。一旦你存在地选择自己作为一个好的（正派的）人，你就在普遍性范畴下进行选择，因为你选择了某种所有其他人都可能选择的东西——但是你选择了你自己而不是其他人。既然你选择了你自己并且仅仅是你自己，那么你没有选择善而是选择你自己作为一个好人并因此成为你所是；这是个性伦理学。正是个性伦理学包含普遍性。因为，让我再次引用索伦：在道德领域个体就是普遍。劳伦斯，约阿希姆：假定你们两个选择你们自己作为正派人，那么你们开始成为你们所是。在成为你们所是的过程中，你们有时候寻找一根拐杖；一根你们可以依靠它帮助你们成为正派人的拐杖——不是帮助你们做一个正派人，因为你们已经是正派人了。如果没有首先是正派的，没有决心成为你们所是，你们不会寻找一根拐杖，因为你们不需要它。恰巧当你们开始成为你们所是时，你们将问自己这个问题：此时此地，在这种冲突中，在这种情境下，在这种条件下，什么是我应该做的正确事情？许多种道德哲学、宗教的和世俗的，可以充当你的拐杖。

约阿希姆：在这里康德进入了视野……

维拉：进一步，选择你们自己作为正派人不需要许多思考，有时候完全不需要思考；无法回答这个选择是理性的还是直觉的。有人可能会说两者都是，或者这根本就不重要，或者这个问题是不相关的。但是你们的确投入了（因为你们需要投入）一场严肃的和认真负责的思考过程，每当你们需要建议的时候：在此，在这种情境下，如何成为善的【131】（我已经是善的）？康德的绝对命令的公式，正如约阿希姆优雅地提到的，在这种时候可能是有用的拐杖。有人需要它们，有人可能不需要。但是不论你是否需要它们，那些拐杖不会使你成为善的，如果你不是已经是善的话；热爱命运不会成为一种伦理，除非成为善是讨论中的男人和女人的命运，是他们所爱的命运。所有的事情都依赖于存在的选择。你说得很对，当你说"宁愿蒙受不公正对待也不做不公正之事"这句话对公正的人而言是正确的，对不公正的人而言是不正确的时候。它是一个信条。没有信条会将不公正的人转变为公正的。但是知道这句话是正确的，并致力于这个宣言的真理，而且它是他的信条，这样的公正的人一定会问这类问题：为什么这个或那个被称作公正的，人们如何能够公正地或更加公正地行动，人们如何能够避免对他人造成可避免的苦难，等等。康德的《道德形而上学基础》的开场白是优美的：善良意志像宝石，闪闪发光。这个善良意志是终极的，除了它或在它之外没有其他的终极。选择你自己作为一个好人，选择你自己作为苏格拉底所要求的人，是正确的。

劳伦斯：我理解存在的选择是什么，以及它如何与其他类型的选择区分开来。我在我们的普遍性讲座中听了太多关于它的东西。在选择你自己的过程中，你选择了你的命运并遵从了你的命运。但是你如何知道人们确实做出了这个选择？

维拉：我能够回答的是许多男女意识到做出了这种选择。我可以指出对童年经历的回忆，也可以指出基督教与重生相关的灵魂事件。但是我放弃这种执着的例子；康德也本可以做得更好，如果他抵制住了诱惑，不向我们展示说明我们都意识到道德律存在我们心中的那些不可信的例子的话。我宁愿说我们通过其表现来了解关于善的存在的选择。好人存在：这就是他们存在地选择他们自己作为好人的证据。我们不需要其他的证据。你们看，我说你们两个正在说的相同的事情，但是我说的方式不同。

约阿希姆：我没懂你的意思。

维拉：很简单。你如何了解绝对命令，约阿希姆？从它的表现。你如何了解骰子的幸运一掷，劳伦斯？通过它的表现。我们如何了解存在地选择的？通过它的表现。当你，约阿希姆看见一个好人在行动时，你对自己说：她尽职尽责地行事，并且一贯如此，不指望获利；所以我猜想，至少有时候，她也出于义务行动。如果你，劳伦斯，看见一个好人，你说：这是她的命运，她爱它。如果我看见一个好人在工作，我说：她存在地选择她自己作为一个好人。

【132】 **约阿希姆**：这只是另一种说法：她是一个好人。哲学地看，这种存在地选择的问题是无意义的。

维拉：你说你自己：道德哲学是说明、展示，或者对善的解释。哲学必须解释善。索伦，我的朋友在你们之外解释了它。存在的选择这件事是一个哲学问题。

劳伦斯：等一下！你五分钟前还说克尔恺郭尔不是哲学家。不过，我发现你的建议很有意思；其中包含着智慧……你不是说正派显示我们心中的道德律，而是说正派是存在的选择的表现。我们都同意道德的来源是超验的、形而上学的，或者类似的某种东西。这意味着善的来源超越于知识，超越于解释，我们不能推演它或超验地演绎它。我们只是接受它为事实。既然善的来源是未知的，那么我们指向它；这是一种姿态。开始是有一种姿态的。但是我们用这种姿态指向什么？你可以指向一种自由律（道德律），你可以指向自然奇想的偶然结果（骰子的幸运一掷），你也可以只指向另一种姿态——因为存在的选择仅仅是一种姿态。你将一种姿态想象为"指向"。你将"指向"本身等同于所指之物。这在哲学上是有趣的。

维拉：我喜欢看你如何在一个简单的主题上谱写变奏曲……

约阿希姆：劳伦斯是个激情派，他很容易就被点燃。但是我请求你描述这个存在的选择。因为即使是假设的起点也必须被描述……

劳伦斯：它被克尔恺郭尔简洁地描述了。选择你自己作为一个好人等于选择你自己作为一个做出选择的人，这个人——首先——在善恶之间做出选择。选择你自己作为一个好人就是选择你自己作为一个将善恶之间的道德区分置于所有其他区分之优先地位的人。让我提醒你，约阿希姆，当你捍卫康德，将他作为一个维持和保护道德中心的人的时候，你也认为不将我们自己和一个道德中心联系起来的话，我们就不能做出道德区分。最后，克尔恺郭尔对存在的选择的描述也是当切断知识和善之间的脐带时的一种保存道德中心的方式；这个新生儿是自主的道德，难道不是如此吗？

约阿希姆：但是克尔恺郭尔的中心是一个讨厌的中心。如果绝对命令是中心的话，我还确切地知道我应该接近的是什么，因为我提出了一个固定的且永恒的中心：道德律。但是如果我说我选择自己作为一个好

【133】 人，我并没真正有一个中心，更不用说固定的或永恒的中心了。既然我不知道善是什么，那么我如何能够成为我所是？

劳伦斯：但是，难道你没有看到，这恰恰就是问题的关键；这就是脐带如何被真正切断的。这就是你如何回避你心中的道德律，理性，这个普遍的幽灵，自主地在你之"中"，高于你并反对你。相反，作为完整人的你将成为道德自主的储存者。你选择你自己作为你所是，**你**变得如同你一样的善。你选择你自己的拐杖，那些拐杖更适合你，定做的拐杖使你成为你所是。存在的选择是一个跳跃，"跳跃"这个术语代表与先验的自由一样的未知，因为不能找到"天然的"决定因素来解释它。但是这个跳跃是人的跳跃，是没有被分成本体的人与现象的人的跳跃，这个人是单一的存在者并作为单一的存在者，作为自性而成为善的。

约阿希姆：那我们危险的本能，即我们的自爱怎么样了？如果不压制它们我们就不能成为善的……

劳伦斯：但是，难道你不理解，存在的选择意味着我们完整地选择我们自己，我们完整地选择我们自己作为善的。当我选择我自己的时候，我选择我的本能，同样地选择善和危险的东西，选择我的自爱、我的虚弱，也选择我的环境、我的父母、我的国家、我的年龄，总而言之，所有我的决定因素，我说："这就是我，这就是如我所是的我；我是一个好人并且成为我所是。"先前，你也想象某些类似的东西，难道你不记得了？你谈论道德的"名家"。

约阿希姆：有一些肤浅的相似，但是我的名家并没有选择他们的虚弱，他们根本就没有选择他们自己。不管怎么说，选择我们的虚弱是什么意思？你的意思是施虐狂选择他自己作为一个施虐狂吗？

劳伦斯：是的，也作为一个施虐狂。他将说："我有施虐狂的倾向，当我选择我自己作为一个好人的时候，我也选择了施虐狂的倾向——我成为如我所是的善。"

约阿希姆：但是一个施虐狂如果不强迫他自己，不给他自己施压的话就不能成为善的。

劳伦斯：确实，但既然他是善的，那么他就将寻求建议如何变善，即使他是一个施虐狂……他当然也不会去实施虐待……

约阿希姆：很抱歉，但是如果有超理性主义的话，那么这就是它。克尔恺郭尔怎么会相信这种无稽之谈？

劳伦斯：就像你相信它一样。你说：我们能做的是我们应该做的。他说：我们能选择的是我们应该选择的。克尔恺郭尔从未说，存在地选择她自己作为一个正派人的人就将总是正确地行动并且选择善……那些在善恶之间做出区分的人也会作恶。

约阿希姆：一个好人如何能做邪恶之事？

劳伦斯：首先问你的康德！ 【134】

约阿希姆：噢，我的上帝，所有这些哲学家都是多么路德派（Lutheran）啊！

劳伦斯：但是我们在这里谈论的是共同的智慧。也谈到接近，你最喜欢的主题，约阿希姆。从未有人完全击中中心——但这并不是重点。重点是接近。找出我们接近的东西，这是次要的，首要的事情是接近的决心。

约阿希姆：听着，维拉！你有了个学生……

维拉：我不是哲学家，我不需要学生。

劳伦斯：你必须理解的是，我们自己作为正派人的存在的选择在哲学上相当于先验的自由。如果一个存在地选择她自己的人做了别人（或她自己）认为不正直的或错误的事情，她不能说：我这样做是因为我的坏脾气，因为我的坏运气，因为我生来具有这种和那种本性，因为我在这种和那种环境下接受教育。通过选择她自己她已经选择了所有那些东西，所以它们没有决定她——通过选择你自己而选择的东西不会决定你，因为自由（你的选择）单独地决定了你。因此是你对你所做的所有的事情负责。克尔恺郭尔没有思考你是否必须考虑你的行为的可预见的结果，也没有考虑你应该在多大程度上运用你的知识，没有考虑你是出于同情、爱、本能还是在纯粹理性反思的基础上行动的——因为所有这些都是次要相关的。问题是：你负责，你的行为是你的行为，既然你选择你自己作为好人，那么它们就应该是好的行为，因为正是通过好的行为你完成了你的命运，你成为你所是——完全是如此。这就是为什么存在的伦理学是个性伦理学，是热爱命运的伦理学，是自我实现的伦理学。我爱它。我爱克尔恺郭尔。

维拉：不是克尔恺郭尔而是法官威廉为你所描述的，被你做了一些改动的存在的选择提供了一个案例。法官威廉是克尔恺郭尔的面具之一。他不是一个哲学家，而是一个建议年轻人陷入绝望的正派人。因为，在法官威廉的脑子里，绝望可以是将我们自己从审美领域提升到伦理领域，即真正的非此即彼领域的时刻（当然从来不是原因）。

约阿希姆：你处于绝望之中吗，劳伦斯？

维拉：这是错误的问题。劳伦斯是一个正派人。在法官威廉的脑子里，在所有的可能性中，他已经做出了善的存在的选择。他不会绝望。但是他仍然可能终结于顺从状态；克尔恺郭尔的其他角色，例如来自日德兰的牧师（Pastor from Jutland）、塞勒悌欧（Silentio）、克利马科斯（Climacus）和塔次特努斯（Taciturnus）发现了跳跃到宗教顺从阶段的条件。这就是你如何成为一名学生的……

【135】 **约阿希姆**：实乃精神杂技的一次练习。一次跳跃刚刚完成，你又有了下一次跳跃……

劳伦斯：停下！我不理解这话。如果我存在地选择我自己作为一个正派人，那么我就成为我所是。我如何能够再一次跳跃？许多相继的跳跃或存在的选择是可能的吗？

维拉：索伦不会回答你。你看，这就是为什么他不是哲学家；不是他在说话。他没有把这个权威归于他自己。他的角色之一建议一种（向伦理的）跳跃，另一个角色做出了另一个（伦理-宗教的）跳跃，第三个假名再次谈到悬置伦理向宗教的跳跃。所有那些角色都在思考、反思；我们，作为单个的已经存在的思想者，也在思考、反思——和他们一起，反对他们，和他们对话。一个假名比其他假名更能吸引已经存在的思想者，反之亦然。你选择你的领域就像你选择你的拐杖。

劳伦斯：宗教的阶段在上帝已经死了的世界中是一个相当奇怪的概念。

维拉：为什么你成为一个口号的俘虏？"上帝死了"是一个口号。

劳伦斯：但是对不起，如果我们不严肃地对待这个口号的话，我们的整个讨论就将变得没有意义了。正因为上帝死了，所以正如约阿希姆所说，你所重复的，知识和道德之间的脐带必须剪断……

维拉：你知道我是一个好的听众。亚里士多德的《尼各马可伦理学》不需要上帝；他的伦理学中不再有形而上学。

约阿希姆：对非哲学家而言是一个好观点。但是亚里士多德在一个封闭的伦理（*Sittlichkeit*）世界中——将伦理世界哲学化了。

维拉：对哲学家而言是一个好观点。"上帝死了"这个口号并不代表上帝的死亡，而是代表封闭的伦理世界的死亡。

劳伦斯：但是在基督教传统中，这两个等于是同一个东西。上帝是基督教的——也是犹太教的——伦理的来源。当伦理的封闭的、同质的世界死了，上帝也死了。

维拉：但是上帝只是作为同质的、独特的、单一的伦理的来源死了吗？

约阿希姆：可以这样说。他在某种意义上可以活着，但是**他**变得伦理上无关了。这就是为什么道德律必须取代上帝。但是，当然，伦理的解体仅仅是我们说上帝死亡的一个原因；第二个原因是现代知识，即科学知识的统治地位；第三个原因是形而上学的终结……

劳伦斯：请不要偏离主题。说上帝在道德上变得无关这已经够了。

约阿希姆：好的，我将只说这些。

劳伦斯：但是你可能是错的。因为如果我们选择我们自己作为正派【136】人并成为我们所是，我们也可以选择依赖或者不依赖什么拐杖，难道选择旧的上帝作为拐杖是不被允许，是不可能的吗？

约阿希姆：在逻辑上，是可能的。但是这样上帝就是某人的拐杖，而不是其他人的拐杖。但是对某些人而言，活着对其他人而言并没有活着的那个上帝是一个死了的上帝，难道**他**不是吗？

劳伦斯：我不这样看。因为如果你告诉我绝对命令是一个绝对，那么为什么你就不能接受上帝作为一个绝对呢？尽管我很幸运地没有你的绝对命令，但是你仍然将它作为你的绝对，我将你的哲学看作你的个人信条。

约阿希姆：你将真理相对化了。

劳伦斯：绝对没有。我只是告诉你克尔恺郭尔过去常说的：真理是主观的。

约阿希姆：不论什么是主观的，它也是相对的。只有客观的可能是普遍的。主体–客体的身份……

劳伦斯：我相信在我们谈话之初我们已经解决了这个争论的问题。现在这个已经解决的问题似乎报复地返回了。视角主义不是主观主义。"真理是主观的"这句话甚至没有预设一个被称作"主体"的实体。确实，克尔恺郭尔根本没有谈论主体；他是反笛卡儿主义的。不是主体而是存在者在经历、选择、相信和思考。真理**是**主观的，因为我的真理是我的真理，你的真理是你的真理。

约阿希姆：如果这不是主观主义，那么我不知道它是什么。

劳伦斯：我们已经再次解决了这个问题。"主观的"并不意味着"什么都行"，而是意味着，通过反思我接近了关于正确或真理这个问题的答案，并且发生了跳跃：我充满信心地热烈拥抱它：它是我的——我的真理。这个拥抱是完全的。但是这个拥抱以接近的劳动（labour of approximation）为先导。没有了接近的劳动，存在者不能拥抱任何东西作为他的真理，因为它将总是某种被接受的东西，被别人塑造的象征性"真理"，他永远都不能称之为"我的"。

约阿希姆：你现在说着爱的语言："我拥抱它""它是我的"。我从来都不知道你和真理相爱了。这一点都不像尼采，难道你没有看出来吗？

劳伦斯：请不要监视我的正统。克尔恺郭尔说：当我说"我的"时候，并不意味着某种东西是属于我的，而是说我属于某种东西。当我说"我拥抱它"的时候，真理不是属于我——毋宁是我属于她。

约阿希姆：你说"属于她"。我从未想过真理是一个女人……

劳伦斯：这只是一个姿态的问题，它是语言问题，并不重要。但是让我回到这个问题上。如果你没有尽你最大的努力去接近，那么你就永远不会被你的真理所拥抱；如果你永远不跳跃，如果你不拥抱她，不使【137】她成为你的，那么这时并且也只有这时你将成为一个相对主义者。因为唯一能被接近的东西总是成问题的。怀疑主义通往相对主义……

约阿希姆：你突然对怀疑主义失望，这使我吃惊。仅仅昨天你还是伏尔泰的伟大的朋友，难道你不是吗？

劳伦斯：伏尔泰不会强烈反对我将要说的：上帝也可以是某人的真理，正如绝对命令或对命运之爱所能做的那样。在这个意义上，上帝没有死……

约阿希姆：我们又被岔开了。维拉没有插话，她只是在听，这是一个坏信号……

维拉：这只是疲劳的信号。

劳伦斯：但是我们到达了某个地方，难道我们没有吗？

约阿希姆：哪里，如果我可以问的话？

劳伦斯：到终点站了。我们决定讨论个性伦理学是否可能这个问题。我们权衡了所有的利弊，这花费了很长时间。然后维拉插进来了，在没有被邀请的情况下，我们开始加速奔向终点。她指出所有现代的正派人都存在地选择他们自己作为正派人：他们成为他们所是。现代男女的实践伦理学不是别的什么而是个性伦理学。现代正派人都在实践个性伦理学。为了使这种伦理学具有推理的意义，我们选择何种理论框架是哲学的事情。哲学的确为个性伦理学提供推理的解释，但是这些解释不需要成为个性的道德哲学。难道不是这样吗？

维拉：差不多。

劳伦斯：现在我拥抱这种接近，并用最大的热情紧紧把握它：它是我的真理。

约阿希姆：恐怕你犯了精神错乱之罪。因为你现在拥抱的这种个性伦理学和你在我们讨论之初所拥抱那种个性伦理学是不相同的。如果你的真理不是那种属于你的真理，而是你属于她的真理，那么你必须首先弄清楚你真正属于谁。因为存在地选择他自己作为一个正派人的那个存在者不是骰子的幸运一掷。或者至少说他可以是的也可以不是的。难道不是这样吗，维拉？

维拉：是的，是这样的。

约阿希姆：我亲爱的朋友，你已经忘了骰子的幸运一掷和他对命运的爱——命运可能是一切而不仅仅是成为伦理之人的卑微命运了吗？你对自然的或优雅的礼物的激情捍卫怎么样了？作为人的主要的，或者毋宁说是唯一的德性的真诚和真实怎么样了？成为你自己，做真实的自己——是的。但是所有这些和在善恶之间做出选择又有什么关系呢？或者，遵循我的老康德的习惯，在选择我自己和善恶之间做出区分之间有【138】什么必然联系吗？或者这种联系仅仅是偶然的吗？如果是偶然的，那么你的胜利的腔调就是不成熟的。因为我将转向我的信念并牢牢地把握它：你是一个——可能——伦理地选择你自己的人，这是偶然的。其他人以非常不同的方式选择他们自己，他们不会做出道德区分，因为他们不会是正派人。或许有某种如同伦理的骰子的幸运一掷这种东西——这些是选择他们自己作为好人的人。他们是例外，而不是规则。因为即使我赞同你，我们都知道在我们的世界上（即使是现在）有少数好人，但如果我说我知道许多，那么我也将夸大了。

劳伦斯：对不起，我跟不上你了。现在很晚了，我累了。

约阿希姆：但是我们不能在完全不同意的情况下结束我们的讨论……

维拉：为什么不？这是结束讨论的最好方式。但是你们永远不会结束。只要你们还活着，你们就会继续。

劳伦斯：约阿希姆的真实意思是，我们已习惯你了，我们会想念你的，我们不能在你缺席的情况下继续我们的讨论……

维拉：如果你们真的想念我，我会和你们在一起的。

劳伦斯：太好了！明天，在我们的公寓。这是地址。

维拉：中午？

劳伦斯：天哪，不是的！下午五点钟。

维拉：我会去的。

对话二：如果有，我们如何描述它？ 【139】

（劳伦斯和约阿希姆的起居室。快到下午五点了。）

劳伦斯：我应该冲咖啡还是茶？

约阿希姆：等她来吧。问她，不要问我。

劳伦斯：准备点儿蛋糕？

约阿希姆：她不像是在节食的人。

劳伦斯：你太可怕了。难道你不喜欢她？

约阿希姆：没什么好喜欢她的。我都不了解她。我怎么知道她是否可爱？

劳伦斯：但是是你，而不是我邀请她来的……

约阿希姆：记忆欺骗了你。是你邀请的她。

劳伦斯：但是我说出了你没有说出来的心声。

约阿希姆：你知道我现在想要什么吗？

劳伦斯：知道。鼓舞人心。

约阿希姆：我希望知道为什么我想要继续我们的讨论。昨天我觉得有些重要的事情我们必须思考，但是现在我的脑子一片空白。我不知道我将要问什么，甚或我是否需要问什么问题。

劳伦斯：我们不需要很聪明。让我们开始探讨吧。

约阿希姆：和维拉？没问题。我们必须有一个新的观点。或者毋宁说，你必须有一个新的观点。毕竟，个性伦理学是你的宠儿。就我而言，我已经厌倦了这个主题。

（门铃响了。劳伦斯开门。维拉进来。）

维拉：就像我答应的那样，我来了。

175·

劳伦斯：你想喝茶，还是喝咖啡？

维拉：请给我茶和一些玛德琳蛋糕。

【140】 **劳伦斯**：回想起那些观点了吗？

维拉：重演如何成为我们自己吧。

劳伦斯：那么，给灰色涂上灰色吗？

维拉：生命之金色的树长青。（Des Lebens Goldenbaum ist grün.）

劳伦斯：这是歌德最美的句子之一。这个比喻似乎很可怕，但是它的可怕之中仍然体现着美。歌德谈论一棵金色的树。但是一棵金色的树是死的。它不能结果实。你不能吃金色的果实。金色的树是绿色的，这是什么意思？金色的树怎么能是绿色的？

维拉：可能像唐豪瑟的木棍。

劳伦斯：唐豪瑟的木棍是死木头。仅仅靠神恩的奇迹不能使它开花。但是金色的树是生命之树。生命的金色之树应该是绿色的。它不需要神的恩典就能繁荣。

约阿希姆：这个比喻是诗意的，维拉诗意地将它投入了讨论。生命的金色之树与"理论"相对：理论是灰色的（Grau sind alle Theorien），所有的理论都是灰色的。然而，相反，生命的金色之树（goldentree）（写成一个单词！）是绿色的。我很好奇为什么所有的理论都是灰色的？我也很好奇为什么黑格尔从歌德那里挑选了这个令人不安的比喻，并且将它用到哲学上？将哲学解释为回忆是和哲学本身一样古老的伎俩。用历史的回忆替代理念的回忆也有意义。但是为什么黑格尔硬说正是现在黑暗开始了。他对现代世界的描述确切地说是谄媚的。的确，当他说"黑暗"时，他本来是指救赎的黑暗，闪耀光芒的黑暗，最后审判、拯救和历史终结的黑暗——也就是说，如果他意欲追随那些他所羡慕的特定的伟大神秘思想家的脚步的话。但是如果"黑暗"代表救赎之光，那么黑格尔就不会挑选歌德关于"灰色"理论的比喻了，它与神秘的闪耀黑暗没有关系。我赞同你，劳伦斯，歌德的比喻，不像枯木开花的比喻，没有激起神的恩典的幻影；或许没有为神的恩典留出位置。让我重申一遍：哲学在灰色中描绘灰色：哲学没有色彩。既不是金色的也不是绿色的。只有生命的金色之树是绿色的。但是如果历史是灰色的，并且在灰色中描绘，那么生命是什么？这个比喻的问题比我怀疑得还要深刻。

劳伦斯："生命之树长青"不适合做诗句。老生常谈没有诗意。歌德的诗是美丽的，并且，它完全通过"金色"这个词才成为诗。"金色的生命之树"——这是一个悖论。

约阿希姆：金色的生命之树是一个古老的神秘的——有时候是魔幻的——象征。这个悖论在于它是绿色的。但是不论是否是悖论的，这整首诗是混乱的。为什么生命是绿色的？为什么理论是灰色的？究竟什么是生命？为什么理论与生命并列？回到黑格尔，如果哲学是回忆，回忆 【141】意味着在灰色中描绘灰色，那么我们如何以及在哪里能从金色之树中拾得绿色的东西？

维拉：例如，在爱情中。

约阿希姆：我们爱真理，这是我们的职业（*métier*）。但是，根据歌德和黑格尔这两位先生的意见，我们的职业是灰色的。

维拉：比喻是多义的。

约阿希姆：但是在任何解释中，甚至在任何一般的理论中，我都没有将哲学看作是灰色的。并且我也仍然不知道和理论并列的金色之树代表什么。

维拉：哲学可能不是灰色的，但它一定是黑色的和白色的——既不是金色的也不是绿色的。

劳伦斯：你在打谜语……

维拉：根本不是。理性和存在是哲学的主角。你曾经认为理性或存在是有色彩的吗？一般而言，思维是没有色彩的。精神没有色彩，灵魂也没有。当你们——哲学家——谈论真理或谬误时，你们运用光明与黑暗的比喻。你们想象**太阳**和**洞穴**。哲学家们看见——但是他们看见了什么？他们看见过色彩吗？直线、圆、三角——你曾经想象它们是红色的或绿色的？数字呢？一和多呢？必然性呢？确定性呢？决断可能是粉色的吗？感情、情绪、感伤——它们是有色彩的；希望是绿色的，爱是红色的，伤感是蓝色的……但是你将它们从哲学中放逐出去了，你坚持你的黑色和白色。色彩是主观的，我和你对色彩的体验就是不同的，但是传统上哲学只关注对我们所有人，即对主体相同的是什么或者似乎是什么。但是这种主体显然既无色彩也无色感。只有生命的金色之树是绿色的。

劳伦斯：尼采不是无色彩的……

约阿希姆：我承认第一和第二**批判**是用黑色和白色写就的，但是你不能忽视第三批判有色彩的体验……

维拉：我承认在尼采那里有色彩。音乐的谱曲不是黑色和白色的。人们可以分辨思想取代形而上学和传统哲学的时刻，因为正是在那时色彩出现了。例如，在维特根斯坦那里有色彩。在海德格尔那里也有一些，尽管不是很多的色彩。是的，约阿希姆，**第三批判**也有色彩，尽管康德与色彩展开了艰苦战斗。你将记起，目的的纯形式引出对品味的判断，这一点是多么重要。黑格尔的《精神现象学》中也有一些色彩……

劳伦斯：你给予他的信任，比他给予自己的还要多……

维拉：在那本书中，他让意识的结构，即塑造（Gestalten）自己说话。它们没有让自己的所有体验都压缩为精神的体验，尽管那些所有的体验都由精神来概括。

【142】　**劳伦斯**：那么怎么看在灰色中描绘灰色？

维拉：黑格尔是真诚的。好好想想：如果你想理解西塞罗（Cicero），那么你将做什么？你不能再次经历西塞罗经历的东西。然而，你可以再思考他思考的东西。纯粹的思想本身就可以被概括，或者如果你愿意的话，就可以被记忆。的确，即使纯粹的思想也不能被完全概括，因为总是一个人、一个存在者在行动和思考。你永远不能精确地思考其他人所思考的，因为你不能感受和体验他们思想的所有历史的和个人的含义。它从未达到视域的融合。诠释学为这种不可能性提供了例证。沉思的哲学至少做出了努力。它是一种温和的、相当温和的冒险——一种完全自我克制的冒险。只有思想，除了思想之外没有其他可以被概括。但是思想是没有色彩的，所以这就是为什么我们只能无望地在灰色中描绘灰色……

劳伦斯：对不起，当我思考的时候我确实在体验……

维拉：是的，你确实在体验，但是那时你没有回忆思想。你是一个存在者，你是一个存在的思考者。你像所有的已有思考者所做的那样在体验。生命的金色之树毕竟是绿色的。只要你活着，你就如一个有生命的存在者那样思考。你的思想不能与你的存在和体验相分离。所谓的将"思想"与思考之人相分离，就好像思想可以思考思考（think thinking）一样，这是旧哲学的虚假主张。人创造的作为纯粹**精神**的**上帝**是被思考的，而不是被爱或者被崇拜的……

约阿希姆：如果你不能思考那思考着的思想，你就没有哲学……

维拉：你能够思考那思考着的思想，并且你可以假装，当**你**正在思考的时候，纯粹的思考就是"思考本身"，但这恰恰就是在灰色中描绘灰色……

劳伦斯：听着，维拉！在灰色中描绘灰色也可以被体验为生命的金色之树。我正在思考着思想（或者至少，只要我能够这样做，我就在思考着思想），并且我喜欢这样做。的确，尽管是间接地，我通过那些所谓的纯粹思想来体现我的完整个性。那么，当我坐在生命的金色之树之端时，难道我不是在灰色中描绘灰色吗？

维拉：我看见你爬上了金色之树……是的，你那样做了。你可以更加傲慢地表达你自己：所有创造性的存在者都坐在生命的金色之树的一个或另一个树枝上。换句话说，所有的创造性存在者都使生命的金色之树开花。你思考思想，但不是思想在思考思想，而是**你**在那样做。因为你在思考思想，或者至少你力图独自思考思想，你的哲学将是黑色的和白色的，但是你——那个思考的人，他原创性地思考——是实现的或者富有色彩的并且也是被祝福的！

劳伦斯：维拉，你奉承我了！

维拉：昆德莉从不撒谎，你知道的。

劳伦斯：但你不是昆德莉，我不是帕西法尔……告诉我，原创性地【143】思考是什么意思？你的（或我的）歌德说，没有人是完全原创性的。

维拉：完全不是；事实上却是。

劳伦斯：尼采说，哲学家是禁欲主义的神父，他们享受其禁欲主义，因为他们享受他们正在做的事情。你说了类似的话。你说哲学家们是那些思考思想的存在者。思考思想是黑色与白色的训练（可能类似于在灰色中描绘灰色），因为它从未捕获经验，即生命的金色之树。但是哲学家作为存在者，作为正在思考着的男人和女人，他们这样生活：他们体验他们的思想、他们的胜利、他们的悲伤、他们的爱、他们的希望，所以他们"富有色彩"。这就是哲学的原创性含义，即智慧之爱所表达的东西。（哲学中的）智慧可能是黑色的和白色的，但是智慧之爱是红色的，是猩红色的，就像所有种类的爱一样。

维拉：我与克利马科斯（索伦的化名之一）谈话，他说了类似的话。热爱命运……

劳伦斯：我从未听过你的"索伦"提到热爱命运。

维拉：没说那么多。

劳伦斯：所以这就是为什么你在我们的讨论中抛出了歌德的引文，就好像它是一个彩色的球。

维拉：它是一个彩色的球，只不过我将它抛回给了你。你出了在灰色中描绘灰色这个难题。我不能抵制这个诱惑……

劳伦斯：你曾经抵制过诱惑吗？

维拉：从未，我极少被诱惑。

劳伦斯：于是"骰子的幸运一掷"是生命的金色之树的一个分支……但是这两个比喻并不吻合。树枝是自然地生长的……

维拉：你谈论生命与创造力的本能，它们从内部生长，像植物一样生长……

劳伦斯：当我们的教授向我们解释尼采的热爱命运概念时，她说命运之人是被拉的，而不是被推的；他们的过去没有推他们，因为他们的未来在拉他们。他们几乎是盲目地遵从其命运，通往其实现……

维拉：他们是这样做的；我知道一些人。

劳伦斯：死亡是实现吗？

维拉：死亡不是这样的。如果死亡就是实现，那么拉命运之人的未来可能就是他们的死亡。我没有遗漏你们教授的任何一个观点：所有的悲剧英雄都是个性伦理学的储备者。但他们不是唯一的。拉命运之男女的东西就是他们自己的实现；他们所选择的命运的实现，不论它是什么。每个人都为他或她自己选择一种命运。

劳伦斯：那么如何理解向死而生?

维拉：海德格尔陷入了一般性。他的此在（Dasein）在根本上是人【144】的境况（human condition）。他仍然（或者已经）去谈论那个单个的存在者，将它看作是非哲学的。索伦，我的朋友谈论单个的存在者。对一个存在者而言的实现对另一个存在者而言就是没实现的。智慧之人就是在那个界限（limes），即在他们的实现时刻选择其死亡时间的存在者。

劳伦斯：你如何知道那个实现时刻?

维拉：再次，没有一般的答案。我还是得提醒你注意你们的讲座。你们的教授说，克尔恺郭尔死于那个他作为哲学家和宗教思想者不能继续前进的那个时刻，尼采也恰好在相同的时刻坠入疯癫。他们选择了他们真正的或精神的死亡的恰当时刻；在所有可能性中，本能地进行选择。但人们也可以有意识地选择。关于这一点，东方文化比我们西方犹太教-基督教文化了解得更多。当我在你和约阿希姆那里发现了我的两个老的/年轻的朋友的化身时，你提到了三岛由纪夫。那同一个三岛由纪夫决定在他完成了他生命中的主要著作、他伟大的小说系列那个时刻离开生命。他这样做了。在那个上午，他写完了最后一句话，在那个下午，他履行了自杀仪式——切腹（seppuku）——并且死了。热爱命运。但他并不是在死亡中看到了他的实现，而是在他刚刚完成的小说系列中。他认为，完成了他生命中的主要著作，他作为一名作家将开始走下坡路，他不想走下坡路。实现之后没有生命，只有苟存……

劳伦斯：对不起。听你讲的时候，有一件东西吸引了我。你说命运之人选择了他们的命运。并且你强调动词"选择"（to choose）。但是被祝福的人——不论是被上帝还是被自然或者被机遇所祝福——应该被称作"被选择的"（the chosen），而不是"选择之人"（the ones who

181

choose）。人们如何能够选择骰子的幸运一掷或者不是骰子的幸运一掷？人们如何能够选择在生命的金色之树的树枝上生长还是不在上面生长，长出或者不长出绿色的叶子？

维拉：为什么是正相反对的？为什么将二者并置起来？为什么你突然转而用你并不信任的两极模式来思考？

劳伦斯：选择或者被选择并不是古代形而上学的二元对立之一……

维拉：但是偶然性/必然性是的；外在的/内在的也是……

劳伦斯：不用继续了，我理解了。当我们根据"骰子的幸运一掷"来思考的时候，我们根据原初的偶然性来思考"掷"。当我们根据被神圣的仪式所选择来思考的时候，我们根据决定，即必然性来思考我们自己。"被选择"这个描述只适合后者，而不适合前者。很难将骰子的幸运一掷描述为"被选择"。但所有这些并不是说我们可以选择"幸运的"一掷——因为它要么**是**幸运的要么是不幸运的。你提到了另外一个二元

【145】 对立：外在的/内在的。可以这么说，骰子的幸运一掷和神圣的选择二者都是"外在的"……

维拉：如果命运是外在的，那么你为什么爱它？

劳伦斯：或许正因为它是外在的。但是我理解你所针对的是什么。在骰子的幸运一掷这件事情中，命运不可能是外在的。在它是偶然发生的这个意义上，它是外在的。但是我猜想，这个外在却是真实地内在的。因为我**是**骰子的幸运一掷，这一掷是**我的**命运。尼采已经克服了形而上学的外在/内在，也克服了机遇与决定的二元对立……

约阿希姆：这也是好的旧形而上学的伎俩：对上帝的理智之爱，对必然性的认识，等等。我不介意。你绝对不能认为形而上学家总是错误的。在这些问题上，人们很难用对错来说。但是为什么你将你的尼采和旧形而上学联系在一起？

劳伦斯：我没有将他和旧形而上学联系在一起，但是尼采……

维拉：现在轮到我重复约阿希姆昨天说过的话了。请听好了：我不是面对着尼采而是面对着劳伦斯。我在和劳伦斯谈话，而不是和尼采。我对劳伦斯感兴趣，而不是对尼采感兴趣。请不要藏在尼采宽大的

背后。

约阿希姆：对不起，我以为你在和我们两个人说话……

维拉：通过对劳伦斯讲，我就在和你们两个人讲。你只是听好了。

约阿希姆：女人真是异想天开。

劳伦斯：的确，但命运也是如此。我喜欢惊喜……

维拉：命运充满惊喜。但是几分钟前，当藏在尼采宽大背后的时候，你宣称骰子的幸运一掷将机遇作为它自己的决定。但是如果存在自我决定的话，那么惊喜就几乎没有存在的空间了。命运中将没有什么是异想天开的，它不会像女人一样——引用约阿希姆的话。如果他冒犯了我所说的，那么我将感到难过。

约阿希姆：我正在听……

劳伦斯：维拉，你的意思是说，尽管我们可以放心地将"骰子的幸运一掷"解释为机遇之子，但说她是被选择的仍然很奇怪，说她将通过洞见来决定她自己并因此创造她的命运，这也很奇怪……这就是为什么你得出这个还未言明的观点，即骰子的幸运一掷"选择她自己"的原因吗？说你"选择你自己"而不是说"你（你自己）决定你自己"有什么理论的和实践的优势呢？

约阿希姆：昨天劳伦斯叫我不要藏在康德的背后，今天你叫劳伦斯不要藏在尼采的背后。但是你却藏在克尔恺郭尔的背后。这公平吗？

维拉：我的老朋友索伦鼓舞着我。但是他不会对我即将说的任何话【146】负责。我占据着他的化名之一的位置。为了变化起见，请将这个化名称作维拉。是我，而不是克尔恺郭尔在说话……但是让我回到劳伦斯的问题上。对你，我的亲爱的而言，这个提法提供了重大的理论优势。

劳伦斯：请继续说。

维拉：首先，你不用回答我的形而上学问题。你不必说人们是偶然的，你也不必在实体的-本体论的合奏中确证骰子的幸运一掷的理念。你可以用帕西法尔的回答"我不知道"，来回答古尔内曼茨的问题"你从哪里来"。你可能回忆起这也是约阿希姆的回答，当你探问绝对命令的起源时。因此你可以享受康德的疑问的便利。当我建议去思考，"骰

子的幸运一掷"选择他自己或她自己时，我使所有的本体论问题保持敞
开状态。毕竟，在自我选择的情况下，骰子是被**上帝**有意投掷的，还是
被孩提时的赫拉克勒斯（Heracles）无意地与不相干的圣杯玩耍而丢失
的，这是无关紧要的……选择你自己不需要这类知识。并且，如果你知
道你所不知道的东西，选择你自己就将变得无意义。

劳伦斯：我发现接受你的语言游戏有一些理论上的好处。但是我不
理解你为什么反对自我决定这个术语。仅仅因为它有一个形而上学的过
去？至少在这一点上我赞同约阿希姆：人们仍然可以依赖旧形而上学的
思想来获得启发……

维拉：自我决定的形而上学起源不是我不愿意接受它的原因。努力
思考一会儿自我决定！尽可能真诚地思考而不带有任何前提。哲学家正
像日常普通的行动者一样：他们在谈话中用一些范畴却不会去反复思考
他们正在谈论的东西。于是，"幸运一掷"的自我决定可能意味着如下
内容。一旦我接受存在一系列的决定——不论我在传统形而上学的，在
康德的，或者在休谟的意义上这样做，都没有区别——我所接受的就是
所有构成"我"的特征，来自先前存在的事实或要素，那些特征由于充
足的理由（原因）而呈现，或者这至少是理解（描述）它们最好的方
法。如果如此，那么自我决定就意味着如下内容：我知道我的所有的决
定因素（在先前的意义上）并且通过这种知识我可以预测我将要做什
么，我将如何行动，等等。当然这完全是荒谬的。你自己说——索伦也
这样说——我们绝不可能对我们自己是完全透明的，我们甚至不了解我
们的"特征"，更不了解足以导致这些特征的要素。于是，"自我决定"
的故事责成你采取理论态度的立场。据称，你对世界或你自己了解得越
【147】清楚，你就越自由。富有创造力的人、富有创造力的天才，我们现在努
力理解的"骰子的幸运一掷"显然不是这类人。她行动、创造，并且她
通过其行动和创造实现她的命运。对一个人而言，沉思可能就是她的命
运的实现，但是对另一个人而言则可能不是。形而上学家从一种巨大的
优势（或劣势）出发。他们在上千种可能性中挑选一种并且命之为唯一
的现实。自我决定不仅仅是一个空洞的词汇，而且它给你一种关于有着

热爱命运的男人和女人们的错误观念。

劳伦斯：我还是不明白选择如何能够取代自我决定……

维拉：但你是明白的，如果你想起我们昨天讨论的话。我们谈论了关于我们自己的存在的选择。

劳伦斯：但这完全是不同的事情。并且，我总是发现你的概念是不稳固的。例如，我不能理解为什么你坚持认为，选择我们自己作为好人就是所谓的"存在的"选择。

维拉：真好笑，你说你"总是"发现我的概念是不稳固的。所以你不知不觉地承认，我们在昨天之前很久就已经遇到彼此了……但回忆已经够了。让我们回到现在。选择我们自己并且开始成为我们所是，是一种存在的选择。这种存在的选择是一种跳跃。如果你根据领域来思考这个世界，那么你可能说你跃进了一个领域：跃进了宗教的或伦理的领域，或者跃进了政治的、爱欲的（马克斯·韦伯也区分了爱欲的领域）领域，跃进了创造性艺术或审美的领域，等等。而你却从未选择一个领域，这是决定性的。你没有选择哲学，但是你却选择你自己作为一名哲学家；你没有选择政治，但是你却选择你自己作为一名政治家；你没有选择你的被爱（your beloved），但是你却选择你自己作为一个爱人者（lover）。你也可以用其他的术语来谈论这个跳跃。但是根据我们目前的讨论，我将要说跳跃意味着命定（destine）你自己——而不是决定（determine）你自己。

劳伦斯：我还是不能明白一方面选择，即命定我自己，另一方面决定我自己之间的区别。

维拉：这些可选择的概念——命定或决定——描述了完全不同的思考存在性转变的方法。你一定还记得人们是如何存在地选择她自己作为一个正派人的。她说：我选择我所有的决定因素、我所有的性格特征、我的环境，等等，因此当我是的时候，我就成为我所是：一个正派的人。这就是人们如何命定她自己的。选择人们自己的决定因素并不是预先假定人们知道这些因素。它甚至不预先假定人们根据决定因素来思考。从这种观点来看，人们是否怀有康德主义的、休谟主义的、斯宾诺莎主义的，或尼采主义的因果概念、决定要素、激励力量或必然性，都是无关紧要的。我是否预先假定我的出身、童年、历史背景、知识、无意识等对我的选择起着或者不起着决定作用都是无关紧要的，因为我完全地选择它（我自己）。我成为一个正派的人（我是一个正派人），不管我来自何方。

【148】

　　劳伦斯：你说我们的未来拉我们。但这只不过是用目的因（*causa finalis*）取代结果因（*causa efficiens*）……

　　维拉：是的，如果人们跳跃的话，就从被推转变为被拉。我承认，"被拉"这个表述在某种程度上与目的因相关（在维特根斯坦所讲的相关意义上），但它不是目的因。如果人们在普遍的范畴下存在地选择自己，即作为一个正派人，那么"拉"的力量不可能被本地化，甚至在比喻的意义上也不行。每个时刻都是实现，只要那个人成为他所是……

　　劳伦斯："只要"是什么意思？你可能最终取消跳跃吗？

　　维拉：一个存在的选择之所以是存在的，就因为它不可能被取消。但它也并不必然成功，因为在命定我们自己的问题上没有必然性。如果你的存在的选择没有成功，你将失去你自己，你将没有"成为"的可能性：一个失败的存在者。从来不敢跳跃的他或她不是一个失败的存在者——他或她根本不是存在者。他或她被他人所决定——但不是在本体的–形而上学的决定的意义上。被他人决定意味着他人告诉你你是什么，他人使你成为你所是，你成为一个客体，一个被他人制造的人工制品。失去自己的人，即"失败的存在者"类似于从未存在过的人——也有差别。从未选择他们自己的人既没有赢也没有输。失败的存在者输了，他们失去了作为存在者的自己，并且意识到它。绝望成为他们，成为他们的命运。

　　劳伦斯：如果人们选择自己，那么就冒着巨大的风险。

　　维拉：没有冒险就没有真实性。

　　劳伦斯：没有冒险也没有不真实。

　　维拉：但它们是不可通约的。

　　劳伦斯：现在我比昨天更好地理解了为什么选择自己作为一个好人

是存在的选择了。但恐怕我们仍然很离谱。我们一步也没有靠近对"骰子的幸运一掷"的自我选择的理解。

约阿希姆：虽然我默许保持沉默，但现在我必须插话了。维拉，诱惑者，你走得太远了。你用没有一个正派人或好人能认出他自己的术语来描述正派的存在选择。你的苹果从克尔恺郭尔的树上远远地砸到地上。你对失败的存在者的描述是什么？我记得准确吗？你说：他人告诉他他是谁。他人将决定他。但伦理学不是关于他人，关于我们与他人的关系的吗？你如何能够不指向他人就谈论中心呢？你说我们在普遍的范畴下选择我们自己作为正派的人。但是普遍如何证明它自己？普遍性如何展现？它首先必须在我们与他人的关系中展现它自己。我发现你非常反民主：你表现出一副贵族的样子，你教导劳伦斯沉迷于他的天才而不是在道德律面前保持谦卑…… 【149】

维拉：让我先和劳伦斯说，然后再和你说。

约阿希姆：我有耐心，但我期盼得到我的权利。

维拉：很抱歉，思想并不总是正义的朋友。尽管你不会得到你的权利，但你至少有一会儿会成为商谈剧场的主角，我可以答应你这么多。现在，让我们回到所谓的"骰子的幸运一掷"。他们不是在普遍的范畴下，而毋宁是在差异的范畴下选择他们自己的……

劳伦斯：为什么不在单一或独特性的范畴下呢？它们所有的都是独特的，难道不是吗？

维拉：是的，但所有存在地选择他们自己的人，都是完整地选择他们自己，在这个意义上，他们所有人都是独特的、不可仿效的。这对那些在普遍范畴下选择他们自己和在差异或特殊范畴下选择他们自己的人而言都是同样正确的……

劳伦斯：为什么是特殊的？

维拉：我们已经讨论了这个问题。他们选择他们自己作为哲学家、政治家、悲剧作家……

劳伦斯：但这是尼采也说过的。你记得，当他问关于禁欲主义理想的意义那个问题时，他也提到了艺术家、哲学家、科学家、妇女；也就是说，提到了不同的范畴……

维拉：请安静……我们来一个个地讨论。

劳伦斯：我现在理解"差异"或"特殊"的表达了。但我仍然不明白什么**选择**和所有这些相关。我选择我自己作为一名哲学家吗？让我想想，这是错误的问题，因为我知道我做了。我也记得是什么时候做的。作为一个年轻小伙子，我想要成为一名物理学家。于是，一个偶然的机会，或者毋宁说由于约阿希姆的坚持，我非常不情愿地陪着他去听他最喜欢的教授的哲学讲座。他讲的我一句也没听懂。但我却理解了一件事：我必须用我的一生来理解这件事情，就是这件事，而不是其他。噢，是的。直到这一点之前，我是被推的，但从那个时刻起，我就被拉向成为我已经所是的那个人。

约阿希姆：你把事情看得太简单了。回溯性地唤起我们生命中的关键转折点是容易的。为什么在你刚刚发现的所谓的存在的选择之前，你就是我的朋友而不是其他什么人的朋友？我那时已经学习哲学了。我学习哲学不是我的所谓吸引力的源泉吗？

【150】　**劳伦斯**：这是一个永远没有"原因"的"为什么"。没有答案。或者你想要我将你的反对理由拆开来吗？你学习哲学是你的附加物，是一件你可以凭喜好随意穿上和脱下的衣服吗？或者我可以问，你被我吸引是否因为你预感到我未来会走向哲学，而那是我们第一次相遇时我完全没有预料到的？

约阿希姆：但是我想完全弄明白它。我知道它不可能被完全理解，或者毋宁说它可以用上千种不同的方式来理解。但我仍然想了解它。我总是想了解它。例如，我想了解为什么你被维拉，这个你不认识的人所吸引。

劳伦斯：你认为我被她吸引了？我一直认识她，或者是以另外一种形态。

约阿希姆：真是疯狂，我最好保持沉默。

维拉：劳伦斯的个人体验触动了我。但在这里我仍然支持约阿希姆；你是否清楚地回忆起存在的选择，这是无关紧要的。在存在的选择的情况下，记忆是高度选择性的。但这是问题的关键，一个现代的男人或女人如果没有为他或她自己选择这个命运，那他们就不可能是命运的男人或女人。你是否记得这个选择则不是问题。当我们在普遍的范畴下讨论存在的选择时，它不是问题……

劳伦斯：让我提醒你，我们开始谈论自我命定通过存在的选择代替自我决定所具有的理论优势。你提到一些，但你答应讲更多的东西。但是关于你的概念的实践优势，你却只字未提。我知道我是带有实用主义的倾向问的这些问题。但是尼——我不敢在你面前提他的名字，维拉——和实用主义也有密切的关系。

维拉：尼采和瓦格纳都做出了存在的选择。尼采选择他自己作为一名哲学家，瓦格纳选择他自己作为一名音乐-戏剧的作曲家。存在的选择是对生活的承诺。它不仅是一种有意识的承诺：作为一个整体的人选择他自己成为作为一个整体的这个或那个。这就是为什么你的尼采不能辨别他的理性和本能。哲学家尼采的最大实现拉那个哲学家尼采，作曲家-戏剧家瓦格纳的最大实现拉那个作曲家瓦格纳。作为哲学家的尼采的最大实现不是"哲学"的最大实现。哲学不是存在者，它不能实现它自己。接着讨论存在者：在每种情况下，实现是不同的。做出了存在选择的人对他的实现是有"感觉"的，他"感觉到"有某种东西仍然"在他那里"等待实现，或者他完全实现了他的命运并且可以死亡或者休息了。让我们再次回想起三岛由纪夫，这次不是他的故事，而是他的 **【151】** 年轻英雄勋（Isao）① 的故事，这个人感觉到他的整个命运在 23 岁时就完全实现了。实现不依赖于年龄……

劳伦斯：但它显然依赖天赋。对费尔巴哈而言的实现对康德而言就不是实现，康德具有远为伟大的天赋……

维拉：天赋是一件神秘的东西。有时候我有一种印象——尤其是当我观察更小的孩子们时——有一种人一般可以被称为"天才"。人们可以看到一种还未成型的天赋，就好像存在仍然处于等待或犹豫的状态。它还未选择它自己成为这个或者那个。它可以选择它自己成为这个也成

---

① "Isao"是日本作家三岛由纪夫长篇小说《奔马》中的主人公饭沼勋。——译者注

为那个，它可以变成它自己选择的那个东西：这个或那个；一旦成为
"这个"或"那个"，那就是彻底的、完全的。在其他时候，你感觉某人
对某个特别的事情具有天赋。如果是这样，天赋本身就像本能一样运
作，它给人信号，它推动。它推动，但还未拉。只有在跳跃之后，一旦
那个人选择了他的命运，天赋就开始拉了。然而，"在跳跃之后"这个
表述不能恰当地解释人们不能立即采取行动的东西。

　　劳伦斯：什么使人们跳跃？

　　维拉：你知道得很清楚，你又问了一个不能回答的问题。如果有原
初的通往某物的天赋，那么你可以说推本身是拉的条件，如果我们谈论
一个"一般有才华的"人的话，那么情况就不是这样的。既然哲学
家——不像钢琴家或画家——不需要特别的技术（例如一种天赋），那
么这里就没有作为"拉"的条件的"推"。但是一种天赋就是一种抽象。
你的"骰子的幸运一掷"不是具有最佳抽象天赋的人。他也有天赋，聪
明的天赋，但是这些天赋，在所有的可能性中，深深植根于"一般的"
性格，几乎不能与之分离。考虑到我们生活在历史时期，我们比之前的
思想家更了解历史条件对骰子的幸运一掷的出现而言可能是多么重要。
人们不应忘记，现代人是从不同的、不相关的骰盅"投掷"而来的。从
一个骰盅投掷而来的是性格，从另一个骰盅投掷而来的是历史时期，从
第三个骰盅投掷而来的是特殊技能；从所有那些结合中，一个人可能达
到幸运的一击，另外的人则没那么幸运。在日常说法中，我们谈到"较
高的天赋"或者"较低的天赋"，我们大体知道我们说的是什么：不仅
是"自然的"天赋，而且是已经经过实践的、得到显现的天赋。存在的
选择——不管是有意识的还是无意识的——是一种决定，一种**最终的决
定**。你将你自己的存在完全抛给一个单独的任务，或者至少抛给一个压
倒性的、决定性的任务。这就是你的所是；你通过追随你的星星而成为
你的所是。是的，你追随你自己的星星，但是你首先选择了你的星
星……

　　【152】　　**劳伦斯**：抱歉，维拉，所有这些都很漂亮，尤其是你说的关于我们
的星星的话，但我仍然没有看到实用主义的好处……

维拉：存在的选择不可能被取消，它不可能被收回。如果你在差异范畴下选择你自己，和你做出伦理的自我选择这种情况在同等程度上是一样的……

劳伦斯：第二种情况我能理解，但第一种情况我就不懂了。假如我选择自己作为一个正派人——这肯定是最终的选择，因为我不能选择自己作为一个不正派的人。当然，我可以成为一个不正派的人，如果我没有选择我自己或者我迷失了自己的话。但是在我们的骰子的幸运一掷这个例子中，我却没有看到相同的关联。假设尼采选择他自己作为一名哲学家，但是他的选择没有成功，所以在意识到这一点之后，他选择自己成为一名作曲家或者其他什么的。这里面有什么荒谬之处吗？如果一个选择没有成功，那么仍然还有许多东西供你选择。那么如果你的第一个，而且是唯一的选择没有成功，在这种情况下就说你失去了你自己，这将是无意义的。

维拉：存在的选择和选择一份职业不同。你可以开始学习哲学，转而学习法律，再转而学习心理学。可能你根本没有选择你自己作为一名哲学家、律师或心理学家——一个也没有。一旦你在普遍的范畴下选择你自己——成为一个好人——那么你是否是一名优秀的律师或心理学家或哲学家都成为次要的了，因为你仍然成为你所是。或许你根本没有选择你自己，而是让他人替你选择。如果情况是这样，你就不是一个存在者，但你仍然可能是某件事情或者几件事情的专家。但是一个存在者是在普遍的范畴下或差异的范畴下做出存在的选择的人。打比方说，存在的选择是令人羡慕的，甚至是令人嫉妒的：人们不可能有第二次选择。存在的选择是一夫一妻制的状态。定义上的重婚者没有做出存在的选择，因为他没有选择他自己作为一个在一生中绝对致力于一件事情的人。

劳伦斯：你的意思是说如果我选择自己作为一名哲学家，那么我就不能绘画或者写诗……

维拉：不，那很荒谬。但是如果你选择你自己作为一名哲学家，那么你就成为一名哲学家；这将是你的实现，你的理性本能将把你拉向这个实现。你也可以做其他许多事情——充满兴趣，有滋有味——但它们不会是你的实现。你可以从事它们，或者放弃它们，却不会失去你自己。你可以写一阵子诗，然后放弃，你可以学习法律并从事它，你可以摄影或者转而开始画画——你仍然保持着你自己。但是如果你放弃从事【153】哲学……当然，这是无稽之谈，因为你不能够停止。因为如果你选择你自己作为一名哲学家，离开了哲学你就不能活，你不能呼吸，就像选择他自己作为一名画家的人离开了绘画就不能呼吸一样；就像律师不能从事法律工作，政治家不能连续地和积极地从事政治活动一样……

劳伦斯： 恐怕对艺术爱好者而言也是这样。我不是很确定，既然我选择我自己作为一名哲学家，那么我也就是并成为一名哲学家。我同意，我们自己的选择不依赖于我们的天赋，至少我们不知道它是否依赖；但是这个选择能否成功则在一定程度上依赖天赋，而不仅仅依赖选择。我可以为某件事甘愿冒一切风险，但是，如果我做这件事情的天赋非常贫乏，我的所谓存在的选择也将是无功而返的。我也将再次阐述约阿希姆的反对意见。约阿希姆说，当你在普遍范畴下捍卫存在的选择时，你忘记了**他者**，就好像其他男人和女人不是某种存在者一样。现在，当你在差异范畴下捍卫存在的选择时，你重复着同样的错误。假设我选择我自己作为一名哲学家，并且我成为我所选择成为的那个人。那么，在特定的他人甚至没有承认我的情况下，我就能真正成为一名哲学家吗？或者甚至我的思想在他人看来是陈腐的或者纯粹是疯狂的，我也是一名哲学家吗？是的，亲爱的维拉，怎么理解笛卡儿的旧问题？怎么理解疯狂？一个疯子也选择他自己的疯狂吗？通过选择我自己作为一名哲学家，我什么也没有选择而只是选择了疯狂，这是可能发生的吗？通往实现的道路不是太狭窄了吗？比康德通往德性之路还要狭窄。在一方面未能成功地作为一名存在者，另一方面选择我们自己却未得到承认，即疯狂之间的道路难道不是——被承认的、公开闪耀的，简言之，已经实现的自我选择的天赋的狭窄道路——通往成功之路吗——难道不是所有最难追随的道路中最狭窄的吗？

维拉： 困难的是错误的词汇；对那些走在这条路上的人来说，行走在上面是容易的。

劳伦斯：你没有正面回答。

维拉：你期待我怎样正面回答呢？

劳伦斯：选择我们自己成为好人是通过它的表现体现出来的；我们成为我们的所是：好人。我们自己的选择，例如作为哲学家，是它的表现体现出来的吗？哲学将是我们的命运吗？每个人都可以成为一个正派人。每个这样选择的人都可以是或者成为一个哲学家吗？

维拉：这个问题无法回答。我怎么知道？如果你**是**一个哲学家，那么你就选择了你自己。这是我唯一知道的事情。

劳伦斯：我如何知道我是一个哲学家？

维拉：你知道的。如果你是命定的，那么你不能够成为或者做其他 【154】事情。

劳伦斯：胜利呢？揭开圣杯呢？

维拉：如果你选择胜利，那么你就没有选择你自己。如果你选择你自己，那么可能会有胜利，也可能一无所有。胜利并不取决于你；它不取决于你的选择。它是恩典。我们一致认为，在差异范畴下选择你自己是冒险。恩典不可能是被期望的或被选择的或是应得的。它是来自上面的礼物。

劳伦斯：就我的品味而言，这听起来太庄严了……

维拉：如果它发生了，你就感谢它吧；如果它没有发生，你也不要抱怨。

劳伦斯：尽管你花费了大量的力气来区分，并且是严格地区分普遍范畴下的存在的选择和差异范畴下的存在的选择，但是最终这两种选择的结果似乎非常相似。如果你选择你自己作为一个好人，那么你就是正派的，并且行动本身就是你的胜利。如果你选择你自己作为哲学家、治疗师、作曲家或类似的什么，那么行动本身仍然是你的胜利。外在于和高于行动本身的那种胜利在哪种情况下都不会来自你的自我选择。

维拉：成为好人或擅长做某事都不能保证恩典。

劳伦斯：对正派人而言非常不公平。

维拉：几千年来这对先知、智者和哲学家而言都是一个问题。如果幸福被授予公正的人，那么它将是公正的。但是，哎，如果是这样的话，那么根本不会有正派的或公正的或好人了。因为一个人做正确的事情而不考虑可能发生的行为结果对他自己生活的影响的话，那么他就是好人。当然，对所有那些在差异范畴下选择他们自己的人而言，这也是正确的：他们根据他们自己选择的命运来行动，而不考虑那些影响他们自己生活和他人生活的后果……

约阿希姆：这是问题的关键！这是两种存在的选择的关键区别所在。我等它很久了。不管你在普遍范畴下选择什么，不管你的行为对你自己的命运将产生何种后果，不管你在差异范畴下选择什么，不管你的行为对你自己的和他人的命运产生何种后果，但是没有一项道德的条款是在"不管对他人的生活产生何种后果"的情况下执行的。关心他人、尊重他人，关注他人的自律、痛苦、感性——所有这些"尊重"都属于正直之人的行为和态度。但情况不是这样的，完全不是，不论何时你在差异范畴下存在地选择你自己。

【155】　　维拉：是这样的。尽管正派没有保证胜利或幸福，但它至少保证了一件事情：正派的人不会通过追求他们自己的命运而使他人不幸福。但是对差异范畴下的存在的选择这种情况而言，事情不是这样的。我选择我自己作为一名作曲家，我成为我所是。于是我不关注我自己，不关注我的日常幸福，但是我也毫不关注他人——如果他们挡住了通往成为我所是的狭窄道路，那么他们对我而言就是不存在的。我可能像瓦格纳所做的那样折磨他们或者将他们工具化；对我唯一重要的事情就是实现我的命运。在道德方面，在差异范畴下选择他自己的人可能是邪恶的、恶魔般的、缺德的——或者仅仅是彻底无关的。

约阿希姆：我们得出了离题万里的结论。你答应向我们介绍个性伦理学的神秘之处。正是刚才我们得出了结论，在差异范畴下选择他自己的人可能是彻底无道德的，或者非道德的，或者无道德感的人。并且，这种所谓的骰子的幸运一掷可能是不幸福的，他可能在孤独中生活和死亡，没有人认识他，没有使他成为我眼中更有吸引力的或更富有伦理的形象……

劳伦斯：但在我眼中它是的。并且，对不起，但对这种类型你的康德比你更加敏感。至少他承认，为自由或者为任何理念而牺牲他们的生命的人激起了我们的热情。为某种理念而牺牲我们自己至少是一种对服从道德律的**模拟**，因为它要求许多纯粹道德也要求的东西；其中包括为了某种高高在上的东西，羞辱我们正常的、日常的自我中心主义和自爱。

约阿希姆：对不起，但是如我所见，我们不是在谈论自我沉迷于一种理念。我承认，如果某人为他的信念而死，这可能激起我们的热情。但是为什么我们要将我们的热情赋予一个哲学化的哲学家，赋予一个写悲剧的悲剧作家，仅仅因为他们不被大众承认或者他们的待遇很差？没有什么东西像仅仅通过做某人最喜欢做的事情而自我沉迷于一种"理想"。因为他们不会为了任何事情而放弃他们正在做的，他们不可能期待我们将他们的行为看作自我牺牲的表现。

劳伦斯：这是康德最弱的观点之一。和所有其他弱点一样，这也源自他将人分为两种不相关的人。是的，一个人可能痛苦，即使他正在做他最喜欢的唯一一件事情。如果他被钉死，因为他选择自己作为那个注定要被钉死的人，那么被钉死的体验会少一些痛苦吗？或者更不值得？

约阿希姆：可能不会少一些痛苦，但是肯定更不值得。因为值得的不是实现你自己的生命，而是实现他人的生命——当然，除非他人生命的实现也是你自己的实现。但是只有你在普遍的范畴下选择你自己，或【156】者模仿十字架上的那个人才可能如此。这不是我们现在讨论的那种存在的选择。

劳伦斯：那么我们收到的礼物呢？波德莱尔的诗，"恶之花"难道不是放在我们生日桌上的礼物吗？凡·高（Van Gogh）的绘画，或者贝多芬的音乐呢？放在我们圣诞树下的礼物不是吗？没有了它们我们可以有意义地生活吗？他们的作者是不值得的吗，因为他们只通过他们已经做的事情并不能过其他的生活，因为他们没有创造出为了这个目的的东西，即将他们的礼物呈现给约阿希姆、劳伦斯和维拉？就在几分钟前维拉还说过，恩典、祝福来自上面。任何努力都不能保证它的到来。但是没有努力它也不会到来。约阿希姆，如果你认为爱与受苦是两个不同的东西的话，那么你就极度降低了对人的存在的感知。

约阿希姆：谢谢。我有比"东西"更好的方式来称呼它们。

劳伦斯：不要觉得被冒犯了。我没有说你，我是指你的导师康德。

约阿希姆：请原谅，请忘掉吧。但你说的是我，不是康德。你说的不可能是康德。并且，你变换了立场；或者只是你的舌头打滑？不是说"成功和受苦"，而是换成了"爱和受苦"。

劳伦斯：不，不，我是说爱。我谈论热爱命运。为了这种爱，骰子的幸运一掷也被抑制了。

约阿希姆：不论是"胜利"还是"命运"之"爱"，我们又回到了尼采。让他自己被他所爱的命运拉着的人是给予礼物者。如果我很好地理解你的话，正是在这一点上，你固定了你的个性伦理学的中心点。让我重申一遍：那个选择他自己作为作曲家、政治家、诗人等的人成为他所是；他跳跃；他遵从拉的命令。他牺牲了许多日常快乐的和令人高兴的事情，因为他为这一个任务，这个根本就不是为目标的目标所着迷。他在通往可能实现也可能不实现的狭窄道路上盲目奔跑。这里有苦难、工作、奋斗，也有伟大的爱——对命运之爱。但是这个在喜悦和痛苦中创造的人不是为他自己，而是为他人准备着礼物。如果我将你的个性伦理学看作结果论，那么我远离你的观点了吗？只有当劳动被冠以成功，当它的工作被同时代人和后继者接受为伟大的生日礼物时，这些工作的创造者才在伦理上被看作可信赖的，可以为其他人做一些别人不可替代的事情；一些不可通约的、重要的、永恒的事情。但是如果这项工作没有被冠以成功，如果胜利没能实现，如果没有来自上面的祝福，那么这项工作的创造者在伦理上就不是可信赖的，不论他可能承受了什么痛【157】苦。他仍然是那个选择了他自己的人，那个将他自己钉在职业的十字架上的人，但是却没有复活，没有永生——只有一具尸体。

劳伦斯：你还记得维拉说过在个性伦理学中没有正义吗？

约阿希姆：我忍不住要问：没有正义有伦理学吗？在信用不依赖于

债权人的地方有伦理学吗，因为债权人不是创造者，而毋宁是某种我们称为"恩典"的不知名的幕后操纵者？为什么我们——我将它赋予你们——享受所有这些礼物，而负债的人只有一点点祝福？为什么我们不将我们的债务归于幕后操纵者自身（grey eminence itself），即祝福的来源呢？容器中倒出来的酒的质量不能归于那个容器。

劳伦斯：你喜欢将事情分割开来。的确，没有胜利就没有礼物。是的，在个性伦理学中有结果论的要素……

约阿希姆：如果你在普遍范畴下存在地选择你自己，那么就没有。

劳伦斯：现在你开始用我们的术语来思考了……

约阿希姆：用"我们的"术语？为什么用这种威严的复数（pluralis majestatis）？

劳伦斯：我是指维拉和我自己。你是对的，就像往常你发现辩论中的弱点那样。

维拉：你，劳伦斯，暴露了那些弱点。因为昨天我们得出了这个结论，在现代性中除了个性伦理学之外没有其他伦理学，但个性伦理学也有不同的类型，我们决定分别讨论两种主要类型。一种个性伦理学是结果论的，如果一个人在特殊性（差异）范畴下选择他自己的话。如果一个人在普遍性范畴下选择他自己的话，它就不是结果论的，因为一个正派人在工作日戴着生命的金色之树的绿冠。这是她的胜利；她既是酒也是容器；她不需要恩典。她仍然能被祝福，但是赋予一个正派人的礼物就像奢侈品：她在没有它们的情况下成为她所是。

约阿希姆：请不要猛撞开着的门。我已经接受了一种个性伦理学；你**可以**借助克尔恺郭尔关于"存在的选择"的哲学比喻来很好地描述现代人的道德。在我看来，有其他的相关描述，但这个是最好的描述之一。但是就你的第二种类型而言，也就是在差异范畴下选择他自己，你完全没有说服我。让我简短地归纳一下我的反对意见：正是在结果论的理论中，结果本身不能归于行动者，反而必须归于恩典。关于你的断言，即一个受到祝福的人将他的手和脑的礼物呈现给我们（他者），我将反驳，这没有伦理相关性，因为不是他，而是他的祝福将这些伟大的

【158】礼物呈现给我们；这个祝福是他不能选择的，不能强取的，甚至是不得不接受的。于是，再想一想，就他选择他自己作为哲学家，他成为他所是而言，你谈论他的方式就变得不相干了。因为如果胜利、礼物、祝福等都不能随意被促进或实现，那么就没有人可能选择他自己作为哲学家等了。我回到我们更早的谈话阶段：事实上，选择之人从来都不是选择者，他可能被外在力量的奇思妙想所选择，也可能不被选择。如果他受苦（并且他可能受苦），他是他律地（heteronomously）受苦的，因为他是一个完全他律的生物。并且，让我简洁地谈谈我们接受的礼物：戏剧、诗歌、制度，等等。我们既没有遇到那个戏剧家、诗人和创造者，也没有和他们交流——只遇到他们的作品，和他们的作品交流。那个创造者、那个原创者是无，作品是一切。艺术家尤其无趣、没有吸引力——他们像一个空壳，甚至都不是一个容器。为什么我要对这个空壳感兴趣？最后，我回到了我的起点，在道德中，伦理学是道德，另一个不仅仅是礼物的接收者，它也与礼物的给予者交流。道德属于人与人之间的关系，而不是人与作品之间的关系。你试图打断我，说作品也具有个性，人在作品中被具体化——但这是无稽之谈。当我与一件作品谈话时，我没有与这件作品的作者交谈。作者是缺席的……

劳伦斯：亲爱的约阿希姆，我们回到昨天关于自传与作品之间联系的谈话的起始处了……

约阿希姆：我意识到了，我坚持，为了改变一下，我的立场应该被严肃对待。我和第一批判，而不是和康德交流。我和康德没有关系。我所接受的礼物是他的作品。康德没有回答我，他没有纠正我，没有鄙视我，没有嘲笑我，没有微笑，没有握我的手，他没有在黑暗时刻帮助我，他没有借我一分钱，当我遇到困难时他没有给我建议……

劳伦斯：但是我认为他为你做了所有的那些事情……

约阿希姆：更糟糕的是，我不能够为他做这些事情。我没有握他的手，我没有指责他，我没有在桌旁坐在他身边，在他患忧郁症时我没有帮助他。这就是为什么我认为伦理学与所谓的"作品"毫不相干。在伦理学中没有具体化。伦理学中的每件事都发生在人们之间，没有什么东西留给第三方去看、去感受，或者去思考。伦理学是流动的——是的，它是生活，是生命的金色之树上的绿冠……

维拉： 说得真漂亮。

劳伦斯： 维拉，不要背叛我！抛开一切玩笑，我认为甚至个性伦理学的第二种类型也不完全是结果论的。作品和恩典之间没有必然的联系并不意味着完全没有联系。没有努力、牺牲、激情、绝望……就没有【159】祝福。

维拉： 是的，劳伦斯，是的。但我奇怪的是，你们中没有一个回想起你们教授对尼采的阐释……

劳伦斯： 如果不是你指责我提到尼采的话，我早就回到那些演讲了。但你究竟在想什么？

维拉： 将所有伦理学捆绑在一起的东西，它们可能有很大的差别。

劳伦斯： 我已经提到牺牲和努力了。我甚至补充了激情和绝望，尽管并不是所有的伦理学都珍视它们。

维拉： 你提到苏格拉底的话，并补充说，对正直的人而言是对的，对邪恶的人而言是错的。

劳伦斯： "宁愿蒙受不公正对待也不做不公正之事。"但在我们的例子中这是无关紧要的。

维拉： 为什么会这样？

劳伦斯： 因为你自己说第二种个性伦理学无关乎正义。

维拉： 这句话的意思是，宁愿受冤屈也不冤枉他人。

劳伦斯： 它仍然与我们讨论的例子无关。在差异范畴下选择他自己的人（例如那个选择他自己作为政治家的人）不公正地对待许多人，有时候是有意的。带他通过那条窄道的是他的命运，他的热爱命运——但我们已经上百遍地重温这个东西了。

维拉： 你可能不公正地对待你的作品吗？

劳伦斯： 当然。一件作品，可能是一幅绘画，或者一部小说，或者一篇哲学论文，甚至可能是一项经济计划，就像另一个人；如果你不公正地对待它，它就会恳求你停下来。一件作品可能哭喊，可能哭泣，也可能报复。

约阿希姆：但是，如果你的作品是你自己的生活，你如何能够区分伤害他人和伤害你自己？

劳伦斯：或许你无法区分。

约阿希姆：但是没有人会刻意地伤害他自己。为什么人们会有意地伤害他自己？

劳伦斯：为什么人们有意地伤害他人？

约阿希姆：因为自爱的冲动或动力使他们偏离，他们没有听到他们良心的声音。但是在你的个性伦理学中，自爱是一个道德要素，而不是一个非道德要素……

劳伦斯：为什么你不摆脱你的先验的人类学？为什么你假设两个自我，一个是可理解的，一个是可感知的？为什么你不假设有许多自我，没有一个只是合理的，也没有一个只是冲动的，存在的选择仅仅意味着一种简单的姿态，即将许多自我中的一种放置到那个中心，而让其他的自我旋转，不会被歼灭甚至也不会被压制。

【160】

约阿希姆：这是你如何阐释约瑟的梦（Joseph's dream）的！雅格的儿子也是命运之人，并且是一个幸运的人……但是你认为，那些自我中的一个可能成功取代先前居于中心位置上的人吗？如果这是可能的，那么你将谁称为我们的中心存在的选择？

劳伦斯：我们同意存在的选择是不可取消的。虽然被存在地选择的中心不可能被其他的"自我"所取代，但是你还是可能失去你的生活的中心点。你的生活可能变成完全去中心的。那是我们可以称作存在的失败的时刻。但是存在的失败不是社会的"失败"。他可能成为一个非常富有的人、一个颇具名声的制片人、一个出版商、一名将军、一位首相，等等；他可能在很多方面都很成功，但他仍然是一个存在的失败者。一个存在的失败者也可能体现在他的性格缺陷中。当他所屈从的诱惑是恶魔般的且具有代表性时，就体现出来了。

维拉：你自己看到了，即使第二种个性伦理学也不仅仅是结果论的。如果那么多自我都努力把那个存在地选择的自我搬出中心位置，那么就需要持续的努力将它保持在那里……

约阿希姆：我们总是回到那同一种僵局。如果有人喜欢做某事并且充满激情地去做，那么他（或者他的自我之一）究竟为什么会允许将他生活的中心点消除并歼灭？

劳伦斯：你仍然继续在康德的先验人类学的体系框架中思考。康德想要回答"什么是人？"这个问题，我想要回答"什么是这个或那个人？"的问题。

约阿希姆：那么问题没有哲学的回答，因为他们都是非哲学的问题。

劳伦斯：也许吧。但是提出这些问题显然不是打乱对我们正在做什么进行思考的决心。

维拉：请不要抛弃在差异范畴下选择他自己的那个人。你同意的，在存在地选择他自己的时候，他选择了他的存在的中心点。他是一个哲学家、一个戏剧诗人、一个政治家、一个军人、一个教师、一名律师、一位先知、一个爱人者……因为他如此选择他自己。他的中心点是他的激情；他爱他的命运。但他也被他的许多他律的自我所诱惑，这些他律的自我攻击他的中心点而不是和平地围绕它旋转。如果攻击成功了，那么这个人就成为存在的失败者，正如他也成为去中心的。根据苏格拉底的优秀的句子，这可以被表述如下：如果一个人宁愿遭受不公正或者不正义也不失去他的生活的中心，那么这个人就在至死不渝地追求着一种个性伦理学。对一个在差异范畴下选择她自己并且这个选择也成功了的【161】人而言，"遭受不正义好过不公正地对待我的生活的中心点"这个声明是正确的。

劳伦斯：我们如何能够不公正地对待我们生活的中心点？

约阿希姆：什么是具有这种个性伦理学的人的德性和罪恶？

维拉：主要的德性是真诚。一个人如果真实地面对她自己，那么她就是真诚的。

约阿希姆：对好人而言也是这种情况。她也是真诚的。她也真实地面对她自己。

维拉：是的，真诚是所有个性伦理学的主要德性，或者是主要德性之一。如果你不能真实地面对你自己，那么你就失去了自我。不用说，对于一个没有存在地选择她自己，不是一个存在者而是让别人替她选择的人而言，真诚不是德性。但这不是说她是不真诚的。不真诚是那些失去了自我的人的罪恶。从未获得自我的她既不是真诚的也不是不真诚的——这些伦理学的范畴与她无关。她想要"看起来"像某物，或者"似乎"像某物，但她既不**是**也未**成为**某物。许多人都没有伦理地存在，从这个角度看他们不**是**。对多数人而言他们绝不是邪恶的，但是他们却失去了道德自律。

约阿希姆：我发现即便是你也不能摆脱我的先验人类学。他律的人是那些寻求他们的自爱的人。

维拉：他们毋宁像那些在逾越节（Passover）的仪式上被提到的人：那些甚至不能提这个问题的人。但是让我们暂时回到关于真诚这个德性的问题上来。我不会说真诚是正派人的"主要"德性。真诚是基础。但是如果我选择我自己作为一个好人，我的主要德性就在成为我所是的过程中发展。每个人都以她自己的方式作为好人。是的，好人，正派人是生命的金色之树的绿冠。他们不是灰色的，他们也不是一样的；每个人都是完全独特的。然而，列举在差异范畴下选择他们自己的人的主要德性并不困难；它们是决定性的，但它们也是少量的。因为这些人与众不同的标记在于创造性过程，在于他们所创造的作品，而不在于他们的德性的目录。但是就正派人的情况而言，正派、行为和作品是一致的，没办法设计出代表性的德性目录。只有作者能够公正地对待正派人，但即使他们也几乎不能把握他们自己的不可仿效的"自性"（ipseity）。

劳伦斯：现在轮到我请求你回到那个主题了。你说过真诚不是正派人，而毋宁是具有第二种个性伦理学的人的主要德性。但是在这种情况【162】下真诚是什么？真实地面对我们自己是什么意思？它意味着真实地面对我们的作品？真实地面对我们所选择的东西？

维拉：是的，真实地面对我们生活的中心点，真实地面对我们自己的存在。真诚混合了两种德性：真实的德性和忠实的德性。这些相同的德性需要混合我们与少数选择的他人，或者可能是与一个他人之间的亲密的和亲近的关系。

劳伦斯： 那么，真诚意味着做我自己最好的朋友？

维拉： 一个真诚的人至少是她自己最好的朋友之一。但如果你道德地选择你自己，那么就不是你而是其他人是你最好的朋友了。如果你在差异范畴下选择你自己，那么只要你是你的朋友，你也就是你最好的朋友了。当你不再是你最好的朋友时，你就将成为你最大的敌人。当然当你在普遍范畴下选择你自己的时候，情况就不是这样的。

劳伦斯： 这意味着第二种个性伦理学的人一定是非常孤独的。如果你是你最好的朋友，而在某个时候你不再是你最好的朋友，却成为你最大的敌人时，你一定非常孤独。

维拉： 是的，在最终的意义上，在差异范畴下选择他们自己的男人和女人都是孤独的。最高的忠诚是对他们的生活中心的忠诚。所有具有代表性的他者在其生活中都被期待珍视并尊重这个中心。否则他们就不能成为对他们而言的代表性的他者。这就出现了第一个诱惑，即为了一个他者而取消生活的中心点的诱惑。这个他者并不必然是一个人，它也可能是一个观点或者一项事业，它们与生命的中心点是相异的或者是相冲突的。如果生活的中心点被取消并且用一个外在的他者（一个男人、一个女人、一个观点、一项事业）来填充的话，那么这个人就失去了他自己——他的生活是一团糟的……

劳伦斯： 现在我理解了为什么真诚是忠诚。你从未为了其他事或其他人而背叛你的生活的中心。一次也没有。一次的背叛就意味着绝对的背叛；没有第二次……但我不理解为什么真实和忠诚混合在一起。真实首先意味着告诉关于你自己的真理。但是，例如画家或小说家没有揭示他们自己；虽然——如果你问我——哲学家揭示他们自己，尽管是间接地。约阿希姆认为我错了。真实也可能意味着讲述那个真理，不是别的而只是那个真理。但是在绘画或者政治或者小说中，甚至在哲学中，什么是真理？我是一个视角主义者；我认为我有我的真理，你有你的。真实责成我对我自己的真理保持忠诚吗？这仅仅是忠诚，而不是其他任何东西。如果没有任何东西被混合进来，那么我们为什么要谈论"混合"呢？

约阿希姆：我理解真实对真诚这个德性的意义，对这你可能并不吃惊，但我对忠诚却有疑问。你永远都不能撒谎；这是一个普遍的道德准则。作为一个普遍的道德准则，它必须是有效的并且存在于所有类型的伦理学中。没有伦理学可以允许虚伪。但是对我自己忠诚并不是忠诚——这是一个错误的表达。只要我遵从我的利益，我就不可能对我自己不忠诚。我只能对我之外的某事或某人——一个人、一个观点、一项事业——忠诚，即使它损害我的利益。说对一项事业、一个观点的追逐或者对一个朋友的绝对忠诚是可能导致失去自我的诱惑，这是理性的丑闻，也是心灵的丑闻……

【163】

劳伦斯：这次你偏离了康德。康德不会总欣赏你自我放弃于一项事业或者一个朋友，更不用说你所提到的心灵的丑闻了。

约阿希姆：我知道我是非正统的，但我不介意。对朋友忠诚是生活中最好的、最高的德性，甚至是最高的善。在友谊中你没有失去你自己，而毋宁是获得了自我。友谊是生命的金色之树的绿冠。

劳伦斯：如果友谊是你的生活的中心点。否则，它就是诱惑，可能是所有诱惑中最强大的。

约阿希姆：不要抵制诱惑！

劳伦斯：我很吃惊。你，康德主义者，告诉我，尼采主义者，我不应该抵制诱惑？我，尼采主义者，应该回答你，康德主义者，是的，人们必须抵制诱惑？

约阿希姆：但是为什么？

劳伦斯：又是一个错误的问题。但我还是有答案：为了保持你的所是。

维拉：是的，具有个性伦理学的人抵制诱惑。他将墨水瓶扔到诱惑者的脸上："我站立在这里，不可能是其他的。"

约阿希姆：那么朋友是魔鬼吗？

劳伦斯：任何诱惑我们不真实地面对我们自己的人和事都是魔鬼。

越甜美，越邪恶。

约阿希姆：天哪——你像伊曼纽尔·康德那样讲话!

劳伦斯：像弗里德里希·尼采。个性伦理学毕竟是伦理学。但我仍然等待维拉回答我的问题。

维拉：约阿希姆难道没有回答吗?

劳伦斯：没怎么回答。当然，约阿希姆说真实意味着我们不撒谎。如果人们按他的话来思考的话，那么就可以将忠诚的德性和真实的德性分离开来。但是为什么真诚要求我们不撒谎?并且，我们不应该对我们自己撒谎是什么意思?在我们能够分辨对我们自己的真理或谎言之前，我们应该首先知道真理是什么。更糟糕的是，我们应该知道我们自己。但如果我们既不知道真理也不知道我们自己，那么要求我们不应该对我们自己撒谎就没有意义，或者至少是很模糊的……

约阿希姆：在撒谎和讲述真理之间做出区分，属于辨别善恶的能力。尽管我同意我们永远不可能完全认识我们自己，但是古老的道德命 【164】令 "认识你自己" 仍然有效。它是一个命令，因为我们对我们自己而言不是完全透明的。不对我们自己撒谎不可能意味着向我们自己讲述关于我们自己的所有真理——如果有这种 "真理" 的话——而毋宁是尽可能坦白地面对我们自己，不谄媚我们的自我，努力，真正努力地照亮我们的动机，谨防根据表象来对待我们的自我理想。与每种知识一样，自我知识也是近似……

劳伦斯：你又陷入困境了，约阿希姆，既然你诚实地面对你自己，那么你就实现了它。作为一个好的康德主义者，你一劳永逸地将知识从道德中分离了。从你的角度看，那整件事情，即通过坦白地面对你自己和发现你的动机来认识你自己一定是不相关的或者不那么重要的。只有在我所拥护的个性伦理学中，"真实地面对我们自己" 才有意义并且是最有意义的。认识我的命运就是认识我自己。这是我所要认识的一切，我不需要彻底坦白的……

约阿希姆：你和我一样前后不一致，乃至更甚。如果热爱命运是一种本能，或者至少是理性和本能的混合物，如果你被权力意志所拉，并且从未被它所推，那么认识你自己这整件事情就是无意义的——对你而言比对我而言更是如此。

维拉：你没有注意到你说着相同的事情，尽管你的表达不同。你在你的不赞同中赞同了真实地面对我们自己是某种不同于认识我们自己的东西。如果你生活中心点拉你，那么服从这种拉就是真实地面对你自己。你的太极拳（shadow-boxing）将我们固定在相同的点上；我们仍然没有区分真实和忠诚。

劳伦斯：我现在开始回想起我们教授关于尼采的真实概念所说的一些话：绝不要在你的作品中撒谎。如果一个人从未在其作品中撒谎的话，那么这个人就对自己保持了真实。约阿希姆是对的，"你不应该撒谎"是一个普遍的道德准则。

约阿希姆：但是在我们正在讨论的你的个性伦理学中，这个普遍的道德准则并没有作为普遍的道德准则来使用。"你不应该撒谎"这个命令和"你绝不能在你的作品中撒谎"这个命令是完全不同的。第二个命令是被具体化的。在任何其他场合或情境下你可以撒谎也可以不撒谎，但是在你的作品中，也只有在你的作品中，你不应该撒谎！

劳伦斯：但是如果你的生活和你自己的中心就是你的作品，这是正确的，并且你从未在你的作品中撒谎，那么你的生活的中心就保持着纯粹、未受污染。但是再次，你是如何知道的？你如何知道你在你的作品中撒谎了还是真实的，不论这个作品可能是什么？

维拉：在这个世纪初，我习惯于听另一个劳伦斯和另一个约阿希姆【165】交谈，我的任务是为大家磨咖啡。只要磨粉机里面装满了咖啡豆，就很难磨；当磨粉机里没剩下多少咖啡豆时，就非常容易了。如果磨起来很简单而你仍然假装磨咖啡豆，你就在撒谎。如果你继续磨空的，那么你就在撒谎。

约阿希姆：这听起来像康德主义的，或者毋宁是斯多葛主义的：如果在做困难的事情和做简单的事情之间进行选择的话，那么选择困难的。但是这并不适合你的场景。不论什么将要构成你的自我的中心，你都充满激情地追逐，并且放弃了自我——绝对地。这比屈从于诱惑要容易多了。我在这里没有看到任何诱惑。

维拉：你的困难还是你的先验人类学。你的方案太简单了；关于自我的整个传统的"图景"都太简单了。你还是忘记了我们已经讨论过的东西：痛苦和幸福不是矛盾，真实地面对我们的绝对承诺意味着钉在那项任务上。我爱我的命运，我也被钉在我的命运上。我被诱惑去抛弃的东西不是爱，而是苦难。如果磨咖啡是你自我分配的任务，那么你总是专注于磨咖啡。人们可能来来往往——你磨咖啡；你周围发生着有趣的事情——你只是磨你的咖啡。别人在寻常意义上感到幸福——你只是磨咖啡。你是孤独的、孤立的……

劳伦斯：亲爱的维拉，醒醒吧！我们不再处于世纪初了，而是处于世纪末。今天是 1992 年 5 月。我们不是你的老朋友约阿希姆和劳伦斯，我们是新的约阿希姆和劳伦斯。和我们说话！

维拉：我知道，我变得有些老套了。但如果我是老套的，这也不是我的错。

劳伦斯：那么这是谁的错？

维拉：或许不再有男人和女人在差异范畴下选择他们自己了。或许不再有人被她的命运所拉了。或许不再有人爱她的命运了。在我老朋友约阿希姆和劳伦斯的时代，他们还是这样的。

劳伦斯：亲爱的维拉，听起来你像是尼采式的文化悲观主义者。但是尼采在你的老朋友劳伦斯和约阿希姆出生之前就这样说了。关于旧有的欧洲高级文化死亡的预言被证明是错的。只要这种文化存在，就总会有男人和女人在差异范畴下选择他们自己……

维拉：我说或许，我没有预言什么东西……

劳伦斯：但你用回忆打断了你自己。我们仍然想弄明白我们个性伦理学中的真实问题。尽管我喜欢你关于磨咖啡的比喻，但这仍然非常模糊。

维拉：你又很快遇到理性和知识的局限的问题了。我们不知道他人如何能够区分讲真话和撒谎。我们只是知道他可以。例如，某人写小 **【166】**说，在某个特定点上，她在纸上写了一个句子并且立刻有这种感觉，即

"这不对，这不是我，这是一个谎言，我不应该这样留着这个句子"，她打算删除它。如果她没有删除这个句子，那么她在区分"真"与"假"的问题上就开始犯错了，对她自己是不真实的，并且很可能失去她自己。我在什么地方读到过一件有趣的事，是"绝对精神"在我们耳边低语"不要这样写，这是一个谎言，人们不应该撒谎"，我发现这是一个好的比喻，尽管太黑格尔主义。

劳伦斯：但是人们为什么决定不去听绝对精神的耳语呢，她显然听到了它？

维拉：因为不是每个人都抵制诱惑。我是指对你的微妙的诱惑：事业、理念、爱——但是也有不那么微妙的诱惑，例如地位、金钱、名声……

约阿希姆：始终是康德！

维拉：是的，也不是的。是的，因为财富、名声和权力是最大的诱惑者；不是的，因为遵从我的本能－理性就是对诱惑的最好抵制。当然，只有当我在差异范畴下选择我自己的时候才如此……

约阿希姆：是的，因为你从未对自己破例，而这是具有绝对决定性的。你不能说，这次我撒谎，下次我不撒谎。破例在道德上是错误的。

劳伦斯：不是的，因为你的表述"对你自己破例"在这里没有意义。你是你自己，你就是一个例外……

约阿希姆：然而，问题的关键在于，你从未撒过一次谎。

劳伦斯：然而，问题的关键在于，撒谎和讲述真理在普遍性的情境下和在个性伦理学的情境下意味着不同的东西。

维拉：讲述真理，抵制诱惑，不论它们是微妙的还是世俗的，你都遵守了你的诺言……

约阿希姆：康德说，你永远不应该做出一个承诺，如果你没有决心遵守它的话。这对你的个性伦理学家而言也是对的。

劳伦斯：是的，但是在这里你对你自己而不是对他人做出了承诺。

约阿希姆：康德不会反对这种阐释的。我第二次提醒你，他将撒谎归于我们对我们自己做的邪恶之中。现在，关于臭名昭著的"绝对精神"的低语：难道它不是另一种描述良心的声音的方法吗？

劳伦斯：是的，也不是的。是的，因为这个低语建议你在伦理学意义上区分对与错。如果那个声音告诉你"前进"，这是伦理学上的认可，【167】如果他低语"停下，不要撒谎"，这是一个警告。不是的，因为它是一个警告而不是绝对的禁止。还因为如果你公然反抗这个声音的话，那么你首先伤害的是你自己而不是他人。你没有伤害你自己内心的道德律，而是毁灭了你的命运。

约阿希姆：错，因为是你和维拉坚持，具有你的个性伦理学的人为他人创造了某种东西；她馈赠礼物；你们并没有努力争取的礼物，你不会回报的礼物；将你们提升到你们的日常忧虑之上并且带给你们幸福的免费礼物……如果她变得不能真实地面对她自己，如果她不能履行她对自己许下的诺言，如果她是虚弱的、怯懦的或者是野心勃勃的、非常自负的，并且没能抵制住诱惑——那么她就背叛了你们，而不仅仅是背叛了她自己。当她隐瞒她的财富时，她使你们更加贫穷。

劳伦斯：开始你否定我们的个性伦理学的可能性，现在——你瞧——你不仅接受了它，甚至将它过度伦理化了……

约阿希姆：人们不可能"将伦理学过度伦理化"。注意你的方式……

劳伦斯：是的，人们可能，只要你能理解我，就不要在乎我的方式。你似乎又忘记了我们仍然在讨论被你公开指责为结果论的伦理学。它**是**结果论的。我如何知道你仍然真实地面对你自己？从你绝不撒谎的作品中。如果作者是真诚的，那么是我如何能够从一个普通文本中，读出他本来可以写出或者画出或者谱写出更伟大的、更好的、更高级的东西呢？

约阿希姆：老实说，在很多情况下你都可以很好地看出来。你知道诗人、哲学家或者画家创作了重要的和有前途的作品，并且后无来者，因为后来的创作者背叛了他们的命运。

劳伦斯：我知道你的重点并且赞同你。但是骰子的幸运一掷是诸多因素的复杂巧合。两个人可以同等地选择他们自己作为诗人，但是第一个比第二个有更加聪明的天赋。假设有更加聪明天赋的人在一定程度上，而不是完全背叛了他所选择的命运，其结果是，在他的作品中有错误的注解，但也仍然有正确的注解。然而，那个天赋更少一些的人却是完全真实地面对他自己。对我们，这些他者、礼物的接受者而言，这个伦理的差异其实并不重要。它们都以某种礼物馈赠我们。我们对礼物本身感兴趣，而不是对作者的伦理感兴趣。汉娜·阿伦特曾经从这个视角讨论过贝托尔特·布莱希特（Bertolt Brecht）。如果布莱希特没有在他的诗中撒谎，阿伦特说，他本可以成为一个更加伟大的诗人，本可以用更加伟大的礼物来馈赠我们。当然，他用一些礼物馈赠了我们，这些礼物可能和奥登（Auden）的礼物一样好，奥登有好的道德，阿伦特赞许地引用过他。

【168】　　**约阿希姆**：我可能将你的伦理学过度伦理化了，但是我仍然不赞同你的观点。就道德相关性而言，我在这两种个性伦理学中没有看到尖锐的对立。如果有人在你生病时帮助你，你感兴趣的不是——和我的康德交谈——她是否出于义务还是仅仅因为喜欢你，或者只是有一副好心肠才这样做。就你而言，你接受了相同的帮助。你甚至不能做出区分。但是从道德的角度出发，差异则是巨大的，因为一种是基于原则正确行事，另一种则是出于冲动。在你的案例中也能找到相似的，尽管不是完全相同的东西。对于礼物的接受者而言，一首优美的诗就是一首优美的诗。沉思作者如果更加真诚一些，本可以或者不可以写出更优美的诗，是没有意义的。但是对诗人本人而言，这不是一个无关紧要的问题。因为，正如你所承认的，我们不能忽略良心的声音，或者如果你愿意的话，也可以说绝对精神的低语。作者本人——他知道他的可能性，他意识到了那个背叛：他不可能一直完全地向他自己隐瞒，他本可以写出更好的并且更多的东西，如果他真实地面对他内心的引导的话，他本可以向他的邻人馈赠更加珍贵的礼物。作为存在的失败者的人只是粗浅地意识到了它。他们意识到自己的生活没有实现。你的有较少天赋的诗人实现了因为她成为她所是。你的背叛了他自己的诗人则从未实现。这就是伦理学的差异。

　　劳伦斯：在你看来，结果论是一个严肃的指控，你尽你所能捍卫我们的个性伦理学以反对它。谢谢你高贵的努力。但我认为你走得太远了，因为你将你不能够普遍化的东西普遍化了。我不否认，有些背叛了他们所选择的天赋的作者感觉到了背叛的重担——然而，有些人则没有感觉到。许多人仍然确信在不惜一切代价变得成功的过程中，他们转向了更好的东西。他者的眼睛并不总是伦理的判官；它可能通过外表的尺度来衡量。

约阿希姆：你刚刚做了一个非常康德主义的陈述：好人值得幸福，但是他们并不幸福。

劳伦斯：是的，大体上这也可以用来说我们的个性伦理学的男英雄们和女英雄们。

维拉：至少我们到达了某个地方。因为甚至约阿希姆也同意，有一种非普遍的伦理学，它仍然是一种伦理学，只要它与旧宗教的传统伦理学分享着决定性的范畴并且为道德哲学奠定基础。

约阿希姆：让我更加简洁地勾勒它。是的，我同意有一种个性伦理学。但是一种个性伦理学的持有者并不必然是一个道德的或伦理的人。只有在这种情况下，即她在普遍性范畴下选择她自己，那么她才是一个道德的或伦理的人。你看，我不是一个教条主义者。暂且，我也不会进一步推动普遍性的问题。但是，你必须承认一个人如果既不是好的（正派的），也不打算使她自己服从于正派、善或正义的有效规范或规则，那么她就不能被称为一个道德的人，即使她有她自己的伦理学。她不是生命的金色之树的绿冠；她以礼物的形式将这个绿冠送给了他人。【169】

劳伦斯：我们同意不论某人是否在普遍范畴下还是在差异范畴下选择他自己，我们在上述任何一种情况下都谈论一种个性伦理学。在现代性中，其他的伦理学都是不可能的……

约阿希姆："为什么不？"仍然是一个敞开的问题。我也将接受它。但我坚持，只有那些在普遍范畴下选择他们自己的人才会被称作道德主体。为了避免任何误解，我不是在康德的意义上而毋宁是在克尔恺郭尔的意义上谈论那个主体。我们可以忽略认识论的主体，先验的主体，而只谈论存在者。

维拉： 索伦过去常常区分审美的存在和伦理的存在。第三种是宗教的……

约阿希姆： 我们现在只讨论审美的和伦理的存在者。但是与克尔恺郭尔不同，在尼采的精神中，我们也将某种个性伦理学归之于审美的存在者。现在，正是在非常尼采的精神中，我们也可能将某种"个性的审美"归之于那个伦理的存在者。

维拉： 如果你将索伦等同于法官威廉的话，那么你就没有很好地理解他……

劳伦斯： 对不起我打断一下。已经七点钟了。人们不能只靠吃一点蛋糕，喝一点茶来讨论婚姻，这也是一件家事。我建议先吃东西，然而继续吃我们的精神食粮。我来给中餐馆打个电话订些吃的。他们很快就会送来。

（吃过中餐就葡萄酒之后，维拉和两个朋友继续围桌而坐。）

维拉： 约阿希姆，轮到你了。你答应以法官威廉的术语来讨论这个道德存在者的生活中的审美维度。

约阿希姆： 对不起，我没有答应过这类事情。我只是无辜地指出克尔恺郭尔的化名之一，为了强调我的确信，即这些标志现在必须改变了。我们现在必须讨论那个伦理之人的审美维度。但我情愿用我的正统的康德方式来谈论它。我将谈论作为道德符号的美，谈论美之中的智力兴趣；即谈论崇拜自然之美的好人，谈论作为善行的装饰的精致和恩典……

【170】 **劳伦斯：** 在你这方面这将非常不公平。我们应该尊重对称。直到现在，我们一直在谈论热爱命运的男人和女人，我们没有将伦理学仅仅作为审美维度的装饰品或附加物。相反，我们讨论个性伦理学，还记得吗？所以我们说，你也同意的，伦理学内在于所有被其命运所拉之人的生活方式中。请不要以微小的变化来回报我们。如果你严肃地对待这个挑战，那么你就必须告诉我们审美的维度如何**内在于**你的伦理学……

约阿希姆： 它没有。

劳伦斯： 苍白的回答。

约阿希姆：这就是我的立场，不可能是其他的样子。

维拉：那么我将是法官威廉的代言人。选择我们自己作为好的、正派的人是选择我们自己回到人类。好是与他人的关系中的好。在所有这些关系中有一种绝对的关系。让我用一个比喻来简化法官威廉长长的解释。伦理学的核心不是单个人的良知，也不是在我们（或其他人）之中的人类，而是两个人之间的关系。既不是一也不是所有：**两个是道德的数目**。法官威廉——所以他说——离开他的妻子什么也不是，而他的妻子——所以他说——离开他什么也不是。我绝对**在这个绝对关系中并与之一道**选择自己作为一个正派的人；我们两个一道成为我们所是——正派的人。只有一个历史，即成为我们所是的历史，这是关于那个绝对关系的活生生的历史……

约阿希姆：你说的有些东西引起了我的共鸣。首先，道德的行动者直接与他者关联，而热爱命运的人则只是可能的礼物的无意识接受者。我也对"绝对关系"这个术语产生了共鸣，因为绝对也是无条件的。没有无条件的基础就没有道德。最后，接着上面所说，我从未喜欢过孤独的伦理学这个概念。我赞同汉娜·阿伦特，认为孤独——与独处不同——主要是一种反伦理的和非政治的东西。我所不喜欢的，你很容易就能猜出来：在道德中，二是一个错误的数字，两人之间的关系不可能是绝对的，因为它不可能是无条件的。每个具体的人际关系都是脆弱的，因为它包含着许多偶然性。既然法官威廉说到他的婚姻，那么我现在必须将劳伦斯对我的控诉还给你，维拉，你是保守的，也是可怜的。在现代生活中不再有"至死不渝"。我不是说它是反事实的，而是说它甚至不是值得期待的或者理想的。人类在我们之中，理性，不会屈从于变化，它不是脆弱的，它抵制偶然性……

劳伦斯：你称维拉是保守主义者！确实，"至死不渝"不再是一个社会规范，婚姻的誓言通常也被看得很轻。但这是一个支持维拉——或者法官威廉——的观点，而不是反对他们的！因为只是现在，婚姻的誓言才成为一个完全自主的姿态，它才能够成为存在的选择的固有的一部分。请不要忘记，一个人选择所有的偶然性作为自己的命运。"至死不 【171】

渝"作为婚姻的誓言成为偶然的，这恰恰是你们能够将它转变为你们共同命运的原因。

约阿希姆：对我来说，很难根据婚姻的誓言来思考。

劳伦斯：但是，难道你没有发现不止一种绝对的关系吗？友谊也可能是一种绝对的关系——在这个意义上，没有社会习俗。你必须清楚地看到你的反驳的缺点……

约阿希姆：我现在发现，社会习俗的消失是一个糟糕的反驳（counter-argument）。但我仍然担心绝对的关系是虚拟的。并没有绝对的关系。

劳伦斯：所以你只是接近。你不记得了？你往往只是接近那个圆圈的中心——你从未达到中心。两个人的绝对关系是那个道德中心——我们接近这个中心。我们绝对从未"有过"绝对的关系，这不是对绝对关系的反驳，不是对我们的法官威廉的那个"无条件"的反驳。

约阿希姆：但是什么使那个绝对的关系成为绝对的呢？什么使它成为无条件的呢？

维拉：存在的选择。在法官威廉的管弦乐中，存在地选择我们自己作为正派人等同于选择那个绝对的关系。因为它是被绝对地、无条件地选择的，所以它恰好是无条件的。你成为你所是——绝对关系中的二人之一。

约阿希姆：如果有第三人加入，这个关系被打破了呢？

维拉：如果你是存在地选择，这就不会发生。第三人可能进入这个场景，但是关系却不会被撕裂，因为它是无条件的、绝对的。

约阿希姆：如果可以的话，我还是要问，如果这个关系还是打破了，那么这些朋友将会发生什么呢？

维拉：和存在的选择没能成功实现的其他情况一样：他们失去了他们自己，他们成为失败的存在。

约阿希姆：这么简单吗？我绝对地和另一个人一起选择我自己——那么我就突然处于一种绝对的关系中吗？

维拉：是，也不是。是的，因为这个关系将是无条件的。不是，因为自此以后你将成为你所是；正是此时你们两个都将**开始**。

约阿希姆：开始什么？

维拉：历史，鲜活的历史。一般而言，鲜活的历史正在成为你所是。如果两个人一起成为他们所是，那么就是在伦理的-审美的意义上所说的鲜活的历史。

约阿希姆：对不起，我还有一个异议。再想一想，我认为绝对关系【172】不能被称作伦理的。两个魔鬼也可以进入一对绝对关系之中。但是即使他们两个都是天使，如果一个人对她所遇到的所有人都正派，而不是只对一个人正派的话，那么她就是正派的。

维拉：两个魔鬼能否进入绝对关系中不是我们这里所关心的。法官威廉讨论的是在这对绝对关系中存在地选择他们自己作为正派人的两个人。但是在法官威廉和索伦的少数其他几个化名看来，两个魔鬼原则上是不能进入一种绝对关系之中的。因为道德的态度是揭示的态度，而道德上邪恶的人却躲藏在"封闭的储藏室"中。

约阿希姆：我们也可以在我们的邪恶之中彼此披露（disclose）我们自己。

维拉：索伦不这样想。并且，哎，这离你的康德也不远。如果你至少模糊地意识到你心中的道德律，你不会披露你的解决方法是对任何人的有意侵犯。根据康德，邪恶之人不会有绝对的关系。或者看起来是这样，如果我们努力用他的术语来检验其可能性的话。

约阿希姆：昨天我们一致认为，康德并没有真正设想过激进的恶。那么怎么理解麦克白和麦克白夫人呢？这不是两个邪恶之人的绝对关系吗？

维拉：在莎士比亚的戏剧中，两个邪恶之人的绝对关系是疯狂：这表明它超出了我们心灵承受这种关系的能力。但是关于正派的存在的选择是普遍范畴之下的选择；它对所有人开放，而不是只对限制与超越的特例之人开放。只有当绝对关系是伦理的时候，一个男人和一个女人，或者两个男人，或者两个女人才能彼此披露自己。

约阿希姆：但是为什么彼此披露（mutual disclosure）是伦理的？我

承认坦白带来宽慰，彼此坦白带来彼此宽慰。但是宽慰，如果得到得太简单，可能在道德上是成问题的……

维拉：彼此坦白不是对法官威廉的披露观点的恰当描述。绝对关系之所以是绝对的，是因为处于这个关系中的两个人使他们自己对彼此而言是透明的。

约阿希姆：我们已经知道，我们对自己甚至都不能是透明的……

维拉：再说一遍，我们谈论的是接近。两个人尽其所能地使他们对彼此而言是透明的；也许当他们向对方披露他们自己的时候，他们对他们自己而言也是更加透明的。透明代表绝对信心、信任……

约阿希姆：你如何能够绝对地信任一个人？

维拉：这也是索伦的问题。但是在伦理学的范围内这个问题是没有答案的。在伦理学范围内，你对他人有期望。只有当一个人对他人无所【173】期待时，这个人才能有绝对的信任（而不仅仅是接近）。我们能否在此继续谈论绝对关系，这是成问题的。然而，我建议回到伦理学。在伦理学中，绝对关系是完全对称的；这就是为什么披露也是相互的。

劳伦斯：这种绝对的相互披露也困扰着我。如果我对一个人由内而外都了解了，那么我对他还有什么兴趣呢？在这个我并没有拥有的关系中我能期待什么呢？

维拉：约阿希姆曾经说过，伦理学不是关于有趣的。他还说，它也不是关于知识的。伦理学是关于做事情的，关于相关联的，关于行动的，关于交流的，但首先是关于生成的。

劳伦斯：但我不是约阿希姆。我喜欢有趣的东西，喜欢惊喜。我宁愿被恶魔般的，甚至邪恶的性格所吸引，也胜过被一直向我披露她自己并且期待我向她披露我自己的温顺女士所吸引。

维拉：你从分析的话语中借来你关于相互披露的形象。分析的话语是对怀疑的披露。存在的披露是绝对信任的表现。

约阿希姆：我仍然不理解为什么披露是伦理的。我不是通过披露我自己而成为好人，甚至我也不是通过披露我自己是好人而成为好人。

维拉：这些话提醒我还欠你一个解释。更早的时候你说，一个伦理地选择自己的人应该对他所遇到的每个人都正派，而不仅仅对与他处于绝对关系中的那个人正派。你记得当某人存在地选择他自己的时候，他选择他自己回到人类，回到他的家庭、国家、年龄等。于是，他选择自己回到义务、德性和责任的世界。你成为你所是——一个正派的人——如果你履行你的职责，尊重你的义务，践行那些德性，遵守你的承诺，等等。这就是做一个正派人的含义。法官威廉谈论那些义务——他作为法官的义务，作为他的国家主体的义务，作为一个家庭中父亲的义务，等等——但是他没有谈论他对妻子的义务，也没有谈论他妻子对他的义务。因为如你所见，在绝对关系中没有义务。绝对关系是一个正派人的活历史，是一个正派女人的正派的无条件的基础，是伦理生活的本原（*arché*）；但它自身并不是"伦理的"。索伦不会同意汉娜·阿伦特的建议，即如同苏格拉底所做的那样，一个正派人在自身中与他自己的另一个自我交谈。那个**法官**会告诉我们，苏格拉底是一个特例，但我们不是特例，我们只是普通的男人和女人。我们没有在我们自身之中与我们的另一个自我进行伦理的交谈，我们需要另一个血肉之躯，另一个存在者。两个分开的人，两个处于彼此披露和信任中的人取代了"一人之中的两个"的对话关系。不是"一人之中的两个"，而是"两人之中的一个"。在"一人之中的两个"中可能有怀疑，但是在"两人之中的一个"中就不可能有怀疑，因为这两个人彼此相爱。他们无条件地爱着对方。平等的存在者（如果两个存在者都在普遍性范畴下选择他们自己，【174】他们就是伦理上的平等者）之间的无条件的爱等同于绝对关系。

约阿希姆：简单地说，伦理学以爱为基础。这是一个古老的故事。为什么用新包装来兜售它？

维拉：至少对你而言，更糟糕的是包装是新的。伦理以爱为基础，而根本不是以神对人的爱（*agape*），不是以博爱（*caritas*）为基础。伦理学以**爱欲**（Eros），以性欲之爱为基础。但性欲之爱的定义是审美的。

约阿希姆：那么伦理学的基础是相当不稳的……

维拉：对不起，我偏题了。事实上，该**法官**的伦理学不是建立在性欲之爱的**基础**之上的；如果是的话，那么他如何能够履行他作为一名法官的职责？他的伦理学建立在作为一个正派人的存在的选择的基础之上；他妻子的伦理学也是如此。性欲之爱不是基础，不是根本，而是伦理学的容器。它是伦理学的生命线。履行你的职责——它离金色的生命之树的绿冠这一形象是相当远！但是爱欲地彼此相爱的正派之人的金色的生命之树——真正是——绿色的。这个永恒的春天是绿色的。

约阿希姆：亲爱的维拉，这是一首糟糕的诗……

维拉：可能是糟糕的诗，但是好的生活。"永恒的春天"这个表达在这里意味着某种非常特别的东西。通过一种绝对的、无条件的关系，两个人共同成为他们所是。这是鲜活的历史。但是纵观这个历史——或长或短——他们从未变老。他们每天都发现彼此。这是最初之爱也是最后之爱。

劳伦斯：既然你说到它，如此富有热情地说到它，那么我看到了伦理的-审美的生活的吸引力。我错了。永恒春天的历史是有趣的、富有色彩的和温暖的。但是，哎，它完全是不可能的。我更早的时候说过，我们既没有想要一种绝对关系，基于社会的-历史的原因它也是不可能的。我改变了我的观点：我想要它，社会的-历史的可能性这个问题是完全不相干的。但它仍然是不可能的。是心理学上的不可能。我们并不总是好的。我们不可能不断地披露我们自己，即使我们可以，我们也不希望这样做。总是有第三人侵入两者的关系之中。如果你反驳对无条件的关系的选择是无条件的选择，要么我们做困难的事情否则就失去了自我，要么我们就应该接近我们曾经做出的选择，那么我告诉你，你的朋友索伦的这些著名把戏这次一个也不会生效。因为如果成为我们所是变成了荆棘之路，那么在道德律的严格判断和某人朋友或妻子的性欲之爱之间的区别是什么呢？如果审美和前者无关，那么它和后者有什么关系呢？

维拉：亲爱的劳伦斯，你太轻松地对待我的任务了。我现在唯一需
【175】 要做的就是抛回你自己的论据，维护尼采的个性伦理学。痛苦与欢乐、幸福与折磨，如你所说，不能彼此并列，因为它们密切地交织在一起。就这样吧。如果你知道康德和尼采的自律之人之间的区别，那么你也一

定理解法官威廉的绝对关系和康德的无条件的道德律之间的区别。分界线不是在简单与困难之间。所有好的东西——不仅在道德的意义上——都是困难的。我们所寻求的，我们已经找到了。

约阿希姆：是的，我们找到了。

劳伦斯：我认为，毋宁说，我们找到了我们并没有寻找的东西。我们寻找伦理的审美维度，但我们却找到了性欲之爱的绝对关系，它作为所谓的伦理容器。但为什么是审美价值（valeur）的性欲之爱？像"永恒的春天"的本原是——很抱歉，维拉——更不能指望的。"审美的"仅仅可能意味着感性的或感觉的，尤其是在康德的朋友出现的时候。但是当我说"审美的"时，我是指美丽的、造型好的、有品位的、创造性的，等等。我承认，性欲之爱的绝对关系在严格的康德意义上是"审美的"，而不是在我的意义上。至少我并不知道它在我的意义上是否是审美的。

约阿希姆：现在轮到我惊呆了。你如何质疑性欲之爱在康德的和非康德的意义上都是审美的？你忘记你的柏拉图了吗？忘记男孩美丽身体的吸引力了吗？或者忘记你的导师的美丽灵魂的吸引力了吗？

劳伦斯：没有忘记，我很好地记得。但是维拉将我们留在关于法官威廉或他妻子的身体之美的黑暗之中了。他们的灵魂似乎还好，但是他们的身体可能很丑陋。当然，如果他们一起变老，他们的身体将变得丑陋。

维拉：法官说在他看来，他的妻子是所有女人中最美的，他还说她的美随着年龄的增长愈发增加。

劳伦斯：现在有两个选择。要么有一个准则或某个标准可依此区分美和丑，要么对每个人而言，所爱之人将是最美的，所厌之人将是丑陋的。在第二种情况下，我们可以忘了美与丑的区分，因为"爱"或"厌"可以替代这个区分。对我来说是美的，对你来说是丑的。我认为这是幼稚的废话。有区分美丑的标准，即使——我同意——仅仅是接近。

约阿希姆：我亲爱的朋友，你从未停止给我惊喜。昨天你否认有区分真与假的标准。然而，今天，你举例讨论关于美的共同的、主体间的标准，你甚至认为可能有一个执行所谓的"客观的"区分的标准。如果你可以说"我的真理"，那么可怜的法官威廉为什么就不能用至少和你一样的理由来说他的妻子是"我的美"。我在这里有问题，但是你不应该有。你应该承认，当法官威廉认为他的妻子是最美的女性时，她是他用永恒的初爱爱着的那个女人，他的确爱美，就像柏拉图对话中的那些爱人所做的那样……

【176】

劳伦斯：我没有被说服。

约阿希姆：那么你应该再想想你所讲的关于真理的一切东西。

劳伦斯：即使我被说服了，但我仍然不承认我们迄今为止已经解决了伦理的审美维度的核心问题。

维拉：那么那些"核心的方面"是什么？

劳伦斯：至少你问了一个问题。这可能是你的第一个问题。但是让我想想。你想要说服我们，当我们在普遍范畴下选择我们自己时，审美的维度是伦理内在固有的。内在固有在这里是指，审美的维度不是伦理的装饰或修饰，相反，没有了它，伦理本身就是不可能的。如果情爱及与它的绝对关系的确是伦理的载体，那么你就说对了。困扰我的是，我们仍然处于普遍范畴的伞下。的确，在克尔恺郭尔的意义上，个人就是普遍，但是你也在另外的情境下说过每个人以她自己的方式是正派的，每个正派的人都是不同的，等等。我仍然不明白美如何能够标示出正派人之间的差异。并不是所有的正派人都是美的——他们是吗？即使他们是，他们也不可能是同样美的。关于美，"平等"是没有意义的，因为一种美和另一种美不可比较，但是仍然有少和多，有"是"和"否"。我可以从不那么美的个性中区分出美的个性，即使它们都是正派的和好的。你的标准是什么，你在哪里做出你的区分？或者为什么你不做出区分？

维拉：我将很高兴地做出所有这些区分，但是它们不属于伦理。我们正在讨论伦理的审美维度。

劳伦斯：错！请不要让约阿希姆的枯燥的普遍主义影响你自己。我承认，你的普遍主义是更加可以忍受的。你取消了我们之中的人类和作为人的整体的我们之间的恼人的差别，但是你仍然以诸如"每个人都可以做它""每个人都可以选择自己"等表述坚持着普遍的概念。但是亲爱的维拉，不是每个人都可以是优雅的、美丽的、高贵的、机智的、深刻的、伟大的——所有这些都是审美的范畴，尽管也是伦理的范畴。

维拉：我以为我们在饭前就已经讨论过，或者至少暗指了所有的这些。我提醒你我们关于差异范畴下的存在选择的长长争论……

劳伦斯：但我没有谈论它们。更准确地说，在我看来，一个人在普遍范畴下还是在差异范畴下选择他自己并没有什么要紧的。有这种人，【177】也有站在局外的另一种人；他们是更加高贵的，更加微妙的人。你的区分可能是重要的，但是它忽略了既不是普遍的也不是差异的一个重要范畴。纠正："范畴"这个术语是不合适的，因为这里有巨大的差异——不是诗人的创造性和哲学家的创造性之间的差异。它毋宁是类似于更伟大的和不那么伟大的艺术家之间的差异，但同时，又非常不像这种差异。因为不是对某事的能力，而是"存在"（to be）的方式使这种差异存在。并且，这是一种和"成为"（to become）无关的"存在"；它是事实。不是关于理性的事实，而是关于个性的事实。不是永恒的事实，而是暂时的事实：关于有限性的事实。对一个人来说，还有比有限性的事实更重要的东西吗？

维拉：你直到生命的最后一天成为你自己。只有永恒**是**，不用成为它所是。约阿希姆的"理性的事实"是永恒的。既然你指出有限性的那个事实，或者毋宁说是**一个**事实，那么你的事实没有了**成为**它所是就不可能**是**。人们不需要成为哲学家才能理解这个现实的老生常谈。一个孩子出生了，它应运而生，它存在。生命不是其他，就是在最宽泛的意义上成为你所是。在更狭窄的意义上——你从经验和观察中，而不是从哲学中知道它——你生来就拥有无限的可能性。你可能——在理论上（*in absracto*）——成为他们中的任何一个，但是你**将**仅仅成为他们中的少数。每一个成为（becoming）都取消其他的成为。如果你没能成功地选择你自己，那么无限可能性中的少数就将随机地被挑选，其他的被忽略，但是没有一个会被选择。你是什么和你成为什么由外在的和内在的（心理学的）条件，由其他的偶然性所决定。那么你是他律的。但是我们已经涉及所有这些了。这就是我为什么不能理解你的意思，当你说"一种没有成为的存在"（a kind of being that does not become）时，我为什么不能理解你的意思，也不能理解你用这种明显的伤感来指一种幻影。

约阿希姆：我们亲爱的劳伦斯可能急剧转向了传统形而上学。他可能在脑子里有着个体的实质——尽管莱布尼兹的个体实质通过上帝的前定知识成为它所是。但是劳伦斯的个体实质是永恒的，变化只是它的意外，是它的偶然的表现。但是为什么这个永恒被称为"有限性的事实"呢？噢，我亲爱的，你造成了如此的混乱！

劳伦斯：这里有混乱，但我怀疑是否是我造成的。你如何能哲学地描述这个事实，即某人是一个重要的人物？是"出于自然"吗？没有人可能是"出于自然"的人。另一方面，你本不是却**成为**一个重要的人物吗？不，又错了！

【178】 约阿希姆：但它仍然是对的！

劳伦斯：不，它是错的。依靠她纯朴的智慧，维拉很好地总结了我们争论的结论之一。你要么以这种或另一种方式存在地选择你自己，然后主动地成为你所是——主动在这里代表被你的命运所拉而不是被偶然的决定要素所推动；要么你没能成功地选择你自己，你也成了某人，但不是通过你的选择，而毋宁是通过被决定的、随机挑选的受限制的过程。这种人**是**（is），但他不**存在**（exist），因为他不是一个存在者。当然还有第三种可能发生的事情。这是当存在的选择没能成功实现的时候就会遇到的事情。于是这个存在者分裂了并且保持为一个失败的存在者。然而，我们还没有考虑没有被选择也没有被他人决定的"某物"。这个"某物"不是一个幻影：我称之为"个性"。

维拉：为什么你认为个性不是被选择的？

劳伦斯：因为，你看，我们不能失去它。即使我们分裂为碎片，即使我们是失败的存在者，我们的个性仍然存在。这就是当我将它指作不变的有限事实，不是形成的存在时所表达的意思。但是哲学的语言使我陷入困境。我不能表达我的哲学意思。个性不是亚里士多德意义上也不是莱布尼兹意义上的实质。它没"有"意外遭遇，它不用现象来表现自己，它不是表现出来的本质，它不是任何"形而上学的"东西。它也不能用此在（Dasein）的本体论语言来描述。它不是"人的境况"，它不属于历史性（historicity），并且——这是我的出发点——我不能用存在的哲学语言来描述它。我也不能用康德的语言来描述它。哲学显然从未注意到这个存在（being）事实，因为它既不是一个"主体"也不是一个"客体"，更不是主体-客体——它不具有认识论的或伦理学的相关性。这个有限的存在（being）事实是不给礼物的礼物给予者，它就是没有给予者的礼物自身。但是——我能够如何表达我自己？——它是大地上的盐。或者，如果你喜欢歌德的比喻，它是生命的金色之树的绿冠……

维拉：劳伦斯，我很抱歉地说，现在你是一个诗人了，但只是一个业余诗人。你谈论"个性"，就好像它仍然是一个幻影或者是一件神秘的东西……

约阿希姆：对不起，你说你的幻影般的"个性"没有伦理相关性。那么为什么你将这种性格引入到我们关于个性伦理学的可能性的讨论中来？

劳伦斯：让我首先回答约阿希姆的问题，因为那比较简单。我说一个伟大的个性就像大地上的盐。我们通过我们自己的存在的选择成为我们所是——正派的人、诗人、政治家、哲学家，等等。但是这个选择没有提供那个盐。我们成为我们所是，有盐或者没有盐，因为我们已经选择了我们自己。但是那个盐的在场或缺席却造成巨大的差别。如果你的存在（being）很重要，你的行为也将很重要。如果你的存在是美丽的，你的行为也将是美丽的。如果一种个性是重要且美丽的，那么她的在场改变了她周围的一切。法官威廉，如我们从维拉处学到的，将绝对关系的性欲之爱描述为伦理学的容器。盐和容器一样重要……【179】

约阿希姆：不，它不是一样重要。我们之前得出这个结论，审美的要素内在于作为正派人的我们的存在的选择，但是，至少根据我对你的理解，在你看来，一个没有伟大个性的人也可以成为一个正派人或者一个好的诗人或者律师。

劳伦斯：或许个性也内在于我们的选择，至少内在于差异范畴下的选择之中。

约阿希姆：但是刚刚你还说我们根本没有选择它。如果它是选择的必要条件，那么我们将是被推动的而不是被拉的。如果我们其实在飞跃，那么你所称为的"个性"将是我们真实选择的内在条件之一——尽管只是之一。我们成为我们所是：在其他事物之中，这个和这个个性。很抱歉，你不能逃避逻辑。

劳伦斯：我不关心。如果你更深入地探进柏拉图的美丽的句子和辩论之中，那么你将看到他也经常用比喻来处理辩论。

约阿希姆：他发明了更好的比喻。

劳伦斯：他得益于是初生的（first-born）。当最后出生的终于继承它们的时候，衣服已经穿破了。对不起，我还没有回答维拉的问题。是的，我们称为个性的东西是某种神秘的东西，不仅因为人们不能解释个性是什么，而且因为个性被一种光环环绕着。它们就像艺术品。它们可以做无穷的诠释，尽管它们可能是完全可信赖的，但它们仍然是不可预知的。我只能用华而不实的语言来描述它们。我不是一个诗人，我的诗很烂。但是我的烂诗，我的华而不实的语言和我没有很好地表达的伤感只是暗示，而不是其他。

维拉：你暗示什么？

劳伦斯：暗示无。或许这就是你所描述的间接交流。

约阿希姆：烂诗的确是暗示；它表明观念是贫乏的。劳伦斯，你的观念是贫乏的。想想，只想一点你所说的。

劳伦斯：我正在想……

约阿希姆：是的，以你青春的方式。但不是以成熟的方式。

劳伦斯：请不要以你仅仅三十岁的年龄装老……

约阿希姆：三十还是比二十三大。但这既不是这里也不是那里。你还记得你是如何将"个性"的主题引入我们的讨论中吗？

劳伦斯： 我没有将"个性"的主题引入我们的讨论中。你忘记我们【180】完全使我们自己面对个性伦理学的问题了？我们没有谈论别的，只谈论个性。

约阿希姆： 在被批判之前不要替你自己辩护。当我们讨论个性伦理学时，我们专注于伦理学却忽视了个性本身。我不会说我们将"个性"本身看作理所当然，但是我们却使我们关于个性的解释依赖于我们的主要关切。你是对的，我们从未单独地讨论过诸如"伟大"的个性这种现象。我们假设，我也这样看，如果某人选择自己作为正派人并且成为她所是，她将是一个彻头彻尾的个性之人——一个相当独特的存在。有些好人可能比其他人更加重要，这可能是真的——事实上，它是真的——但是只要较多重要和较少重要的人都是好人，那么它就不重要。你说它的确重要，你可能补充说它甚至在伦理上重要。让我用康德的方式来表达我自己——它**不应该**在伦理上重要。伦理学不是关于差异的，它是关于普遍性的。至少在一种意义上，每个人都可以选择他自己，即作为一个正派人。让我重复一遍，伦理学是民主的，它是平均主义的，即使只有少数男人和女人努力接近那个中心。如果你不是根据他们做**或者避免做**的事情，而是**仅仅**根据他们的**存在**——引用你的尼采，这次是带有同感地——开始谈论个性的话，那么我们将陷入比你现在想象的更大的困难之中。我确信即使特定的经验观察可能支持你的话，你也将诱使你自己陷入大量的理论困难之中。我可以补充说，如果你想将创造性个性的典型事例理论化，你也将陷入困难中。但是后者就不是我主要关心的了。

劳伦斯： 如果每个人都以他或她自己的方式是正派的，如果它们不能被衡量或比较，如果它们与其行为和作品一道处于正义之外，或者毋宁是处于正义之上，那么说"伦理学是平均主义的"是什么意思？

约阿希姆： 我已经告诉你了。每个人都可以选择他自己作为正派人。我不会说每个人都有平等的机会接近存在的选择，因为这听起来很傻，但是他们所有人都可以跳跃，没有人比其他人更多或更少。每件事都依赖于决心。

维拉：对不起我要打断你，但是我建议你去读索伦的另一个化名约翰尼斯·克利马科斯（Johannes Climacus）的作品；尤其是《非科学的最后附言》（*Concluding Unscientific Postscript*）中关于莱辛（Lessing）的那一章。尤其他谈到信仰的跳跃——最后，所有的跳跃都是信仰的跳跃。你所说的个性的"重量""美"和"伟大"都可能使跳跃变得容易，但是它们也可能使跳跃者的脚步变得沉重。跳跃不依赖于它们。

【181】　约阿希姆：让我接着说。你所说的"个性"有时候等同于"性格"。但是"性格"也是多义的。例如，一个"有性格的人"是一个有好性格的人，一个正派人。一个有着坏性格的人是不正派的人。用那些术语来分析"性格"对我们的讨论无所增益。人们也可以谈论"高贵的性格"。这下我们接近你的问题了。但还没有足够接近。一个正派的人是一个有着高贵性格的人，尽管"高贵"这个事实既不是偶然事件，也不是被称作"正派性格"的实质的性格特征。每个正派的人都有她自己的性格，许多不正派的人也同样如此，尽管不是绝大多数。他们大多数只是没有性格的；就像风弦琴，当风吹过的时候它就会响。当一个人有性格的时候，在这个性格的"自性"和这个人的命运之间有着一种紧密的关系。

劳伦斯：你所讲的一切听起来很有意思，但却不相关。

约阿希姆：这正是我的重点。它是不相关的。因为你没有谈论个性本身，也没有谈论性格，而是谈论所谓的"个性的事实"。你列举了一些，例如高贵、敏感、伟大、美、重量（或者重的重量?）等，并且你补充说，所有那些事实都是神秘的。而且，他们仅仅"是"，而不是成为，这就是为什么一种个性如果没有成为它所是，就成为仅仅**是**。

劳伦斯：这是我认为相关的东西。

约阿希姆：请再想想。如果你在这个意义上谈论高贵和低贱，那么你就转向了尼采关于高贵与低贱的区分。这是一种阶级区分。我不担心"阶级"这个词，但我担心它揭开了你的神秘面纱。人们高贵是因为他们被培养为高贵的，人们保持为未开化的或低贱的是因为缺乏培养或缺乏好的培养。你的高贵的个性就像一匹漂亮的赛马。你看，我说一匹

"漂亮的"赛马，因为我没有否认它的漂亮。但是你的高贵的－漂亮的人，就像漂亮的赛马，他来自好的家庭，回首杰出的祖先，是沿着那些祖先的足迹被抚养和教育的，并且他也继续实践着祖先的足迹。他每天都规训自己，训练自己——和其他人训练他一样勤勉。这就是他如何成为你的完美的高贵个性的原因。

劳伦斯：尼采已经超越了所有这些。你不需要阶级来成就高贵的和敏感的性格。你需要的是文化……

约阿希姆：现在你坠入你自己的陷阱了。不论它是否植根于阶级或文化，都没有关于"个性的事实"的神秘东西。首先，没有成为它就不存在。你"出身"高贵，如果你的父母因他们的阶级或文化得到好的培养而是高贵的。如果你存在地选择你自己，那么你就选择你所是的每件东西——显然也包括你的阶级或文化。你关注你自己并且开始成为你自【182】己。我没有看到你的"事实"在这里有什么作用。不用说，我也在康德的术语上反驳你，但是我想展示，我也可以在你自己的基础上打败你。

劳伦斯：那是维拉的基础。

约阿希姆：晚饭之前你还在讲**威严的复数**的话：我有权假设你仍然依赖存在的诠释，除非你证明我是错的。

劳伦斯：我在紧急状态下依赖它，但是在其他方面我的道路就是我自己的。

约阿希姆：我错过你的要点了吗？

劳伦斯：你没有错过，但你也错过了。你没有错过，因为没有上层阶级，没有高级文化，或者二者都没有的话就没有"伟大的""美丽的""高贵的"或者"敏感的"个性。希腊人二者都有，封建时代有上层阶级，而我们没有处于要么独有上层阶级要么二者都有的位置上，但我们或许仍然有高级文化。你的确错过了我的要点，因为我不承认"伟大的""美丽的""高贵的""敏感的"个性是被阶级和文化的存在所决定的。我也不承认你可以通过培养、实践、练习或操练而成为高贵的、敏感的和伟大的个性。高贵的个性不像赛马，尽管赛马也要求非常特殊的个人品质来使它们成为好的赛马；单单血统和训练不能完成这项工作。

美丽的、高贵的、敏感的个性"以"阶级或文化"为能源"，但是它不是被它们所塑造的……

约阿希姆：这种培养使我担忧。大地上的盐以文化为生。天哪，这是一个双重跳跃。

劳伦斯：请不要使你自己被你的讽刺所误导；你的嘲笑不像色雷斯女仆的嘲笑。对我来说珍贵的东西对你来说也是珍贵的。

约阿希姆：但你的论点仍然可能是荒谬的。一个尼采主义者应该有着比一个康德主义者更好的幽默感和更深刻的讽刺感。但恐怕你却是极为严肃的。

劳伦斯：是的，我是严肃的，因为我现在所讲的对我来说是严肃的事情。但我将努力找到一个更好的比喻。让我从头开始。个性的"伟大""美""高贵"和"敏感"是个性的事实，恰恰因为它们既不是被选择的也不是被培养的。但这个个性的"事实"是被阶级或文化所塑造的……

约阿希姆：我们又来了：内容与形式……

劳伦斯：我没法用其他方式来表达我自己。你可以毁灭或者解构形而上学，但有一样东西你不能否定：哲学的概念和形而上学的特征是日常概念和特征的升华版。没有它们，我们就不能谈话。它们就在我们的嘴边。

【183】 **约阿希姆**：那是海德格尔的观点，尤其是在他对亚里士多德和黑格尔时间概念的批判中……

劳伦斯：但他反驳形而上学，而我毋宁给予形而上学以信任。孩子的语言是温暖而舒适的，幼稚的问题往往切中要害。形而上学沉迷于说着孩子的语言。如果我们借用了这些幼稚的问题、概念和特征，请不要谴责我。它们都是好的特征，即使不再时髦……

约阿希姆：海德格尔也提幼稚的问题……但是我们又一次偏题了；这次是我的错。那么我将同意你，高级文化形成了某种你称为"性格事实"的东西。这种东西不是由文化创造的，但是它需要文化，否则性格仍然是原始和粗糙的。但是所谓的个性事实，例如"敏感""高贵"和

"美丽"如何能够维持原始和粗糙呢？如果根据"个性"来思考或许是有意义的，那么什么是伦理相关的？

劳伦斯：任何其反对面具有伦理相关性的东西也都是伦理相关的。

约阿希姆：我同意。

劳伦斯：平均主义是**怨恨**的体制化。当然，当我说"平均主义"时，我不是指政治的平等、平等的权利或法律面前的平等。我和你一样支持自由民主的政治体制。平等是一种价值，但它不是目的价值，而毋宁是工具价值。例如，我在权利中，在自由中要求平等——即我的目的价值是权利和自由，而不是平等。我所要求的是，上面所提到的高级价值应该不带偏见地、不设限制地分配给所有公民。然而，对于一个平均主义者而言，平等成为目的价值，其他价值——包括自由——被降低到工具价值的水平。这就是我所说的——在尼采之后，有些额外澄清的——体制化的**怨恨**。

约阿希姆：你让我难堪。首先，没有体制化的平等这种东西，除了你自己所支持的这种平等之外。尽管你再次保证，但我还是从你的气势，而不是从你的语言中嗅到了反民主主义的气味。

劳伦斯：真有意思，当遇到平等问题时，一个无可挑剔的高贵之人开始像未经思考的大众一样讲话了。你说，"我很难堪"；但是只有未开化之人在突然遇到不符合他们偏见的理论时才会难堪。你在我的话语中"嗅到"特定的"气味"；也就是说，你不信任它们，你心存怀疑——这是低贱之事的所有表现。你间接地证明了我的观点。**怨恨**不是个人的感情，它不是妒忌。我没有遇到过比你更加抵制妒忌的人。但是人们却不能不表达**怨恨**而捍卫平等……

约阿希姆：对不起，但你是证明我的观点的人。你带有轻蔑地提到 【184】"大众"，对不起，这具有反民主主义的气味。

劳伦斯：我不介意那种气味。我很羞愧，我必须再次告诉你，在我看来，在现代性中没有自由民主政治秩序的替代者，因为所有的替代者都是致命的。但是如果你将平等从工具价值转变为目的价值，那么平等在每件事物中都上升到了最高价值的位置。所有人都平等地被赋予了理性和良知，他们生而平等地自由，这些都是有意义的且必需的现代虚构。但是如果你说所有人都是平等的，如果你由此是指每个人都具有平等的品质和价值，那么你就在表现**怨恨**。既然民主允许平等的价值延伸到它的最佳限度之上和之外，并且这种延伸被建构进民主的想象，所以我敢说平均主义**是**现代民主中的体制化，并且**怨恨**变得猖獗。

约阿希姆：我不明白所有这些如何与个性伦理学相关。

劳伦斯：我很奇怪。如果平等是实质的价值，并且是最高的价值，那么高级与低级性格之艰难、高贵与未开化之间、美丽与丑陋之间、敏感与粗鲁之间的差别就不再有意义了。既然所有那些事物都是"个性的事实"，所以它们仍然存在——但是它们却未被承认。承认它们的人，承认这种差别的人被逐出去了或者被送到精神分析师那里去了。公共舆论，民主的万头龙（dragon with a million heads）侮辱不平等是"疯的""离经叛道的"，最好也是"偏离中心的"。所有被允许之物都成为强制的。那个例外，那个脱颖而出的人变成了犯罪嫌疑人。那只万头龙拥有良好的嗅觉：它将侦查出最轻微的差异的气味……

约阿希姆：我对你刚刚所说的感到很吃惊。在今天，难道差异不是更受尊重吗？

劳伦斯：你是说两种软弱之间的差异吗？我猜是的。每个人都必须属于一群狼，并且忠实于他自己的狼群。但你是对的，有不止一群狼。每群狼都是一个所谓的"差异"：但每只狼什么也不是，每当它区别于狼群的其他狼时。

约阿希姆：你现在重复着最古老的反民主论。

劳伦斯：它们和苏格拉底与柏拉图那般老。且仍然是对的。

约阿希姆：但柏拉图不是一位伟大的自由主义者……

劳伦斯：的确，但我是的。我想，你现在将我归类为自由主义的无政府主义者。但我不是任何一种"主义者"。我不屑于所有的"主义"。

约阿希姆：我不想把你这个人束之高阁，但我仍然可以将你的观点放到某个地方……

劳伦斯：为什么你需要将我的观点和我的人割裂开来对待？

约阿希姆：因为个人的熟人是私人的，而他的观点则可能是公共【185】的。不认识你的人仍然可能知道你的观点。

劳伦斯：他们可能不是知道我这个单个的人，但他们仍然可能相信单一的相关性。

约阿希姆：你说你看不到民主体制的替代者，因为所有的替代者都是致命的。那么当描述完全相同的体制时，你如何可以如此痛苦，如此悲观？

维拉：昨天，你没有掩饰你的恼怒问我，为什么我和你讲话似乎把你当作从我们的世纪伊始以来的劳伦斯？但是今天你正好像另一个劳伦斯那样讲话。一百年毕竟没有什么要紧的。

劳伦斯：它们要紧也不要紧。时间要紧，因为在世纪之交，你的老朋友劳伦斯没有捍卫自由民主制度且反对所有的替代者。但它们也不要紧，因为实质民主或社群民主的问题依然如故。

约阿希姆：但是如果你反驳政治民主的所有替代者，你仍然认为民主具有成为实质民主的倾向并且包含**怨恨**，那么你的实践哲学的实践意图是什么？它仅仅是一种文化批判，或者是一种伦理学？

劳伦斯：每一种个性伦理学也都是一种文化批判。这对克尔恺郭尔，对尼采或者对青年卢卡奇是一样真实的。我在杰出前辈的作品中添加我的谦虚的符号。但这是具有及时的实践意图的各种各样的文化批判。人们可以珍视伟大的希望，可以珍视少数或者无，但在两种情况下，人们仍然试图找到途径以终止**怨恨**的光荣进军。

约阿希姆：在你的过时的但可能及时的药房中有什么治疗方法？

劳伦斯：文化！如果人们取消高级与低级文化之间的差异，那么这个药房中就没有留下治疗方法了。高级与低级文化之间的差异可以取代高等与低等阶级之间的差异。据我可以看到的，阶级划分不会再回来了，这是一件好事。但是需要有东西来填充它的空间。黑格尔称它为"绝对精神"。如果高级与低级文化之间没有区别，如果敏感的与未开化的人之间没有区别（或者如果这种区别是未被承认的），如果因此每件"高等"之事的世俗基础消失了，那么就不再有天堂、上帝或诸神、理念和理想，就将没有什么东西居于人之上了，或者毋宁说，居于万头龙之上了。如果这种事发生了，那么利维坦（Leviathan），或者如你的康德所规定的，自然，就会将我们吸回去。

约阿希姆：在高级与低级文化之间进行区分能够获得什么？

劳伦斯：高级文化可能形成我称之为"个性事实"的神秘东西，它

【186】可以保有差异、伟大、敏感和美。它也可能保持对所有这些有限事实的承认。相同的尊重应该给予每个人——这正是现代美国政治哲学的最令人震惊的观念。为什么我应该在与高贵之人相同的程度上尊重一个未开化之人？这个命令正是最深层**怨恨**的表达：应该给予所有人相等的承认，这是正确而公平的。然而，在这点上，我更喜欢你的康德。因为相等的承认还应该给予我们每个人心中的道德律，即给予住在我们所有人心中的最大伦理可能性。但是既然有些人充分利用了这种可能性，而其他人则使其贫瘠，那么究竟为什么应该将相等的尊重给予他们所有人呢？

约阿希姆：这是对美国政治哲学的彻底一般化。例如，罗尔斯将加入你，在所有其他价值面前给予自由以优先权……

劳伦斯：很正确，我赞赏这一点。但是罗尔斯也犯有**怨恨**之罪。他说没有什么特殊之物"应该给予"天分，因为天分已经赢得了"自然彩券"（natural lottery）！我不会进入由"自然彩券"这个术语所代表的空洞一般化的特征之中，因为你知道我对这件事的观点。所以让我们假设，我们在"自然彩券"上赢得了我们的天分——那么为什么没有特殊之物"应该给予"那些天分呢？因为一个不那么值得崇拜的人的美丽至少其特定的条件赢得了自然彩券吧？"应该给予"一只猫或者一棵树的东西不"应该给予"一个人吗？清教徒**怨恨**的高压手段很好地执行着它的平等化工作，这是没人会反对的……

约阿希姆：许多人反对它……

劳伦斯：是的，他们反对，因为他们认为没有德性就没有天分。但是尊重、崇拜和爱不能归于不应得的禀赋——或许正是因为它们是不应得的。听听哈姆莱特的观点。一个孩子"应得的"是什么？我们不能仅

仅因为他是其所是而爱一个孩子并且给他大量的礼物吗？

约阿希姆：就个人而言，可以——但就社会而言，不行。

劳伦斯：所以，你会砍掉高大罂粟的头吗？或者毋宁任其生长？

约阿希姆：毋宁任其生长。但我还是没有看出这个问题的伦理相关性。

劳伦斯：真有意思，你刚刚已经说出来了。我问是否应该砍掉高大罂粟的头，你回答说任其生长！这个"任其生长"就是突出的伦理承诺。乐意承认伟大之物的伟大，乐意遇见高于你自己的人，有能力只是为了个性的目的而不是为了你自己的目的而欣赏他人，对精致而微妙的人的作品感到无私的快乐，因为无用之物的美丽或可爱而爱上它们的无用——这就是我所说的高贵。我们时代的灵魂高贵之人（*megalopsychos*）【187】是一个高大的或者不那么高大的罂粟，他无私地尊重和崇拜少数高大的罂粟。我的意思是崇拜而不感到羞耻；有尊严的崇拜，而不是英雄崇拜。因为英雄崇拜是**怨恨**这枚硬币的另一面……

约阿希姆：但这些是《判断力批判》中的观点……

劳伦斯：是的，你的康德毕竟是一个老套的欧洲人。他拥护自由民主（他称之为"共和"），拥护普遍主义的-自由的伦理学，也拥护文化精英。万头龙对无私地喜爱美丽的自然之物而言，将是非常不合适的主体。但我们同意，我们不会躲在康德或尼采的宽阔的背后。

约阿希姆：我提到《判断力批判》不是为了在康德背后寻求庇护。他的背远不足够宽阔。我谦逊地指出了民主不会必然导致**怨恨**的条件。

劳伦斯：康德不了解真正存在的民主。他所了解的来自书本，尤其是来自柏拉图，这不是公正的见证。但是我重复一遍，通向**怨恨**的洪水的倾向可以被高级文化抵消。这种抵消的力量在欧洲仍然存在。它在这里不存在。

约阿希姆：但是欧洲人发明了文化批判。他们一定事前（*ante portas*）探查到了他们自己房子中的危险。

劳伦斯：他们能够探查到它们，因为他们手边就有探查的标准；尽管在我父亲的时代这个探查的标准在我们的住处还没有完全缺乏……

约阿希姆：我想这个主题到此为止已经被彻底探讨了。维拉，我可以请你帮个忙吗？

维拉：当然。

约阿希姆：我想单独和你谈谈。

维拉：为什么？

约阿希姆：不要问这个问题。

维拉：那么明天五点，在我们大学广场的酒吧。我发现现在我也应该离开了。

劳伦斯：不，不。约阿希姆彻底探讨了这个主题，但我还没有。请留步。

约阿希姆：同时，我也要去散散步。每天午夜前的长走是我的习惯。再见！

（约阿希姆离开。劳伦斯和维拉还坐在那里。）

劳伦斯：维拉，维拉，告诉我，我是什么？

维拉：你真的要我告诉你你是什么吗？

【188】　**劳伦斯**：我选择我自己作为一名哲学家。我甚至记得是什么时候，以及如何选择的。但是你和约阿希姆称我是一个正派人。所以我必须选择我自己作为一个正派人。我选择了哪一个？我将成为哪一个？一个人可以两次跳跃吗？一个人可以一次完成两个跳跃吗？

维拉：一次只有一个跳跃。

劳伦斯：我是谁？我是什么？哪个是我的存在的选择？哪个仅仅是偶然的或附属的选择？

维拉：你不知道，我不知道，约阿希姆不知道。如果你是幸运的话——你将永远不知道。

劳伦斯：幸运是不同于命运的东西吗？它是某种外在的东西吗？

维拉：你的存在的选择是内在的。去实现它——这是你的命运。但是你不知道成为一名哲学家还是成为一个好人是你的命运。我说如果你够幸运，你将永远找不到答案。因为如果你幸运的话，你将成为其中一个，但是你也将可能成为另一个。如果你选择你自己作为哲学家，那么你将成为一个哲学家——如果你幸运的话也可能成为一个正派人；反过来，如果你选择你自己作为一个正派人，你将成为一个正派人，如果你是幸运的话，那么你也可能成为一名哲学家。幸运并不完全外在于这个选择，但它不是选择所固有的。幸运取决于关键时刻。

劳伦斯：何种关键时刻？

维拉：非常普通的关键时刻：命运的十字路口。一个人在生活中可能会到达一个关键时刻，在这个时刻，哪个选择是存在地选择会变得非常明显。这可能发生在你身上也可能不会发生。你将会到达这个十字路口，如果你发现你只有通过道德冒犯才能成为一名哲学家，或者如果你发现只有有损于你的哲学你才能成为一个正派人。如果你到达了这个十字路口，你就是不幸的。那么你就必须找出哪个是你的存在的选择。如果你没有达到这个关键时刻，那么你就永远不会找出来。那么你就会被称作幸运的。有非此即彼，但不是总有也不是所有人都有。但是你必须知道，劳伦斯，有非此即彼。你不可能为这个关键时刻做好准备，但是你必须知道你的幸福取决于它。

劳伦斯：我的幸运取决于我吗？请回答！

维拉：是，也不是。是，是因为在命运和性格之间有着沉默的阴谋。一个人不仅是被魔鬼的或天使的力量抛到十字路口的，而且是走进那个陷阱的。不是，是因为你的魔鬼玩伴之一是历史；它是异想天开的。它是否会捉弄你，我不能预言。

劳伦斯：那么你知道什么？

维拉：最重要的事情。

劳伦斯：什么是最重要的事情？

维拉：幸福的秘密。

劳伦斯：什么是幸福？

维拉：永远不要查明你是否选择了你自己，不论是在普遍的范畴下【189】还是在差异的范畴下。

劳伦斯：那么没有人在死亡之前幸福？

维拉：说得好。

劳伦斯：如果一个人在二十三岁就死了，像你的几乎一个世纪前的劳伦斯。你的秘密并不值得了解……

维拉：什么秘密值得了解？

劳伦斯：我知道另外的：维拉，我听到钟敲响十二下了吗？

维拉：我不知道。

劳伦斯：我知道第三个：维拉，我的名字是什么？

维拉：你的名字是**敬畏法律**（reveRENCE for the LAW）。

劳伦斯：维拉，维罗妮卡（Veronica），维丽蒂/讲实话者（Verity），请告诉我：我可以抱有希望吗？

（这个晚上的其余部分留给读者去想象。）

对话三：如果有，我们如何实践它？ 【190】

（第一次对话时的同一个酒吧。约阿希姆坐在同一张桌子旁边；他在喝白兰地。维拉上楼，到桌子旁。）

维拉：你等很久了吗？

约阿希姆：我刚到。请坐。你想要茶吗？或者你的最爱玛德琳蛋糕？

维拉：不，谢谢。我记得过去是没有道具的。我宁愿和你一起喝一杯。你的最爱白兰地。

约阿希姆：既然我们是来谈话的，那我们就谈话吧。昨天你问我为什么想要和你促膝交谈（tête-à-tête），我拒绝回答了。现在我要回答你。首先，因为你不是一个哲学家。你不会抓住我的矛盾之处，你不会用我自己的前后不一致来反对我。还有，你不爱我，你不会要求我符合你对我的看法。如果你旁观地看我的话，或许能更好地理解我，或许你也能更好地接受我。

维拉：你选择我作为你的知己吗？因为我不够聪明？

约阿希姆：我选择你作为知己，但我不会带你走进我的秘密。我选择你，因为你是聪明人。

维拉：你能够有信心地告诉我什么，如果你不带我走进你的秘密的话？

约阿希姆：你将看到。它是关于我与康德哲学的关系的。

维拉：这不是一个秘密的话题。但如果你秘密地谈论它的话，那它就成为一个秘密话题了。

约阿希姆：对不起，对我来说很难开始……但请让我开始吧。前天，在我们开始我们的命运谈话时，劳伦斯玩上了他最喜欢的尼采主题之一。他说，哲学像一部回忆录，像一种自传，哲学是那个哲学家的生活，等等。正如预料的，我反对他的主观主义。后来你来了，我们沉迷于关于存在哲学的思想实验；我们恢复了一种或两种个性伦理学的名誉，捍卫它们以反对相对主义、虚无主义等的指控。你们两个拽着我越来越深地进入讨论，直到我开始说着你的热爱命运的语言，直到我赞同我们是被我们的命运拉的，而不是被推向我们的命运的。你使我忘记了先验的自由和自然之间的鸿沟。

【191】

维拉：你现在觉得昨天我们拽着你进入我们的谈话。你当时有没有说什么你今天不会重复，且感到羞愧或尴尬的话？

约阿希姆：不，不，绝没有。尽管谈话的精神比我的白兰地更让我兴奋，但是我绝没有兴奋到说出第二天会感到羞愧的话。通常我都是三思而后言的。要不然，我会在下一次讨论中更正我自己的，如果我被反对观点所说服的话。不，昨天在我身上发生了远为复杂的事情。尽管你们两个拽着我进入讨论，但不论我关于热爱命运，关于被拉和被推，关于被命定，关于成为其所是——关于一般的个性伦理学都说了些什么——我都相信是对的。并且我仍然认为是对的。

维拉：那么什么是错的？

约阿希姆：所有的，维拉，所有的。因为当我谈论所有那些东西时，我只是在描述劳伦斯。不论我说什么，我都是在说劳伦斯。谈论劳伦斯是多么简单和快乐。关于劳伦斯，我所说的一切都是对的。他是热爱命运的人，他被他的命运所拉而不是被他的过去所推。他选择了他自己，他实践个性伦理学，他甚至是这种伦理学的模范。难道你没有看到？我谈这个真理，但它是劳伦斯的真理，不是我的。它是关于劳伦斯的真理，不是关于我的。因为我不可能用相同的术语来描述我自己。我是弯曲的木材，我不是被我的命运所拉的，我被我的过去所萦绕，并且——是的，我不需要继续——你看到我的问题有多严重了吗？我很快活地和你一起描述劳伦斯，讲述关于劳伦斯的真理以及劳伦斯的真理。但如果这是关于劳伦斯的真理——并且，哎，它是的——如果我的真理是另一种，其结果是什么呢？简单地说，我自己的真理概念成了碎片。

更糟糕的是，我自己的康德的道德哲学成了碎片。你听到了吗？

维拉：我在听……

约阿希姆：好。如果我仍然有能力展开逻辑的辩论的话，那么让我努力看到所有这些产生的结果是什么。我描述劳伦斯，并且我确实是根据带有某种尼采色彩的存在哲学来描述他的。但我不能用相同的术语来描述我自己。我只能根据康德的道德哲学来描述我自己。不论康德关于道德所说的是什么，对我而言都是对的。是的，我可以将我自己理解为 **【192】** 一个人之中的两个人：一个理性的存在，道德律的持有者；一个自然的存在，经常抵制它，但是这种抵制可以——通过苦力、巨大的努力和不断的实践而得到缓和或者击溃。我不继续了。康德的道德哲学是我的真理，它对我而言是真理，它被塑造进我的个性的道德哲学。但是我不能说这个。你可能会问，为什么不能？只是因为康德的道德哲学不允许接受这个观点，即劳伦斯有一个真理，我有另一个真理；尼采的那种道德哲学对劳伦斯而言是正确的，而康德的道德哲学对我而言是正确的。根据康德的哲学，你不能说约阿希姆将绝对命令带入他自己之中，他倾听道德律，他考虑他选择何种准则，他检验它们，等等。因为我们所有人都应该，毋宁说我们都被迫去做相同之事。如果我作为一个人是一个康德主义者，并且我意识到这一点，那么我在我的哲学中就不能是一个康德主义者，因为康德的哲学不能被理解为一部回忆录或者一个缩减版的或格式化的自传。它应该必然地并且普遍地是正确的。

维拉："只有启发的真理才是你的真理。"

约阿希姆：当然，康德的道德哲学启发我，它描述我、提升我。我说它是一根拐杖——它是我的拐杖，因为我需要它。我是一个康德主义者，因为这是我需要的拐杖。但是作为一个康德主义者，我不可能重复你的话，即只有启发的真理才是我的真理……

维拉：为什么不能？

约阿希姆：不要幼稚。

维拉：这不是你第一次指责幼稚了；但是哲学应该提出幼稚的问题。我承认，我的问题是幼稚的。但你仍然应该回答它：为什么你不能重复索伦的话，即只有启发你的真理才是你的真理？

约阿希姆：因为我的启发不是真理或非真理的证明。

维拉：但这不是索伦的意思。他没有说，"任何启发你的东西都是你的真理"。他说，"只有启发或者提升你的真理才是你的真理"。启发不是真理或谬误的标准，但却是这个句子清楚表明的东西的标准：它是一个真理对你而言是否是真理的标准。

约阿希姆：你的意思是有几种正确的道德哲学，其中启发我的那种对我而言是真理？

维拉：是的，这是我的意思。并且你可以毫不尴尬地补充：这种道德哲学对我而言是正确的，那种道德哲学对劳伦斯而言是正确的。

约阿希姆：但是说一种道德哲学启发是什么意思呢？它像看到一幅美丽的画一样提升你吗？一种道德哲学的真理是什么呢？

维拉：简单的问题，简单的答案。道德哲学，正如你前天说你自己的，是我们的拐杖。多数人都需要拐杖。那种帮助你是（成为）一个宁愿遭受不公正而不愿行使不公正或错误的人的最可信赖的拐杖的道德哲学"启发"你——是你的真理。如果你使用绝对命令这个沉重的拐杖而成为一个好人，那么它就是你的拐杖；当劳伦斯通过使用遵从他的命运的拉这根轻的且几乎看不见的拐杖而成为一个好人时——这是他的拐杖，并且因此成为他的真理。难道你没有看到？问题不是**我们从哪里获得了成为正派人的力量**，重要的是我们是**那样**正派的。

[193]

约阿希姆：我明白你说"启发"这个词是什么意思了。但是如果道德中有许多真理，那么"真理"的标准是什么，我们如何能够区分真理和谬误？

维拉：对不起。我没有说道德中有许多真理。我的确说过有许多正确的道德哲学。因为在道德中只有一个真理并且那个真理是无条件的和绝对的。你用一种姿态所拥抱的旧的真理，永恒的真理，超验的-先验的（transcendent-transcendental）真理：宁愿受冤屈也不冤枉他人。但是你可以以许多不同的方式举例说明这个唯一永恒正确的姿态。每种你可以依靠的道德哲学，只要它能够给你提供一根拐杖使得你宁愿遭受不公正也不对他人行使不公正，它就是正确的。其中一种对你而言将是正确的，其他的则不是。

约阿希姆：恐怕我们正在转变基础。你说如果我很好地回忆起你的简单论证，即所有正确的道德哲学向那些准备好做一个好人，优先考虑向宁愿受冤屈也不冤枉他人的人提供拐杖。到目前为止还好。但我说的是其他事情，或者至少也构建着另一个问题。我谈论描述。一种道德哲学描述我，另一种道德哲学描述劳伦斯。折磨我的是这个观点，你不是因为道德的而是因为心理学的原因选择一种道德哲学……

维拉：可能是这样的。但是为什么这种想法"折磨"你呢？难道这不是一种夸张吗？

约阿希姆：对不起，我本应该说"它困扰我"。它在许多方面困扰我。首先因为心理学是一门经验科学，它因自然的因果关系而运转……

维拉：我不是一个哲学家，但是我对心理学有一些想法。和道德哲学一样，也有许多种心理学，或许更多……

约阿希姆：现在轮到我来警告你不要将问题过度复杂化。我的问题很简单。所有的心理学都指向某种我们可以称作"精神"（psyche）的东西——不管它所指的是什么。这种"精神"应该在道德之前就在"那里"（在我们的理智、身体、灵魂和心灵中）。它通常被描述为背景、基础、障碍、前提、道德和其他所谓"精神的"（spiritual）东西的决定因素。这不单是现代发明，它自柏拉图和亚里士多德时期就伴随着我们了……

维拉：对不起，约阿希姆，你反对引入心理学。为了证明引入心理【194】学是个错误，你列举了哲学家的例子，并且是形而上学建基之父的例子。难道你不认为你对"精神"的描述是一种形而上学的描述吗？难道你不认为它是异质的突然情况、事件、运动等类似东西的对象化，或者毋宁说是僵化吗？

约阿希姆：关于什么的事件？

维拉：这是一个形而上学的问题。你期待我回答"'关于那个'心理学的事件"，你期待我说出实质/偶然事件这样的话……

约阿希姆：或许是这样。但是让我把球抛回去：人们在那些形而上学的结构中辨认出他们自己。他们满足于知道他们的心灵结构是被源自可敬的柏拉图或亚里士多德及其后继者的设计所精确绘制的……

维拉：我可以容易地接住这个球。形而上学描述我们的经历，只要我们能够通过被形而上学家所绘制的我们心灵的旧图的引导来理解我们的经历。维特根斯坦过去常说：让我们尝试吧，或许我们可以以另外的方式换个角度来看待这件事情。我们可以。是的，人们可以以许多方式来看待一件事情。问题是，这里是否有一件"事情"——在这种情况下是一个"精神"——它必须被勘查、编目、分类、划分（例如，划分为两个或者三个部分）或者相反，不必这样。我们仍然可以通过形而上学结构的镜子来看待我们的经历；只是我们不需要，因为现在我们手边有许多其他的镜子；如你的朋友劳伦斯将说的，有许多我们可以采取的视角。现在，你的精神不同于你的邻居的精神，不同于你的朋友的、你的配偶的，因为每个人都可以选取一种不同的"心理学"，每个人都可以选取那种最适合描述他或她的各自体验的自我理解的"心理学"。

约阿希姆：但是它们中没有一个描述我们的道德体验。我告诉你，精神，不论它是什么——或许你是对的，至少在形而上学的心理学中，它只是建构偶然事件、精神的流动状态等的僵化实体——都不应该是一个道德行为者或实体，而毋宁是这种实体的决定性基础。再说一遍：它预设，你首先有精神，然后有道德。很不幸，在原始经验的层面上这大体上是对的，因为新生者还没有建立起关系——所以她没有"道德"。从这种时间的顺序中产生了这样的结果：既然精神先有，道德随后，那么它一定是精神决定、多元决定、限制和阻碍道德体验。这就是为什么我的确相信，不论你选择何种心理学——它与道德哲学都是不相关的，而不仅仅在先验哲学中这是一个理所当然的问题。先验心理学只有认识论的，而没有道德的相关性。康德对斯多葛主义和伊壁鸠鲁主义的整个批判都是建立在这个基础上的，即彻底反对在道德问题上的所有种类的心理学决定论。即使我不是康德主义者，我也仍然认为这是康德整个哲学中最敏锐的和最相关的论点。

【195】

维拉：但是当康德在描述经验的精神时，他难道不是仅仅将传统形而上学的整个装备都接收过来了吗？仍然是旧的精神抵制理性，仍然是野马必须被紧握缰绳的理性所控制。

约阿希姆：很多事情是共同的，但本质却不相同。如果作为本质的精神不是优先于道德的，如果它一点都不决定道德，只有自由能够决定本质，那么康德的哲学就阻止了道德的心理学化。但是我仍然怀疑，我致力于康德的道德哲学是因为心理学的原因……

维拉：然而，我在想其他的事情：如果你继续怀疑道德心理学的可能性，你就是错的。你可以说我是偏袒的，但是索伦的存在心理学是一种道德心理学。想想他的《恐惧的概念》（*The Concept of Anxiety*）。来自自由、负罪、善的焦虑——这些都是症候。这里没有决定者，精神更没有被当作一件东西来处理，或者被作为一个客体并被僵化……

约阿希姆：是的，你是偏颇的。存在的心理学根本不是心理学……

维拉：人们不可能从你那里得到一个好分数。你怀疑心理学，是因为它将非道德的–内在的–偶然事件和体验相对于道德体验的时间优先性转化为一系列的决定论。但是如果有人做了某种完全不同的事情，你指责他完全没有考虑心理学。并且，你反复抱怨你的道德的–哲学的选择似乎是被你的精神，或者更糟糕，是被你的心理学所决定的，或者至少是被强迫地限定的。你的抱怨给人这种印象，即你开始接受了，但旋即你又开始反对，即你所称为的你自己的"心理学"和你所称为的你自己的"道德"之间的紧密关系。你真正想传达给我的关于你自己的真理是什么？

约阿希姆：你现在说话像个哲学家了。天哪……

维拉：你的意思是我不想了解你的观点。但我想。不要将你的精神说成一种单独的实体。如果我假设你存在地选择你自己作为一个正派人，我也假设你选择你所是的所有东西，你的情绪、动机和倾向——我们的形而上学家过去常常建构、描述的所有内在的偶然事件和精神状态，我们称之为"精神"——并且你开始成为你所是的正派人。你将你自己看作弯曲的木材，因为你是一个道德的人；如果你不是的话，你不会将你自己描述为弯曲的木材。

【196】　　**约阿希姆**：这是老生常谈。尼采说过类似的话：我们不能谴责狼杀害并且吃掉羔羊，并且他在这里和人类中的狼做了一些类比。他说当我们谴责人类中的狼杀害并且吃掉人类中的羔羊时，我们是错的。我们做出这种谴责是因为我们知道——或者至少我们应该知道——吃掉和杀害人类中的羔羊是错误的，因为我们的父母和老师是这样教我们的，因为如果我们表达吃掉羔羊的欲望就会受到惩罚。因此我们发展出了关于秘密欲望的羞耻心和罪恶感。在尼采的解释中，最终产品是有罪的动物、病态的动物，在传统道德的－哲学的解释中是具有良好行为的伦理（*Sittlichkeit*）的男人和女人。

　　维拉：注意了，这是极端非康德主义的。

　　约阿希姆：我在谈论老生常谈，而不是谈论康德。

　　维拉：我和康德一样与这种老生常谈没什么关系。只是我的讲述不一样。我认为——和我的朋友劳伦斯一起——将人区分为"本体的"（noumenon）与"现象的"（phenomenon）是笨拙的和不文雅的拯救道德中心的方式……

　　约阿希姆：这是对品位的糟糕判断……

　　维拉：或许是，或许不是。但我还是不应该说出我说过的那些话。告诉你你所选择的作为你自己的最佳描述方式的道德哲学是不文雅的，这是非常不明智的。

　　约阿希姆：越来越糟。你不是一个谄媚者，是吗？

　　维拉：我希望不是。但是你突然变得似乎在意优雅这种虚荣的东西，这挺逗的。这应该更适合劳伦斯，难道你不这样看吗？

　　约阿希姆：维拉，你这个巫婆，这次你抓住我了。那么请允许我将你以第欧根尼（Diogenes）的方式表达出来的东西转化为哲学的语言。

　　维拉：听着，听着！

　　约阿希姆：没有一种道德哲学或者心理学全面地描述一个人。当我说康德的道德哲学是我的真理的时候，这并不完全准确。而毋宁是一种接近。我在康德的框架下最好地理解我自己，但我不是康德，我是约阿希姆。我的重点或许——明智地-不明智地——区别于康德的重点。我可以像康德那样思考，但我不像康德那样去感受——至少，在许多问题上不是的；至于其他的事情，我不知道。现在我们回到了我们先前争论的问题之一：关于体验的解释学是无望的劳动——永远不会有视域的融合。

维拉：但是如果你可以像康德那样思考却不能像他那样感受，如果你的体验应该区别于康德的体验——为什么你告诉我——秘密地，但也是不情愿地——是出于个人的心理学原因，你选择康德作为你的道德的-哲学的导师？

约阿希姆：这次你不会迷惑我了。当我思考康德对人的境况的描述【197】时，我在那里发现了最适合描述我的自我体验的沉思的框架和解释。

维拉：但是那种对你的自我体验的描述，难道不也是接近吗？

约阿希姆：当然。这里有两种接近。它们是帮助我行走的拐杖。

维拉：所以你靠两根拐杖而不是一根拐杖行走？

约阿希姆：可怕的比较，我承认。但是不，我不是靠两根拐杖行走。我的自我体验的接近，"了解你自己！"（know thyself!）的原则限制我去找到自己的合适的拐杖。

维拉：我们回到了恶的循环，约阿希姆。因为是借助那根拐杖你才能够开始接近你自己……

约阿希姆：不，不，这是错的。在我成为康德主义者之前我就开始这种接近了。现在我发现——你推动我去承认。确实，不是康德使我意识到我是一根弯曲的木材。我之前就知道了。我在二十六年前的一个星期天就意识到了。我像个疯子一样手里拿着一根棍子在中央公园奔跑。我可能将自己想象为一个士兵，并且——意外地——我撞到另一个男孩并且打了他的眼睛。他流血、大喊、尖叫；我仍能听到；我现在听到了。他被救了，但是他几乎失明。我感觉糟透了，越来越糟，它折磨着我。但我从来没有说"我做了这件事"。我试图说服我自己是那根棍子做了那件事，却未成功。正是那时我成了一个康德主义者。

维拉：对不起。你说你的心理学使你成为一个康德主义者。但是你所描述的体验——你是偶然将玛德琳蛋糕浸到你的白兰地中的吗？——也是一种道德的体验。我将说，它首先是一种道德的体验。那么为什么你告诉我，是你的"精神"而不是你的道德使你成为一个康德主义者呢？

约阿希姆：难道你不明白吗？我这里没有什么你可以描述为"自然的怜悯"的东西。我没有跑向那个男孩，我没有叫我的奶奶陪他去医院，我从未拜访过他，我从未为他哭泣。不，我回到家里，坐在黑暗的角落，在痛苦中咀嚼我自己的罪恶。我不能说服我自己是那根棍子做了那件事。所以我对自己说，"你再也不能拿着棍子到处跑了，小心伤着别人"等等。你或许会说是我的道德使我成为一个康德主义者。但是这种道德从对我的道德虚弱，对一种善的道德本能的缺失，对同情的缺乏的模糊意识中，从对劳伦斯显然且丰富地具有这些东西的感受中生成出来。你所称为的道德体验在这个意义上是一种心理学的体验。我将我自己看作——我应该再重复一遍吗？——永远不会弄直的弯曲的木材，将总是需要拐杖……

【198】

维拉：一根帮助你成为正派人的拐杖……

约阿希姆：或许是的，尽管我还不知道它；我只知道一件事情——我所感受到的折磨是比任何事情都要糟糕的。绝对命令存在于我们所有人的心间这个想法使我比对其他任何事情都更好地理解了这种体验。正受折磨的那个四岁大的孩子敬畏法律。这是我的原始场景。

维拉：焦虑在邪恶之前……

约阿希姆：是的，你也可以用克尔恺郭尔的术语来描述我的体验。但是康德提供了更有力的拐杖。

维拉：我还是不明白为什么你说是你的心理学使你成为一个康德主义者。

约阿希姆：你和劳伦斯都赞同的，每个人都以他或她自己的方式成为正派人。成为正派人——这是一个道德问题；但是"以我们自己的方式"——这是一个心理学问题。我成为你称为的正派人，劳伦斯成为正直的和善的；但这对我来说在过去和现在都是困难的，正如对他而言在过去和现在都是容易的一样。他可以依赖他对怜悯、同情、开放和友善的自然感觉。他可以揭示他自己，而我必须停留在一个封闭的储藏间，这是我的重担。

维拉： 那么你为什么不用弗洛伊德的术语来描述你自己呢？

约阿希姆： 既然我告诉了你关于我的"原始场景"的故事，我就期盼着这样一个问题。

维拉： 一个好的弗洛伊德主义者将启示你这个事实，即这只是冰山一角。你的"真正的"原始场景仍然是无意识的。

约阿希姆： 当然，他将会启示我。但是我们应该从依赖于我们自己的自我招致的监护下面走出来。只有通过自我启蒙一个人才能成为自主的。

维拉： 一个弗洛伊德主义者将否定它。或许，他应该许诺你通过分析的自律。他将向你提供一个对话的情境，在这个情境中，一个人（那个分析者）帮助你从事对你自己的无意识诠释的探讨。你说，而且不止一次地，一个人**能够**理解的是另一个人的思想，而**不是**他的体验。所谓的"视域的融合"只能被接近，如果一个人再思考另一个人的思想的话；一个人不能够思考或者再思考另一个人的前概念的或者非概念化的体验，一个人不能从他们自己的体验来讲述对那个体验的解释。

约阿希姆： 这不是我确切要讲的东西。我还没有傻到完全相信未被解释的体验。

维拉： 但是你仍然相信被无意识地解释的体验的存在。既然被无意识地解释的体验不能被思想把握——它们没有成为意识的体验——解释者不能接触到它们。

约阿希姆： 的确是的。我们有接触我们的非概念化的体验的优 **【199】** 先权。

维拉： 如果你不将它们概念化的话，你如何能够有这种接触？

约阿希姆： 尽管那个体验本身不能够被概念思考的中介所把握，但正是在这个中介中我们首先将它和我们自己沟通起来。这就是我所称为的对（无意识解释的）体验的有意识的解释。没有概念语言的中介，有意识的解释将是不可能的。但是语言所提供的只是对那个体验的报告。我可以在一封描述我的新公寓的信里面告诉你关于它的看法。但是你不会有关于我的新公寓的体验，你将会有关于我的公寓的描述的体验。几分钟前，我对我四岁时受的折磨进行了概念的描述。你所接收到的是一个三十岁的人对这种折磨的回忆，而不是一个四岁孩子的真实的折磨。我也有关于这个折磨的思想，但是通过回忆这个痛苦的体验，一种情感在我心中升起：一种难过而痛苦的情感，这个体验的一种再现，一种重复、回忆、感性或者毋宁说是敏感的回忆。我们可以同时唤起的不是一种概念的回忆，而是我们不能分享的类似体验的回忆。我的思想和情感可以同时记起，因为它们是相互联系的。但是如果你告诉我你的折磨，我会思考它们、理解它们，我会感受到与它们相关的许多东西，但是我的情感不会内在于我关于一种体验的思考之中。这就是我所说的"优先权的接触"。让我回到心理分析上来。那个分析者剥夺我，或者至少不辞辛劳地剥夺我的接触的优先权。这就是它如何剥夺我的自主性的。他假装比我更好地接触我的体验，他可以玩一些伎俩，而我却不可以。解密隐藏在面纱后面的，或者毋宁是隐藏在路障后面的，隐藏在我的自我防卫等后面的，我的体验无意识解释这些魔术的伎俩。分析者冒犯了我的体验……

维拉：约阿希姆，你以一种或另一种方式仍然是一个未经重构的康德主义者。你只是根据一个只与他自己和他的灵魂独处的单个人来思考。但我们不是隔绝的思想者，我们生活在人群中。为什么你认为他人不能够帮助你比没有他帮助时能够更好地理解你自己？昨天你捍卫民主反对劳伦斯的精英主义偏好，但是现在你在绝对地保护一种特权，因为接触你自己的优先权是一种绝对的优先权。

约阿希姆：我当然不会使我的优先权顺服于一个分析者。请不要在这种情境中提解释学。因为至少我对自己的个人体验还是有些尊重的。我之前不知道我的无意识隐藏的是什么。我不知道我的秘密，甚至不知道它们的特征——我们知道它们的类型或特征的秘密是何种秘密？——【200】因为我意识到我的"自性"。我不记得是我们中的谁提到瓷器店的公牛。

我猜是我提到的。这是一个很好的比喻。分析者就是瓷器店的公牛：他毁掉了那里所有的东西，那些属于我且只属于我的完全独特体验的所有特征。他将我格式化，将我归类，以至于他可以从我的灵魂中唤起——我可以问你是什么吗？恰好是他从所有其他人的所谓心灵深处唤起的同样的东西。假装从事着解释的工作，心理分析是普遍主义最原始的标签。它使我们所有人的灵魂类似；它将相同的情结归于我们所有人，它知道所有人在什么年龄经历相同的体验。不，维拉，这不是我的那杯茶。

维拉：对不起，亲爱的约阿希姆，难道精神或灵魂的每种结构所做的不正是相同的事情吗？难道你的康德没有事先告诉你，你将在自己"之中"找到什么吗？难道柏拉图和亚里士多德没有相当精心地描绘你的灵魂吗？难道关于被称作"人"的这个秘密的所有沉思都是普遍化的沉思的说法不对吗，因为他们所有的都在说"人的境况"或者如果你愿意用现代化的概念，他们都在说此在（*Dasein*），他们中没有一个是单独的存在者？为什么在这个问题上弗洛伊德比犹太教-基督教的共同传统更糟糕呢？为什么你的"灵魂"被划分为本我、自我和超我而不是被划分为身体-灵魂，或者身体-灵魂-精神，或者有生长力的-专心的-理性的灵魂或者类似的东西就伤害了你呢？

约阿希姆：我将告诉你为什么。首先，因为所有关于灵魂的古老分类都带有道德意图地划分和再划分精神。并且，他们从未假装向你或者向我或者向任何一个单独的存在者讲话——他们不假装转向你且只转向你。这是不可思议的且难以忍受的分析的伪善（*tartufferie*）……

维拉：你应用了尼采的语言……

约阿希姆：是的，我注意到了。这种可怕的分析的伪善是分析者们**期盼你**躺在拐杖上，并且相信这个故事是关于你的而不是关于其他任何人的，这是你的问题；他们关心的是你的痛苦，你的自我启示可能带来你的救赎。但是，唉，他们解释（explain）你——是的，他们甚至不会费力去阐释（interpret）你——他们带着所谓实证科学的高大且强大的自满来解释你。他们解释你就好像你是自然，是被决定的消极的结果……

维拉：你之前什么时候说过所有种类的心理学都应用因果解释……

约阿希姆：是的，但其他的却是朴实无华的，并且他们没有创造出假装的观点，即你是全面的神话学的主角，一个新的俄狄浦斯，一个新的厄勒克特拉（Electra）。分析者不是帮助你洞察你的特质，相反，他教导你在你退休的、老迈的和平庸的父母那里发现关于一个无效过去的危险的神话学人物；每个爸爸都成了一个拉伊俄斯（Laius）……

维拉：但是如果有人说，"弗洛伊德描述了我，他做得很好。心理
【201】分析是我的真理"，那情况又会如何呢？你不能否认许多男人和女人在过去一百年里这样感受并且这样做了。如果有人通过弗洛伊德的描述来理解他自己，为什么这就比你通过康德的描述来理解你自己要糟糕呢？让我再稍稍煽动一下你：被康德和弗洛伊德所描述的"精神"不是很相似吗？难道你不能用弗洛伊德的范畴来描述你自己吗？难道你不能说，我有一个强大的超我并且我需要它，因为我有一个不安分的本我；我很痛苦，因为我的自我被这两个敌人榨干了，但是我仍然勇敢地遵从我的超我？难道你不能用相同的术语来描述劳伦斯吗？难道你不能说，劳伦斯是一个有着强大的和善本能的人，他的无意识冲动显然是正确的；他根本不需要强大的超我，这就是为什么他的自我没有被超我和本我所榨干，而是自由地发展的原因。你通过比较被他的命运所拉的人，即热爱命运的人和另一种被推和被决定的人而开始你的自我描述。你说你像第二种人，这就是个性伦理学不适合你的原因。难道你不能用弗洛伊德的术语使你的例子变得比分别使用康德和尼采的术语更加有说服力吗？我向你保证，它将会更加容易和简单。因为迄今为止，你使一种描述（康德的描述）与另一种描述（尼采的描述）相遇，你说第一种是你的真理，而第二种是劳伦斯的真理。如果你严肃地对待弗洛伊德并且检视你的勃然大怒，那么你可能会得出一个有趣的结论。约阿希姆，请放松：我可以告诉你，在这次长长的谈话过程中，我从未见你如此愤怒，如此出离你的正常自我。我可以问你：你为什么如此生气？但是我不会问这个问题，因为我可以猜出来为什么。很抱歉，但这次剩下我去得出一个

有趣的结论了：康德描述你，尼采描述劳伦斯，但弗洛伊德可以描述你们两个人。

约阿希姆：你是对的，明智的女人，我是生气了。我承认，弗洛伊德踩了我的脚趾。我认为，他踩了我的脚趾是因为他不能描述我；你认为，他踩了我的脚趾是因为他能够描述我。但是我的或你的解释是否更加接近我的无意识解释的体验，在这里几乎是不相干的。让我们假设，弗洛伊德可以描述我的灵魂的内在图景的结构，他也能描述劳伦斯的灵魂的内在图景的结构——在两个情况下都使用相同的积木，不过以不同的方式来组合它们。然而，如果可以描述的话，他只能描述结构而不能描述动力（dynamics）。更准确地说，他或许可以描述我的"灵魂"的动力。我承认，毕竟我是以一种或另一种方式被我的过去所决定的。但是他的确不能描述劳伦斯的灵魂的动力——在弗洛伊德的全部作品（oeuvre）中，没有为被拉者留下的空间，更不用说为热爱命运了。弗洛伊德的和存在论的心理学描述了两种完全不同的动力学。这里有一种非此即彼。如果返回到我的例子中，并且承认弗洛伊德可以描述，不仅是描述我的所谓"灵魂"的场景，而且描述其动力，那么他还是不能描述【202】我。他不能告诉我关于那个四岁的我的体验的任何东西。在我的四岁的自我中，没有对父亲和惩罚的恐惧，没有恋母情结或类似的东西（我从不知道我的父亲）。所谓我的灵魂的因果关系，冷却为重复我的过去的渴望，去重复地呈现它，这很难被命名为一种"情结"；整个"情结"理论，无论如何都是对我们通过其特征体现出来的情感的、本能的突发情况和事件的一种最糟糕的客体化和僵化的理解。

维拉：对不起，你开始动员你自己重回愤怒状态了。同时，你忘记了某种重要的东西。

约阿希姆：我忘记了什么？

维拉：最重要的东西。

约阿希姆：那是什么？

维拉：通往你自己的内在生活的优先权。排除他人参与到对你的体验的解释。

约阿希姆：我告诉过你，我选择你作为知己却不把你带进我的秘密。但是你推进得太过了。你的脆弱中存在的不一贯性加在我的生活－经济上的重负比所有的教科书加在心理分析上的重负都要沉重。就是这样的。

维拉：就是哪样？

约阿希姆：和世界一样古老的母亲－忏悔者（mother-confessor），听到了我的忏悔。我知道，我确切地知道，没有一个人，没有一个单一的人，不论是人类的还是神圣的，都不能通往我的内在体验。但是我描绘得最多的正是我知道不可能的东西，而不是其他。我渴望发生奇迹，我渴望某人，某个单一的人去做那不可能之事，去抚慰我的抵抗，去使我对他而言变得透明，通过他也使我自己成为透明的。我明白幸福可能是什么：法官威廉和他的妻子，"两个中的一个"而不是"一个中的两个"，是共享体验的活的历史。但是劳伦斯，我亲爱的劳伦斯，寻求另一种幸福……

维拉：我知道……

约阿希姆：所以你也知道。你也一定知道他站在我上面多高。那个寻找他的真理的伟大小孩，将世界作为玩具接受的宙斯的儿子。

维拉：他与我们游戏吗？

约阿希姆：是的，但是他没有意识到。他并不关心。

维拉：但是你谈到他的自然的怜悯能力，谈到他的善、他的同情……

约阿希姆：它们都在那里；所有高贵的德性，没有一样仅仅是人的。我希望我很好地为他服务。但是他爱着你。

维拉：他是这样说的。

约阿希姆：你会爱他吗？

【203】 **维拉**：我不知道。

约阿希姆：请爱他。

维拉：我不是应要求去爱。你相信我不能爱你吗？

约阿希姆：我确信你不能——因为对我而言，劳伦斯比你重要十倍。

维拉：你认为我是可预言的，是不是？你认为我培育我的互惠而不是突发奇想地赋予我的同情？所以我宁愿跟你讲一个故事。它不是来自专题讨论会的故事——一杯白兰地确实有一点神圣的启示——它将是关于人的境况的可怜的灰色现代小故事。既然我们应该在灰色中描绘灰色，那么我希望它会起点作用。

约阿希姆："生命的金色之树是绿色的。"

维拉：我没有忘记那棵金色之树，不要担心。从前——每天都是从前，因为从前是每一天——智人（*Homo sapiens*）这一特殊存在的物种诞生了……

约阿希姆：你的意思是有些被降生为智人这一物种的存在是特殊的，还是所有新生的这一物种都是特殊的？

维拉：你的思想很敏锐，约阿希姆。你想在我真正开始我的陈述之前就抓住我。"现在我要把维拉带到旁边，"你想，"如果她说那个物种是特殊的，那么她就爱我，但是如果她说有特殊的存在被降生为'智人'这一物种，那么她就爱劳伦斯。"但是你不能把我带到旁边。因为这两种意思都是我的所指。的确，"智人"这一物种的每个成员都是特殊的，因为我们每个人都是一个"被抛"；每个单一的个人都是完全独特的……

约阿希姆：一棵树上没有两片叶子是完全相同的。独特性不是人的个体的独特品质。可以说每个生命物都是一个被抛。我自己作为一个人道主义者，对各种各样的人道主义均不反对，但是我提醒你，你关于普遍的独特性的概念将不会被我亲爱的朋友劳伦斯所欢迎……

维拉：我的讲述是关于问题，而不是关于解决办法的谱系。不论你将人看作存在的主人还是看作**存在**的牧羊人——在每种情况下，你都是在分配一项特殊的任务给"人们"，给每一个人。不是我们的特殊目的地，而是这个目的地的特征或"本质"现今经常被质疑。让我谈谈那个"被抛"。不论植物还是动物，都不是从这个被抛中诞生的。被抛是人的特殊性。或许这就是为什么人的思想从未停止过询问（并且回答）这个问题，"谁（或者什么）是在抛的那一位？"神话学问这个问题，哲学问，宗教也问。它们都给出了它们的答案。没有一个最终的答案。然而，当没有人再问"谁（或者什么）是在抛的那一位？"的时候，人的

【204】 独特性将不再是"被抛"，因此他们也将不再是人。因为他们将失去他们的特殊性。他们仍将有类似多功能电脑的大脑，他们仍将是两足动物和杂食动物，但他们不是我们所知道的人了。

约阿希姆： 维拉，你也是一个文化悲观主义者吗？或者你在回应海德格尔的格言，即只有一个新的上帝才能拯救我们？

维拉： 你曾告诉我——你不是一个奉承者，你知道——我和这个世界一样老。我不是从书本学习历史，我有我的个人经历。我看过太多，以至于不会成为一个文化悲观主义者，尤其是不会相信人最终将停止问他们永恒的问题。尽管现今流行的对形而上学的爆发式的反对使我恼火，但是我的交流仍然被以下发现所抚慰，即多数诬蔑形而上学的学者并不知道他们在说什么。未来仍然是敞开的。但是让我回到我的叙述中来。从前——每天都是从前，因为从前是每天——非常特殊的存在被（过去被）诞生为智人这一人种：他们被（过去被）抛入这个世界……

约阿希姆： 停一下。你（或许是劳伦斯？）昨天——或者是前天？——提出关于这个世界的视角主义的概念。你说，如果我记得对的话——参考莱布尼兹和尼采——每个人都有他或她"自己的"世界，尽管我们也分享同一个世界。有些人如何能够纯粹而简单地被抛入"一个世界"呢？

维拉： 你有过孩子吗？我有过许多。一个出生在沙漠的帐篷里，一个出生在丛林中，另一个出生在渔人的小屋里，还有一个出生在繁荣的旧城中，最后一个出生在你们的大都市。他们是男孩和女孩，他们出生在主人和仆人的家中，出生在高贵之人和低贱之人的家中，出生在王子、乞丐和市民的家中，出生在知识之人和无知之人的家中，出生在战争与和平的年代，出生在大量饥饿的年代，出生在温和与恶劣的气候中——我还可以接着说。所有这些都不能发生在植物或动物身上。人是被抛的，因为在她出生的时候就"有"两个先天，而不是一个：一个遗传的先天和一个社会-文化的先天。两者都是先天，因为它们在单一的

个人的经验之先。我所有的孩子——就像树上所有的叶子一样——都是独特的；但是他们被抛入的世界也是如此。更确切地说，这就是为什么有抛。一只狼生来是一只狼。一个人生来则并不完全是一个人，只是成为她所是的潜能。正是在她与其被抛入的世界的关系中，也正是通过这种关系，她成为她所是。是的，我说她被抛入一个世界，因为她不是被抛入"那个"世界——没有这样的东西。但是她没有（还未有）"她的"世界，因为在她出生时她只是开始获得"她"自己的世界。我的老朋友，汉娜·阿伦特，将这个抛命名为"出生"（natality）。出生就是被抛。

约阿希姆：你说到我们已经讨论过的构造。你在存在的选择并通过 【205】这个选择成为你所是。但是存在的选择中的特殊东西，当你——作为一个被抛——通过与一个世界发生关联而无论如何成为你所是，即成为一个人的时候，这个世界因此转化为"你的"世界。

维拉：的确。因为存在的选择是**重复**，是初始的人的境况的重复。在这个意义上，它是相同之物的重复。我会回到这个问题的。首先让我继续我的叙述。我谈到出生；我们被抛入一个世界，在那里我们接受我们的人的命运，开始成为我们所是——人。但我们也是完全不同的。我们生来有着完全不同的天赋组合。让我用现代语言来称呼它——尽管我们也可以用一个老式的形而上学的语言来描述这同一个东西——遗传的先天。因此被抛的时刻是绝对偶然的时刻——因为它是来自两个毫无关联的骰盅的被抛。这个"遗传的先天"的骰盅与那个"社会–文化的先天"的骰盅是不相关联的。当我怀孕的时候，我从一个地方移到另一个地方，从一个世纪移到另一个世纪——所以我所有的孩子，他们都是我的，被抛入了完全不同的社会–文化的先天中。他们在哪里出生并不依赖于他们。依赖于他们，并且越来越依赖于他们的是成为他们所是；但是他们必须正好是在那个社会–文化的栖息地成为他们所是（人），那个地方是他们碰巧被抛入的地方。巧合之一，我重复一遍，是遗传的——他们都是一个精子和一个卵子的不太可能的产物，精子与卵子的"相遇"不可能被任何人预知——这个遗传巧合的独特生物现在必须去处理从两个毫不相关的骰盅所抛出的（她的）环境。我称之为一个被抛！我称之为一项任务！我称之为命运。男人和女人都是被那个抛所命定的……但是我往前跑得太快了。让我回到那两个先天，遗传的和社会–文化的。为了成为我们所是——这里有一个内置的（built-in）目的论——我们必须，我们应该使这两个先天吻合。我说我们必须，我说我们应该——是的，这里有一种约束，有一种义务。吻合或者毁灭。

约阿希姆： 我们生来遭受痛苦……

维拉： 也体验快乐。这两个先天的吻合是痛苦，但也是快乐。你见过一个小孩的脸吗，当她第一次成功抓住某物的时候？当她迈出她的第一步的时候？当她向母亲微笑的时候？

约阿希姆： 我没有机会去观察这些。但是我信任你。自我记事起，我就总渴望长大。作为一个小孩是很可怕的。

维拉： 我知道少数男人和女人在孩童期很快乐，但是成人后则陷入绝望。对一个人来说是地狱，对另一个人来说则是天堂。但我很快就要结束我的关于吻合的故事了。吻合从未完成，或者至少我们不知道它是 **【206】** 否完成。这两个先天之间仍然存在紧张。这种紧张可能是严峻的也可能是温和的。我们在心理学中阐释、理解或解释的正是这种紧张本身。

约阿希姆： 你的意思是说，遗传的先天是自然，社会–文化的先天是精神，二者的综合是灵魂？

维拉： 完全不是。遗传的先天对生来是为了指引一种人的生活的人来说不是"自然"；这种被抛不是自然。（社会–文化的）世界不是精神。当然，更多的是依赖于你的哲学语言。康德将这种社会–文化的先天称作"自然"，而黑格尔命之为"精神"（客观的和绝对的精神）。在黑格尔的方案中，吻合可以被描述为主观精神的自我具体化。他在《精神现象学》中阐述了某种类似的东西。但是如果你不建构一种体系，而毋宁是只讲一个故事，那么你就没有义务使你的体系和你的故事吻合。但是当我说由于不完全的吻合，这两个先天之间仍然有一种紧张，我并不是指一个客体、一件事物；我们吻合中的紧张不是一个客体，不是一件事物；我指的不是类似"灵魂"的事物，更不是作为"综合"的灵魂。

约阿希姆：但你说它是"心理学"试图忙着理解的紧张。

维拉：更确切地说，那个紧张是心理学的**问题**。（在亚里士多德那里）植物的灵魂在"心理学问题"中不起作用，但是在弗洛伊德那里，例如，在他的肛欲（anal erotics）理论中，它就起作用。这是因为，对亚里士多德而言，植物的灵魂不是紧张的一方，但对弗洛伊德而言则是。认知心理学——通常——不处理"心理学问题"，除非它从事研究精神赤字（mental deficit）或创意盈余（creative surplus）……但现在差不多是晚饭时间了，我不想再拖拖拉拉我的叙述了。让我总结一下，对一个"被抛"而言，成为我们所是意味着生活在紧张中——因为根据社会–文化先天的规范和规则成为我们所是，与在我们特殊的天赋中并通过这些天赋成为我们所是之间，总是存在着紧张……

约阿希姆：你的故事真长，它不是可以归结为自然与培育这个古老且无聊的问题吗？我们既被自然也被文化所决定……

维拉：相反，我们被二者所限制，但是我们不被任何一个所决定。我们从（至少）两个不同的骰盅被抛，让我重复一遍，它们都不能"决定"我们，因为另一个先天负隅顽抗。你称为文化的东西抵制我所谓的"自然"的过度，但是我所谓的自然也抵制所谓的"文化"的压力。

约阿希姆：所以现在我们，这些可怜的东西，遭受双重抵制和约束的痛苦。

维拉：或者在运用我们权力的过程中使我们快乐。当然，抵制只是【207】这个游戏的一个方面。这个紧张是创造性的，它**超越我们被抛入的这个世界**。这就是我们如何发展我们自己的世界，我们自己的视角，正如劳伦斯将会做的那样。也发展我们自己的梦想。这个紧张是超越的能量，是想象的来源……

约阿希姆：现在你开始引入我所鄙视的活力论的语言了。你的能量散发着无效的自然科学的气息。

维拉：或者是像尼采的权力意志。我承认，这个术语是误导的，因为它已经被误用了。我们应该谈论创造性的想象吗？它毕竟是你的康德最喜欢的东西之一？

约阿希姆：我接受"创造性的想象"。但是你会将"创造性的想象"等同于由于不完全的吻合而产生的紧张吗？

维拉：不完全的吻合不是紧张的原因，它就是紧张。紧张本身并不是创造性想象的原因；但它是创造性想象的条件。

约阿希姆：越紧张，创造性想象的机会就越多吗？在有意识和无意识梦想这两种情况下，超越普通的真实世界的机会就越多吗？

维拉：现在是你开始根据量化能量来思考了。问题不是这个紧张"厉害"还是"不那么厉害"，尽管传统认为没有谈论吻合和类似的东西——这里有一种关系。这就是为什么疯狂和创造性想象往往被等同的原因。但毋宁是紧张的特定品质、紧张的特征，可能为创造性想象提供最好的条件。当然，如果我们谈论紧张的品质，我们在脑子里不能只有一个先天（即遗传的先天）而应该有两个先天。人们想，为什么有些时代对创造性的喷发非常有益，而其他的时代则不行。这个"世界"不决定所谓天才的创造性，这些天才总是在他们为这个世界带来全新东西——"**他们**世界"的东西，只有当它被带入那个世界之后才成为**一个**世界的东西——的范围内超越**这个**（普通的）世界，但是，**这个**世界仍然是先天的世界，这个先天引起了结出创造性果实的那种紧张。正是生命的金色之树变成了绿色的。

约阿希姆：维拉，你和往常一样精明。你开始讲述人的境况的故事，为了照亮对人来说普通的特殊性，于是——在没有让我注意到的情况下，你转换了你的故事的主题，以至于最后你到达了特定人的特殊性。你从普遍性开始，以差异结束。

维拉：这里没有精明。故事讲述着它自己。

【208】　约阿希姆：让我重申我是如何理解你的观点的。我们从两个不相关的骰盅被抛入这个世界。这是我们的偶然性……

维拉：不确切。这是那个被抛，是被抛的巧合。但是偶然性是另一个东西：它是被抛的意识或者毋宁说是自我意识。我们成为偶然的，如果我们将自己理解为巧合的——在神话学，在形而上学体系崩塌之后。

我们是偶然的，如果我们不回答这个问题，"谁（什么）是在抛的那一位？"在我们的第一次对话中你称作的"上帝之死"（尽管我不是特别喜欢你的表达）是宇宙偶然性的历史条件。并且，现代男人和女人被抛入一个完全不同于他们的前现代先人所被抛入的世界。这个世界不将你的生活方式强加于你。在这个意义上，你是自由的，自由地在你的无限可能性中进行选择，并且你也是虚空的。这种被抛是被抛入自由，即抛入虚无。

约阿希姆： 这是你所说的吗：在前现代世界我们碰巧被抛入一个世界，而在现代世界我们则被抛入虚无？你是将后面的被抛称作偶然性吗？

维拉： 差不多。但是我们现代人也被抛入一个世界。只是社会-文化先天的特征现在不同了。在前现代世界你将你的命运作为生日礼物来接受，而现在你不接受一件生日礼物。或者毋宁说，你接受另一件东西，一件未被决定的东西：自我命定的可能性。这可以被称作虚空的自由；然而，这个虚空的自由是所有现代自由的条件。这就是为什么你应该命定你自己。

约阿希姆： 现在我开始明白你的"重复"是什么意思了。在前现代世界，和今天一样，你从两个不相干的骰盅被抛入一个世界。就遗传的先天而言，什么都没有改变；就出生的巧合而言，什么也没有改变。它是人的境况。简言之，人的境况就是你必须且应该成为你所是。但是在古人的社会-文化先天中，我们的命运在我们出生时就等着我们。就遗传先天而言，你只是一个独特的人；就你被抛入的那个世界而言，你生来是一个潜在的猎手，一个潜在的牧羊人，或者主人，或者奴隶，或者一个潜在的国王，等等——你必须成为你所是，否则你就毁灭了。但是现在社会-文化的先天不再指定你的命运，你生来只是一个"人的存在"。你生而自由。那么你应该、你必须成为你所是是什么意思呢？你不是命定成为任何特殊的东西，你只是作为虚无被抛入自由。因此成为你自己就意味着成为自由的，或者成为虚无，去获得你自己或者失去你自己。这是赌博。**我们自己的存在的选择是在自由的或虚无的条件下的** 【209】

人的境况的重复，即现代性的重复。既然社会－文化的世界决定不了你，你将"是"，如果你选择你自己的话，并且你将成为你选择你自己是的那个东西。是这样吗？这是你所说的重复的意思吗？我们自己的选择是自主的吗？如果它是的，并且你暗示它是的，那么我们并没有完全重复原初的场景。我不能说"你应该，你必须成为你所是，否则你就毁灭了"；而毋宁说"你的确成为你所是，成为你选择自己所是的那个东西"。但是这个转换是相同的，"否则你就毁灭"。但是"毁灭"意味着某种和第一种情况不同的东西，它等同于失去你自己。失去我们自己不是可以看见的——毋宁说，它是某种看不见的东西。毁灭，在某人眼前毁灭的人；他在被命运给定的共同体中不能保存他自己。但是失去自我的现代人却可能是成功的、被崇拜的和被尊敬的。这难道不是真的吗？

维拉：这就是为什么我的索伦过去常说内在的不是外在的……

约阿希姆：但是这只对真诚的人而言才如此。那些人为重复做好了准备……

维拉：关于存在的重复……尼采所说的相同之物的永恒重复不是存在的重复。的确，尼采的重复的可能性被存在的重复所开启。

约阿希姆：我亲爱的维拉，我倾听了你关于吻合、两个先天、被抛和重复的长长的故事。我理解为什么人在所有生物中是特殊的，而有些人在特殊的人的境况中是特殊的案例。当然，后者是骰子的幸运一掷。我们都生活在紧张中，因此紧张没有解释骰子的幸运一掷。什么能解释它？

维拉：谁，或者什么是在抛的那一位？

约阿希姆：我不知道。

维拉：那么你不能解释那个被抛，不能解释幸运的，也不能解释不幸的被抛。

约阿希姆：我很满意。你比你所承诺的做得好。你的故事是彩色的，不是灰色的。但你仍欠我一些智慧来解释生命的金色之树。

维拉：我简单提到它。生命的金色之树在紧张的土壤上长得高大且美丽。

约阿希姆：从痛苦中？

维拉：从快乐中。现在你自己明白了为什么你说是你的心理学使你选择了康德。你的心理学是特殊的、独特的紧张。它是你的两个先天和你对尚未（not-yet）之事的开放性之间的紧张。一个人释放那种紧张，也与之共存。但是伦理学，尤其是道德，不是扔在这种紧张头上的帽【210】子。你为我的故事恭喜我，但是你太客气了；我的吻合的故事是一个温和的故事，它只有一个好处：你可以用它来描述你自己、劳伦斯，也可以描述我。它不是我关于道德的真理，也不是劳伦斯或你的真理。它是关于境况的故事，或者如果你愿意的话，它是关于可能性，关于善与恶，关于对与错的故事，它解释了真理的多元性。

约阿希姆：但是如果它给出了一个关于真理多元性，关于我的伦理真理、劳伦斯的真理和你的真理的共同来源的真实说明，那么你为什么警告我不要将你的故事接受为对道德真理的说明？

维拉：因为这个故事没有回答关于道德真理的问题。这个故事指向的是男人和女人对这个真理的开放性。它是对这个真理的开放性，这个真理对劳伦斯、你和我是共同的。但是关于道德的真理是指向道德的来源，指向中心之中心的姿态。在这点上没有什么留下，除了重复你不止一次说过的话：道德的真理——宁愿受冤屈也不冤枉他人——不能被证明。拥抱它的人，带着一种姿态拥抱它。他们指向道德的来源，指向中心的中心。确实，了解中心的中心的需要仍然存在。你的康德称之为形而上学的需要。但是以色列的上帝说：看我脸的人将死。

（劳伦斯出现了，在他们背后站了一会儿。）

劳伦斯：所有没有看到上帝的脸的人也都会死。例如，我的同名人，维拉的老相识，就在我的年纪死了。没有报告说他看到过上帝的脸，尽管他是上帝的选民之一。不管怎么说，很抱歉打扰到你们。已经晚了，我想你们已经完成了你们的促膝交谈……

维拉：在这个时候或者离现在几百年前的时候……我们可以在任何时候完成这种促膝交谈，但是我们又将永远不会完成它。欢迎。

劳伦斯：你们已经点了晚餐了吗？

约阿希姆：我们没打算在这里吃。

劳伦斯：但现在我们可以开始打算了。贝类作为前餐。他们也有很好的鹿肉。他们的牛肉很差劲，我不建议点。但是他们的羊排非常好。除了法国、印度和中国菜，没有什么好的美食了；其他所有的传统和组合都需要让步和妥协。烹饪文化在下降。所以从最差的里面挑选最好的吧。让我看看菜单。

约阿希姆：你替我点。沙拉和一点点肉……

劳伦斯：沙拉？和这么可怕的调味品？恐怕你已经丧失了对高级文化和低级文化的辨识力……

【211】 约阿希姆：你知道不是这样的。昨天，你或许能回忆起，你将"高级文化"和黑格尔的绝对精神以及康德的审美判断结合在一起。但是，烹饪，不论好坏，都不能和康德的或黑格尔的概念联系起来。我倾向于吃一些简单的食物——我是这种人。

劳伦斯：你的意思是，吃一些没品位的东西属于你的个性？我希望不属于你的个性伦理学。但是在你回答这个复杂的问题之前，我们先听听维拉点什么。

维拉：你也可以替我点。选你觉得最好的；我依赖你的品味。

劳伦斯：亲爱的维拉，为什么你不和我一起回巴黎！我可以在那里为你点一顿高贵的大餐。但现实是，我准备做出妥协了。

（讨论在就餐时再次开始。）

劳伦斯：约阿希姆，我的朋友，你还是欠我一个答案。你对没有品味的、乏味的食品的偏好属于你的个性，尤其属于你的个性伦理学吗？你的导师，伊曼纽尔·康德，过去常常邀请几个朋友用餐。那是很棒的午餐，也有很棒的食物。

约阿希姆：康德是一个伟大的主人，是一个非常彬彬有礼的人。他的桌上摆放着很棒的食物和很好的葡萄酒，所以他的所有客人都可以选择他们最喜欢的东西。但是这些午餐所服务的对象并不是吃；它为被挑选的客人的有教养的谈话提供了场合，否则康德就会严格控制饮食；他吃得很少……

劳伦斯：是的，我们知道，他黎明起床，洗冷水澡。在尼采的意义上，他是一个禁欲主义的神父。但我问的是你，而不是康德……

约阿希姆：对不起，是你将康德的午餐这个主题带入我们的讨论。那么让我面对这个挑战：是的，一个人所做的一切都属于他的个性，要么接近中心，要么接近边缘……

劳伦斯：那么，这个个性是一个中心的吗？

约阿希姆：请不要将一些最近讨论的最无聊和最不相关的东西带入我们的对话。如果你严肃地对待你的个性伦理学，你甚至不可能提出它。在我们关于围绕精神（*peri psyche*）的长长的讨论中，维拉和我在其他结论之中得出了这样一个结论，即我们将我们的"精神"称作两个先天——遗传的和社会–文化的——之间的紧张，并且这两个先天往往是不能完全吻合的。长话短说，精神不是客体。所以我们不能说它有一个中心，或者两个，或者一百个。我们只能说，有的人可以用一个中心的模型较好地描述他的精神，有的能用两个中心的模型，而其他的可以用一百个中心的模型。

劳伦斯：对不起，你忘了我没有参与你们的讨论，不能回忆起它。【212】我宁愿讨论你们两个没有触及的问题。让我们回到好的午餐与个性伦理学的关系上吧。

约阿希姆：外在行为，例如是文明的、彬彬有礼的或粗鲁的，还包括品味问题，不论他们关心的是对瘦肉饮食的偏好还是对复杂烹饪艺术的偏好，是对歌剧还是对摇滚乐或类似东西的偏好，都属于我们的个性。但它们并不是我们的自主性的表征。我知道，这是非常康德主义的，但我并不认为我们变得更加智慧了。因为个性的所有异质的表现共同具有的唯一东西只是我所提到的消极性。他们的伦理相关性是非常不同的。邪恶的人可以具有非常好的音乐品味或者可以行事相当礼貌（*politesse*），并且他们确实可以对品酒有着准确无误的判断。但是如果一个人是正派的，那么她是彬彬有礼的比她具有杰出的烹饪品味要更具有伦理相关性。这将我们带回到劳伦斯的关于个性分量的论点——高贵的或低贱的、美丽的和丑陋的，等等。他举了贵族的，或至少是精英的德

性的例子。现在让我为这个列表添加一些相似但民主的德性。礼貌
（civility）和彬彬有礼（urbanity）是民主的德性。没有例外，有分量的
个性是被要求的，要求礼貌的实践。礼貌和彬彬有礼是人的交往形式，
它们减少了交流中的困难，帮助他人保存颜面，等等。它们也是自我保
护的形式，是内在的而不是外在的。我们可以通过最礼貌的外在行为保
护我们的"内在"。总而言之，这些形式具有伦理的，尽管不是道德的
相关性。烹饪品味的事情不能说是这类事情。对不起，劳伦斯，这属于
你的"精英主义的"文化，不仅因为只有极少数人能够负担得起去寻
求、考虑精致品味的生活方式。或许它同样可以用于装饰你的房子或房
间的品味这件事情上……

维拉：我反对。两盆花可以彻底改变一个房间的氛围。被专业人士
用上流人（high-brow）杂志上最流行的样式装饰的富人的公寓——往
往——像品味的荒漠。他们完全丧失了个性，比最小的洞还要压抑。

劳伦斯：听到了，听到了！但是让我们回到你关于礼貌和彬彬有礼
的观点上吧。你，约阿希姆，将礼貌和彬彬有礼——这些民主的德
性——与我的（或尼采的）高贵的和美丽的特征这些德性做比较。但是
这种比较是错误的，并且你自己指出了为什么。你说，诸如礼貌和彬彬
有礼这些德性使交流变得容易，抚平了人际交往的坚硬边缘，保护了他
人的，以及我们自己的自主性。但是礼貌和彬彬有礼都不能体现一个人
自己的自主性。相反，我的（尼采的）个性德性却的确体现了一个人的
自主性；它们由内而发。它们没有保护他人，它们毋宁将自己强加于他
人；它们没有保护所谓的伟大个性的"内在"——因为它们完全揭示的
正是这个"内在"。

约阿希姆：我不反对。但是请不要忘了这个马拉松式讨论的最近一
轮是由你对精致的烹饪艺术的品味以及我对食物的漠不关心引起的。你
的烹饪品味是你的个性的体现吗？是你的伦理个性的体现吗？最后，是
你的自主性的体现吗？

劳伦斯：好问题。

约阿希姆：它们是你的问题。

劳伦斯：这就更好了。前两个问题很快就被解决了。我的烹饪品味当然是我的个性的表现之一，也是我的伦理学的表现。作为禁欲主义神父的不共戴天的敌人——至少在理论上，尽管在生活上我被它们所吸引——我培养了一种伊壁鸠鲁主义的伦理学。但是，关于第三个问题，我有些疑问。因为说我的自主性在我的烹饪品味中得到体现，这是荒谬的。

约阿希姆：为什么这将是荒谬的？

劳伦斯：我这一刻必须做出一个决定："从今天起我将只吃面包，只喝自来水。"从今天起直到我生命的尽头，我的确只喝自来水，只吃面包。这就是为什么烹饪品味不属于我的自主性。

维拉：那么，雪茄呢？

劳伦斯：这是我最后一支雪茄。我再也不会抽雪茄了。

维拉：你对浓咖啡的嗜好呢？

劳伦斯：我决不会再喝咖啡了。

维拉：你是危险的。你太像一个禁欲主义的神父了。请稍微停止练习你的自主性。

劳伦斯：当它使我愉悦时我就将停止。这意味着我永不会停止。我总是在练习我的自主性。

维拉：你的"自主性"是什么？

劳伦斯：做出承诺的能力。不论我做出什么承诺，我都将遵守它。

维拉：你可以承诺什么？你应该承诺什么？

劳伦斯：我可以承诺任何我坚持却不会失去自我的东西；我应该承诺所有将我带往我的命运的东西。我**能够**承诺的所有事情是被我的自主性所允许的，我**应该**承诺的所有事情是被它所引导的。

约阿希姆：我不相信我的耳朵！扫罗/保罗（Saulus/Paulus）——弗里德里希/伊曼纽尔？

维拉：让我继续询问你。劳伦斯，你是一个伊壁鸠鲁主义者，你完全地并且充满热情地欣赏你的生活品味。但是当我开始挑逗你时，你却毫不犹豫地放弃了你的两个最喜欢的嗜好：喝咖啡和抽雪茄。我知道，【214】

265·

你再也不会抽雪茄或喝咖啡了。我也理解，你不会因为放弃这两个习惯而失去你自己：你做出承诺，你在你的伦理的精神下被允许做出承诺。但我仍然不明白你究竟为什么做出这些承诺？我确信，不是为了吹嘘你的权力意志；这将不像你。

劳伦斯：不，不，它不是关于权力意志。当你挑逗我时，某种东西像闪光一样击中了我：依赖一种习惯不适合我。依赖某种"外在的"东西不适合我。例如，古巴雪茄是这种"外在的"东西。尽管我抽它们时很快乐，但是我不依赖它们。我知道如果某事发生了——例如贸易封锁——我再也不能获取它们了，我不会有"停药后的症状"，我只是不再抽它们了。

维拉：对不起，我现在更不理解你了。如果你没有依赖那种习惯的话，那么为什么你要戒除它呢？那个"闪光"带给了你什么？

劳伦斯：尽管我不依赖那个习惯，但是我依赖一个偶然的事件——获得雪茄的可能性或不可能性，依赖或许在未来的偶然的时间——某个地方。但是为什么要依赖偶然性？为什么是"从今往后的某个时间"？为什么不"就是现在"？为什么不是绝对地？

约阿希姆：和你的绝对主义相比，康德的严厉就是孩子的游戏。我不会放弃白兰地的快乐，这种无辜的快乐不会损害道德律。

劳伦斯：你为什么应该？

约阿希姆：有些时候我被诱惑着遵从你，绝对地和盲目地遵从你。于是我仔细考虑了，也许你和我的友谊也是你可以绝对任意地放弃的习惯。

劳伦斯：不，不，我们的友谊不能被描述为一种"习惯"，因为你在每一分钟都是不同的、崭新的……

约阿希姆：并且是依赖的？友谊不是一种依赖吗？

劳伦斯：只要它们是相互的，它就不是依赖。如果你的友谊降温了——是的，那么它就将变成依赖。

约阿希姆：如果你的友谊降温了，我仍然珍视我的。

劳伦斯：那么你是实践的视角主义者，或者甚至是实践的相对主义者吗？我是实践的绝对主义者吗？至少在精神或灵魂的事件上？

约阿希姆：你可以这么说。

劳伦斯：但是让我回到你最模棱两可的句子上。你说你有时候被诱惑去绝对地和盲目地遵从我。但是如果你那样做了，这就将是我们友谊的终结。谢天谢地你总能抵制这个诱惑。

维拉：我不理解你强烈的情感。毕竟，你是一个哲学家，哲学家，【215】就像宗教领袖一样，需要散播他们的观念并带来好消息的信徒……

劳伦斯：他们过去往往需要信徒，但是他们现在不再需要了。如果你发现了绝对**真理**，发现了普遍的和必要的唯一者，那么你就需要信徒。对于像我这样的视角主义者而言，一个信徒只是一个回声或者是回声的回声。"主义"的时代过时了。

维拉：那么视角主义呢？

劳伦斯：视角主义也过时了，尽管不是不同的视角过时了。

约阿希姆：你指认你自己是一个伊壁鸠鲁主义者。然而，你的伦理学似乎不像伊壁鸠鲁或卢克莱修（Lucretius）的学说。现在你也遣散了那个"花园"。

劳伦斯：不，完全没有。我的灵魂拥抱伊壁鸠鲁的花园。在我的花园里没有老师或学生，只有朋友。每个人都以他或她自己的方式，以独特的方式思考。他们每个人都有自己独特的正派的方式。是的，我绝对拥抱平等的美丽共同体这个理念。

约阿希姆：你说这个吗？你昨天还侮辱平等？

劳伦斯：我昨天侮辱的是实质的平等概念。今天我说的是被选择的少数的平等，在伊壁鸠鲁花园中的智慧的男人和女人的平等，孟沙瓦的骑士的平等。

约阿希姆：这偏题了。如果实质的平等概念是错误的，如果没有两个人——作为人——可以被比较，那么你如何能够在一个拥有超越正义的伦理世界中谈论平等呢？

劳伦斯：我用"平等"指一些消极的，而不是积极的东西。没有等级，没有主人-门徒的关系，没有依赖，没有**怨恨**……

约阿希姆：你和往常一样，忘记了你肯定从歪曲的木材学到的东西。如果有人爱上了不爱他的另外一个人，就已经有了依赖。如果有人比其他人更聪明，那也有了依赖。你仍然认为没有拐杖你也能行。有一天你将会绝望。

劳伦斯：信仰超越绝望。

约阿希姆：或许，信仰**就是**绝望。现在，让我们回到正轨上来。我同意你，我们曾经称为"哲学学派"的东西不再是，或者它们已经变成了——用你的尼采的话说——未开化的。现在每一个原创性的哲学家都说着他或者她自己的语言。但是成千的人靠教哲学谋生，所以他们一定要学会说其他个性的语言。如今，一个追随者就像执行他人命令的化学

【216】 实验室的工人一样，差别在于，在哲学中，观念不需要技术的运用。确实这就是为什么——除了你的"花园"的乌托邦或孟沙瓦——我仍然不理解你想从伊壁鸠鲁主义那里得到什么。

劳伦斯：真有意思，你将孟沙瓦和伊壁鸠鲁主义联系在一起，或者是我先这样做的？但我喜欢这种联系。远离业务（*procul negotiis*）——远离世界的业务，远离人们通常所关心的事情，远离焦虑和对死亡的恐惧，享受对少数被选择的朋友的精神关切的生活。我所称为伊壁鸠鲁主义的东西和这个令人尊敬的哲学学派的教义无关。它们是不令人信服的形而上学教义；我不认为迄今为止有人关心它们。当我说"伊壁鸠鲁主义"时，我指的是一种态度，一种非常实际的态度，它通往这个社会世界的共同实践。我这种的——伊壁鸠鲁主义者——分享这种态度。

约阿希姆：你如何能够调解你的个性伦理学和你的被分享的态度的概念？

劳伦斯：不需要调解，因为它们在本质上是联系在一起的。为了简单起见，让我用维拉的，或者毋宁说用她的索伦的术语来勾画一下。一个存在地选择他自己或她自己的人，要么在差异性范畴，要么在普遍性范畴下选择他或她自己。于是他或她就开始成为他或她的所是。正派的人问"我应该做的正确的事情是什么？"而命运之人则遵从一种不同的"拉"。但是正派之人和命运之人因此都秉持一种我称为"伊壁鸠鲁主义

的"态度。如果他们不持这种态度，那么他们在存在上就是失败的。当你对你所不是的所有事情都持一种冷漠或中立的态度时，你就成为你自己。或者这就是我称为"花园"或"孟沙瓦"的东西——你也将你自己放入一种环境、一个情境，在那里你不再被诱惑。这就是为什么我说伊壁鸠鲁主义的态度属于所有种类的个性伦理学。

约阿希姆：为什么是伊壁鸠鲁主义而不是斯多葛主义？但是让我首先问另外一个问题：为什么是远离业务？我很难想象一个正派人如何能够成为一个正派的远离业务者（procul negotiis）？

劳伦斯：远离业务不是一个人们在社会世界之上所占据的位置，因为人们可以在任何地方，在所有职业中远离社会世界的关心。例如，那个宁愿遭受不公正而不愿行使不公正的人做正确的事情，而不管那种善行可能对他自己的生活造成什么后果。远离业务在这里意味着一种对那些可能的后果的冷漠。有对他人福利的承诺，甚至是热情的承诺，但是我们做出这个承诺却没有将我们自己也暴露给命运的异想天开。用另一种传统的方式，人们也可以这样来构建，即"人们做正确的事情，没有恐惧，也没有希望"。但是远离业务也可以意味着从所有的世俗关心中撤回，如果这是我们的命运想要我们去做的——或者毋宁说——注【217】定的。

约阿希姆：这不是一种道德的态度……

劳伦斯：我想我们已经解决了那个问题。它不必然是一种道德的态度，但它是一种伦理的态度。这就是为什么，它在所有致力于个性伦理学的男人和女人们中间；在所有存在地选择他们自己的男人和女人们中间；在所有真诚的且相对的——自主的现代男人和女人们中间被分享的原因。他们中只有一部分在你的康德的意义上是道德的；他们所有的在我的意义上都是伦理的。

约阿希姆：再次，为什么是伊壁鸠鲁主义而不是斯多葛主义？

劳伦斯：或许是斯多葛的-伊壁鸠鲁主义（Stoico-Epicureanism）。

约阿希姆：在有着敌意的两个哲学学派之间建立起带有连字符的联姻难道不是毫无意义的吗？斯多葛主义作为一种没有教义的态度吸引着

我；如果这样理解的话，我可以将我自己描述为一个斯多葛主义者。但是我决不能将我自己描述为一个伊壁鸠鲁主义者。

劳伦斯：而你是已被承认的伊壁鸠鲁主义者的特殊朋友——完全没有敌意；毋宁是联盟。这就是我的观点。

约阿希姆：你的观点是我们爱我们的反对者？

劳伦斯：我的观点是我们不是反对者，只是我们不同。作为态度，斯多葛主义和伊壁鸠鲁主义不再是分离的世界；纯粹的伊壁鸠鲁主义或纯粹的斯多葛主义——如果它们的确存在的话——是一个连续体——带有连字符的斯多葛的-伊壁鸠鲁主义——的两个极端。它们所分享的是一个基本的态度；它们没有分享的可能是其他所有东西。

约阿希姆：它们分享的基本态度是什么？

劳伦斯：隔开他律（fencing off heteronomy）的实践。单独这个实践就使好的生活成为可能。

约阿希姆：什么是好的生活？

劳伦斯：成为我们所是。

约阿希姆：什么是幸福？

劳伦斯：问维拉，而不是我。

约阿希姆：维拉，什么是幸福？

维拉：永远不要去查明你是在普遍范畴下还是在差异范畴下选择你自己的。劳伦斯一定知道这个，因为我昨天告诉了他……

劳伦斯：这正是我不相信你的地方。好的生活对我来说有意义，幸福却没有意义；维拉所建议的那种幸福尤其没有。如果认真地考虑你的观点，结果将是没有人可以在死亡之前幸福。多么过时和缺乏感性啊……

约阿希姆：它对我有吸引力。

劳伦斯：这是你的斯多葛主义的标志。如果在世界上有对我而言的幸福，它不会在我临终时等着我。我的幸福，如果有什么幸福在等待着

【218】 我，它将抓住我，就像无尽的永恒瞬间猝不及防且毫无准备地来临。作为一种难以描述的喜悦……

约阿希姆：这听起来是神秘主义的而不是伊壁鸠鲁主义的。

劳伦斯：神秘主义者和伊壁鸠鲁主义者都体验喜悦、幸福和快乐，或者期待它们。

约阿希姆：你说你的难以描述的喜悦到来——如果它到来的话——猝不及防且毫无准备地。

劳伦斯：完满的喜悦猝不及防地到来——但是它优先于那些对幸福、快乐、唱歌、跳舞、高兴、喜悦处于准备姿态的男人和女人们。弥赛亚的桌子一定布满了大餐和闪亮的烛光……

约阿希姆：但是你的弥赛亚来了——如果他来的话——因为世界是空虚的、悲惨的、有罪的、无望的和黑暗的。在无望的和黑暗的世界中欢乐是不道德的。

劳伦斯：那么在什么样的世界中我们可以欢乐？

维拉：劳伦斯和约阿希姆，停一会儿。你们——所谓带有连字符的斯多葛的-伊壁鸠鲁主义者的连续体的两个极端——你们真的走向了极端。你们关于幸福的图景撕裂了你们，但是你们关于好的生活的理念则可以使你们再次聚拢。

约阿希姆："根据自然生活"对我意味着：根据你的本体的自然生活。

劳伦斯：它对我意味着：根据你自我选择的自然生活，你注定的自然。

维拉：它对我意味着：作为每一个存在者，你也根据你的"自性"生活。

劳伦斯：犯规了，维拉。你只说存在者……

维拉：难道你不也是吗？只有在存在者的事例中，你才能指自我选择的自然。约阿希姆一个人，作为一个真正的普遍主义者，呼唤每个人。

约阿希姆："生活在必然性中是悲惨的；但是不必生活在必然性中"对我意味着：你的行为能够（并且应该）被先验的自由所决定。

劳伦斯：它对我意味着：热爱命运提升你超越必然性。

维拉：它对我意味着：毫不犹豫地去跳跃。

约阿希姆："只要我们存在，就没有死亡；有死亡的地方，我们就不存在"对我意味着：我们对我们的行为负责，只要我们活着我们就行动；诚实地生活应该是我们的主要关切；死亡可以带走我们，当它高兴的时候。

劳伦斯：它对我意味着：生命的金色之树常青。

维拉：它对我意味着：真诚地生活；真诚地面对你的必死性；但你的生活的目的不是死亡而是他人的生。

约阿希姆："隐藏地生活"对我意味着谦虚地生活；人们将自己与道德律进行比较，而不是与其同类进行比较。

【219】　劳伦斯：它对我意味着：不要直接地披露你最内心的东西。

维拉：它对我意味着：只惧怕妒忌，而没有其他；谨防使你的同类妒忌。

约阿希姆：冷漠对待暴君的异想天开。保持你的尊严。

劳伦斯：冷漠对待群众的异想天开。保持你的尊严。

维拉：不要冷漠对待背叛，而是忍受它。保持你的尊严。

约阿希姆：我们一直谈到早晨也谈不完斯多葛主义或伊壁鸠鲁主义的老生常谈。但这足以确立起劳伦斯的断言了。我们三个人共享着一个普遍的态度。为什么不称之为斯多葛的-伊壁鸠鲁主义的？在这点上，我们最好结束我们的讨论。天色晚了，是回家的时间了。

劳伦斯：结束我们的讨论？回家？空手回家？

维拉：你说的"空手"是什么意思？我们没有从许多，或者至少从三个方面仔细审查你的"个性伦理学"吗？我们仔细思考了我们的所是，我们在做什么，以及我们为什么而活。我们还能做得更多吗？

劳伦斯：但是维拉，难道你不明白？这是虚无，根本是虚无。你拜访我们，你引诱我们陷入一场对话，正如你在世纪之交曾经引诱另外的约阿希姆和劳伦斯所做的那样，正如你或许之前引诱其他许多人做的那样。你是我们的承诺，你是我的承诺。老巫婆，你背叛了我们，你背叛了我。你将我带入虚无，你告诉我虚无，你甚至从未许诺过我什么。你不知道你是否爱我……你甚至不知道我是否应该希望。如果你什么也不知道，为什么你要加入我，为什么你激起了我的愿望？听着，维拉，我想要知道的是**真理**，我想要知道那个**真理**！

维拉：关于什么的**真理**？

劳伦斯：关于**真理**的。掀开面纱，揭示秘密！

维拉：劳伦斯，保持安静……

约阿希姆：劳伦斯，亲爱的，你的坚持是不文明的。

劳伦斯：文明或不文明，谁在乎？——我不在乎。维拉，我也不在乎你；有你没你我都将寻求，将超越，因为我必须这样做。

维拉（将她的手放在劳伦斯的手上）：我爱你。

约阿希姆：我现在看到了。"漠不关心、嘲弄、暴力——因此智慧想要**我们**：她是一个女人并且总是爱着一名战士。"

劳伦斯（腾出手，静静地拥抱约阿希姆）：我亲爱的约阿希姆，查拉图斯特拉的话不适合你。相信我。我将会异常震惊，如果智慧是不可原谅地片面的话。我猜想这位女性有许多种品味。

维拉：继续猜想并好好生活。再见。

第三部分　关于道德审美的信件：论美的和崇高的人物，论幸福和爱

——苏菲·梅勒夫人和孙女菲菲的通信样本

菲菲给祖母的信 【223】

最亲爱的祖母：

　　你可以帮我一个忙吗？当然，我知道你的回答，在我还是孩子时我就很多次听到这个回答了："你可以要求我任何事情，除非它是不正派的。"既然我知道什么是正派的和不正派的，那么我也就知道可以要求什么和不可以要求什么。不要担心，我现在要求的帮助不是不正当的——这就是为什么我知道我可以要求你来做这件事的原因。请你为我来阅读一部手稿。不是代替我读，因为我已经读了三遍。它是一个哲学学生，我的同学，和我同龄的年轻人写的手稿。关于这部手稿我形成了不止一个观点，但这些观点非常不同；老实说，这部手稿使我困惑。自从我读了它之后就不能睡个安稳觉了。到现在为止，我相信自己辨别对错的能力；我从你那里学会了如何去做。你从来不因为我弄脏了我的衣服或者在学校考试成绩不好而责备我，你从不说教，你从未指出我应该效仿哪个孩子。但是，你以你自己的方式而非常严格。你要求我尊重他人——成人和孩子，要求我关注他们的需求，要求我关心他们的困难。你要求我不应该撒谎，但是你也尊重我对保密的要求。这些都是你所说的"正派"的含义。当我达不到这些标准时你会直截了当地表达你的不赞成。例如，记得有一次我给你的一个好朋友梳头发，她抱怨头疼得厉害。她叫我停下，但是我不听。你看着我，轻声地说："停下来。"于是我立刻停下来，因为我突然明白自己正在做不正派的事情。我从未听到过你提高嗓门。你不需要提高嗓门。当你说"停下来"时，它听起来就像是一个建议。但在我听来却是一个命令。劳伦斯，我向你提到的年轻人，也是我用另外的信件寄给你的手稿的作者，或许会说它是一个绝对命令。尽管你没有教给我许多道德规范，并且我也觉得自己比我所知道的其他所有女孩都更加自由地做我最喜欢的事情，但是我的成长却不能

277 ·

被看作"放任的"。我作为这样一个女孩长大，她知道她负有责任，她有良心，她知道并不是所有的事情在道德上都是被允许的。你从未谈论上帝，你也从未参考神圣条例或惩罚，或者任何种类的惩罚。再仔细想想，我认为你一次也未曾惩罚过我；你无声的反对对我而言就是足够的惩罚。的确，你也从未许诺用礼物来交换我的好的行为。我从未听到你说，"如果你做得好，你将得到这个或那个"。在这种情况下，你甚至从【224】未使用过"坏的"或"好的"这类词语。你从未说"你是一个好女孩"或者"你是一个坏女孩"。你只是赞扬和责备我的行为和事迹。我记得有时候你幽默地对待我，尤其是因为我倾向于毫无选择地、对每件事和每个人都过分热情。有时候你提前警告我，如果我盲目地追随自己的热情，我将伤害我自己。但是你没有阻止我去这样做；你甚至没有建议我反对这样做；你只是暗示。风险是我自己的。你记得我是如何对那些从未回赠我的同学挥霍我的小礼物的吗？你只是问我这种未回赠的关系是否羞辱我，收到我不断给予的礼物的人是否可能把这看作一件麻烦事。你很巧妙地问这个问题，但它还是很伤人。现在我多么感激你那时候伤害了我啊。我猜你是这样想的：你根本没有教化我，你以跟你朋友说话的同样方式跟我说话。我过去是，现在仍是你的朋友。这是"自然的"说话方式。或者是真诚的方式。

我能够听到你告诉我："菲菲，请停下，够了。"因为你不喜欢谈论你自己，你也不喜欢听别人过分地赞扬你。不是因为你感到尴尬（我从未见你陷入尴尬的境地），而是因为这伤害了你的机智感。但是请你理解：我不是为了赞扬你而赞扬你——我赞扬你是因为我开始发现你所说的"自然的"东西根本不是自然的。相反，它是某种例外的、独特的东西。它是你，并且只是你。我开始发现你是我的道德权威，并且你是我唯一的道德权威。我猜不仅是我的道德权威。我学着了解你之前的许多学生。当然，在我眼里她们是老妇人了。我看到这些老妇人和你说话时是如何地恭敬，她们是如何寻求着你的建议。她们是如何倾听。你不仅是我的，也是那些你之前的学生的道德权威。你是如何行使这一技巧的呢？你说没有技巧，这是对的，它只是"自然的"。它是自然的——

对你而言。它来自你的性格。我试着清晰地表达我自己。我不认为你的自然的道德权威仅仅植根于你的正直、正派。你也有在你周围营造出正派氛围的能力——许多妇女都做不到，甚至其中最好的也做不到。例如，她们放任地对待他人，或者过多地说教，但或许她们正像你一样去做。只是她们所转向的那些人，可能是孩子、成人朋友、学生，或者是陌生人，他们不会像倾听你的话一样地去倾听她们的话。不论你说什么总是被赞成且被接受。我忍不住重复：你从不需要提高嗓门来让人服从。但你却是被服从的。不是以命令被服从的方式，而是以这种方式，即绝对的洞见被本能地服从。我可以如何表达我自己？所有的事情都来自你的性格。你有良好的性格，而且是命令的性格。这就是为什么你的【225】只言片语的建议使我想起了绝对命令。

但这不是说我给你写信就为了说这些。我想要问问你的建议。既然你是我的道德权威，那么我必须转而向你征求关于一本书，或者毋宁是关于一本书的内容的建议，这本书是我的同学让我阅读斟酌的，这是一本我通读了三遍的书，是使我无法入眠的书。我从一个和我同龄的男孩那里得到这本书（或者我已经告诉你了？）。他有非常深邃的黑眼睛。他身上有某种东西让我想起了你。当然，不是外在的东西。你的眼睛是蓝色的，你是一位老妇人，尽管步态轻盈，体格硬朗，你有着白色的头发（曾经是金色的，没有染色的）。劳伦斯身上也没有东西可以让我从智识上想起你的什么。你是我所见过的最精致的和有教养的女人；音乐和诗歌是你生活的一部分。你知道如何用美丽的东西来装点你的周围，而不需要花很多钱来购买那些你作为教师领取的微薄的退休金难以支付的东西。只有你对美的爱能和你的幽默感相比。这些特征劳伦斯不具备。尽管他经常谈论美，但他并不关心它。美对他来说是一种理念，和他的生活无关。他的房间看起来乱糟糟，无品味（即便是差的品味）可寻，他的书随意地一本摞一本地放着，关于蟑螂我最好闭口不谈。但是，正如我所说的，劳伦斯经常谈论美，他阐述关于美的理论，尤其是在伦理学中。他也缺乏幽默感，尽管他喜欢讨论幽默；他反讽地对待他人，但是他过于敏感以至于不能容忍被反讽地对待。他很聪明——正如你将发现你自己也很聪明一样。他除了哲学什么都不关心，他所有的激情都被用于思考了。正是这使他具有吸引力，尽管他外表不怎么样，并且对非哲学的一切都不感兴趣。简而言之，你是多面的，他是单面的。那么为什么他使我想起你呢？我想我知道：他和你一样，具有一种命令的性格，一种威严的个性。他不需要用语言来命令任何人；他通过他的存在来命令他们。但他又是一种和你不一样的命令。因为，当你命令的时候，没有人真正在服从，尽管他们做任何你命令的事情；你从不限制我们的自由——因为你使我们相信，我们会利用自己的方式去做你的个性要求我们去做的那些事情。但是当劳伦斯的个性发布命令时，其他人事实上服从了。依附于劳伦斯的命令的个性，可能导致失去自由。我不是说我们都爱上了他。不是这样的，尽管我承认，如果我真诚地考察我的感情的

【226】话，我可以发现某种类似爱的情愫。但这不是我的意思，因为即使我爱他，我知道他也不会以爱人对他的被爱者感兴趣的方式来对我感兴趣。我的爱——如果我爱他的话——将得不到回报，得不到回报的爱和得到回报的爱不同。它永远也不能形成一种关系。的确，对我的有限机会的期盼没有造成伤害。这种爱类似斯宾诺莎对上帝的理智之爱（*amor dei intellectualis*）。不要误解"对上帝的爱"这一表达，因为在劳伦斯那里没有类似上帝的东西。在他那里没有一丁点儿希腊神的痕迹，尽管他对所有东西的伟大之爱是希腊的。他是我刚刚称作的威严的人、命令的人，他通过他的智识和他的热情来发布命令；然而，这种热情不是赋予他所命令的人的，而是赋予其他某种东西的。他也是一种姿态的人（a man of gestures）。

　　我为什么跟你讲这些？或许因为我喜欢和你讲话，或许因为我希望你完全了解我的请求的背景，或许是因为我知道你对细节的偏好。还有许多细节可以讲。确实，你一定好奇我如何得到这部手稿的。我向你保证，劳伦斯不是那种仅仅因为他碰巧遇到你就会把他的手稿交给你阅读的那种人。但是，我们的确是碰巧遇到的。当我开始写关于萧伯纳的论文时，我知道如果不对尼采有更深入的了解就不能很好地写这篇论文。这就是我如何碰巧选了关于尼采的课程的原委，劳伦斯也参加了这门课程。课后，一群学生去大学广场的酒吧。我是其中之一。劳伦斯说了很

多，他的特殊朋友约阿希姆也说了很多。我很少插话，不是因为我害羞——你知道我不害羞——而是因为我的哲学修养达不到标准；我从莎士比亚那里学了很多哲学，尤其是伦理学，比从所有哲学家那里学到的加起来都多。除此之外，我被一个从来不会为了炫耀或强调她的存在而发言的人养大，她只在她必须说某些重要的事情时才会插话。我和劳伦斯简要谈到莎士比亚；我们讨论贝特丽丝和培尼狄克，以及她们的伦理学是否可以用尼采的术语来描述。他说可以，我说不可以。我补充说贝特丽丝使我想起了我的祖母。他叫我向他讲讲我的祖母。我非常不充分地讲了。劳伦斯听得很专注，对他来说很罕见的，然后他说我的故事支持了他对贝特丽丝的判断而不是支持了我的判断。因为，他接着说："你的祖母是一个典型的尼采式的人物。"我回答说他完全错了，他误解了我和你。于是有人插进来，我们的谈话就结束了。半年后——一周前——我们再次相遇。我和莎士比亚班上的朋友坐在同一家酒吧。他进来加入我们。不如说，他加入我，并且向我问起你。但我想避免谈论你。于是，我开始谈论困扰了我很久的一个道德问题。我首先谈论莎士比亚，谈论理查三世（Richard Ⅲ）。或许理查三世是唯一的（文学上【227】的）可以被描述为"极端恶"（radically evil）的人，因为他为了恶的缘故而选择去作恶。他作恶与人们通常的作恶不同，不是为了获得"好的"东西——所谓的物质的好东西——例如权力、财富、肉欲的满足、成功。也就是说，理查与恶的关系是亚里士多德关于德性的活动（virtuous activity）的定义的镜像：恶——对他而言——是这样一种活动，人们实践它只是为了它自身的缘故。但是在最后一刻，同一个理查承认，他恨他自己，恨他的罪行。但是，我要补充，如果人们今天看报纸上关于大屠杀的报道，至少在这里，在美国，使人们感到惊奇的第一件事是，几乎没有人会承认他们的罪行。在判决之前他们不承认他们所犯之事。甚至在判决之后，在进入毒气室或者被固定在电椅上之前的五分钟，他们仍然否认。劳伦斯说他没有做这个观察，因为他从不看报纸上的犯罪版。但是，他补充说，当他思考这个问题时，他明白了我的观点。例如，他继续说，当黑格尔在《法哲学》中写到死刑时，他首先说，只有谋杀应该被执行死刑，但是谋杀往往是绝对的。黑格尔补充说，死刑最好能矫正道德秩序，如果谋杀犯承认谋杀的话，并且他补充了一些暗示，即谋杀犯往往会承认。的确，在黑格尔的时代，谋杀犯通常承认他们的罪行，不仅在等待行刑时，甚至在审判过程中也会承认。这将我们带回到了尼采，带回到了上帝之死。在黑格尔的时代，谋杀犯还站在上帝面前。他们不仅害怕死亡，而且害怕神的报应。当他们有五分钟忏悔时间时，他们忏悔了。劳伦斯插话是为了强调，现在人们不能如同事物所是的那样辨别善与恶。我表示反对，因为我认为，如果他们认为他们应该的话，他们是能够辨别的。然而，劳伦斯嘲笑我幼稚（*naïveté*）。为什么人们除非需要做不愉快的事情时才应该去做呢？然后他开始因为我的幼稚而责备你。估计是因为你我才相信那些不可能之事。所有将例外看作普遍的人都相信奇迹。但是他希望，他补充说，我的祖母——尼采主义的例外——不相信奇迹。**你**的确相信，他说，因为你仍然年轻。这使我吃惊，因为——正如我已经告诉你的——我们是同龄人。然后他转向我并且问："你介意阅读讨论相似主题的手稿吗？""谁的手稿？"我问。我真蠢——或者是机智？——因为我知道答案。劳伦斯接着说："它是我写的对话；是关于——部分真实、部分想象——发生在我、约阿希姆和一位神秘女性之间的对话的报告。我将这篇对话交予你阅读斟酌。"第二天在莎士比亚课后他等我并将他的手稿交给了我。这部手稿的格式很糟糕，就像劳伦斯周围的所有东西一样。句子未完成，打字一塌糊涂。但内容却是另外一回事。我将说，内容是令人困扰的，要不然就是迷人的。有时候也是费解的，但或许这仅仅因为我不是学哲学的。

【228】

你会问，困扰我的是什么？许多东西。但是我就此打住，不会和你讲任何东西。因为我真的想听你首先会说什么。再多说一句。读了这篇对话之后，我必须承认劳伦斯是对的：我很幼稚。不是通过被教，我从你那里学到的东西，是例外。它像一个秘密联盟，一种亲密的联系；它像一种私人语言。和任何其他人都没有关系。但是现在我真的要停下了。请速回信。

吻你，菲菲

苏菲·梅勒夫人给孙女菲菲的信 　　【229】

我最亲爱的：

接到你的信永远像过节日一样。我像你处理劳伦斯的手稿一样处理你的信：我读了三遍。你看我是多么深地介入到你的经历中啊！我像谈论一个老熟人一样谈论劳伦斯。我同情他，因为某种深入灵魂的强烈情感体现了一种高贵的性格。从你的叙述中看，他属于那种认为每个人都爱他们的年轻人；他还没完全长大。他似乎不是自恋的——他完全没有谈论他自己——但有其他的原因可以做出某种心不在焉的判断。在你的描述中，我看到了一个不观察其他人的年轻人，因为他自发地认为他们都像他。既然他不是妒忌的，那么他也没有在其他人中发现妒忌的端倪；既然他不是徒劳的，那么他的行为就好像没有人会徒劳一样。我从你那里知道他参加了关于尼采的课程；作为一个有学问的年轻人，他可以在课堂上做一次关于**怨恨**的长篇演讲。但是人们可以完全无视眼前发生的实情而知道关于某事的所有事情。伟大的理论家可能对人物做出非常糟糕的判断。美丽的灵魂也可能这样做。你的母亲就像这样。她经常向我讲关于徒劳的且妒忌的音乐家的趣事，讲他们的竞争和吝啬。她绝对相信每个人都和她一样。当她在音乐学校以班上最高的成绩完成学业时，我含蓄地提醒她可能并不是她的所有朋友都对这件事情感到高兴，这是很显然的，甚至我们的小狗都感觉到了，但是她大吃一惊，就好像她从未听说过嫉妒这件事情一样。我亲爱的，我变得絮絮叨叨了，更糟糕的是，我沉浸在回忆中。让我回到你的劳伦斯。我同情他，尽管他显然缺乏判断力，因为他是可爱的，至少在你的描述中如此。但是——很抱歉要说这个"但是"——我不能阅读他的手稿，我甚至不能瞥一眼它。劳伦斯这个年轻人把他的手稿让你阅读斟酌，而不是让我。它是一部私人手稿。你把它寄给我，是因为你想要听听我的意见——但是，或

283·

许作者并不想要我形成什么意见。如果你要求什么东西的话，我总是不愿意说"不"，但是这次我必须，很不幸地说"不"。我退回这部手稿。但是如果你讲述使你困惑的部分，如果你讲述使你不安并且难以入眠的思想，我会和你好好讨论它。到目前为止，你还保守着你的问题和思想，只是模糊地表达了你的情感。

【230】 我必须承认，我更加好奇而不是担心。有某种特定的不安，它比一夜的好睡眠更加有益于健康。你的不安似乎就是这种。

爱你的，祖母

菲菲给祖母的信

亲爱的祖母：

接到你的信之后，我给劳伦斯打了电话，问他是否介意你读他的对话。他回答说恰好相反，他期盼我把手稿寄给你。他知道我准备这样做。你说他是一个差劲的人物判断者！顺便说一句，我有这个印象，他给我手稿其实是特别想要听听你的意见，而不是我的。手稿刚到——它刚好退回给了邮递员。我很高兴事情这样发展，或许也因为我不需要在信中把整个对话复述一遍，以便向你解释使我苦恼的东西。

再说一句，你以前从未向我讲过关于妈妈的故事。你现在非常敏锐地讲述了它。因为这个故事证实了劳伦斯关于我的**幼稚**，以及我关于劳伦斯忽略他人的意见的判断。那么你认为我和劳伦斯在某种意义上彼此相似吗？

盼速速回信（一封非常非常长的信）。不要说你的年龄——你没有借口！

吻你（许多许多次），菲菲

苏菲·梅勒夫人给孙女菲菲的信

亲爱的菲菲：

你寄给我的对话很好读。我花了四天美妙的时间来读它。经过许多天寒冷多雨的日子，天气突然转暖了。所以我坐在花园里的舒服的摇椅上，沐浴着阳光，倾听着鸟儿的歌唱，在这样的背景下我阅读着劳伦斯关于个性伦理学的对话。将来，当我回忆这篇对话时，这非常愉快的日子将会突然闪现在我的脑海中：六月的晚春气息、自然的青春气息、劳伦斯和你的青春。

是的，你的劳伦斯是一个卓越的年轻人，尽管不是谦逊的典范。在他和维拉的促膝长谈中这一点表现得很明显，尤其是在谈话的结尾部分，他充满激情地试图找出他是否是一个伟大的哲学家，并且他明确无误地暗示读者他是一个伟大的哲学家。尼采式的回忆在这里也很明显。劳伦斯极度需要自我嘲讽的调剂。约阿希姆也是，他——如你所提到的——是根据真实生活中的人物塑造的。唯一具有幽默感的人是维拉，但她是一个混合式的人物，由一个年轻女孩（她生活在世纪之交），以及昆德莉、阿里阿德涅、维罗妮卡和智慧女神——或许甚至是真理女神——混合而成。这太多了。然而，在维拉回答你的年轻朋友想要知道关于幸福的所有东西而表现出不耐烦的前后不一致时（她说，你记得的，你是幸福的，如果你从来没有发现你最初的存在的选择是什么的话），确实存在着真理的智慧，但是她太严肃了，至少对我的口味来说太严肃了。过错在于描述。你的劳伦斯总是往火上添一块炭，为了使我们足够暖和。（我几乎补充说，他用太多的比喻征服了我们，但是我同时意识到我也犯了同样的错误，所以我必须保持沉默。）

你观察到你的朋友缺乏幽默感，这是对的，他确实不是一个有节制地进行陈述的人。他也没有平衡感。他喜欢说"生命的金色之树"，但

他的作品中有更多的灰色理论而不是著名的绿色的"金色之树"。我不
为此责备他。有人说无忧无虑最适合年轻人；生活阅历和工作将教会我
们严肃地对待事物。我认为这种所谓的智慧是在道德上无价值的人身上
塑造出来的，对他们而言"谋生"和好的生活是一致的。他们严肃对待　【233】
的是"谋生"，例如获得高职位或者挣更多的钱，而不是成为他们真正
所是的方法，不是存在的选择——如劳伦斯（或维拉）认真对待的那
样。有价值的人的青春是他或她的生活的最严肃的时光。正是那时，一
个人将被她的过去，被她的环境所推还是被她的性格所拉，是被决定了
的，不论她是否会成为一名有个性的人。我喜欢那个存在的选择的比
喻，因为它是简单的且富有启发性的：它专注于一切使我们自己成为一
个强有力的核心图像所必需谈论的东西。在哲学旁观者的眼中——我是
其中之一——存在的选择的比喻有某种附属的美。用传统的说法，借助
于这一图像，人们可以将日常经历提升到哲学沉思的层面，提升到更高
的层面。日常经历脱离了日常背景，将是独立的行为者，急于在哲学的
世界剧院的舞台上扮演重要的角色。作为一名好演员，它将很好地扮演
其角色，将完美地融入这一剧目，将熟练地与其他演员，与老一辈演
员，与更加传统的哲学角色，例如"自发性""选择""普遍""特殊"
等互动。但是我希望，亲爱的，你决不会被诱惑去根据这个标准来判断
所有个别的角色和人物。我猜，你将不会说："这是我的朋友范妮
（Fanny），让我们快速找出她是否选择了她自己，如果是的，她是在普
遍的范畴下还是在特殊的范畴下做出选择的。什么时候？并且她还记得
吗？"我亲爱的菲菲，因为当你说——和你的朋友劳伦斯一起——每个
人都是独特的，你不能够轻巧地对待这个观念，因为它不仅仅是一个说
话的东西。你必须心悦诚服地承认，没有两个人是通过完成相同的跳跃
而获取其独特性的。不论你将成为一个重要的人物还是成为一个肤浅的
人，成为立体的人还是单向度的人，不论你像石头还是水果的壳，都不
是只以一种方式被决定的。我理解，存在的选择的理论并不要求空洞的
普遍化，因为我注意到了，每个人都应该选择他自己，完全地并且独自
地选择他自己。但是，你看，我在此也感到有反驳的必要。人们有时候

287 ·

选择他自己，但是并没有彻底地这样做。我甚至想这是很普遍的情况，这是人们可以最好地描述普遍发生的事情的方式。劳伦斯认为，如果我没有成功地彻底选择我自己，我就根本没有选择我自己。我对人的性格的判断表明情况并不是这样。有多一些也有少一些。如果人们不是彻底的自己，那他也不只是一个外壳。我知道你怀疑本质或外壳这样的表述，在你们这代人的认知的餐盘中，它们是难吃的食物。我还是老套的。如果一个比喻有助于使人们头脑中的问题变得合理，那么它就和其他的比喻一样好。所以我坚持我的"本质或类似外壳"这样的表述，我确信将它们理解为连续的统一体是合理的。

【234】　　亲爱的，"连续的统一体"这个词使我想起来我忘了告诉你我开始想讲的东西。我谈论年轻人的严肃，然后我的思绪就走神了。不论我说什么哲学语言，不论我是否运用存在的选择这个比喻还是选择另外一个，我都仍将认为，正是在年轻时一个人将成为一个重要的个性人物还是仅仅成为一个空洞的人的外壳，或者更加接近前者还是后者，这已经被决定了。你将说：现在是你过度普遍化了。我力图避免。

　　我不是在谈论所有人。在有些人的生活中，每件重要的事情都在孩提时代早早地被决定了，在有些人的生活中则或许决定得晚，但一般而言，对大多数人来说，是一个实质性人物或者缺乏实质内容（或者更加接近这两个极端中的这个或那个）这个问题是在青年时期被决定的。青年时期是生活中的一个困难时期；它是痛苦的年纪，是遭罪的年纪，至少对深刻的性格而言是这样。克尔恺郭尔曾经说（根据实践的基督教），如果一个人遭受痛苦，那么这个人就采取正确的立场。如果一个人感到轻松，那这个人就必须知道其采取了错误的立场。当你有一颗坏牙的时候，严肃性要求你用舌头去舔它；牙将变得健康（或者被拔掉），如果随后不再疼了，而不论你采取什么立场。现在你明白我所说的年轻人的严肃性是什么意思了。例如，你的劳伦斯不断地舔那颗疼痛的牙。这就是他为什么用完全严肃的语气写作。这就是他为什么（还）没有幽默的原因。或许稍后，在那颗坏牙被治愈或者被拔掉之后，他就将学会如何幽默地讲话，如何有节制地讲话，等等。那些倾向于成为外壳一样的人回避严肃的阶段。他们不会去舔疼痛的牙；在他们的感知中，他们没有坏牙。你知道那些后果的；整个机能将在道德上中毒。在这个机能中毒之后，那个人将变成严肃的，疼痛将不断地从外部侵袭他；它将有外在的来源，例如竞争对手的成功，未能成功获得晋升，等等。你看，亲爱的，这是一个古老的故事。这个故事是关于自律或他律的。我没有说什么新东西，我只是反复思考劳伦斯的严肃，最后，我赞同它。

你将摇头。至少有两个原因。你将告诉我，我总是喜欢你快活、爱玩且愉快。我仍这样希望。我不知道劳伦斯是否有时候也快活、爱玩且愉快，或者从未如此；至少他在舔疼痛的牙的立场上独一无二地呈现了他自己：想想他突然决定不再抽雪茄，不再喝咖啡。他是可怕的。但我希望你不会认为，严肃的人不能够是爱玩的或者快乐不适合他们。如果你这样想，那么你就接受了关于严肃的错误印象，并且与之一起，你也接受了这个错误观点，即严肃适合成熟的人或老人。关于严肃的错误观点对快乐和玩乐产生了怀疑。我希望看到你快活、爱玩，我也希望你是严肃的。人们不是在一般意义上爱玩和快乐。人们是在某事上快乐，对【235】某事感到高兴，从某事获得快乐。再次，这不是一个新观点，因为伊壁鸠鲁主义者从未停止用这些词汇来讲话。既然你的朋友在接近对话的结尾处宣告他对伊壁鸠鲁主义的同情，那么如果我友好地参考他的古老的绅士导师，他是不会介意的。这个真正的问题和一般性没有关系。你是爱玩的，但你的游戏是什么？你是幸福的，但你幸福的来源是什么？你享受某物，但你享受的东西是什么？我清楚地知道，你的朋友的特殊朋友约阿希姆将警告我，在他自己的亲爱的康德的思想中，这些区分不起作用。因为欢乐就是欢乐，快活就是快活，感觉就是感觉；同一性，这就是所有。但我不是同一律的充分权力（*plein pouvoir*）的伟大信奉者，如果涉及情感或感情的话就更不是了。感情、情感是对某事的参与。至少在一个人所参与其中的（诸）事情上，它们是彼此不同的。人们可以参与谋杀或者参与植树；人们在这两件事情上感受到的快乐是同一种快乐吗？具备最少常识（或者日常经验）的人也不会给出肯定的回答。相反，他们会告诉我们，一种是恶人的快乐，另一种是轻快且高兴的快乐，而不会讨论它是谁的快乐。你注意到，你的朋友劳拉（Laura）喜欢帮助别人，所以你可以对她的快乐有同感并且想象它是一种无混杂的快乐情感。一个严肃的人（在我的意义上严肃的）也可能享受他的严肃；显然劳伦斯非常享受他关于其对话的写作。他享受做这件事，而远胜于过去吵闹得无法听到彼此说话的摇滚乐聚会。如果我恰当地阅读了他的东西，如果他被迫去这种聚会的话，那么他将会相当无趣。所有热爱谈话的人——劳伦斯是其中之一——喜欢去那种能够很好交谈的地方。如果人们知道一个人最喜欢的是什么，那么就能够形成关于这个人的性格的观点了。请不要误解我。我不认为严肃的年轻人在所有时候都喜欢严肃。当我说可以大致从他们享受的事物中看出人们的性格时，我脑子里首先想到的不是严肃的事情。好的人物喜欢许多不同的东西，每一件都不一样。你的表兄弟安德烈（Andrew）说，当他六岁的时候，"我热爱自然"，他没有重复他偶然听到的事情（我从未说"我热爱自然"），因为他的确热爱自然并且仍然热爱。我看到你笑了，是的，当然，对我而言对自然的爱是一件严肃的事情；我也有秘密的（未经证实的）信念，即经过艰苦跋涉的人在小溪边坐上数小时，着迷地倾听溪水的声音，这种人不可能是道德上败坏的人。有趣的是，对于那种经过艰苦跋涉，愉悦地从山顶向下看的人，我没有这样的看法。你想要解释

【236】 吗？我没有解释。但是既然你的微笑将被认真对待，那么我将不再把对自然的爱作为那种道德冷漠的快乐的来源的参考，我也不再谈论安德烈了。年轻人喜欢跑步、冲浪、打球，等等。不，不，如果一个严肃的年轻人不严肃地玩乐，我是不会介意的。相反，如果他严肃地玩乐，我就会介意了。如果一个人严肃地玩乐，那么他就只是形式地玩乐，根本上（再次运用形而上学的语言）没有玩乐。那个人享受的不是玩乐而是胜利，不是他的身体或技能或智力的锻炼，而是成功。这使你想起了卢梭。但是我以爱弥儿（Emile）的方式将你养大吗？如果你参加一项竞技的游戏我会介意吗？我甚至不介意你喜欢获胜。既然这么多的游戏都是关于获胜的，那么一旦参与了这类游戏却不努力争取胜利则是不自然的。我知道孩子们喜欢竞争；这是我们基因中的某种东西。与某种自然

的东西作斗争是愚蠢的。但是与之抗衡则没那么愚蠢。让我回到游戏的严肃性上来。游戏越不严肃就越好，就对越多的人而言是目的自身（end-in-itself）。具有良好性格的人做许多是其目的自身的事情。人们不能通过建议小孩子应该纯粹为了玩乐本身而玩乐来对抗不受拘束的获胜欲望；但是人们可以建议当享受他们的胜利时，孩子（和成人）不应该从他人的失败中获得额外的快乐。我看到你又笑了，但这是你像一个孩子一样的笑。当然，你喜欢获胜，尽管这对你来说不是生死之事，从来都没有那么严肃。你不会因为别人被打败而感到不开心，否则你怎么可以获胜？然而，每当你意识到失败者不开心，意识到她遭受痛苦（你甚至将这看作是愚蠢的）时，你就感到难过。人们可以为自己的胜利感到高兴，同时又因为失败者的难过而感到不快乐，也不赞成她的聒噪的不情不愿。我不需要将这个解释给你听。情感很难被解释，但这次它们不需要被解释，因为我现在所说的都是我曾经从你那里学会的。我记得在你十岁时赢得了儿童桌球比赛之后对我讲的话。你说："祖母，我想送一块蛋糕给宝拉（Paula），因为她输了比赛非常难过。"

因此，在我看来，青年时期是严肃的时期，后来到了成熟的年纪，人们可以更加轻松地对待生活了。但是青年时期是严肃的时期，只是对那些成为其所是的年轻人而言是这样，后来生活可以被那些成为其所是的人轻松地对待，是实质而不是外壳。当承诺被转化成某种可以称作"意义"（sense）的东西时，生活就可以被更加轻松地对待。人们发展这种意义以便追随一条道路而不是另一条，去追随一种道路而不是另一种。如果一个人发展了一种"意义"，那么这个人在生活方式上就不需要地图了。这种"意义"和方向的意义不同，因为人们需要一组目标来 【237】找到方向。如果人们设置了一个目标去达到它，那么就很难谈论其运动的方向了。人们追随的是"拉"。但是人们并没有服从这个"拉"。人们感觉到了这个"拉"。如果人们感觉到了这个"拉"，那么就变得好奇并且跟随这个"拉"以便找到它的来源和原因。这种好奇的冒险被这种"意义"所指导。我并不假装说出了什么新东西。我刚刚所描述的，或者至少是某种相似的东西，被少数现代思想家称为"自律"，尽管不是道德自律。我强调的是这里有一种"意义"在起作用，因为有一种轻松、一种放松的感觉、一种和谐（或许是对和谐的承诺）。

我知道所谓的和谐个性的理想最近陷入了坏名声，作为欧洲人道主义的坏的传统。正如我是老套的，我不会轻易地反对这种传统。问题或许出在"和谐"这个词上。在歌德或黑格尔那里，和谐的个性有时候等同于"美丽的灵魂"这个理想，在其他时候等同于多面的、普遍的个人，他发展了他的所有天分和能力，是一个普遍的人。这个普遍的和普遍和谐的个人是一个人，转述青年马克思的话，他钓鱼、打猎、批判、写作、绘画，毫不疲倦地以良好的比例做所有可能的事情。于是，这个理想就是个性之人的智力的、精神的和身体的能力都平等地，在相同的程度上得到发展。这是希腊人，尤其是自由的雅典公民，是美与善（*Kalokagathos*）的理想的和典型的翻版，是一个文艺复兴时期的理念，它自温克尔曼（Winckelmann）以来在德国文化中被更新了。黑格尔阐述了希腊的可塑性的理论——显然这种和谐个性的模型是可塑的而不是音乐的。不论你想怎样和谐，你都必须承认一尊雕塑的和谐和一个音乐句子的和谐是不同种类的。不，我不会想出关于和谐的奇怪理论，因为我不擅长理论化。当我谈论和谐时，我脑子中有关于和谐的非常简单的日常感知。例如，我所感知的眼前景象是和谐的。但是如果你坚持要我告诉你为什么如此，在我看来那些不同的灌木、树木和花朵、天空和太阳，以及气味和声音是否处于恰当的比例，我会笑起来，因为这听起来很荒谬。但是我将坚持我关于和谐景象的感知。我不知道为什么；这个景象也不知道为什么。

我刚刚说，一个人变得越是实质的，他就越具有目的感，他就将越无忧无虑，就像他在跳舞一样（尼采会这样说吗?），他就将变得（或许）越和谐。但是当我说"和谐"时，我没有想到这种和谐，人们可以将它与多面性或者与正确比例的结构联系在一起。尽管我喜欢美与善的【238】理想，就像我喜欢看具有优美比例身材的男孩和女孩一样，我不建议你在体育运动、学习、沐浴、在市场散步、战斗、从事政治活动等之间合乎比例地划分你的时间。最近你可能开始慢跑并且很自豪地将智力活动和体育锻炼结合在一起，但是模仿时尚不会使任何人成为希腊人，即便它是快乐的和使人耳目一新的。现在时髦的是融入从前的生活方式中。如今体育锻炼和美感没有关系。它是一种时尚，是被男人和女人们无力面对死亡，以及无力面对疾病所激发的。它不是未能成功调和自身与自然的精神，而是没有精神。

　　我知道，我的思想仍在走神，尽管它们走得还不太远。当我说"精神"时，我也指脸。歌德曾经明智地说，我不记得是在哪里说的，每个超过30岁的人都应该对他或她的脸负责。一张残酷的或空洞的脸是那个戴上它的人的责任（你戴上你的脸，难道你没有看到吗?）。直视一个人的脸，你将会发现他的许多选择都写在上面！有好的脸和坏的脸。好的脸是开朗的，它们可以被审视，可以被他人看；它们转向他人就像向日葵转向太阳迎接光芒一样。另一方面，坏的脸显示出残酷或者彻底的徒劳、邪恶，无论如何都是极端可疑的灵魂。它们是封闭的脸，回避被审视。不是因为戴着那些脸的人是内向的，而是因为他们避免与人接触。但是我为什么告诉你这个？菲菲，你记得我们的天真的旧游戏吗?我们坐在一间咖啡屋里，你和我，我们玩从脸上猜测过路人的性格的游戏。现在我对这个游戏感到有些不自在了。的确，我们对那些我们不了解的人玩这个游戏，否则它就不是一个游戏了。并且，我们对那些人都只有一面之缘（它发生在我们从未生活过的大城市里），我们知道我们永远也不会发现我们是否猜得对。我担心在解释的游戏中，不知不觉地将人们作为客体是有一点工具化。但是我们没有做任何事情导致道德的不安。重要的是意识到它。如果一个人没有伤害任何人，一个小小的游戏的恶作剧不会是一种恶。我们对生活中的人的性格进行判断，就好像判断画廊中的画像一样。画家了解关于好脸与坏脸的一切，他们如此展现它们，以至于我们在肖像画廊中可以对完全不认识的人了解许多。你——菲菲，和我，我们像画家一样行为，只不过我们不会画画。

　　我变得老了，这就是为什么我在绕圈子。我几乎忘记了和谐的人。人们不能通过以正确的比例混合不同要素来描述一个和谐的人。不管怎么说，什么使比例正确？一个和谐的人类似和谐的风景。当我说和谐【239】

时，我不是指某种人们可以通过计划或者通过实现人们从前在脑子里具有的理想而有意获取的东西。和谐的风景不是修饰得好的花园。和谐类似遵从某人的好感觉时的轻松，类似无忧无虑，类似跳舞，也类似自我确定的模糊感觉。我指一种模糊的，但不强烈的感觉。一种强烈的自我确定的感觉并不比模糊的感觉更"多"，它是某种完全不同的东西。如果一个人获得了强烈的（即使决不是绝对的）自我确定，那么这个人就已经死了，尽管这个人又活了 40 年。因为只有在一个人的生命情感（*Lebensgefühl*）中有一种自我不确定时，这个人才继续活着。模糊的确定性的情感使人无忧无虑，但是这种无忧无虑是敞开的。人们对惊异敞开，因为人们从未料想到的道路突然出现，人们可以踏上的小路，尽管人们不用地图就踏上了其中的每一条路。敞开——有时候称作自由——暗示着"宁愿是这个而不是那个"（海德格尔在谈论莱布尼兹时说过类似的话吗?），设置一个方向的意思就是，你处于成为你自己的过程中——直到死。没有什么好担心的，但是敞开仍在那里，总有可能你未能成功地继续你的方向，如果你选取这条道路而不是另一条的话。哲学家通常根据意志的自由，或者选择的自由等来描述这些生活经历。但是我恐怕这些哲学术语（或性格）例如"自律""作为自发的自由"，就像"对必然性的认识"，像"自我实现"，也像"存在的选择"的自由，都是从不同的方面描述一种单一的过程，他们夸大一个方面反对其他所有方面，最后将第一原因或者最终解释的桂冠戴在那个特权方面的头上。我的经验是所有的哲学一般化在某种意义上都是错的。我记得这篇对话中的一段有趣的话。年轻的劳伦斯和他的朋友们讨论精神分析，其中一个（或许是维拉）想出了这样一个观点，即每个人都在内部行使着一种不同的"灵魂"。所以继续，这解释了为什么有些人在弗洛伊德那里而不是在克尔恺郭尔或海德格尔那里发现了他们自己，正好相反。劳伦斯（或者他的面具之一）也说甚至有普通人都运用的典型的、在文化上具有代表性的解释网络，如果他们想要理解他们自己的话。我努力表达的是某种类似的东西，尽管不是完全相同的。当你将哲学家通常用自由的范畴来描述的，关于运动的经历的所有描述放在一起的时候，你将会发现其中一种在一个人身上比在另一个人身上要更加强烈，在同一个人身上，一种经历在一个时刻更强烈，而其他方面则在其他时刻更强烈。在每个人身上的自由体验中，有着永恒的波动，但是不同人身上有着不同种类的波动。不是因为每个人都被他或她的"权力意志"所驱动。毕竟，尼采命之为"权力意志"的运动也是整个自由运动的一个方面，在它的波动中体验，是一个被用作解释手段的扩大的方面，是一个被作为唯一的、单一的和一般的方面。这个问题——没有唯一的解释——没有被真诚地对待，而是从它出现的起始地方就被推到某个层面（如你所愿，更高的或者更低的层面）。说敞开的巨大差异的波动不能被原因或者被目的所解释，这是同义反复。因为即便你也说，人们必须用前者或后者解释的只有你已经假设的那些东西。【240】

但是我真正想说的是我自己关于和谐的观点，尽管由于我的絮絮叨叨而没有进入主题。我所说的和谐是不同——许多，或许甚至是所有——种类的敞开、自由的共处。我知道这听起来很含糊。我会进一步解释的。如我所说的，一个绝对自我确定的人实质上已经死了（他既不自由，也不和谐），但是和谐要求一种模糊的自我确定的情感。和谐的人也可以被描述为无忧无虑的人。无忧无虑的人不是应该追随的理想；如果一个人追随别人的话，那么他在上述意义上就永远不会是自由的。和谐是自由的情感。也许不止一种方式。人们可以说，一个和谐的人体验他自己的自由，而我们也可以体验一个和谐之人的自由。

我认为后者不仅对人而言是正确的。一幅和谐的画作被认为是自由的，一幅和谐的风景或者一首音乐和弦都是这样。我已经承认我不懂音乐，但我受到阿多尔诺的专业主义（professionalism）的支持。是阿多尔诺说，自由存在于和弦中，尤其是存在于三合音中，当音色缺失时失去的是自由，例如在勋伯格（Schoenbergian）的十二音阶（serialism）中。

当劳伦斯读到这个的时候，他会大吃一惊。我知道，我完全是无逻辑的。我们（男人和女人）觉得风景是自由的，音乐是自由的或者他人是自由的。但是感觉我们自己是自由的或者他人是自由的，或者风景是自由的，它们是在性质上不同种类的感觉。如果我感觉自己是自由的，那么自由就不是观察的事物，而是实践的事情。并且，当我告诉你我感觉到我自己的自由，我感觉到他人的自由时，我不仅感受其他事物，而且也讲述其他事情。然而，事情没那么简单。在行动的过程中，对我自己的自由的感觉是一种（相对）自我确定的感觉。于是自我确定是支持其他所有东西的基本情感。如果一个人专注于某事物的话，那么这个人在行动的时候就体验到了强烈的、多种多样的情感。专注是一种强有力的参与。情感不是其他什么东西，而只是对某事物的参与。纯粹的行动就是纯粹的自发性。作为纯粹行动（actum purum）的自发性对于行动者

【241】 而言不是可观察的。你的劳伦斯在他的谈话中很好地表达了某种东西，当他说"我被带走，我追随我的命运"的时候。但是当你被带走的时候，你不会使你的选择主题化，也不会使你被带走这一体验主题化。为了意识到你的作为自由的自由，你必须停止被带走。当我跳起或者跳跃时，我或许感到高兴或者焦虑，也或者感到狂热（像你的劳伦斯），但是我没有"感到自由"。当你停止行动时，你的自我确定——在行动中表现它自己——就成为反思或观察的事物。在这个阶段，你可以以类似和一朵花或一道风景，或和其他人发生联系的方式和你自己发生联系，因为你参与到你自身之中，正如你也参与到那幅风景或其他人之中一样。

但是我不想一般地思考自由，而是想思考不同种类的自由之间的平衡，想思考和谐。如果你赞同的话，我们都可以在行动中直接体验到自由（作为相对的自我确定），但是我们在行动中没有"感觉到"我们自己是和谐的、美的。和谐，与对和谐的感觉一起，呈现它自己以被判断或者观察。如果我们从未处于纯粹自我观察或者自我反省的位置上的话，即使在停止行动之后说我们感到自己是和谐的和美丽的，这也将很奇怪。人们感觉到他者（一个人、一道风景、一首音乐、一幅画）的和谐。这对你的哲学朋友来说可能是荒谬的，但是一个具有常识的人会欣然接受它。的确，如果我离开人，只谈论风景、绘画、鲜花布置，如果我被抛入康德的著名的"理解与想象的自由驰骋"的讨论中，劳伦斯就会将我的立场描述为不正统的（康德在这种背景下决不会提到绘画），

但仍然被看作根据哲学思考是某种可以理解的东西。但我为什么要在这里把男人和女人们包括进来呢？仅仅因为 16 年前一个老妇人和一个小孩常常坐在咖啡馆的台阶上找出过往行人是否有一张好的或坏的脸吗？

让我和你一起思考，让我们一起找出我们可以在这个方向上走多远。我们可以在猜测他人的自由的路上走多远？我们可以在猜测他人的和谐（或者不和谐）的路上走多远？

我看到了一张好的脸，一张开朗的脸，我对他的性格做了一些猜测。我认为他自由地有一张好的或者坏的脸——他有一张好的脸，所以他是一个自由的人。为什么坏人的脸和好人的脸不一样？为什么一张坏的脸不是自由的脸，尽管坏人也对他的脸负责？神学家会说他在更深刻的意义上对他的坏的脸负责。我们看到坏的脸是封闭的、躲闪的；不像向日葵，它不会敞开以被审视。我可能感觉到、看到其他人的自由吗？我看到它而不是像看到我自己的一样吗？是因为他人看到我的脸（不论好的或者坏的），而我却看不到它吗？因为如果我照镜子观察我的脸，【242】那是在一种非自发的状态下而永远不会在自发的状态下吗？我可以假设这是理解与想象的自由驰骋的表现吗？或者是预设的和谐？

约阿希姆，你的朋友的朋友，在这里会提出严肃的反对意见。他会说，在理解与想象自由和谐的驰骋中表现它自己的那种自由，是美的自由，与其他种类的自由无关，尤其是与意志的自由，或者选择的自由无关，甚至与所提到的先验的自由也无关。因为后面的这种自由不是美的。选择只有通过完美这个概念中介与美发生关联；但是人们并不处理纯粹的美。我理解这种反对意见但并不接受它。毕竟，美是我们所爱的东西，是我们在原则上爱的东西，是我们在情欲上爱的东西。我知道这是传统的柏拉图的理念，但我仍然相信它：善的东西也是美的，美的也是善的。我们爱善的东西是因为它美。人们是将美看作想象与理解的自由驰骋还是看作其他什么东西，这应该是一个哲学问题。因为我承认，我将我刚才描述的和谐，或者毋宁是仍然对不平衡敞开的自由的平衡（或协调？）看作是美的。现在我要暂停我的论述了。

我刚刚发现关于劳伦斯的著作我什么也没有写。我太专心了，我写了太多页了。但我现在必须停下来了，因为收信的马上就来了，我想快点把信寄出去。我答应接下来会写一封关于情感的信。我也想就我们通过"抛"和"被抛"应该触及的核心谈点什么。下次吧，亲爱的，下次吧。

来自祖母的爱

菲菲给祖母的电报 【243】

我可以把你的信给劳伦斯看吗？

吻你，菲菲。

菲菲给祖母的信

最亲爱的祖母：

谢谢你这么快回复我。我发电报是因为你没有接我电话。我猜你整天都在花园里，根本就懒得接那该死的电话。

昨天我和劳伦斯讨论了你信中的几段话。他很兴奋，来来回回走了好一会儿才开始讲话；但是接下来话就从他口中"喷涌而出"——就像《圣经》中说的蜜。

很难概括他流动的思想。我甚至没有完全理解，我怀疑他也没有完全理解。我发现没有完全理解某人自己的意思也可以讲出有趣的新东西。你可以把这叫作"直觉"。直觉类似"方向感"（sense of direction）。如果一个人有很强烈的方向感，这个人可能盲目地追随其感觉。这是人们经常盲目地做的最好的事情。在某个地方有光，一片开阔地，人们被这束光所拉，并且只是向前走。回过头来，人们注意到十字路口，并且意识到是在许多可能的道路中选择了一条。但是在被拉的时候，人们很大程度上没有意识到做出了选择，因为人们从未犹豫。流动的思想中也有这种情况发生。在到达了某个地方并且停下来总结整个思想之流时，人们将被自己的理念所震惊，并且有时候发现不能完全理解自己的思想。并且，人们可能再次感到尽管那些思想是对的，但是它们必须（也能够）被放入一个基本的顺序之中。如果人们不能将其洞见理性化，那就最好将其观点束之高阁，之后再返回它们，或者最好将它们作为坏的直觉的产物而抛弃掉。在这个阶段，所谓的同一律在思考中扮演着关键的角色，即控制的角色。它是一个严厉的主人，或许是乏味的主人，但也是必要的，就像语法规律。你还记得我在孩提时是多么讨厌语法吗？我觉得它就是一件麻烦事，只有思想才有意义。现在我更好地理解了，或者至少相反，因为——不幸地或幸运地——人们需要交流其思想（尽管不是所有人），如果人们这样做了，他们就需要被放入恰当的顺序之中。未经检验的直觉来去匆匆。汉娜·阿伦特将之命名为永恒的波动，这种来来往往，是"思想的生命"。我发现这是一句优美且有表现力的话，尤其因为我的思想——和你的一样——喜欢漫游。回到劳伦斯：我确信他说了许多当时他未能完全理解的话，但是他的思想没有因为它而变得更糟糕，也没有因此而变得不太有趣。

劳伦斯说："它是一篇有趣的文章（使你的观点有意义），尽管在哲学上前后不一致。让我想想：你祖母反对和谐与恰当比例之间的紧密关联，但是她恢复了这种关联。让我做一些介绍。你祖母用音乐的和谐概念代替了和谐的可塑概念。她认为音乐的和谐例子更适合对现代人的描述。但是她应该知道主要是现代人（从温克尔曼到黑格尔）将可塑性归之于美与善，尽管普罗提诺（Plotinus）是他们的先辈之一。"然而，柏拉图在音乐和谐的理念基础上塑造和谐之人。但是让我继续批判你祖母的主要的自欺。因为如果不是其（多元的）自由经常处于陷入非平衡后重获平衡的过程中的个人的话，那么谁是她的和谐之人？如果你接受了这种平衡观，你一定假设所有自由的方面，例如道德自律、选择、"对必然性的认识"、敞开的空间（林中空地）、自发性、自我实现等，事实上曾经被等同于自由本质或者自由基础，或者更大范围的哲学家的自由理念的所有种类的自由都总是"在那儿"，只不过有的在这个过程中居于高位，而其他的则在另外的过程中居于高位。简言之，你祖母说关于自由的所有定义都是错的，只因为它们所有的都是对的。它们是错的有两个原因。第一，因为它们诠释一个存在着流动性的固定等级结构；第二，因为它们为丑陋的、不和谐的人辩护。因为正是丑陋的、不和谐的人通过固化自由的所有不同方面的关系而展现出一种异化的特征。你看，你祖母混淆了两件完全不同的事情。当她试图追溯和谐或美时，她说了某些重要的话。说这些话是有意义的，即人的美存在于成功实现她的"自由经济"的性格之中，存在于不断重获不同种类的自由间的平衡，以至于没有一种在固定层次中居于高位的个性之中。但是——这是我的主要的反对意见！——说，看吧，这是那个美的人，和将美的人与

【245】自由的人混淆则是相当不同的。如果只有一种唯一的自由解释主宰着一个人，那么他仍然可能是一个自由的人；也非常可爱。但是这就够了。

现在是我的第二个——不那么重要的——反对意见。你祖母从观察者的角度描述自由。她没有说在行动中人们没有意识到自由，但是她将这种感情称作相对的"自我确定"；她坚持认为人们不能够感知或者感觉或者体验自己的和谐或美。我们通常认为人们对他们自己的体验有优先接触权，但是你祖母认为我们对他人的美或和谐有优先接触权。于是，所有种类的"他者"似乎都被当作相似的东西来对待。她可以一口气列举风景的和谐、绘画的和谐、脸的和谐，或者一个人的和谐。她本应该添加上帝的和谐的——尽管她回避了——因为她的自由概念非常类似斯宾诺莎对上帝的理智之爱。

你的祖母谈论观察的立场到目前为止很好。但是她从未说清楚她脑子中所想的是哪种观察。是沉思的态度（例如对思想的思考或对上帝的爱）还是康德意义上的反思判断？在第一种情况下，上帝被看作绝对自由，因此绝对地思考上帝就是绝对的自由，因为上帝是绝对的自由。如果你说你爱自由，那么你宣告你自由地爱着的对象，并且也成为——以你作为对自由的了解者和爱人这两种能力——自由的。爱人者和被爱者都是自由的，爱人者是自由的因为被爱者（他/她是绝对地自由的）被他自由地爱着。你记得我是如何反对你祖母对以下的偏爱的，即将一个人的自由（以及美）之中的和谐与一个人的自由相等同……但是如果观察意味着一种形而上学的沉思，那么人们就可以用自由和美来相互替代，而不是无事生非。例如，上帝是美的；我爱上帝——我爱美；我是美的（我的灵魂是美的）因为我首先爱美。人们甚至可以在翻转这种关系的方向上走得更远：上帝爱我，因此使我美，我通过他的爱而美。

然而，你的祖母抛下了康德的反思判断概念的哲学之环。但是她没有意识到，如果人们采取了反思判断的立场，人们就会得出这样一个和谐的概念，它与人们从形而上学的反思立场所遭遇的和谐概念没有一点关系。康德暗指了这个超感觉的东西，但没有论述它。理解与想象的自由驰骋指出了一种先定和谐，我们对它一无所知，我们只能猜测或者希望。但是自由驰骋就在那里，在我们之中，在我们的反思判断中，在一种不是感觉的感觉之中，它断言普遍性和必然性。但是你的祖母却假设和谐就在那里，在风景之中，在绘画之中，尤其在我们观察的人之中。和谐——自由的恰当平衡不是存在于我们的判断之中。

如果你谈论花的美，那么康德的（对品位的）反思判断的策略就起 **【246】** 作用了。这种和谐是被这个或那个花的纯粹形式引出来的，但是它在我们的能力之间建立起它自己。既然我们的被传递给一幅画或者一个人的审美判断绝不是纯粹的，那么我们就不能用关于品位的纯粹反思判断的模型来支持这种"和谐"。如果人是和谐的，那么他的和谐方式是与花的和谐方式相当不同的。恐怕你祖母对康德的参考可以被看作一个插曲。有时候她重新陷入旧的形而上学，有时候她继续着认识论的思路。让我回到她的基本信条之一：当我们停止行动、反思和回忆时，我们意识到我们的自由、美或者和谐。这是旧柏拉图混杂着一点黑格尔。但是，当然，她也让我想起了胡塞尔和许茨（Schütz）。你祖母的思路多么奇妙啊，但仍然是未受训练的头脑。她一会儿像柏拉图一样思考，一会儿像斯宾诺莎，接下来又像康德或海德格尔或胡塞尔——但从未只像其中一人，也就是说，从未前后一致。

你祖母从未谈论自由的起源。这个起源在哪里？如果所有的自由概念都有意义，如果所有种类的自由都只是整个"运动"的一个单一方面，那么这个"运动"是什么？这位老妇人不是一个基础主义者（foundationalist），她不关心本原。她只是一个观察者，是一个在智识上爱着上帝的人。但是我想她的所有智识上的爱都归于单一的个人。当你祖母谈论对上帝的理智之爱时，她没有想到神圣的、不变的、永恒的东西，而是想着创造的、必死的东西。她想的是那些和她自己一样明天将要死亡或者消亡的事物和人。但是既然她存在，那么这些美的人和那些美的事物就都是永恒的，因为她在永恒的爱中与他们发生关联……尤其是与你。在她看来，你是那个体现了她所提到的所有自由的人的模型，有一张好的脸，是美的、和谐的、值得被爱的。我听到你说我在开玩笑，因为你从未用那些词汇想过你自己。这使我再次思考你祖母所说的，或许其中有着大智慧。因为如果你不明白她的故事就是你的故事，即你是一个值得被爱的和谐的个体（风景和花的作用只是用作类比），那么你就意识不到你的美，尤其意识不到你的性格中所体现的自由的和谐。于是你祖母被证明是对的；人物的美与和谐自我呈现给他人，呈现给观察者。人们在她自身之中作为自由之声意识到的不是和谐与美，而是（相对的）自我确定。

但是如果就是这样，并且你祖母是对的，那么她也是错的，或者至少是片面的。因为当我开始告诉你对的时候，我就强烈地不同意她对和谐的强烈偏爱。所以我重复：一个人只能像他能够是的那样自由，如果自由的一个方面吞没了他灵魂中所有其他方面的话。相对的自我确定将引导他的行动，就像它引导一个美丽的灵魂一样。关于好的脸或坏的脸的游戏激怒了我。或许人们可以将好的脸和不重要的、空洞的、邪恶的脸区分开来。我会试试看。但是人们不能将一个和谐之人的脸与其灵魂处于永远不平衡中的人的脸区分开来。将好的脸与和谐之人的脸等同起来甚至更糟。并且，这也是一种色盲。或许你祖母只喜欢和谐的灵魂，但是其他人可能喜欢，并且明确地喜欢将所有事情都押在，并且彻底押在自由之上的人物身上。在这种情况下，观察者的判断会是怎样的？

【247】

这只是对劳伦斯长篇大论的简洁摘要，你理解为什么他的特定思想仍然是模糊的，至少对我而言如此。劳伦斯暗示最荒谬的事情，即我将是你的和谐之人的模型。这是不可能的。你在信中说严肃适合年轻人，随着年龄的增长，一种无忧无虑发展起来，但这离我还很远。坦率地说，我将你，唯独将你看作和谐的个性的模型；很难想象你是一个年轻女孩，因为我知道你一直是你的意义上的无忧无虑的。但这就够了。继续说，劳伦斯不断参考的名字，例如胡塞尔、黑格尔等，并没有帮助我来理解他。因为我没有读过那些人的东西，我不能理解他的暗指。但是我很快就会去读所有那些人的书，找出他们是否说了一些对我而言重要的话。但是，在几个观点中，我发现劳伦斯的思考非常具有启发性。我认为他漂亮而和谐地解释了你对美与和谐的印象。自此之后，每当我思考美与和谐的人时，我就会将他们看作在自由的不同方面不断恢复被扰乱的平衡的幸福品质，尽管偶尔会掉入一些陷阱，但我会追随这种方向感。但是，与劳伦斯不同，我认为我理解你为什么会放弃正确比例的理论。在你的解释中，"和谐"与多面性或个体的普遍性无关，例如对许多职业的训练。它不要求人们同时在相同的程度上训练其智力、身体和灵魂。你的美与善是一个现代的东西。你的美与善是一个抛。你的美与善没有充分地将帮助他塑造其身体和智力的首要知识模型接受为他与生俱来的权利。你的美与善是敞开的，她选择她自己，但是她的自我选择不是她的自由的唯一的、独一无二的体现。有时候她服从道德律，其他时候她选择不可回避的，还有时候她选择许多可能性或者道路中的一种，有时候她在存在的林中空地沉思，有时候她只是望着一道风景，享受着自由的快乐，或者拾掇她的花园，有时候……我不继续了，我只是【248】想告诉你我理解你。显然你没有说只有观察者才是自由的，因为这显然是无稽之谈，你想说源自自由之和谐的美向观察者呈现它自己。即便"观察者"这个词也是错的：它毋宁是向他者，向他人呈现它自己。一个人的自由之和谐是给他人的礼物和馈赠。我想我理解你的意思，当你谈论对上帝的理智之爱时。它是你的爱，是在他人之美中感到快乐的爱。劳伦斯是对的：你在个体之美中感到快乐。因为一道风景、一朵花、一个人——他们都是个体。这就是你为什么指出绿色的"生命的金色之树"。概念是灰色的；劳伦斯也在他的对话中说了类似的话。你不爱概念，它们不可能是和谐的。然而，这使我思考，你能够爱，例如美，或者自由？这种爱意味着什么？你爱和谐、美。但是一个概念，例如自由或美，不可能是和谐的。美不是美的（海德格尔说过类似的话吗？或许之前柏拉图说过吗？谁知道？），自由不是自由的，等等。

然而，劳伦斯关于我们在好的与坏的脸之间做出区分的简短批判评价是建立在完全误解的基础之上的。他认为我们将和谐的个性归之于好的脸，将不和谐的个性归之于坏的脸。很抱歉地说，在这个错误中你不是完全无辜的。既然你将信写给我而不是写给劳伦斯，你将许多我们都知道的事情看作理所当然，但是劳伦斯可能并不知道。我记得，我是如何原本可能忘记的，我们是怎样坐在咖啡馆里并且对可怜的路人的脸做出判断的。我们总是发现好的脸比坏的脸多。或许是因为作为孩子，我以比较积极的眼光看人，而你让我做出自己的判断。因为我知道，你并没有强烈的倾向只在人们身上找出最好的性格特征。你是公正的，但你在你的判断中也是严格的。你从不报复，但你也很少遗忘。或许你需要时间来形成一个恰当的判断。或许这就是为什么我们——不仅是我——发现好的脸多于坏的脸。我说过你不会轻易遗忘，但这也不完全对；你几乎遗忘了所有的事情，除了污秽、卑贱和残酷。我从未看见你对你不喜欢的人微笑。我偏题太远了！我只是想解释为什么劳伦斯对我们关于"好的"和"坏的"脸的区分的解释是没有意义的。在某一点上，"好的脸""坏的脸"的游戏和自由相关。这是开放的态度。我们总是相信"好的脸"是一张开朗的脸，但并不必然也是一张美的或和谐个性的脸。好的脸是一个在道德上正直，或者接近正直，是一个作为朋友便可信赖的人的脸。如果一个人，他的性格能够容纳一种重要的自由（或对自由的解释），是能够在道德上正直的——确实，他能够——那么他的脸就

【249】 将是一张好的脸。在"好的脸""坏的脸"的游戏中，人们对基本的伦理人物进行判断，而不是对整个人物进行判断，甚至不是对整个道德人物进行判断。当我们玩这个游戏的时候，我们假设存在一种基本的道德人物，并且这种基本的道德人物表现在脸上。我不回忆这些路人是年轻的或年老的了。现在听你讲的，他们不可能非常年轻。我记得，我多愚蠢啊，竟然没有立即观察到这一点：你引用歌德的话，每个超过 30 岁的人都应该对他或她的脸负责。一个小孩不对她的脸负责。所以我们观察超过 30 岁的人，上下相差几岁。

　　我已经对劳伦斯做出了当之无愧的让步：在根本上正直的人物不需要和谐和美。但是这种根本的道德人物——如果有这种东西的话——与特定的情绪和情感有特别的密切联系吗？哲学传统将以肯定的方式回答这个问题。你凭记忆知道那些答案：在道德人物中，理性是国王，所有的情绪和情感都必须服从它；或者，一个正直的人可以单单在精致的事物中就找到快乐，他的欲望驱使他通往遥远的目标而不是通往直接的满足，等等。你就情感、道德或伦理写了一些吸引人的文字，它们在道德

上还是中立的，既不赞同也不反对，但在哲学传统的精神中则不是这样。你认为人们根据情绪和情感不能进行一般化吗？情感是严格的个人的吗？如果是的，我们如何能够在道德的术语中谈论它们？我发现我们在此踏上了不稳定的地基；确定我们将要思考和沉思单个的个人，就是踏上了非常不稳定的地基。是可以这样说的，因为——如我所认为的——道德最终依赖于个体的个人；只有直接面对个体的道德个人，并且将个人作为个人来谈论，人们才能真正击中"事情本身"（*die Sache selbst*）。自由也是个人的。这是我在你的美与和谐的人的理念中所喜欢的东西。（这也是我为什么可以轻易接受劳伦斯的修正的原因。）只有个人才能是自由的。自由本身不是自由的。现在我明白我可以如何回答我自己的问题了。如果一个人爱自由的话，那么这个人就爱个人的自由的境况。人们真正爱的是这些自由的个人。但是我承认，这个基础是不稳定的。人们不能说关于个人的一切东西，除非直接谈论他们。这就是为什么在莎士比亚那里有着比在道德哲学家的所有著作中都要多的道德哲学。哈姆莱特，或者李尔，或者贝特丽丝和培尼狄克的道德都是严格的个人的。道德存在于他们的性格之中。劳伦斯也注意到了这一点；这就是为什么培尼狄克和贝特丽丝在他的个性伦理学中具有如此重要地位的原因。

　　正如我所提到的，在第一次遇到的时候，我们就已经和劳伦斯讨论了贝特丽丝和培尼狄克。但是当**我们**讨论贝特丽丝和培尼狄克的时候，我们**没有**讨论个性伦理学；那时我还不知道这种伦理学的存在。我们将【250】贝特丽丝和培尼狄克作为活生生的人来讨论，在这一点上我们讨论了你。不，也不完全是，因为贝特丽丝和培尼狄克陷入了一场阴谋。对于我们而言她们是和谐而美的人，并且莎士比亚将她们作为和谐的人而创造出来，就如同他也创造了那场阴谋一样。那场阴谋是关于那个被抛入绝对的道德不平衡的世界的，它通过这两个人的正直和道德的美而重获（相对的）平衡。毫无疑问，很容易并且值得去考虑这些文学人物的基本性格，因为他们是有意按照这种性格被创造的而且被放到一场阴谋中来体现他们的价值。但是如果我谈论（或者甚至是思考）一个活生生的人（例如你或者劳伦斯）的道德人物，那么我就有一种不自在的感觉，这种感觉是我在思考莎士比亚的角色时所不具有的。你——或者劳伦斯——毕竟是可以为自己说话的人，是我可以询问的人，是伴随着未完成的情节而具有敞开的生活的人。即使在你的年纪，你也不是一个来自某种情节的角色。这就是为什么每次我谈论你——和我以伦理学的术语向劳伦斯谈论你一样——我有一种不自在的感觉，觉得我在某种程度上将你工具化了，待你如同原始素材，就像我正在将你变成一种客体。当然，我没有将你用作纯粹的手段，但将你用作某种手段。那么，如果我们认为道德最终依赖克尔恺郭尔意义上的单个的"存在者"，并且谈论伦理学的唯一方式是谈论单个的存在者，并且谈论单个的存在者有一点儿工具化，那么唯一相关的道德哲学将是来自文学作品的对基本人物的道德阐释，这种说法对吗？其他的唯一选择将是为了道德阐释的目的而以克尔恺郭尔的方式来构造虚构的人物。但是当我们思考或者谈论那些角色的时候，我们忍不住将他们一般化或者至少将他们典型化。当我们谈论 A 的时候，我们不单单只反思 A，而是反思许多 A（即 A 的典型）。即使是克尔恺郭尔，这个意识到这种诱惑并且谈论亚伯拉罕（Abraham）或者法官威廉姆或者克利马科斯和其他单个"存在者"的人，甚至他也可能无法避免这一诱惑。当人们谈论"审美的""道德的""宗教的"领域或态度时，人们在脑子中所想的不仅是单个的个人，而且是理想的典型。我们发明"典型"以避免一般化，但是这些"典型"也是一般化。我很高兴我是一个文学学生而不是哲学学生。因为没有灰色的概念可以公正地对待"生命的金色之树"。并且所有的情绪和情感——总是个人的事件——都是最好的辩方证人。

转念一想，——这是我今天第五次转念一想了——在我们的孩子气的关于好的与坏的脸的游戏中，难道我们没有做出某些最好应该避免的事情吗？如果每个人都只是一个个体，一个单独的存在个体，绝对独一无二的，那么我们为什么为了玩笑的目的而创造出这两种类型呢？确实存在好的或者坏的脸吗？或者这种猜测的工作只是普通哲学实践的日常的和孩子气的版本吗？我不想说辨别好的脸和坏的脸等同于玩形而上学的游戏，因为这将是愚蠢的，并且我也不强烈反对形而上学。我是说，我们做了某种暗含着反对我们的形而上学信念的事情。但是，请原谅，这是没有意义的话。没有两片树叶是一样的，没有两个人物是一样的。但我们仍然谈论"树叶"，这是有意义的，我们区分橡树叶和松树叶，这也是有意义的。我不想躲在关于普遍的存在的争论背后，因为在我的精神中，这不是对老问题的继续。区分好的脸和坏的脸是残酷的典型化。但是我们做出了妥协，亲爱的祖母，我们总是在我们的思考中做出妥协，就如同在许多其他的事情中一样。同一化的思考也是一种妥协（最终我被迫学会了一些语法）。人们不可能避免妥协。这是人们为了在同类的共同体中生活，为了促使别人理解自己而付出的代价——只有如此人们才能展开想象的翅膀飞翔。

"想象"这个词决定自己进入这封信；它进入这个文本并没有借助我的力量。反思单个的"存在者"需要想象，对想象的存在者（像贝特丽丝和培尼狄克）进行阐释也需要想象。但是设计一种个性伦理学的理论则需要更加深刻和有力的想象，并且是一种不同种类的想象。在这里，人们梦想某种不存在的东西，某种通过我们的梦想而成为存在的东西——如果它成为了。这里没有个性伦理学——这里没有这种伦理学；或许不可能有一种伦理学。但是如果你好好地读了劳伦斯的对话，你就将明白**他的**个性伦理学。他的伦理学的图景是在灰色理论的砖瓦上建立起来的，但是它仍然是一种图景，一种广阔的和好的图景——是他自己的个性的反应。你将在那里看到鲜花和结果实的树。这是我们通达的幻想世界，是不需要保持私密的梦——不像赫拉克利特谈论的梦。

我仅凭印象来写这封信，我没有任何借口。请将这封信当作我的思想之花的证据，当作（我的）思想生活在最后十分钟，或者再长一点点的压缩文本来读吧。请对我耐心一点。这个要求很好笑。你对我总是耐心的。所以相反，我请求你：请你对劳伦斯也耐心一点。

献上我（永恒不变）的爱，你的菲菲

[252] 苏菲·梅勒夫人给孙女菲菲的信

亲爱的：

我应该受到责备；我没有受过辩论的训练，我开始一口气谈论好的脸与和谐的个性，忘记了理论讨论的重要要求，即应该区别开我的观点和别人的观点。这不容易。这里没有定义，没有严格的分界线。当我区分好的和坏的脸时，我运用我的直觉；当我谈论好的人物时，我也运用我的直觉。我也诉诸你的直觉来近似地理解我的意思。但我现在试图讲得更加富有逻辑一些。

你说得对。20年前，当我们玩区分好的和坏的脸的游戏时，我们将"好的脸"在根本上是正直的和可信赖的人的脸看作自明的。正直的角色并不必然也是和谐的人或者是美的人。识别一张好的脸比公平地猜测每一个角色的美要容易一些，因为做出一个独立的伦理判断比做出独立的审美判断更加容易，正如——或许——在道德审美中应用判断是最困难的事情，因为它不仅需要好的判断。

劳伦斯注意到了我的弱点之一，至少可以说，我对《判断力批判》的阅读是片面的。我从未对那个体系有过兴趣；没有什么能像先验的演绎那样使我冷静。我被这本书的内容，被它的信息所吸引，而不是被它的作者的辩论所吸引。我从康德那里获取我喜欢的东西，即他关于判断需要在理解和想象之间自由驰骋这个洞见。但是你明白，做出类似"这朵玫瑰是美的"判断是简单的。理解与想象在这里都是初级的、不复杂的。但是如果我对一个人，然后对另一个人，接下来再对另外一个人——对少数完全不同的人物——做出判断，说他们是美的，那么我的理解和我的想象都需要更加复杂。有好的判断的条件，例如生活阅历、道德品位、优雅，尤其是情感的优雅。既然一个人物的和谐或美在她的情感世界中展现自己，那么在道德审美中做出判断的人就需要发展一种情感财富，一种能够使她做出这种微妙判断的情感密度或强度。幸运或者不幸，我必须在这里转向绘画或者风景了。你需要训练审美判断以便发展一种能够使你辨别好的和坏的绘画，甚至是区别出更加完美或不那么完美的自然的和人造的风景的品位。或许你在笑话我的老套的观点，【253】因为现如今许多所谓的重要人物都持这种观点，即一幅绘画和其他的绘画一样好，被我们高度赞扬的美感只不过是旧欧洲的等级感的表现而已。于是我们被告知，在低等和高等艺术之间没有差别，美是一件关于主观品位的事情。如果你接受这种新思想的话，那么谈论美的人物就根本没有意义了。

允许我——这个老套的妇人——将我的信念和品位带进坟墓吧。那些信念和品位如同我的生活经历一样——认为存在着美的人物，并且，即便不容易，你也能够将他们从其他的人物中区分出来。区分好的脸和坏的脸——我们一起玩的游戏——相对容易；孩子也能做。当劳伦斯说并不是所有正直的人都有美的或和谐的性格时，他是对的。现在我要往前一步：我确信，正直的人物至少**能够**是，或者**能够**成为美的人物。正直是美的人物的前提，尽管正直对于成为这样的人物并不是充分的。正直是人物之美的条件，这是显然的。在我们的游戏中，我们区分开朗的脸和"封闭的"、怀疑的脸。我们假设好的脸是开朗的脸，反之亦然。既然开朗是自由的一个——重要的——方面，那么人们就不能够靠直觉发现美，它是自由的平衡，藏在封闭的和怀疑的脸的后面。

然而，好的/坏的是价值取向的一对普遍的（经验地普遍的）范畴：如果不做出这种区分，人的社会、人的生活就是不可能的；人们现在经常做出这种区分，过去也经常做出这种区分。在最抽象和基本的意义上，好是一个人的社会（根据它的习俗和规范）所赞同的东西，坏是那个社会（你的环境）所不赞同的东西。在这个意义上，伦理学也是一种经验的普遍。总是有伦理学，因为总是有规范和规则。纳粹有他们的伦理规范，布尔什维克也有，每个人都有。

假设纳粹或者布尔什维克将玩区别好的和坏的脸的游戏。在一个共同体中，盲目服从共同体就是"好的"，同一张我们判断为好的脸将被判断为"坏的",反之亦然。之所以如此,是因为一张开朗的脸意味着不服从,而一张封闭的脸可以很容易地与甘愿服从联系在一起。这不单单是我的假设。下周你将去维也纳。我建议你去看看"艺术与独裁"的展览。就看那些肖像画。他们展出了理想化的脸,从画家的官方意识形态的角度来看所谓的"好的"脸。它们都是空洞的、苍白的、愚蠢的,有时候几乎是白痴的脸;它们对我们而言绝对不是"好的脸"。

【254】　　你记得:一个正直的人可能是一个美的人。显然,在我们的孩子气的游戏中,我们已经假设了这种关联。我们寻找"正直的"人的脸,我们称之为"好的脸"。这种关联是完全偶然的或者主观的吗?将好与美联系在一起,将这两者都与自由联系在一起,整个哲学传统都是错误的吗?我不会回答这个问题。但是我告诉你,我经历了两种独裁,我看过许多那种图片展,我一直知道,即便是一个孩子的时候,这些图片是错的、不对的、不真实的。今天那些参观维也纳画廊的人,对这些独裁艺术的作品投以一瞥,将在我(以及其他许多人)看到这些画作时看到的同样光线下来欣赏它们,就像它们被画出来并受到官方赞扬时一样。我坚持我的直觉,即好的脸、正直,以及美的或崇高的人物的条件在某种程度上是结合在一起的。因为,一个好的人物当然也可能是崇高的。一个崇高的人物不是和谐的,但劳伦斯是对的:他不比一个美的人缺少吸引力。

　　你观察到我的美的人物是一种"抛",一个偶然性的人。我爱劳伦斯的对话,因为你的朋友对偶然性的体验有一种深刻的洞见。一个现代人的美与和谐不像古希腊的美与善。的确,柏拉图和所有的柏拉图主义者都喜欢谈论灵魂的和谐。但是与古希腊的展现伦常(ethos)的音乐不同,现代音乐完全,或者至少主要地,以"我"的名义进行谈论。至少阿多尔诺这样说,我相信他,是因为我也有类似的感觉。那些古代人,其中有柏拉图、亚里士多德、斯多葛主义者或伊壁鸠鲁主义者,有一个共同点,他们都认为灵魂的和谐和同质化有某种关系:灵魂越同质,它就变得越美。

　　在美的偶然性人物和希腊的美与善之间有另一种,或许是更加重要的差别。但是首先让我告诉你在存在的选择的哲学中困扰我的东西。你的朋友，和他的朋友维拉告诉我们，在存在的选择中，人们将他或她的偶然性转化为命运。在一定程度上我赞同这个比喻所传递的信息。你从我先前写的信中猜测我赞同的原因：在严肃之后而来的是无忧无虑，人们获得了方向感，等等。这也可以用一个更强的词"命运"来描述。但是这种命运并不能取消偶然性，因为我们现代人终其一生都保留着偶然性。如果你绝对地成为你的命运，那么你就不可能失去你的诸自由间的平衡，并且你也不必恢复这种平衡。在失去与重获平衡的过程中，人们总是与他人相关联。我记得我说过我们总是参与某事；我们以不同的方式参与许多事情（或者人）。这些参与是我们的情绪和情感。如果我们 【255】对某人或某事投入太多的情感的话，我将失去（我们可能失去）自我。在这种情况下，其他的人或者事或者原因成为我们的命运。在一种解释中，我们是自己的命运，因为我们没有失去我们的本质，但是我们仍然可能失去我们自己。漂亮的女人和男人也经常失去他们自己，因为自我放弃暗含着我们将自己投身于某人或某事。你明白我对严格的存在的选择的公式持保留意见，我担心严格的公式不能公正地对待绿色的并且仍将保持为绿色的"生命的金色之树"。我们的音乐只会因死亡而沉寂，甚至在死亡之后，这个音乐仍然会在那些对它做出回应的人的灵魂中回响。

古代关于同质化灵魂的理想和灵魂不死的理念是联系在一起的。但是现代的和谐之人从来不是同质化的，她失去了平衡并重获它，正是以这种方式她变得富有，她在自己的主旋律上弹奏出她自己的变奏曲。当她沉默时，她身边的所有人都会以直接引用的形式接过她的主旋律并且在她的沉默中意识到她的个性存在。当我说这些话的时候，我是一个感伤主义者。我在想你的妈妈，她不仅从专业看是一名音乐家，而且从性格看也是一名音乐家。她的旋律在我心中回响，并且——尽管她去世时你还小——你将在你的灵魂的某个地方发现那些隐藏着的和声。

那些在她死之前从未完全将她的个性转化为命运的偶然性的现代人，——你的维拉是多么智慧啊！——不像希腊的，至少不像柏拉图或亚里士多德或他们的追随者所描述的美与善，也不像其他的方面。说到和谐，希腊人——在他们之后几乎所有的哲学家——首先在脑子里有着不同人的能力之间的和谐。他们是否称之为能力则是次要的。他们都认为，我们是不同要素汇聚在一起的，这些不同要素彼此之间也是异质的，因为它们有着完全不同的起源（例如质料与形式、理性与感觉、自然与自由、灵魂、精神与肉体）。并且，这些要素应该构成人，在理想的人中，这些要素是和谐的，因为最高的要素（理性、精神等）将控制并感染其他所有（低等的）要素。那些较低的要素（例如冲动、情绪、情感）必须服从最高要素的命令。最高要素给无序注入秩序，给无规则注入规则，它限制无限的东西。在这一传统中，和谐来自命令/服从的关系。从来没有一种四重奏，在其中四种乐器是彼此平等地一起创造出一个旋律与和声。我脑子中所想的那种美的人物，那种偶然性的人可能成为和谐的人物，像四重奏一样和谐。每一种乐器都行使自己的职责，发出自己的音调和音色。这是没有命令/服从关系的和谐。我不是一个尼采主义者，我的尼采主义的特征比你的劳伦斯还少，他不了解我，把我想象成这样一个人。请注意，我不想翻转"诸要素"或能力间的传统的命令/服从关系。在一个四重奏中，一种乐器在另一种之后可以承担起领导角色并演奏旋律，甚至是独奏。所以它在现代的和谐灵魂之中发生：一种或者另一种乐器可以演奏一会儿独奏，然后就被其他的所取代。现在，如果你根据能力间的和谐来思考和谐的话，你就不能避免等级制地设计和谐的模型。但是如果你将和谐想象为所有自由的变奏曲的和谐，那么你就使能力的问题（不论究竟是否有这种能力，不论它们是什么，以及他们的起源是什么）保持敞开的状态。我几乎可以看到，你现在笑了。你将说："但是祖母，这等于是一样的。"因为如果对必然性的洞见在灵魂四重奏中演奏了一会儿第一小提琴，那么理性就在比例的意义上获得了高等的地位；如果在我们的音乐句子中沉思发布命令，那么某种类似的事情就发生了。我不反对这种解释。有时候，自由来自好的理论推理，如果这种自由演奏第一小提琴，那么理性也如此。但是其他时候自由的判断或直觉或爱也将居于高等的位置，在这个时候理论的

【256】

推理只起辅助作用或者甚至保持沉默。例如，选择的自由可能是直觉的事情也可能是实践推理。但是如果没有这著名的跳跃，人们也不能选择（不能自由）——这一跳跃是最终的解决，它不是合理的，尽管也不是不合理的。推理和突然的洞见、自我控制和自我放弃、谨慎和创造性，所有这些都是自由。人们不能将理性从情绪和情感中切断，除非是人为的；因此多数哲学家都首选人为的推动。这就是为什么你的劳伦斯观察到，哲学家们质疑色彩，他们厌恶色彩；他们仅根据黑色和白色来写作和思考。即便他们对音乐的和谐耍嘴皮子，他们主要的和谐模型还是雕塑——一尊未上漆的雕塑的和谐。只有可塑的和谐才能在黑色和白色中被想象。和谐与美的人是偶然的，在最深刻的意义上是偶然的——是富有色彩之人，因为她在色彩中思考，正如她在色彩中生活一样。

你一定注意到了，因为你是一个好的观察者，尽管我捍卫我们关于区别好的与坏的脸的游戏，但是我在那种判断人物的背景下从来没有建议根据美/丑二分来思考。与讨论其反面，即丑的人物一同来继续讨论美的人物，这对我的品味而言将是人为的，也是太过哲学的。我不认为 **【257】** 仔细分析丑的人物能有什么大的意义，因为我怀疑"丑的人物"是否是对不美的人物的好的描述。有肤浅的人物——我在之前的信中提到过——我称他们是类似"外壳"的人。但是说"外壳的"人是丑的或者不和谐的则是误导。一个类似"外壳"的人可能是一个坏的人物，尽管他并不总是坏的。我认为有些作者，最主要的是马尔库塞（Marcuse）将这些人命名为"单向度的人"，这是一个好的描述。但其他人将他们命名为"受他人支配的人"，这也是一个好的描述。一个单向度的人既不可能是和谐的，也不可能是不和谐的，因为他是完全平面的。在"受他人支配的人"的例子中，人们不可能重复那个老问题并且问是否只有他的能力之一命令他，或者有许多，或者没有，因为他居于没有受到自己能力的命令的处境下，不论这些能力是理性的还是感性的，因为他完全服从外在的事情（或人物）的命令。人们在想，甚至"单向度的人"或者"受他人支配的人"是否也能够被称作"坏"性格的人呢？事实上他们完全没有性格。例如，在简·奥斯汀（Jane Austen）的小说中，伊丽莎白·贝内特（Elizabeth Bennett）是一个有着美的性格的人；她的妹妹们完全是受他人支配的，尽管她们不是有着丑的性格的人；她们是没有性格的人（尽管在一部好的小说中没有性格的人也被性格化了）。

我在这两种表达中犹豫："是一种性格"（to be a character）和"有一种性格"（to have a character）。一种偶然的美与善"是"一种性格。但是一个人越受他人支配，我就越倾向于说他"有"一种性格，就像他拥有一种性格一样。如果有人从他人那里获得（接受、借、偷、买）他的性格，并且相应地付诸行动，那么他就拥有一种性格。如果一个人是其所是，并且只是其自己，是特质的、独特的，那么这个人就是一种性格。美的性格就像这样。

啊，你会说，为什么我们说人们"有"一张好的脸？当然，人们不能说一个人是一张好的脸。性格是，脸显示你所是的某种东西。在这个意义上，你有它，不是在你接受它的意义上说的。不幸的是，语言不能公正地对待我们的体验的细微差别，但是我们又不能不使用语言这根拐杖来思考这些细微差别。但是如果我们想要谈论劳伦斯总结为"个性伦理学"的所有东西，我们就必须将注意力集中于语言上，但是只有在语言中我们才能超越语言——至少在公共场合是这样。如果你在这里，坐在我旁边，我们可以超越语言，不借助于语言来谈论一些关于"个性伦理学"的重要东西。伟大的美就在做这件事之中。也正是伟大的美在语言中存活，却是另一种美，尤其对那些是诗人的男人和女人们而言。诗人是最幸运的人，因为他们可以带着悖论（在语言中超越语言）生活。如果一个好的巫师将满足我的一个愿望的话，我将希望美的性格的人都是诗人——但不会这样。

【258】 不早了。如果你能听到远处火车经过的声音的话，就知道这是罕见的安静时刻。这也是你在这个世上可以听到这种安静的最后的岁月。

吻你——向劳伦斯致以最好的问候，你的祖母

菲菲给祖母的信

最亲爱的：

我喜欢你的信，就是太短了。刚开始就结束了，并且结尾处也太开放式了。我想你没能成功地将你思想的纺线编织在一起。我期待你可以。稍后，我要问你几个问题。但是首先我得汇报一个不寻常的反应：你的信使劳伦斯相当生气。读了你的信之后，他开始来来回回地走动，充满愤怒。我会像上次一样总结他的独白的内容，但是却不能描述他的愤怒——你应该看看他说的！劳伦斯如此说：

"你的祖母是一个古典主义者，而古典主义并不像它看起来那样是一种清白无辜的理想。它是一种恐怖的形式，即普遍主义反对个人的独特性，反对他与生俱来的权利。你的祖母谈论存在的选择，但是她并不理解它。首先，她对自由的和谐心存偏爱。她没有放弃这种偏爱，对不对？她承认——勉强地——并不是所有正直的人都具有和谐的性格。但是她避开了另一个主题，即极端不和谐的人可以与和谐的人一样自由——他们有时候比其他所有人的总和都要更加自由。她一遍一遍地重复她主要喜欢的话题，即任何种类的自由都不应该居于其他自由之上，因为如果居于其他自由之上的话，人的性格就将被异化得像雕塑一样，或者成为固定等级（抱歉，如果你的祖母使用这个可怕的比喻的话）的体现。但这是错误的，或者至少是过于简化的。因为在现代人的生活中，我们自己的存在的选择——跳跃——是基本的自由，因为它是所有其他自由的条件。如果没有这一选择，我们仍将是一个外壳——用你祖母的表述。自由是我们的基础，我们的基础是自由。但是这个基础不是安置在固定的自由等级的顶部。相反，跳跃自身保证了没有固定的等级。更好的表述是，它保证了没有传统形而上学意义上的固定等级。因为跳跃保证了——不论是有等级或者没有等级——人的自我选择都将是

317 ·

基础、原因、本能，根据它人们将为其自由发展一种自我决定的等级，或者以非等级的方式保持其各种自由之间的平衡。这就是为什么你祖母的古典主义是恐怖主义。她想要指示那些自我选择的人们，他们应该选择什么，以及如何选择。但是如果我们遵从她的建议，我们根本不能自我选择了，而只是我们自己之中的某种歌德或者祖母或者菲菲——所有

这些都不是我们。我重复一遍，你祖母对存在的选择一点概念都没有。选择你自己——我必须重复它吗？——也是选择你的情结、你的病症、你的无意识，也是选择你的父母、你的年龄、你的童年，等等——你完全地选择你自己。一个完全地选择她自己并且开始成为她所是的人，将是一个美丽的人。但是另一种也是存在地选择他自己的人，不能够成为一个美丽的人，仅仅因为他不是的。如果他成为你祖母意义上的美丽的人，那么他将成为另外一个人——一个存在的不幸（malheur）、一个彻底的失败者，在最后一种情况下，他不是自由的，相反却是相当不自由的。你祖母的让步根本不是让步；她承认——我已经说过了——并不是所有正直的人都是和谐的人。但是有在差异范畴下存在地选择他们自己的男人和女人们。或许他们甚至都不是正直的，但是既然他们选择了自己，那么他们就获得了基本的自由。他们是否会成为和谐的，这是一个和在普遍范畴下选择他们自己的男人和女人们面临的同样敞开的问题；因为前者与后者一样成为他们自己，而不是成为其他什么人。你将记得在我的对话中，我尝试表达这样一种观点，即区分两种不同的人物等级：一种是关于伟大的等级，另一种是关于正派的等级。一个人可以居于这两种等级的顶端，但是这种情况很罕见。你祖母的古典主义理想不是关于伟大的理想。在著名的伟大的个性中，单单歌德就完全符合条件。你记得我们的尼采课。我们老师选择尼采而不是歌德作为个性伦理学的例子，正是因为歌德的古典主义在我们的时代太特殊、太非典型、太是一只罕见的鸟了。如果你只是考虑一下那些在普遍范畴下选择他们自己——作为正派人的——男人和女人们，就可以得出一个非常相似的结论。我们是被撕开的、分裂的、痛苦的存在——生病的动物，如尼采所说——如果我们在自由中成为我们自己，我们如何能够成为和谐的？

我不像你祖母，不是一个教条主义者；我重复一遍，有你祖母意义上的和谐的人，他们是无条件地可爱的。但并不是每个人都可以自由地成为像他们一样的人；如果有人想要成为他不是的那种人，他将变得——我重复一遍——不自由的而不是自由的。一种道德美学，如果在美丽的人物上塑造的话，将成为一种贫瘠的，或者毋宁说是肤浅的且片面的美学，一种古典主义的道德美学。你祖母自己提到了一种不同类型的人物，可以被吸纳进她的万神殿：崇高的人物。尤其对你的祖母而言，她只是提到了崇高的人物，关于他却什么也没说。让我说说他吧。

崇高的人物被过度的敏感、对痛苦的强烈倾向、内在的心理失衡这些本性所祝福。当选择他自己的时候他也选择了上面所有的；因此他成为忧郁的。他选择成为一个与自己和世界战斗的人——他这样选择他自【261】己。如果他选择成为一个正直的人的话，那么他成为他所是，一个正直的人与自己和世界战斗。一个单一的选择、一个单一的承诺、一种单一的自由控制着他的性格——自我选择的自由。所有其他种类的自由可能消失或者退后为背景。这不是那种异化的'等级'，而是一种独特的和非常个人的方式，使这个忧郁的人不辜负他自己的选择。崇高的人没有幸福的生活，也没有长寿的生活。他们可以用自杀来终止生命，就像瓦尔特·本雅明那样。他们也是有着强大想象力的人；他们不仅感受，而且想象那些从外在和内在威胁他们的危险。他们不断地避开危险；这就是为什么他们是正直的。但是他们不断地撕裂他们的战斗中挡开危险。美的人物用看不见的屏幕保护着她自己；世界的危险力量很难渗透进来；崇高的人物是不设防的；相反，他用内置的心理学的动力装置（power-plant）强化、加重、放大世界的危险。这就是为什么他遭受痛苦。对极端的东西保持高度敏感、紧张和慷慨，崇高的人物总是伟大的、沉重的和重要的。他和美的人物一样可爱，甚至可能更可爱。难道你不这样认为吗，菲菲？"

这就是劳伦斯所说的。

现在我要讲我的远为谦虚的观点。

你对存在的选择哲学的批判不是完全公正的。劳伦斯和他的女英雄维拉，都呈现了存在的选择（在普遍的范畴之下）作为在现代男人和女人的灵魂中建立道德核心的模型。但是劳伦斯从未说过，他的女英雄维拉也从未说过，正派的人事实上触碰到了那个核心。他们接近它。当你现在强调开放性并且说从未有人完全地成为她的命运的时候，你没有反驳劳伦斯的哲学。相反，你表明人们通常没有触碰到那个核心，尽管他们应该。我有一种奇怪的感觉，你和劳伦斯因为相同的错误而彼此批判。你指责劳伦斯的教条主义，因为他据称只谈论纯粹的类型而忽略所有的近似；而他指责你教条主义，是因为你（据称）把所有的赌注都压在美的人物上，而将崇高的人物弃置一旁。你们两个人都捍卫差异和独特性，反对纯粹的类型和一般性。你们两个非常相似，即使你们自己没有注意到。

第二，（我首先应该说"首先"吗？）你对情绪的评论是模糊的。我认为我理解了你所说的参与的意思。我也理解了你对有色彩的或没有色彩的哲学的参考。你不是说情绪"将颜色放入"生活中，因为情绪不能与"构造"（makeup）相比较。没有情绪就根本没有人的生活和人的面孔；没有可以将构造应用其上的东西。但是，我不理解情绪的生活和美的人物之间的关系是如何发展的，尽管我明白有一种重要的关系。和谐的人物在情绪上也是和谐的吗？劳伦斯增加了我的困难。你将如何描述一个崇高之人的情绪生活？

【262】

第三，尽管你怀疑地对待形而上学传统，但是在关于一个重要话题的讨论中，你却百分之百地忠实于这一传统。例如，在审美的美和道德的美的关系中。当柏拉图爱上他的老师苏格拉底的时候，他不能掩饰（甚至不能向他自己掩饰）这一事实，即他的老师是丑的。爱上丑是不可能的；希腊人只爱美。因此柏拉图发明了身体之美和心灵之美的差别。苏格拉底的身体是丑的，但是——你瞧——在这个丑陋的外在之下隐藏着最美的内在！你的美的人物看起来像苏格拉底。为什么我们不抛弃旧的形而上学传统？为什么我们不简单地说爱与美根本没有关系？在严格的审美意义上的美和伦理意义上的美之间有任何关联吗？

第四，如果有区别于审美意义上的美的伦理意义上的美，那么你会将一种特殊的生活方式或生活模式归于美的人物吗？这种特殊的生活方式或者生活模式可以被命名为"一种审美的生活方式"吗？进而言之，一种审美的生活方式可能存在于一个不安静的世界、一个远去的火车的遥远声音不能被听见，而只有鸟类学家才关注鸟儿歌唱的世界吗？

我不能再继续列举了……第五，爱和道德审美之间有什么关系？我一般性地问这个问题，尽管你还没有回答我之前的问题：一个人可能爱抽象吗？那些与我们所爱的，或者应该爱的单个事物和个体相关的抽象如何呢？

最后，亲爱的祖母，你根本没有反思劳伦斯的手稿。你到目前为止都没有说过任何将减轻我的焦虑（我太自我中心了吗？）的话。

祖母，请快点回答我，并且在和平而安静的夜晚继续写信。你的孙女被嘈杂的汽车、难闻的汽油味，以及脚步匆匆地消逝在无名人群中的路人的高声所环绕，以至于不能多看一眼他们的脸来猜测他们是否是好人或坏人——你的孙女真的需要你的建议。

爱你的（真的献上一千零一个吻），菲菲

【263】 苏菲·梅勒夫人给孙女菲菲的信

亲爱的菲菲：

我没有忘记你的焦虑或不安，亲爱的，但是我承认我仍然不明白为什么劳伦斯的对话会对你造成这么大的困扰。现在我已经读完它，我一直没有停止过琢磨为什么。劳伦斯写了一本关于哲学的书。那本书没有提供解决方案，对于那三个参与讨论的人所提出的问题它没有给出明确的回答。这使你不安吗？但是为什么？一个像你的劳伦斯那样的年轻人在没有答案的地方没有假装知道答案，相反，他对昔日的许多"最终的"答案提问，从各个角度提问，这是令人安心的。他是一个好的思考者，毕竟哲学是关于思考的。我最喜欢的哲学著作是青年柏拉图的对话：当我读它们的时候，我可以更加自由地思考，因为它们没有将固定的观念灌输给我。劳伦斯写的对话使我回忆起了青年柏拉图（尽管仅仅是在这个方面）；我有时候赞同劳伦斯，有时候赞同约阿希姆，还有的时候赞同维拉，因为他们都不是完全正确或完全错误的；或者毋宁说，有的人在这件事情上正确，而另外的人则在另外的事情上正确。这没有困扰我，反倒吸引了我；并且，它使我高兴，令我发笑。你还期待别的什么吗？你期待我指责"当代的年轻人"缺乏确定性，指责他们的道德败坏或所谓的相对主义吗？我不这样认为。我仍然记得当我在你这个年纪的时候，我的祖母经常说她那个时候的年轻人比我的不负责任的、吵闹的、不礼貌的朋友更有责任心，更有道德感，她自以为是的庄重在我眼里是多么荒谬啊。如果你听前代人的话，恐怕会觉得整个人类历史——尤其是在现时代——将似乎是不断倒退的历史。我真诚地认为我这代人并不比你这代人更好。我不知道我的老朋友中有谁，在年轻时，就像你的劳伦斯所做的那样写出了这样一段开放的、真诚的对话。我那个时代的男孩子对他们的信念的真理和他们的理念更加确信，他们认为他们知道什么是对的，什么是错的，他们在提出问题之前就给出了答案。他们中有些人有着高级的、崇高的理想，他们不守传统，挑战大众，但是他们甚至比其他人更加热烈地和绝对地相信一个单一事业或信念的真理和正确性。很难与他们有一场开放式的谈话，尤其是如果你是【264】一个女孩的话。他们所有的人都同意这个观点：女孩不应该参与到男孩的严肃谈话中来。或者至少她们不应该太大声地批判那些男孩子。你看，我喜欢劳伦斯，因为他不一样，尽管我也喜欢我年轻时候的一些男孩子：少数传统的人是因为他们的操行端正，少数不守传统的人是因为他们盲目的热情。

亲爱的，我看到在这代人身上发生了什么，许多曾经可爱的男孩子们却没有通过道德的考试；但是你必须承认校长——20世纪的历史——设置的标准太高了。那些聪明的年轻人里面只有极少数坚持了立场；是的，其中有些人输得很惨。他们并不比劳伦斯和他的朋友更好，但是他们也并不比他们更坏；只是赌注太高。

但是，看到劳伦斯这样的年轻人仍继续思考伦理学，尽管还遗留了许多问题，一个不需要确定性的年轻人仍然充满热情地致力于哲学和"事物本身"，这是令人高兴的。你的劳伦斯不仅是清白无辜的、无害的，而且他非常不可能像我那代年轻人一样负罪。你可能回答，他还没有经受住他的历史考验，你有预感，如果筹码降低的话，他和他的朋友不会比前代人表现得更好。但是我希望你不要在这个方向上延伸你的想象。未来是希望的空间，它是开放的空间。我，这个看不到未来的老女人应该告诉你不要预先判断可能性吗？的确，我必须承认，我很高兴我不久就将死了。我承认我不喜欢生活在未来的世界中。我爱我自己的世界。或者我爱吗？当我在你的年纪的时候我恨我的世界，但这是另外一个年纪了。不过现在，至少在这个世界的我的部分中，最黑暗的乌云已经走了；有时候可以看见蓝天。现在我写这封信的时候，就可以看见蓝天。我期待新的乌云聚集。很有可能它们不会像我年轻时候的云那般黑暗，它们可能不会那么可怕。但是，在这个间歇中死亡是一件好事。这就是我为什么不愿意过多憧憬未来的原因。

　　例如，如果你告诉我很可能不会再有伟大的音乐被谱写出来，我可以问：你怎么知道？但我也可以提供一个更加真诚的回答：我不关心。未来的人仍将拥有我们所拥有的，巴赫、莫扎特、贝多芬已经给这个世界贡献了永不枯竭的礼物。他们和所有与他们一样的人一起，可以使生活对所有即将到来的时代的人们变得有意义和富有，如果他们带有爱心地转向他们的话。我也可以对哲学说同样的话：我对哲学的未来不感兴趣。我有我的柏拉图、我的亚里士多德、我的康德；你也一样。所以如果未来没有新的原创性哲学诞生的话会怎样呢？我们仍然可以和古人一【265】起思考，正如我们可以继续哲学地思考所有值得思考的东西——所有**是**值得思考的东西……

　　我看到我有一个简单的任务。我不是一个哲学家。我写信，而不是写书。写信有它的特权；你可以做哲学家不能够做的事情：思考重要的问题，就好像你是第一个思考它们的人一样。如果你写信的话，就不需要参考你的观念的真正的或想象的来源。有时候你转述了一个作者的意思，有时候你没有，有时候你记得你曾经读过的文本，有时候你不记得。不需要脚注。写信还有另外的优势：你对一个人并且只对一个人说话，你对你认识的人说话，多数时候还是你喜欢的人。有些哲学家使用这种形式，因为他们看到了它的优势，尤其是克尔恺郭尔，劳伦斯最喜欢的人之一。的确，信的形式也可能被误用。但只是被一个哲学家误用。最终每件事情都可能被误用。

　　很抱歉，但我仍然不能够理解为什么劳伦斯的手稿如此困扰你。我仍然认为可能是对话的形式使你不安。你认为对话的形式仅仅是避免回答最紧迫问题的体面方式吗？的确，在一个对话中，许多不同的信念可能都是可信的，可能在同等程度上可信；作者可能将他自己藏在面具后面。他可以这样做却不会陷入廉价的相对主义。他只是让读者/听者自己做出决定和选择：非此即彼。你认为这是错误的吗？人们必须公开地、绝对地偏袒一方吗？哲学家不应该单单呈出非此即彼，而应该自己做出选择：他自己作为哲学家，应该跳跃吗？

　　我不认为这是一个道德问题。劳伦斯清楚地表明了一件事情，并且我也赞同：你的选择可以在道德上正确，并且是平等地正确，不论你在十字路口进入了三个代表性的哲学道路中的哪一条。你的选择和你的心理学或生理学相关。是的，这是它，现在我理解你了！你不是因为这个对话中某种哲学上的错误而困扰，而是劳伦斯本人在心理学上或人性上的东西困扰了你。劳伦斯关于个性伦理学——关于劳伦斯的个性——的对话使你焦虑。是这样吗？

一种个性伦理学不但对作为哲学家的人而言，而且对致力于哲学的行动者而言是一项冒险的事业。个性伦理学是冒险的，因为它的实践从单一个体那里要求过多，或许超过了一个单一个体能够承受的范围。例如康德的一般伦理学或道德哲学，根本不是冒险的。正如你的朋友所说，这种伦理学提供了一根可靠的拐杖。正如他说过的，有时候甚至被热爱命运所激励的男人和女人们也会依赖于这样一根拐杖。但使我担心的是——因为再一想，我也有点担心了——在你的劳伦斯的哲学中没有东西告诉我们，人们为什么要寻求（并且找到）这样一根拐杖。在外行人，例如在我看来，个性伦理学是极度命令性的：它稳定了不确定性并且仍然要求高度的责任感。不是每个人都能承受这样的重负。对于一个差的负荷者而言，对不确定性的稳定伴随着责任感的下降。另一方面，一个人不可能只依赖一根拐杖行走…… 【266】

明天我将继续写。

现在（星期三）我回到你的问题上。我将不会参考任何人，因为这没有什么差别——在一封信中——不论我是第一次说某件事还是第一百万次地说。这里所说的某件事既是第一次说也是最后一次说。

作为一名前教师（一旦为教师便终身为教师！），我不是不熟悉逐点地回答问题这一做法。但在我还是一名教师的时候，我就已经不喜欢这种做法了。的确，我教历史和德国文学，我感到这种方法尤其不适合使我自己的主题变得吸引人和被人理解。你现在是教师，即便你不想成为一名教师，而我是逐点回答问题的学生。那么让我开始吧。

我没有直接批判存在的选择的概念，或者至少这不在我的思考中。我理解选择自己作为好人的完美选择是对核心的选择，当一个人开始成为其所是的时候，这个人接近自我选择的核心，并且这个人将比其他人更加接近它。但是我过去看到，并且现在仍然看到，尽管这个理论承认这个可能性，即有人会比其他人更加接近他们的核心，但是他自己并没有严肃地对待这种经验。从哲学上看，这可能是对的。道德哲学家总是谈论规范，即谈论那个核心，正如他们也承认人们没有触及那个核心一样。如果他们谈论经验的、真实的人，他们只是列举原因，解释为什么他们（他们大多数）甚至没能接近那个核心。

似乎存在哲学框架下的这个问题是完全无法回答的。毕竟，每个人都选择他自己的核心，通过击中这个核心，所有选择他们自己作为好人的人都能够以他们自己的方式成为好人。一定是有多少选择核心的人就有多少接近核心的方式。人们不能说因为她不听从理性或者听从她最好的直觉，所以她未能成功地接近她的核心，等等。这解释了劳伦斯的沉默，但是沉默并不总是回答。

我在劳伦斯停止的地方开始我的沉思。我的确是对我自己说的：我和我的孙女，我们经常做着和劳伦斯一样的事情。我们区分好的脸和坏的脸。我们没有理论，我们只是这样做。劳伦斯说，非此即彼；要么你**【267】**（以接近的方式）成为你所是，要么你失去你自己，你将成为一个绝对的失败者。然而，你和我都意识到并不是所有的脸都可以被严格地区分为好的脸或坏的脸，尤其对 30 岁以下的无法区分。

脸是一个结果，或者毋宁说是结果的表达，但并不必然是存在的成功或失败的镜像。空洞的脸、茫然的脸——并不必然是坏的脸——或许可以归因于存在的失败，尽管我还有些怀疑。空洞和茫然的脸通常是那些从未存在地选择他们自己的人的脸。所谓的存在的失败究竟在哪里开始成为一种存在的失败，即一个人什么时候不再成为他所是？一个人什么时候不再成为他选择自己成为的那个人？

在劳伦斯老师的词汇中，在差异范畴下，每当存在的选择被执行时，指出存在的失败似乎是简单的。如果你不再成为一个作家，那么你就不再是一个作家。但是在对正派的选择的例子中，就没这么简单了。我不能做出哲学的解释，但是从我作为教师的经历中，我学会了不仅在接近中有一个统一体，而且在相反方向上也有一个统一体。在一个人彻底失去自我之前，这个人往往有着重新获得自我的机会。我认为一个人只有在死亡的时刻才可能彻底地失去自我。至少我不喜欢谈论任何一个人是一个彻底的存在失败者。作为一名教师我不喜欢这样说。当我的学生做了一些道德上错误的事情的时候，我经常告诉他们这是错误的；我从不容忍道德上的错误行为，甚至是模糊性的行为；在我看来，任何不够真诚的判断都不是自由主义的标志，而是冷漠的标志。但是我从来没有对任何学生说过，我认为她是一个存在的失败者，她走上了不归路，她永远不能成为她选择自己所是的那个人，或者她完全失去了选择她自己作为一个正派人的能力。

说到差异范畴下的存在的选择，那么你可以告诉某人（机智地，是的，但是仍然）她不会成为她选择自己成为的那个人，例如，她永远不会成为一名剧作家或画家，或音乐会钢琴家。你问我为什么？因为事情就是这样。告诉人们这个，是真诚的事情——机智地，当然，使痛苦变得轻一些——向一个事实上正要溺水，而她自己或许并不知道的人扔一个救生圈。在这里，人们并不是在做一个道德判断，因为意识到一个人的天分并不符合这个人的决心，这不是道德上的失败，但在做出这种判断时则包含了道德的因素，因为——在我看来——如果一个人回避做出这个判断或者拖延判断都是一种道德上的缺陷。或许这也是一种审美的缺陷。

在这种判断中区分出伦理的要素和审美的要素可能有些困难。但是【268】我建议忽略所有的实用主义动机。你可能会说："祖母，现在轮到你忽略有经验的男人和女人了。"因为有"经验的"男人和女人们通常都是被实用主义激励的。例如，为了告诉某人他不能通过作为一名音乐会钢琴家来谋生，所以他需要找到一份好的工作来养家，你将告诉他，他不是（并且永远不会成为）一名音乐会钢琴家。让我来回答你的（可能的）反驳，即使这种实用主义的建议也包含着伦理的要素。

确实，有时候实用主义的考虑完全没有伦理的或审美的动机；他们甚至可能就是直截了当的非道德的并且是毫无品味的。但是我仍然将忽略所有没有伦理和审美维度的实用主义考虑。这将是容易的。当我们猜测好的脸和坏的脸的时候，我只需要继续做我们共同做的事情；我必须采取观察者的立场。但是与我们猜测好的脸与坏的脸的游戏相反，这里的观察者占有信息并且同时参与其中：她知道对方并且关心对方。她为了对方的目的或者为了第三方（它是品位或者理念）的目的而关心对方，而不是为了她自己的目的，也不是为了她所同情的人的目的。也就是说，"我"的，或者"我们"的利益和信念都不能够成为判断的参考点。我们很清楚地知道如何做出这些判断，因为我们作为幼稚的读者和听者（谁不是幼稚的读者和听者?）一直是以这种方式对小说或戏剧中的人物做出判断的。这些判断包含审美的要素。例如，我们不只是对歌德的维特做出判断，也对绿蒂（Lotte）和维特的性格做出判断。我们将绿蒂看作一个美的人物，将维特看作一个崇高的人物。但我们（对维特和绿蒂）的两个判断都是审美的，不仅仅是伦理的。更确切地说，他们更突出的是审美的判断。

你自己明白冷漠和缺乏热情的参与都不能表征这种观察的立场，尤其不能表征卓越的审美态度的立场。我们参与到人物中，参与到他或她的情绪、世事变化和命运中。

我知道我在这里的基础不稳。我不能干涉小说中人物的生活；我不能给她提建议。（在诠释学意义上）有互惠，但是在实践的意义上却绝没有。在现实生活中也有类似的情况。当我看到一个漂亮的人时，我可以欣赏她的美；我可以远远地看她；她可能完全不需要建议，我可能永远都不会处于给她提建议的境地。例如，我的邻居就像绿蒂；我很高兴看到她被她的兄弟姐妹环绕。我对我的邻居的责任使我在任何需要干涉【269】（帮助或建议）的时候都应该将观察者的立场悬置起来。这就是为什么我们就劳伦斯的书开始通信之初我写信给你说如下面这些话的原因，即和谐的-美的（自由的）个性向观察者显示她自己。在现实生活中对他人做出审美判断时，都需要乐意从观察者的态度转向行为者的态度。事实上，这对现实生活中的观察者的态度而言是关键的道德维度。我们不应该忘记，如果我们从观察者的态度转向行为者的态度，那么急需我们帮助的人是否具有美的个性（例如，不论是我的美丽的邻居绿蒂还是她的妹妹之一——她的性格还未长成，或许是丑陋的——急需帮助）就不具有道德相关性了。但是如果我们未能成功地在我们邻居的道德美中体验到审美的快乐，那么我们的人的体验将是穷困无力的。

我是多么喜欢谈论美啊！沉思这个古老的形而上学问题是多么愉快啊，即我们所爱的是否是美的，或者爱是否使我们的所爱变得美！但是我保证我将控制我的智识漫游癖（wanderlust）并且坚持围绕劳伦斯的文本。

幸运的是，他的个性伦理学本身就使对美的要求成为核心主题之一。第一个劳伦斯［他在1911年23岁的时候死了，在与约阿希姆的第一次谈话中重新进入生活中，最近与新的约阿希姆一起，重新进入新的（我们的）劳伦斯的对话中］曾经发动了反抗生活审美化的小小的私人战争。个性伦理学当时是第二次流行，并且附属于生活审美化的计划。我认为新的（我们的）劳伦斯的个性伦理学将勇敢地承受（第一个）劳伦斯的攻击。（我们的）劳伦斯的个性伦理学没有暗示生活的审美化，尽管他的伦理学的主角也是审美的"对象化"——如果允许我使用这个丑陋的也是相当不充分的词汇的话。如果不是我们的老熟人"自我完善"，而是未被强加"完善"模式的自我完善，那么向自我选择的核心接近是为了其他什么东西？如果不是天才的艺术作品的话（不仅在康德的理论中！），什么才是未被强加完善模式的自我完善？不是每一个成为他所是的个人（他选择他自己成为的那个人）都是一件艺术品（尽其所能地完美），是一件不可仿效的、独特的、唯一的和绝对的艺术品吗？这种人不像卢卡奇的《悲剧的形而上学》（Metaphysics of Tragedy）中的"悲剧"英雄，不像超越柏拉图主义的柏拉图主义者，不像那个——作为个体——是理想本身，并且是理想的唯一代表的个人吗？的确，劳伦斯的个性不是悲剧的，或者至少他们不需要是悲剧的。尽管劳伦斯最近爆发出了对崇高人物的支持，这唤醒了我的怀疑，即或许他仍然将悲剧英雄等同于个性伦理学的真诚的人物……

那个人物（根据个性伦理学）成为她所是——成为你所是本身就是【270】

329 ·

一种审美的性质。它包含自我完善的要素，即使它远不是完善的。首先，这种性格使人高兴。它使我们（观察者）高兴。美的人物也自我欣赏，因为所有的喜悦都是自我喜悦。但是我很难说他们使他们自己高兴，因为他们不是自恋的；而毋宁说，他们在其他人中找到快乐。然而，最重要的是，那些美的人物并没有过"审美的生活"，因为他们选择他人（正如他们选择他们自己一样）**作为他们所是**；他们没有预先制作他们，他们没有在舞台上展现他们，因为他们并没有搭舞台。生活对他们而言不是一件艺术品，他们也没有将他们自己看作艺术品；他们与艺术品的相似性——正如我上千次重复的一样——似乎是对参与的和有爱心的观察者而言的。

我一再推迟回应劳伦斯爆发的愤怒。他的爆发有一定的道理。我是一个"古典主义者"。既然我选择了我自己，那么我也就选择了我之中的"古典主义者"；我成了我已经是的古典主义者。在哲学中情况并没有减轻。在最后的例子中，尽管哲学是自传，但是它只在最后的例子中才如此，哲学家不应该呈现他们的自画像；他们必须把自己放在他人的立场上，和"放大的心灵"（enlarged mind）一起思考，正如康德曾经做的那样。然而，我不是一个哲学家，而是一个老教师和祖母；我有特权来描绘我自己。但是我不这样做。我的品味是古典主义的，但是我所描绘的"美丽之人"的肖像不是我的自画像。但是我同意，我忽略了崇高的人物；我甚至没有尝试着描绘他的肖像，或许因为他是一个太过复杂的人物，而我却是一个差劲的肖像艺术家。或许因为我像劳伦斯一样了解他自己。我不希望悲剧个性在现代道德/审美人物的表演中占据核心舞台。美丽之人的原型是女人；崇高之人的原型是男人。作为一个女人，我捍卫美丽人物的原型；作为一个男人，劳伦斯捍卫崇高人物的原型。如果我们真正地将脸转向彼此，并且不仅仅是对简朴说一些廉价的空口应酬话，那么我应该是崇高人物（男人的现代原型）的最强有力的例子，而劳伦斯应该是美丽人物（女人的现代原型）的最强有力的例子。但是或许在明天之后，就没有美丽的女人或崇高的男人了；太迟了以至于不能颠倒这些角色。

既然每一个开端都是假设，因为它是目的的开端，所以开端取决于目的，在心理学的术语中，没有什么东西可以用来谈论美丽的和崇高的人物之间的区别。两种先天（遗传的和社会的）假设的吻合将紧张抛在后面。当那个人选择他自己的时候，他也选择了那些紧张。很可能这些【271】因此被再选择的紧张的品质与道德品质的心理学构造有着某种关系，不论它是美的还是崇高的。

但是这些美的和崇高的人物有一些共同点，他们都在积极的意义上再次选择了他们的紧张：他们都爱他们的紧张；劳伦斯将说热爱命运。（两种先天之间的）紧张也可以被再次选择，消极地说就是：你选择它们作为你自己的，但是你并不爱它们。如果这发生了，那么你的性格就是正直的，但不是美的，也不是崇高的；你不会成为一个传统术语上的审美的人物。或许我们需要创造出新的术语从审美的角度描述它们。例如，你的约阿希姆既不美也不崇高，但他是正直的，以最微妙的方式。

劳伦斯只谈论崇高人物的紧张。但是平衡的、美丽的个性主要从原初紧张的存在的选择中生长出来。阿多尔诺说美是张力的动态平衡（*Homeostase der Tension*），黑格尔一度说美是动态平衡（*dynamisches Gleichgewicht*）。成为美的不比成为崇高的或仅仅（似乎是非审美地）成为正义的或微妙的有更多的德性。但是一个美的人物对他人而言是最愉悦的伙伴；成为一个美的人物对那个美的人物本身而言是一个祝福。从来不相信一个美的人物不遭受痛苦；她遭受深深的痛苦，尽管不是大声地；但她从某些真实的事情中受苦；如果出现了最坏的情况她毫无想象力；因此她不因永不出现的幽灵而受苦。

还有一件事我没有告诉你（如果我告诉过你，我也忘了）：人物的美与核心无关。如果有人选择她自己成为一个正派人，那么善将成为她的核心；这是她将接近的东西。但自由的和谐不是要接近的核心，它也不能够被选择。当你（存在地）选择你自己的时候，你也选择了成为美的或崇高的可能性，但这只保持为一种可能性，甚至都不是很大的可能性。善与美的统一是一个形而上学的理念。人们可能——在柏拉图主义的传统中——将**美的理念**和**善的理念**画等号，但是然后人们就使"美的"特征失去了它的审美内容和内涵。因为根据形而上学的理念，感官知觉，包括反思情感和情绪的对象和来源在美的等级中占据着最低的位置或者完全被排除在这一领域之外。因此我只能重复，如果善位于灵魂的核心，那么就有成为美和崇高的可能性。

但是相反的关系如何呢？一个人可以选择自己作为一个邪恶的存在，从而确保是并且成为美的或崇高的可能性吗？这个问题比它看起来**【272】**更加严肃，但是既然——感谢上帝——你的老师在你和劳伦斯都参加的关于尼采和《帕西法尔》的演讲课程中谈论了它，我就自由地加入一些临时的（ad hoc）评论。我认为没有人存在地选择他自己作为恶。莎士比亚似乎将这种选择归给了理查三世。但是如果葛罗斯特（Gloucester）存在地选择他自己作为恶（如他在他的第一次独白中宣称的那样），那么他的选择显然不会成功，他将失败，因为最后他由于他的邪恶而恨自己。但是在世界上有邪恶。邪恶不属于对邪恶的存在的选择。然而，差异范畴下的存在的选择可以成为邪恶的来源。但是如果我们自己的存在的选择事实上是邪恶的来源，那么这个人物就不可能成为美的或崇高的。那么什么是恶魔般的？邪恶的吸引是类似于美的吸引的恶魔吗？我不理解，或许我永远也不会理解。

很抱歉，但是我一定回到被忽略的问题上来。的确，人们不选择美作为生活的核心，人们不会存在地选择自己作为"美的"（或者作为崇高的）。但是美的品质仍然不是生日礼物。美是人们通常培育的某种东西。对美的培育意味着，在其他事物之中，是对情绪的培育，尤其是对与他人关系中的情绪的强度和密度的培育，也是对品味和优雅，以及对快乐生活（Lebensgefühl）的培育。一个人可以是美的，不论她是否意识到它；她往往没有意识到它。人们无意识地培育自己的美的品质：通过培育美的事物，通过创造周围的美，通过改变——或许又是完全无意识地——周围的环境使其与个性相匹配。我喜欢劳伦斯关于品味和关心美的事物所说的话。他忘了补充的是一个人可以在自己周围创造出一个美的环境，而不论这个人的品质如何。在过去（在我祖母那个时候），非常传统的人只要通过遵循他们的传统就可以做到它，不论是贵族、资产阶级或者绅士。有时候围绕着人们的美几乎没有什么个性。如果你出生在一座有品位的伊丽莎白公馆，那么你在婴儿期就有公平的机会去学习如何辨别灌木或花坛，或者辨别一件家具或一幅画的美与丑。现在，优雅的传统正在消亡，优雅和美感都将成为个人的成就。但是，哎，个人——正如我对他或她的理解——是例外，美的个人是例外中的例外。个人有一个平台，他人只是周围的环境。周围的环境可以取悦于眼睛，但是它们与它们所环绕的个性无关。周围的环境体现的是时尚而不是传统，是财富（或贫穷）而不是关心（或者缺乏关心）……但是你看，我做了我答应回避的事情：我将我的青年时代与我的老年时代相比较：不【273】用严肃地对待它。我一定是筋疲力尽了。明天再继续吧。

我最亲爱的，我慢慢地回答你的第二个（或第三个？）问题。"单向度的人"这个术语抓住了根本不再代表任何事情的人的特征。纯粹形式的习俗、传统的遗留物是没有灵魂的却仍然有代表性。黑格尔谈论它们的"积极性"。说到黑格尔的语言——它不适合我，所以我用它只是为了简化的目的——这种积极性需要被否定。通过否定积极性，偶然的人意识到她的偶然性。于是，否定之否定是灵魂与形式统一体的恢复，是一种和谐，但这次是通过个人决心的力量，这个个人存在地选择她自己。我（或许黑格尔已经）将这种成就称作和谐。还有另外一种选择：依赖于纯粹形式的和积极的外在引导，这个东西在被主观精神否定之后，失去了它的代表性特征。这些是没有过去的（也是没有未来的）习俗，是被嵌入在绝对现在的紧张中的习俗。任何变得时尚的东西都是作为一个指导的点。以他人为导向的人被那些不再真实的习俗所引导，被那些从未被活的灵魂抛弃的形式所引导，因为他们从未被那种灵魂，即时尚填满过。追随时尚是容易的。人们观察他人做什么，并且做相同的事情，却不反思、思考，不问事情本身是对还是错。单向度的人的观察是实用主义的：他观察是为了模仿被观察到的行为，而这个行为本身已经是对他人行为的模仿了——是影子的影子。模仿并不异于伦理学的传统。我从约阿希姆那里（在劳伦斯的对话中）学到了，我们模仿完美的道德人物，比如说这个人物占据了道德的核心。但是既然宣布对时尚的模仿放弃道德思考，那么良知萎缩了，主体性成为多余的，并且愈发肤浅。兴趣放在找出他人正在做什么上，是为了跟上众人的步伐，为了做被众人所期待的事情。既然情绪的丰富有赖于参与的多样性，有赖于伴随着这些参与的持续反思与自我反思，所以以他人为导向的人失去了他的深度。文学地表达，他成为二维的（two-dimensional）而不是单向度的人，但是既然马尔库塞关于这一现象写了一本有趣的书，并且命之为"单向度的人"，所以我愿意使用他的生动比喻。

　　在我又读了昨天写下的一些句子之后，我被类似于悲伤的东西所吸引。因为我老了，或者我对真正的灾难有预感，所以我才真的看到了处于昏暗灯光下的东西？对我而言，或许美丽的偶然的人只在一个历史时【274】刻出现在我们中间——她是一个例外，不仅在美的个人通常是罕见的意义上，而且是在很快就不再有单一个人的意义上。从纯粹的可塑性中解放出来是现代奇迹的条件：美在简单的、日常的，但也是在日常的例外中，在个人中体现出来。以他人为导向的人，既不是可塑的，也不是音乐的，如果他们是单向度的，那么他们一劳永逸地扫除了美吗？我没有忘记尼采的话，你的老师颇有热情地引述的：戴着镣铐跳舞或许更容易。我一直思考着这个问题。

　　我一直思考着艺术形式和美的人物之间的相似性。艺术形式也解放它们自己，它们解除了它们的镣铐；在解放的历史时刻（持续了约三个世纪），伟大的、立体的、个体的典型艺术品从无中创造出来。盛大的自由从解放中诞生，传统很快被利用，以至于现在每棵树都自由地结任何果实，因为树（流派）之间的差别被取消了。然而，它们所结的都是小果实，彼此非常相像，几乎不能食用。艺术世界的老主顾们不断地追求新意，但是在艺术世界的阳光下不再有任何新东西了。

　　很抱歉，我在重复我自己。在前一封信中，我试着安慰你，指出我们的极好的同伴，即所有的艺术品仍然和我们在一起，从现在直到永远。我没有完全使自己确信。因为如果发生在人们身上的同样的事情也发生在艺术品上，如果美的人物——阿多尔诺解释的音乐的美——（也包括崇高的人物）只在一个历史时刻存在于我们之中，然后就消失了并且被单向度的人所取代，那么我们的艺术品伴随着的"永恒性"就将昙花一现。艺术品的意义是无穷尽的，如果男人和女人们因为他们的艺术而走进他们的话；它们也是可爱的，如果男人和女人们因为它们的所是而爱它们的话，只有立体的男人和女人们在艺术品中寻找意义，并且因为它们的所是而爱它们。恐怕，如果没有美的和崇高的人物的话，也就不会有阐释，因为没有阐释者就没有阐释。

亲爱的菲菲，我刚刚注意到我忽略了你的第三个和第四个问题，过快地跳到了第五个问题。是的，你是对的，美的和崇高的人物都与生活方式有关。他们都以与他们的性格相符合的方式来生活。但是既然每个美的人和每个崇高的人的生活方式都是独一无二的，因此很难一般地谈论他们的生活行为。但是，既然你问了，我就回答。我忍不住依靠一些一般性，并再次激怒了劳伦斯，因为我将只谈论美的人物。

我首先将提到一些代表性的美的人物：简·奥斯汀、乔治·桑、罗莎·卢森堡、汉娜·阿伦特。她们当然都是女性，因为正如我所说的，【275】多数美的人物是女性，而多数崇高的人物是男性（尽管我曾经认识一个男人，他是他们中最美的人物）。我的例子有另外一个问题：她们都是著名的女性，尽管我坚持认为，人物的美出现在日常生活中并且与名气或创造性的卓越无关。但是我仍然忍不住参考她们，因为如果我以我的阿姨茜茜（Sissi）为例的话——一个非常漂亮的人！——你不会理解这个例子，因为你不知道她本人。劳伦斯——你会把信给他看——甚至没有听说过她。我们必须做个妥协。著名的人物也能清楚地体现我们所想的东西。

简·奥斯汀、乔治·桑、罗莎·卢森堡、汉娜·阿伦特……这些女人中没有一个可以称为一般意义上的"幸福"。她们都是被放逐者，要么在现实的意义上，要么在隐喻的意义上；她们都有着艰难的生活。她们中没有一人完整地过完了她们的生活——罗莎·卢森堡被暗杀。但是，她们是美的——她们也是幸福的！她们没有遭受不安全感带来的不安，她们是高贵的人物，她们不断地使其自由保持平衡。这四个女人都用美来环绕自己，她们爱美，如同她们爱好交谈和好的陪伴一样。她们是忠诚的朋友，她们也培育友谊、情感依恋和似水柔情。当然，她们也爱自然之美。她们都是情感强烈且丰富的女人。

是的，那些美的女人在一般意义上并不幸福，但是她们在古希腊的意义上却是幸福的。不是在斯多葛主义的意义上，而是在亚里士多德主义的意义上，甚至是在伊壁鸠鲁主义的意义上。在他的对话中，劳伦斯捍卫伊壁鸠鲁主义。为什么这没有发生在他身上，即他的崇高的人物与他的伊壁鸠鲁主义的理想无关，而我的美的人物却没有辜负，或至少能够不辜负这一珍贵传统的理想？

但这都是错的！我应该扔了这封信再重写一封。尽管我的美的人物在一般意义上不幸福，但是她们在古希腊意义上也不幸福。她们不像斯多葛主义者（她们在臭名昭著的法拉里斯的公牛 [the infamous bull of Phalaris] 中不会感到幸福），但她们的幸福也不是亚里士多德主义的或伊壁鸠鲁主义的。高兴、热爱生活和开心不是亚里士多德主义的德性，它们甚至不是伦理或智识德性的情感倾向。伊壁鸠鲁主义的幸福要求人们回避痛苦并忽略它们，但是现代人的幸福却包含着痛苦。生活是好的，如果它过得完全。

没有人比一个好人站得高。劳伦斯（或约阿希姆）引用康德：一个好人的好的意志像宝石一样发光。一个好人是一个活的乌托邦。没有什么比一个好人更乌托邦的了。尊敬应该给予好人——他收到我们的尊敬。

【276】 一个美的人不能再为其好的性格增添"更多"的善或完美。**一个美的人物在其正派的品质中体现了非乌托邦的要素**。好人应得幸福；美的人是事实上幸福（在非庸俗的意义上）的好人。她接近那个善（这是她的核心）；她的美是优雅——优雅的礼物；但是她也培育这个礼物。

美的人物是得到其应得的东西——幸福——的好人。这就是为什么美的人物的视野是对幸福的承诺（ la promesse du bonheur）。**美的人物是在被上帝遗弃的世界上对幸福的唯一的承诺**。

她承诺幸福，因为她是幸福的（尽管不是在通常的意义上），因此她体现了善与幸福结合的可能性。她不仅承诺幸福，而且能够使我们幸福，如果只是片刻的话。她使不感兴趣的（尽管从不是不动情感的，不是冷漠的）旁观者幸福。

我还剩下一个任务：满足劳伦斯并且公正地待他。我曾经再次忽略崇高的人物，尽管只是因为个人的原因：没有人能够比劳伦斯更富表现力地高唱赞歌了，我甚至都不会这样尝试。他可以得到天赋、金钱、爱他的朋友等财富的支持；但他仍然不会幸福，因为他将带着忧郁的眼光看待这个世界，而这个世界将作为悲惨的栖息之地回看他。但是他的忧郁性格的高度紧张、他对绝对的诉求、他对绝对的绝望，也是一个承诺，至少在我们的世界中。崇高的人是对宏伟的承诺。从前，例如在哈姆莱特的时代，忧郁的人物可以是王子；他们可以隆重地行动，他们代表着宏伟。现在，忧郁的人没有任务，他们通常在错误的地方释放他们内在的紧张，或者他感到绝望，因为他们无法释放紧张。

我们的世纪目睹了太多错误的和虚伪的伟人。因此，"伟大"贬值，成为可疑的，并且肯定如此。但是，庸人优于宏伟这个结论是无耻地错误的。不再有悲剧这个事实并不妨碍悲剧人物的伟大。忧郁的人物是潜在的悲剧人物——没有悲剧情境的悲剧人物。他们并不总是严格意义上的正派人物，但是他们将正派放在最高的位置上，就像哈姆莱特将霍拉旭放在最高位置上一样。

崇高的人对重大的事情做出承诺，尽管只是以消极的方式：一方面他们从虚假的宏伟中剥去借来的荣耀；另一方面他们以悲剧缺场的方式代表着潜在的悲剧。

我注意到劳伦斯在关于宏伟的两种解释之间犹豫；他曾经将宏伟和【277】在差异范畴下的自我选择联系在一起，然而，其他时候又和普遍范畴下的存在的选择联系在一起。我只将宏伟和崇高联系在一起，将崇高作为来自对善的存在的选择的一种性格类型。被提升的创造性也可以根据伟大来描述，但是我认为尽管伟大的艺术家的艺术是伟大的艺术，但是伟大的艺术本身并不将宏伟的德性授予艺术家本人。

我想在此结束我的信，但是我不能，因为我还欠你一个解释。将女人的性格和美联系在一起，将男人的性格和崇高联系在一起，这是大众（和不那么大众）的哲学的悠久传统。康德在他青年时期富有魅力的作品之一的第二章谈到，"男人和女人中的崇高和美"处于相似的精神之中。康德承认美的人物是快乐的，而崇高的人物则是忧郁的，但是他将美的（女性的）人物置于崇高的人物之下。然而，说起个性伦理学，康德对美的人物的描述几乎完美地符合我们的要求。我可以引述这个东西，因为我过去在课堂上常常向我的学生们阅读这段话。康德写道，女人"要避免恶，并不因为那是不对的，而是因为那是丑陋的，而有德性的行为在她们那里就意味着美的行为。没有什么应当，没有什么必须，没有什么责任……"① （werden das Böse vermeiden, nicht weil es unrecht, aber weil es hässlich ist, und tugendhafte Handlungen bedeuten bei ihnen solche, die sittlich schön sein. Nichts von Sollen, nichts von Müssen, nichts von Schuldigkeit…) 不坏，完全不坏。人们甚至可以在个性伦理学的精神下颠倒这个标志，并且说"女性"，即美的人物优越于"男性"，即崇高的人物。但我不会这样做。因为没有办法去比较美和崇高。请注意：体现在美的人物中的对幸福的承诺与传统的"救世主女人"的形象完全无关。没有一个女人可以"拯救"任何一个忧郁的男人，如果不在这个过程中迷失她自己的话。所以，请注意。

亲爱的，我在此打住了。我需要在一种更好的情绪中来继续。

你的祖母

---

① 参见李秋零：《康德著作全集第 2 卷：前批判时期著作 II （1757—1777）》，中国人民大学出版社 2003 年版，第 232-233 页。——译者注

菲菲给祖母的信

亲爱的祖母：

你问我忧心的是什么，现在我来告诉你——我破坏了你良好的精神状态——我的忧郁使你忧郁了。我相信你会使我开心起来，现在轮到我使你开心起来了。但我现在不是使你开心，我必须仍然要求你回答我的所有未被回答的问题……并且我必须增加一个新问题。首先，你欣赏劳伦斯所转述的维拉对幸福的描述；幸福的人是从未找出他是否应该在普遍的或差异的范畴下选择他自己的人。于是，幸福的人是终生都保持正派并且也完全地发展了他的天赋的人。你可能记得，劳伦斯自己对这个回答并不满意，因为他坚持认为人们直到生命的终结都没有等到幸福——但是你喜欢这个表述，你赞同它。现在你似乎开始在完全不同的意义上谈论幸福了。你说和谐的（美的）人物是对幸福的承诺。你补充说，他们事实上是幸福的，尽管不是在日常的和实用的意义上。但是他们的幸福包含着什么，你却没有阐明。如果幸福完全是主观的体验，那么你的沉默将可以理解；人们对于纯粹偶然的、主观的感觉是很难说出什么的。但是你将幸福和美，与某种不是纯粹主观体验的东西联系在一起。让我再问你：什么是幸福？什么将幸福与对美的爱、快乐、高兴，或者和想象的游戏联系在一起？美的人物、对幸福的承诺，或者幸福本身是"恩典"，这是什么意思？什么是恩典？它只保护"不应得者"吗？

你欠我的所有回答都在某种程度上和这个问题有关。我知道你不想在一般的意义上谈论情感，正如我也知道美的人物的情感世界是丰富而深刻的（或热烈的?），等等，你多次提到爱，就像对美的爱、对自然和类似之物的爱，但是没有提到绝对的（*simpliciter*）爱。爱包含在对幸福的承诺中吗？你提到——另外地——某些柏拉图主义者的困境（我们所爱的是美的——我们爱的是美）。他们可以容易地解决这个问题：美的灵魂爱所有美的事物——二者都是美的，因为它们都参加到最高的、最简单的东西的美之中，参加到**美**自身之中。但是我们只爱美的事物吗？只有对美的爱属于对幸福的承诺吗？或者简单地说属于幸福吗？我甚至要重复我的最奇怪的问题：人们可能爱抽象，例如自由、美、爱吗？

在自由、美，尤其是爱的符号中。

你的菲菲

苏菲·梅勒夫人给孙女菲菲的信 　　【279】

亲爱的菲菲：

　　你是可以批评我没有回答你提出的许多重要的问题就停下了。我陷入了糟糕的情绪中，但这和你没有关系。糟糕的情绪很快就过去了。我装了一张唱片，几乎是随意地，却是用一只幸运之手安装的。格伦·古尔德（Glenn Gould）弹奏贝多芬的小品集。这不是我最喜欢的钢琴曲，但是你瞧，我听到了非凡的、无法描述的东西；下个月等你来了，我们要一起听。突然，我感受到了人们可能称之为"幸福"（felicity）的东西；我爱这个世界，爱我的时代，爱一切东西；我突然变成了可笑的感伤主义者。亲爱的，不用为我担心。

　　你是对的：相比较劳伦斯对幸福的理解，我更赞同维拉的理解。但是"幸福"（happiness）是一个讨厌的、多义的词，它指称如此不同的、异质的体验，以至于我从未怀疑过有些人可能误解维拉提出的定义。几周前，我的一个老朋友，霍瑞尔斯（Horius）教授（你可能记得那个叼着雪茄的高高的秃头绅士）送给我一份演讲稿，这是他即将在维也纳的一个会议上宣读的。这个演讲是关于幸福和好的生活的。它是一个乏味的演讲，相当枯燥，并且还有一点迂腐。但是我从中学到了一些东西。

　　霍瑞尔斯教授区分了三种关于幸福的哲学概念。它们是主观的概念、客观的概念，以及二者的结合。对这三个概念的阐述是非常复杂的，有许多的迂回曲折。我将简化之。首先，人们可以将幸福描述为一种主观体验：每个人都清楚地知道什么使他幸福或不幸福，没有人会比体验它的人了解得更清楚了。人们不能够争论幸福。两个人可能拥有相同的，得到相同的，失去相同的；其中之一将会说他是幸福的，另一个说他是不幸福的——在这件事情上没有不偏不倚的判断或评价。其次，可能有为大家一般接受的关于幸福的要素和条件的描述。它们可能被所有人，被许多人，或许仅仅被少数人一般地接受；但如果某人是同意这种定义的团体中的一员，那么他自己对幸福或不幸福的体验就将接受客观的检验。那么一种不偏不倚的判断就可以告诉他，他是幸福的或不幸福的（不论他的主观体验如何）。最后，这两种概念可以结合起来。霍瑞尔斯教授讨论了许多这种结合，尤其是黑格尔的结合。当我更多地赞

【280】同维拉的建议而不是劳伦斯的建议时，我脑子中有关于幸福的客观概念，这种客观描述的属性只被少数人所接受。这次，它们被这些人所接受，他们意识到做出存在的选择，也意识到这种选择所暗含的风险。维拉向劳伦斯讲话，她向一个已经接受了存在哲学并且意识到做出存在选择的人讲话。她向一个看不见的共同体的成员讲话。维拉所讲的幸福的标准是被这个看不见的共同体所分享的客观标准。

如你所注意到的，一种客观的标准也包括对主观体验的参考，至少在消极的意义上是这样。对于一个同时致力于特殊命运的正派人而言，可以想象的最糟糕的体验是面临一方面是正派，另一方面是在差异范畴下做出承诺（例如在劳伦斯的例子中是成为一名哲学家）的选择。一个人是幸福的，或者，如果你只在客观意义上谈论标准的话，就是幸运的——如果他从未站在这个十字路口，如果生活（幸运？恩典？）给予他最具毁灭性的体验，假如他已经挺过来了，这将自此作为一个阴影伴随着他直到死亡。即使美的恩典在这种磨难中也要凋谢。一个经历了这种磨难的人不可能仍然保持为（即使她曾经是）一种美的（幸福的）人物。尽管他可以保持（或成为）一个高贵的人。

让我回到另一种不同的幸福。维拉关于幸福的描述是客观的，尽管它有主观的一面（一种可怕体验的缺场）。这就是为什么她可以说没有人在死亡之前是真正幸福的原因。人们可以找到许多其他的、更加广泛的，或者更加积极的、客观的关于幸福的标准。在前现代的世界中，所有男人和女人都接受关于幸福的客观标准，但是如今客观的标准只塑造着以他人为导向的、单向度的人的感知。霍瑞尔斯教授简洁地讨论了它们。有钱、住在大房子里、嫁给一个有钱人、拥有一份让人嫉妒的并且赚钱多的工作——所有这些例子都是幸福的客观标准。但是你明白我并

不认为它们的道路值得去探索。

你知道我是怎么想的：美的个体、和谐的人是幸福的。我把这些写给了霍瑞尔斯教授，告诉他忽略了这种客观类型。我继续说，它是一种客观描述，因为我可以客观地向他描述（霍瑞尔斯教授）哪种人是和谐的，哪种人不是；不偏不倚的美的人物的观察者想必将赞同我并且理解我。霍瑞尔斯教授简短地回答了我。他欣赏我的观点，但他也说我没有恰当地使用"客观的"这个词。因为在他看来，我是从一种共同的（或者似乎是共同的）客观体验创造出了一种似乎客观的标准。我谈论的和谐、自由的想象游戏是观察者的主观体验，而幸福是行为者的主观体【281】验。这两种体验之间的和谐是偶然的，或者如果它是"前定的"（pre-established）我们不可能知道它。他补充说，因为从经验上看，的确感到不幸福的人也可以向观察者展现出美。霍瑞尔斯教授补充说，只有当我参考恩典的超验来源时，我才能举出一个好的例子来。

我不是哲学家，我提供不了论据，但是我仍然认为霍瑞尔斯教授是错的。因为如果我能够想象存在的思考者们的共同体，那么我也就能够想象（也）审美地判断人物的人们的共同体（看不见的共同体），那些人赞成，一个"美的人物"是一个不断音乐地-和谐地发展她的各种自由，并因此有着幸福体格（happy constitution）的人。对这个（看不见的）共同体的成员而言，对美的爱提供了短暂的幸福（并且这是对幸福的承诺）。正是（看不见的）共同体弥合了这个悖论：我们的爱使美成为美的——我们爱的是美——前定的和谐。

悲剧的命运（崇高人物的视野）也提升了我们。当悲剧的命运，尤其是活着的而不是虚构人物的悲剧命运打动你时，你彻彻底底地被打动了，但是人们不能说你对你所看到的感到愉悦或者欣赏你所看到的，更不能说你通过这种体验感到幸福。文学，通常意义上的小说是完全不同的。我没有时间来写这些，尽管我承认某些东西。当我还是小孩子的时候，我的父亲经常带我去剧院，尤其是歌剧院；他是歌剧发烧友。看完一出以悲剧、以血和死亡结尾的戏剧之后，我回到家里心情最好，非常愉快；而喜剧则使我悲伤，如此悲伤以至于我都要哭了。我从来没有弄懂为什么会这样，现在仍然不懂，因为当面对一个活生生的人物的悲剧命运时，我从未感到欢乐。一般而言，我们觉得在现实生活中面临灾难的时候感到幸福是错误的，这就是我们感到不幸福的原因。小说使我们摆脱了伦理的责任，所以我们可以没有负罪感地感到欢乐，但这还是不能解释为什么我们真正地如此感受。这种乱七八糟的体验或许是对外在冲动的反平衡，是一种恢复我们的情绪健康的生命本能？但是或许我的体验是完全主观的，是纯粹个人的心理学的。如果如此，请忽略它。

我又偏题了吗？爱，当然——你问我关于爱的问题。爱的种类就像幸福的体验一样多。谁曾经数过它们？我爱好的书、音乐、我的树、我的狗和猫；我爱阳光和下雪；我爱微风；我爱散步；我爱我的房子。我爱好的交谈。我爱人们围绕着我；我爱孤独；我爱喝一杯红酒；我爱我以前的学生们；我爱一些朋友；我爱你，亲爱的，就像我爱约翰尼（Johnny）一样。如你所知道的，我上周 85 岁了。但我仍然爱我的大卫（David），他 55 年前 23 岁的时候就去世了，他留给我 3 个小孩，让我去爱他们。

【282】

当我现在谈论爱的时候，我不是在说慈善。慈善是一种德性；做慈善之事是一件善行。我所谈论的这种爱更接近幸福。它是一种快乐的情感。它提升生活，提升我们的生活感（*Lebensgefühl*）。当斯宾诺莎谈论灵魂转向一种更高等的完美状态时，或许他说了些相似的话。我脑子中所想的这种爱使我们强大和快乐。快乐和力量属于彼此。如果早晨醒来时你心中充满着爱，那么你就以良好的精神开始一天的生活；它将是好的一天，密集的而富有成效。

是的，也有其他种类的爱。我在一本美国人（我不记得他的名字了）写的书中读到两种类型的爱：D 类型的爱和 B 类型的爱，依赖（或不足？）的爱［love of dependency（or deficiency?）］和存在的爱、（或为了？）存在的爱［love of（or for?）being］. 我脑子中所想的那种爱是存在的爱，（或为了）存在的爱：**存在**。我在（另一个人所写的）书中读到，爱是一种情感的安排，而不是一种情感。例如，如果一个人处于恋爱中，那么这个人依不同的情况而处于不同的情感状态。例如，当他的被爱不需要他的爱时，这个人就会感到伤心；当他的被爱严重患病时，他将被恐慌笼罩；当他的被爱成功时，他感到高兴；等等。我想，这很好地描述了许多种爱的动力机制。例如，我爱树，所以当我发现污染毁坏了我最爱的一棵松树时，这使我感到伤心。在这个意义上，几乎所有种类的爱（尽管不是所有的）都可以被描述为情感的安排。或许，D 类型的爱和 B 类型的爱之间的差别就在于它们是不同的情感安排；用同一个词（"爱"）来指称它们只是说明我们的词汇的贫乏。

现在我记起来，在两种爱之间做出区分的心理学家（他的名字是以 M 开头的）也提到对所有种类的存在之爱的基本的、无所不包的安排：为了它的**存在**，即为了它（他或她）的所是（如何是）而参与到他者的能力。回到我最喜欢的话题，我将说，为了用 B 类型的爱来爱所有种类的存在，这样的一般安排也可以被称为美感。斯宾诺莎，以及所有理性主义者的缺点是，尽管他知道爱增强力量并且增加自由，但是他却忘记了美。在 B 类型爱的事例中，那种**关系**是美的。如果你倾向于爱你用 B 类型（对他们的存在的爱）所爱的一切东西（人物），那么你所爱的东西（人物）将在这种关系中保持平衡（或和谐）。我的意思是，你并不觉得你自己服从于你的被爱，你不依赖他、她或它，但是你也不处于控制的地位；你并没有做他们的主人。这种平衡是对称的平衡。爱的范围从最简单到最崇高，并且对称在适当的进程中呈现出不同的形式和模型。但是在最原始的爱的种类中也有一点点"对称"。例如，我爱一瓶【283】好酒；这个观念不是说我消费这瓶酒，不是我喝它，因为这和爱酒无关。"爱酒"的观念是说，你品尝它，你在较少和较多"美的"葡萄酒之间做出鉴别，并且你在品酒的记忆中记住好的葡萄酒的味道。这种爱是感觉的，并且处于爱欲的感觉之中。所有种类的爱都处于一种或另一种爱欲的感觉之中。D 类型的爱，即由不足或依赖而产生的爱并不总是爱欲的（我根本怀疑它是否是爱欲的）。请不要误解我：我没有忘记我的柏拉图，我知道厄洛斯（Eros）是佩纳（Penia）① 之子，也是波洛斯（Poros）② 之子。但爱（作为存在之爱）是一种情感安排，对缺席、

① 古希腊的贫乏神。——译者注
② 古希腊的资源神。——译者注

对缺乏的感情都是这种安排的情感表现。没有缺席或缺乏就没有欲望，没有欲望就没有爱。在我看来，D 类型的爱是非爱欲的，因为依赖对于这种情感安排是基本的，不仅对它的情感发生是基本的；它是没有波洛斯的佩纳①。

因此所有种类的 B 类型的爱都是爱欲的，并且都包含着美。对称的关系是美的，因为在爱人与被爱者之间有一种平衡。崇高的人物有时候毁灭他们所爱的东西（人物），于是他们也毁灭他们自己。曾经对称的关系不再是对称的，并因此不再是美的，至少在积极的意义上，它不再是一种关系。但是劳伦斯或许不这样认为……

我说过 B 类型的爱（对存在的爱）是一种美的安排（关系），但它也是对美的爱。对美的爱在这个意义上不是对美的身体形式的爱。你或许会笑：现在要做关于所谓的精神恋爱、对美的灵魂等旧东西的爱的演讲了。但我不会讲一点点这方面的东西。因为这种旧东西并没有描述我关于爱的体验。我相信，在对身体的爱和对灵魂的爱之间做出严格的区分是一种可疑的形而上学传统，它在某种程度上与老套的关于能力的理论相关。既然我不相信能力，既然我谈论的是自由之间的平衡，而不是理性对情感的控制，或者相反，因此我在将对身体的爱和对灵魂的爱并列之中看不到任何描述性的德性。看看我所说的，人们不需要走到男人和女人之间的爱那么远。人们可以从简单的事情开始。我的确爱我的狗。我的狗不会赢得选美比赛，他甚至不会获得一项普通的奖。但是我爱我的狗。我的狗是美的。我爱他作为一只狗的自由；我尽量不去命令他，但我也不会让自己屈从于他的心血来潮。我认为我们的关系是美的，它是对称的，正如一个女人和一只狗之间的关系所能是的那样。我爱我书桌上的那个小小的木雕，这是你送给我的，你还记得吗？你从斐济带回来的。它是一个可爱的雕塑，它是美的。告诉我，我爱的是这个【284】小雕塑的身体还是灵魂？我将这个雕塑和其他雕塑进行比较以找出它是否比其他的雕塑更美或者没它们美吗？你知道的，这根本没有意义。你爱尤迪特（Judit），尽管尤迪特就像我的狗一样，不会赢得选美比赛。

---

① 柏拉图：《柏拉图全集》第 2 卷，王晓朝译，人民出版社 2003 年版，第 245 页。

（请谅解我的差品位，这不意味着比较！）你因为什么事情而爱她吗？因为她的身体、她的精神、她的灵魂？我记得当你上次回家时，你远远地就注意到尤迪特来了，她的身影几乎看不见，但你已经认出她来了。你是怎么张开怀抱扑向她的啊！你当然爱她的色彩、她的步态、她的举止、她的声音，喜欢她的一般的善、她的幽默，等等。你就是爱她。就是这样。但这不是我要说的全部。你爱尤迪特的时候爱美吗？你对她的爱是一种美的爱；它也是对美的爱。

这也是我为什么欣赏克尔恺郭尔（或者是他的角色，即威廉法官）关于婚姻爱情所说的话；我也欣赏像劳伦斯这种年轻人所欣赏的东西。对另一个人的爱是伦理的重要的审美方面。当然，这只对 B 类型的爱（对存在的爱）有用，但 D 类型的爱（缺乏的爱）既不是审美的，也不是伦理的；它是心理学的。D 类型的爱可能增加仇恨，使性格软弱，它在道德上也往往是可疑的。道德的审美包括 B 类型的爱，因为 B 类型的爱就是美的，也是伦理的。D 类型的爱两者都不是，尽管我承认它也可能是非常强烈的。强烈的，但不是悲剧的。悲剧的爱是 B 类型的爱，一种被命运或宿命所摧毁的 B 类型的爱。对崇高人物的爱也是 B 类型的爱，尽管它有时候是（或许是）毁灭性的和自我毁灭性的，就像哈姆莱特的爱。我愿意循着这条路去讲，但不幸的是，它再次将我带得太远。

我所有的自律到此为止都不是伟大的帮助。我想参考我的老朋友霍瑞尔斯教授的论文来谈论幸福。或许霍瑞尔斯教授能够对我们关于爱的讨论有一点帮助，尽管我曾经说过，他是一个无趣的人，并且他写的东西明显地表明了他的无趣。但是，他仍是一个有情感的人。他的情感不深，但他是忠实的。他是一个非常忠实的朋友。归根结底，我认为他是一个美的人物。

我们能够在三种不同的关于爱的哲学概念中进行区分，如同他（在他的维也纳演讲稿中）在三种不同的幸福概念之间做出区分吗？人们可以说，首先，爱完全是主观的。有的人爱这个，其他人爱那个。人们没法讨论爱。我不能告诉你，你爱的是个错误的树或者错误的人，你将你的情感投入到错误的对象，你爱着一个不可爱且可恨的人或物。于是，爱被描述为仅仅是个人的（非社会的）需要，并且是不能被理性化的需要。

不存在正确的和错误的需要，在真实的和非真实的需要之间做出区分是武断的。因为如果有人说"我需要这个"，其他人不能反驳说，"不，你真正需要的不是它，我知道得更清楚"，因为这将是荒谬的。那个人需要他所需要的。在这个意义上，所有的需要都应该被看作真正的和真实的。主观的爱（需要）是真实的，如果它确实是主观的话。但是当然，对一种需要的承认并不必然要求它的满足。人们可以这样回答一个人所宣布的需要："我承认你的需要，它是真实的，但是我不能够满足它——我不想满足它，因为我的需要是不同的"，或者你可以给出其他的理由。然而，在其他的理由中，你也可以对这种要求满足的需要进行批判。孩子说"我需要一条巧克力"，父母回答"你不能有，因为我没有钱"，或者"因为你的胃会不舒服"。在第一种情况下我不是满足者，在第二种情况下我批判了需要本身。

当你只在主观的意义上谈论爱时，你将说每个爱都是真实的，如果它被感受到的话；或者每个爱都是真实的，如果它被真实地感受到的话。但你可以和一般地回答对需要的宣言的方式一样回答对爱的要求或宣言："我不能满足你，因为我不爱你"，或者，"你所爱的那个男人是一个众所周知的混蛋。请听一听其他人的意见；这种爱会毁了你"。

人们也可以有一种客观的爱的观念。于是，人们可以说去爱某人就意味着满足某种客观的爱的标准。

例如，一个父亲爱他的孩子，如果他陪孩子玩，拥抱他，教育他，倾听他的愿望，送他去学校，给他钱花，等等。如果他很少做这些事情或者根本不做，人们可以公正地说他并不是真正爱他的孩子；他只是说爱他（他仅仅是主观地爱他）。

当然，人们通常以第三种态度告终，即一些主观的和一些客观的标准的混合。

我不记得是否向你提起过霍瑞尔斯教授上周来拜访过我。在树林里散了很长时间的步之后，我们坐下来喝咖啡，并进行了很好的交谈。我向他讲了与向你讲的同样的事情，即只有 B 类型的爱可以，因为 D 类型的爱（依赖或缺乏的爱）一定只是主观的，既然它既不是伦理的，也不是审美的，而是心理的。我讲述了我青年时期的一个朋友的故事，她是一个非常甜美的女人，每天被她丈夫打，但是她却一直爱他（她是这样说的）。我试图向她展示她的爱是多么不值得，希望以此转变她的感情。这没有用。于是我试着批判她自己的爱是盲目的和疯狂的。这也没有用。D 类型的爱对所有的批判都具有免疫力，所以我总结——这体现出这种爱是多么主观。霍瑞尔斯教授表示反对。他说心理学家将向我解释 D 类型的爱事实上是客观的，并且可以很容易地被典型化。他们将列举这种爱的标准、症状，也将列举可能的动机或原因。于是，霍瑞尔斯教授补充说："只有 B 类型的爱才可能是真正主观的，因为只有相对自由的主体才能够发展主观的情感，只有这种主体才具有内在感性（*Innerlichkeit*）。"（霍瑞尔斯教授喜欢在谈话中插入德语词汇。）但是抛【286】开我们的分歧，我们都同意 D 类型的爱不可能是美的，因为不自由是性格或灵魂的畸形。

在我的老朋友走了之后，我开始有了第二种想法。关于 B 类型的爱说了太多东西。似乎 B 类型的爱的例子——主观的和美的——可以超越道德批判之外，而不需要道德批判！如果你为了一个人的存在着想而爱他，并不依赖于他——如果你简单地听之任之，并且用一种理智之爱（*amor intellectualis*）环绕着他，而这个人碰巧是一个混蛋，那会怎样？如果你为了他自身的原因而爱着的那个人要求你做出道德牺牲，例如，要求你为了他而撒谎或作弊，那会怎样？当然，你可以回答，如果你是一个正派人的话，你也应该回答，"我不能满足你的这个需要"，但是他将对你说，你并不是真正为了他的原因并且绝对地爱他，因为你珍视你的道德诚信，例如，比珍视他的骄傲更多。或许你就不会以你应该的方式去回答他，而是以最后的爱的姿态屈服于他。处于恋爱中是疯狂的，如柏拉图所说，恋爱的疯狂将你引向极端，不论它是 B 类型的爱还是 D 类型的爱。

确实，高尚的人不会陷入与任何越轨之人的恋爱之中。尽管泰坦尼娅（Titania）迷恋一头驴子，但这是一头相当正派的驴子。这就是为什么她的故事是怪诞的或者喜剧的原因，而陷入与恶人的恋爱则不会适合一出喜剧。不论如何，在根本上正派的人极少会陷入与一个十足的恶棍的恋爱之中。但是他们经常会陷入与在差异范畴下选择他们自己的人的恋爱之中，并且既然热爱命运超越了伦理的标准，所以他们也可能提出对道德牺牲的要求。正派的–美的人也可能陷入与崇高之人的恋爱中，正如你可能有机会观察到的，不仅他们的心理而且他们的道德标准和美的人物的心理和标准是不同的。

我就 B 类型的爱所说的许多奇妙的事情对所有种类的 B 类型的爱也仍然是真实的，除了恋爱的疯狂或痴迷。但是，爱的许多奇妙表现都是在"恋爱的疯狂"的状态中呈现它们自己的，这是一种远比其他所有种类的 B 类型的爱都要高级的方式。在一个后形而上学的世界中，我们不能再匡正什么东西了。正如你所说的，去相信既投影在我们的灵魂之爱又投影在我们的灵魂所注视的外在美之中的**一种单一的简单的美**——去相信，在爱神的欣喜若狂（Eros *extaticos*）中相似的承认相似的、美承认美、精神承认精神——是多么奇妙啊！

如果被爱者值得被爱，那么爱就是善。谁值得被爱？谁值得被一个正派的人爱？被一个美的–正派的人爱？你可以回答：每件事情都值得被爱，每个活着的存在都值得被爱，每个人都值得被爱。或者你可以增【287】加后续的问题（你确实增加了）：什么值得被爱？抽象（例如美或自由）值得被爱吗？当我们说我们爱（或者不爱）一个抽象时，我们是什么意思？爱一个抽象意思是爱各种不同的东西，或者状态，或者思想状态，或者体制，或者人，或者其他我们——在我们的生活（或生活体验）中与那些抽象发生联系的其他人或事。爱，和通常一样，在这里是一种情感安排，但它不是性爱的。性爱要求（或暗示）感官快乐或感官快乐的升华，要求在一个具体的事情、实践或事件的个人体验中的享受。我对自由的爱是非性爱的，但是我在奴役中对解放的向往的体验和我对解放时候的体验也可以被描述为对自由的爱，以及被描述为在性爱方面的爱的满足，即使我们极少在性爱方面描述它们。

　　但是我想要谈论的反而是对单个存在和单个人的爱。在这个圈子中，每件事和每个人都值得爱——但是在仁爱或慈善的意义上值得爱；这些是犹太教-基督教起源的德性。但是包含性爱因素的爱不能够被描述，或者不能被完全描述为一种"德性"。或许你会说，在我对我的狗或我的苹果树的爱中也有"慈善"的成分。这或许是对的，但在这里慈善不是唯一的成分，甚至不是主要的成分。我对我的狗和我的苹果树的爱有感官的一面：我欣赏它们的存在，我喜欢看它们和触摸它们。这种升华的爱（不管它是对单个人、动物、事情的爱还是对我的行为的结果的爱）保存着感官的记忆。有时候语言也保存着这种关联，例如希腊词汇观照（*theoria*）和看（视线）联系在一起，德语的概念（*Begriff*）和抓（grasping）联系在一起。我们对艺术和美都有一种"品味"。

　　艺术只运用视觉和听觉作为它们的媒介，但是嗅觉、触觉和味觉对于用来描述崇高的性爱抽象的寓言和比喻而言是永不枯竭的资源。在库萨（Cusanus），例如花的芬芳被用来作为上帝之抽象的寓言。在人与人的爱中，爱通过触觉而增加并且在触觉中展现它自己；人也在人的温暖中触摸动物的温暖；但是，爱从来都不是完全未升华的；慈善也可以在触觉中展现它自己。当然，B 类型的爱的反面是暴力而不是仇恨，在触觉中（在通过语言辱骂和勒索的触觉升华中）展现它自己，这是一个问题。

　　我必须停止讨论超出我们的主题——并且超出我的能力——的问题。我只是想找出我的老朋友霍瑞尔斯教授的理论是否能够应用于爱。我现在认为爱（像幸福一样）既不仅仅是主观的，也不仅仅是客观的。如果爱仅仅是主观的，那么我们就不可以因为道德和品味的原因在爱的问题上批判任何人（或我们自己）；但是我们这样做，并且这样做有意义，尤其是，尽管不是排他地，在 D 类型的爱的情况下。如果爱仅仅是客观的，那么我们就可以给出理由，为什么我们爱 X 而不是 Y——我们【288】可能永远也不会做的某些事情（或者我们可以给出许多不同理由的事情，意思是一样的）。在爱的问题上，似乎所有的说明都是解释，并且在这里解释占据的位置比解释者（自我解释者）要高。我们只爱 X 因为我们爱他而不爱其他什么人——到此为止。

因此爱（像幸福一样）既是主观的又是客观的，也就是说，情感的安排既在主观的判断也在客观的判断中展现它自己。两种判断在对同一个人的同一种情感安排中得到体现；在情感安排的层面上它们是相同的判断，但是在情感发生的层面上它们是独立的判断。它们是情感判断、非理性的判断，但不是不合理的判断。这种情感判断是康德意义上的反思判断吗？既是也不是。是的，因为它反思单个（反思一个"这个"）并且它这样做不需要任何概念。不是的，因为情感的和认知的解释也可以内在于这种判断。

那么我们可以说某些人值得被爱（脑子中所想的是性爱的爱，而不是慈善），而另一些人则不值得，或者说某些个人值得 X 的爱而其他个人则不值得？什么使一个人值得爱？值得被哪些人爱？

爱人者不问这个问题，因为如果她问的话，那么她就不再是——或者还不是——一个爱人者。或者，一个人在他或她坠入爱河之前真得问这个问题吗？在坠入爱河"之前"什么也没有。只要你问这个问题，你就没有坠入爱河中；如果你坠入爱河中，你就不会问这个问题。我的生活经验建议其他更多的东西：如果你问这个特殊的问题，那么你将永远不会坠入爱河。因为坠入爱河也是一种跳跃——跳跃深渊。你可以坠入深渊，但是如果你问这个问题，那么你将永远不会跳跃。最后我认为，某人是否值得我爱这个问题，是一个愧对爱人的问题。但它并不愧对旁观者。

我开始想，偶然性个人的爱，即现代个人的性爱之爱，是完全依赖个性的。似乎现代的爱只能被描述为个性伦理学的表现。并且，似乎爱是这种伦理学的最高成就。毕竟，在《非此即彼》中，克尔恺郭尔没有写其他的东西，只写了爱，劳伦斯通过追随尼采的热爱命运开始他的沉思……但不幸的是，这是哲学，而哲学是超出我的理解的。

我的爱，我最亲爱的，你的祖母

菲菲写给祖母的信

我最亲爱的祖母：

我再次把你的信给劳伦斯看了，并且他再次表达了他的不同意见，或者毋宁说是他的不满。我稍后将真实地汇报他的温和的修辞学爆发（rhetorical outburst）。但这次我想首先讲，因为我想总结我所理解的你的观点。

D 类型的爱是被不真实的人，被根本没有选择他自己/她自己的人所感受到的爱。当然，一个没有存在地选择他自己的人也可以有 B 类型的爱，但他的 B 类型的爱将保持为偶然的，正如他的 D 类型的爱是偶然的一样。在这个背景下，我用"偶然性"不是说爱人者不能合理辩护他为什么爱 A 而不爱 B，我的意思是，他的爱（他所爱的对象）究竟要求合理辩护了吗？因此这里的问题不是偶然性，而是没有能力接受偶然性作为某种最终的东西——某种通过这种关系本身成为宿命的东西。一个真实的人从不问这个问题，"为什么我爱上了 A 而不是 B?"因为不论爱上 A 还是 B 他都绝不后悔，他的爱将成为他生活的一部分。一个不真实的人的 D 类型的爱（真实的人的爱不是 D 类型的），即依赖的和不足的爱总是要求解释。依赖是一种异化的力量；它是外在于那个人的；人们必须解释为什么屈从于一种异化的力量。于是不真实的人将问："为什么我尤其爱这个人？为什么这种可怕的经历，这种痴迷恰恰降临到我的头上？"如果爱人者问他自己这些问题，观察者当然也问类似的问题并且他也将提供解释。你的朋友霍瑞尔斯教授将告诉你，这些解释包含所谓的"客观的"描述。例如心理学家将告诉你 X 发展出了对 Y 的依赖的爱，因为当他是一个孩子的时候没有得到他母亲的爱。确实，没有最终的解释——除非你是一个粗俗的分析者——但是解释跟着解释，因为 D 类型的爱被看作某种无序的东西，是一种病态，或者一种不幸。这是有趣的，因为许多迷恋，或者恋爱的疯狂的例子，正如你在柏拉图之后所列举的，都是 D 类型的爱的实例。

那些因为他们的存在而爱着他人的男人和女人们，不依赖被爱者，不在被爱中寻求治疗他们的不足的处方，这些人通常都是（在差异或普遍性，或者在这两种范畴下）存在地选择他们自己的人。他们的爱不能被解释，因为根本**没有原因**。当然，如果有人寻找原因的话，那也总能找到一些，但是没有原因可以解释真实的爱。这对 B 类型的爱，并且只是对 B 类型的爱是对的，即爱向阐释（interpretation）开放而不向解释（explanation）开放，并且它不需要辩护因为它是自我辩护的。因为正派【290】 之人的爱内藏于（变得内藏于）个性真正所是的"规划"中。选择自己也包括对我们的爱的选择，这不是暂时的现象；我们在自身之中选择我们的过去、现在和未来的爱，我们（用莱布尼兹的话说）用我们的个体质料（individual substance）的全部理念去选择它们所有（如果我们有不止一种爱的话）。作为自由的质料的这种个体质料在一般意义上准许、允许进一步的 B 类型的爱，所有 B 类型的爱的例子都发展，或者揭示，或者增强质料本身。

但是（这里有了"但是"）你告诉我的这个故事——我在这里重复一遍——在道德上是可疑的。既然这个故事在一般意义上是关于存在的选择的，那么它也是关于在差异范畴下选择他们自己的男人和女人们的故事。这种选择的道德是简单的：真实地面对你自己，也就是说，面对你自己的选择。如果真实地面对自己的选择要求作恶，那么就作恶。如果要求去爱恶，那么就将爱恶。你在你的信中写到并且说服我，人们不会（存在地）选择自己作为恶，但是你没有否认（因为你更好地了解）对恶的爱可能嵌入在差异范畴下选择他自己的人的命运之中。人们可能为了恶的缘故而爱恶吗？人们可能为了恶的缘故而作恶并且享受作恶吗？这种爱（既然它是 B 类型的爱）不要求解释或者辩护。它不可能被解释或被辩护，除非——如同幼稚的心理学家有时候会做的——我们对待它们就好像它们是 D 类型的爱的实例，是病态等的实例一样。你会说，如果有人用 B 类型的爱去爱恶，那么他不爱那个恶，**因为他是恶**

的；但是如果你这样说，那么你就在开始做着你不应该做的事情，即解释。确实，在普遍范畴下选择他们自己的人通常在面临恶魔的吸引力时是具有抵抗力的。但这不适用于那些在差异范畴下选择他们自己的人；我应该参考曼的阿德里安·莱韦屈恩作为例子吗？概括起来，我认为你对待恶过于轻快了，你没有真正严肃地对待恶魔。因为恶可能是美的，是这个原因吗？

我应该将你的论点放到以下方式中吗？B 类型的爱不要求辩护，它不能够被解释；但是它可以被伦理地批判，也就是说，不是爱本身，而是从它而来的行为可以被伦理地批判。一个真实的人（相对）是自主的，他有做出承诺的能力，不论他是在普遍的范畴下还是在差异的范畴下选择他自己；他是一个对其行为负责的主体，因为他对他自己负责。相反，D 类型的爱要求解释。当然，D 类型的爱——作为一种情感安排——和 B 类型的爱一样不怎么向批判开放，但是与 B 类型的爱不同的是，它在治疗的意义上也可以被作为病态的现象来对待。但是用 D 类型的爱去爱的人也对伦理的批判开放。确实，他不是一个（相对）自主的主体，因为他缺乏做出承诺的能力，并且至少在这个层面——减少责任，但是他仍然对没有选择他自己而负责，对不是（没有成为）真实的【291】而负责。你同意吗？完全同意，部分同意，还是完全不同意？

你将理解我为什么在简短汇报劳伦斯所说的之前先试图解开你信中的几个动机。这次他并没有真正地生气；他看起来很难过，他似乎很伤心，或者他似乎带着怀旧和不信任回想起你信中的内容。"我明白，"他说，"你的祖母通过向她的梦境中加入一些现实的特征而做好了妥协的准备。承认每次爱的发生都完全是独特的和无法解释的，这对她来说是一个真诚的姿态。但是然后她就突然后退了，后退得如此之远以至于她接受了马斯洛（Maslow）在 B 类型的爱和 D 类型的爱之间做出的平庸的区分；在无限的爱的种类中，她只保留了两种。正像斯宾诺莎，他庄严地宣布上帝具有无限的特征，但是他仍然只继续讨论两种，并且是以一种不给第三种留下哲学空间的方式。因为关于独特，关于无穷尽的，你不能说什么，但是关于'两个'你可以详细地谈论——这正是你祖母所做的。

她认为在做出区分之前，人们根本不能够谈论任何事情；因此，她在 D 类型的爱和 B 类型的爱之间做出了区分。但是，正如发生在几乎我们所有人身上一样，她成了她自己的区分的俘虏。她没有注意到细微差别。不是根据无限多样性来思考，相反，她继续做出进一步的区分，考虑到特殊、不规则的实例和混合物。但是在爱的情况下，区分类似于邪恶的触摸；它毁灭美，包括丑的美。最好在不做出任何区分的情况下谈论爱。"

"它是伟大爱中的最伟大的事情，"劳伦斯接着说，"它造成了巨大的痛苦。只要你遭受痛苦你就活着。瓦尔特·本雅明曾经智慧地说，爱、痛苦和死亡是意义的三个永恒的来源。我要补充说，在这三者中，痛苦是最伟大的。你因死亡而痛苦，因你所爱之人的死亡而痛苦，因预感你自己的死亡而痛苦，正如你也因上帝之死而痛苦，因预感你的文化和你的世界的死亡而痛苦。但你主要因爱而痛苦。啊，尼采，尼采，你比索伦智慧多了——如此近而又如此远！

你是近的，我的兄弟——你的眼睛饱含泪水，但是你的视线没有模糊。你知道如何使自己不幸福，如何——勇敢地——与你通往疯狂和死亡的不和谐共存。我不介意你包容了我们多少残忍的和危险的东西，因为你的心的逻辑对我而言比你的理性的逻辑更有意义。菲菲的祖母一点也不了解心的逻辑，因为她甚至没有看到理性的和心的逻辑之间的区别。在这里，仅仅在这里，她未能成功地做出区分。她是一个女人。作为女人是美的，不能（或者不情愿）做出唯一的、必然的区分是美的。或许这种缺场是她们的性格之美的来源。

【292】

我的兄弟克尔恺郭尔、我的兄弟尼采，如此近又如此远！你所预料的你的文化的死亡现在完成了。情感表达的词汇萎缩到'我爱你''我也爱你'这样的最低限度，性爱体验的词汇的遭遇甚至更糟；它萎缩到最低限度之下，仅仅剩下'我来了'和'噢，是的'。不再有人理解你。

菲菲的祖母对我们时代的了解和我一样多。为什么她反而从曾经'新的'、现在无效的、剩下的词汇，例如'以他人为导向的'或'单向度的' 人中拾取主要的单词呢？但是如果她知道，那她为什么仍然继续设计美的人物的和谐、幸福和自由的形象呢？她看到了她所看到的，但是她拒绝去注意它。她不情愿地允许崇高的人物进入她的天堂。但是关于崇高的人物她知道些什么呢？她承认没有人物是——甚至美的人物也不是——完全透明的，甚至对爱人也不是——但这是一种虚弱的承认。崇高的个人是秘密，不仅对他人而且对他们自己也是如此。秘密是不能够被知道的，但是它需要被尊重。菲菲，你的祖母对崇高人物的秘密没有感到丝毫的尊重。她对痛苦感同身受但是对尊重却没有。她对恶魔感到忧心但对它并不尊重。她尊重厄洛斯但却拒绝尊重达纳托斯（Thantos）。但是没有达纳托斯的厄洛斯是平庸的。

你现在看到了，菲菲，我现在不能对你祖母的信说什么。我们是不同的。没有中介。我认为我们必须放弃彼此。"

亲爱的祖母，这是他所说的，"没有中介"。我应该将这句话理解为一种姿态——拒绝的姿态吗？或者这句话意味着厄洛斯不能利用赫耳墨斯（Hermes）来为其服务？意味着爱必须完全放弃阐释的希望？或许劳伦斯只是说崇高人物的爱超越了理解和可解释性？或者他的意思是对爱的阐释是非伦理的？但是显然，人们不能放弃去尝试着阐释（试着理解）崇高人物的情感世界、他与他人的关系，不论是被爱者还是不被爱者？并且显然我们不能放弃理解我们所爱之人的希望（微弱的希望）？我们可以放弃救赎吗？我没有忘记你的警告：我知道我不能去拯救他，因为如果我这样做了，我就将失去我自己；但是，我们可以放弃救赎吗？

它是我在信的一开头就试着告诉你的关于这个问题的答案。我说 B 类型的爱不能被解释并且它不要求辩护。我也说一个存在地选择他自己的人，只用 B 类型的爱去爱。但是或许劳伦斯是对的，我们根本不需要 **【293】** 去做出这种区分。或者我们需要使它作为旁观者而不是作为爱人者。或许有些爱人者也需要这样做，但不是我们——不是菲菲和劳伦斯，因为对我们而言这样做是不可能的。我如何能够在对他的不可抑制的渴望——称之为缺乏或依赖——和当我转向他去欣赏他的存在、他的自性（ipseity）时充盈我心的反思的热烈崇拜、奇妙的尊重之间做出区分？波洛斯和佩纳不仅是爱之父母；他们是爱，他们的情感彼此交融（或者如你所称为的情感安排）。这就是为什么人们因爱而痛苦。为什么我们忘记了我们曾经记得的东西？为什么我们哲学化了？为什么我们的脸偏离了我们的同类，而是对着空洞的天空思索他们的影子？

　　祖母，我放弃去理解劳伦斯了。他用 D 类型的爱去爱还是用 B 类型的爱去爱，这对我来说不重要；重要的是他是否爱我。阐释是好奇的游戏，是在错误的时间到达错误的地方的尝试，因为永远没有一个正确的地方和正确的时间。祖母，我爱他。但我也怕他。人们如何能够和一个拒绝他称之为"中介"的东西的人生活在一起呢？我渴望和一个男人过普通的生活，他使他自己对我而言如同对他自己一样透明，并且期待互惠。我应该做什么？对我而言什么是应该做的正确的事情？因为我渴望拥抱他，但是接下来呢？

菲菲

苏菲·梅勒夫人给孙女菲菲的信 【294】

我最亲爱的：

在这里，我们到了十字路口。我预测这次你不会将我的信给劳伦斯看了，除非你拒绝保密。

劳伦斯是你的男人或者不是——这是个问题；你爱他，渴望他，这不是问题。但是，你的选择不是伦理的。我不能给你任何现实的建议。你或许会说，你的幸福岌岌可危。但是这个选择的结果无法预见，尽管有些结果可以早早地猜测，例如，在一个关系中你是否会遭受大的痛苦或小的痛苦。

劳伦斯是对的，我不尊重这样的痛苦，因为我宁愿尊重伦理的欢乐感，我不认为痛苦是比欢乐"更深刻的"情感。但是，即使我对你将经受的痛苦有一些可靠的预感，这也不能为我提供伦理的理由以给你任何建议。但是……我对你的爱使我跨越了界限，这是我本来决不会跨越的——我将坦白地描述我的预感。

一个美的人物和一个崇高的人物彼此不适合，在心理学上和伦理学上都不适合。他的存在不是为了欢乐，而你的存在不是为了忧郁；他喜欢走极端，而你喜欢尺度与和谐。他喜欢爆发，而你喜欢被解决了的紧张。我可以继续说。有一件事是明显的：不论劳伦斯是否接受你，你的选择都将给你带来巨大的痛苦，尽管我不能预测如果你的爱被拒绝或者被接受，你的痛苦是否会更加强烈。你一定要提前知道我从毕生的经历中所了解的东西（或许我已经说过了？），即美的人物，像亲爱的你一样，其痛苦不会比崇高人物遭受得更少，其程度或强度也不会更轻。其差别在于，与崇高人物相反，他们对快乐的体验是开放的，即便是遭受痛苦时他们也比其他人更加幸福。"更加"在这里是一个错误的表达，因为它意味着有可以量化的东西。因为一个美的人物对快乐与幸福、欢

359·

乐与享受的感受不同于其他种类的男人和女人们的相似体验，因为它从她的性格中流露出来，它内在于她的热爱命运。

你不害怕痛苦——为什么要害怕呢？但是如果你想要过一种普通的生活，如你所写的，你最好离劳伦斯远远的。你想要理解他，但是他不容许你涉入他的密室。像巴托克的蓝胡子（Bartok's Bluebeard），他嫉妒他的城堡；这是我称作的心理学的不相容性。

【295】　但是劳伦斯是对的，我确实不能在理性的逻辑和心灵的逻辑之间做出区分。我承认，如果你遵从你的心灵的逻辑，这也将是你的理性的逻辑。

我现在接近于收回我的建议。（因为尽管我不情愿这样做，但还是给出了建议！）到现在我才意识到我对劳伦斯了解得多么少。我只知道他夸大其词。他总是夸大其词。他在与他的"秘密"无关的事情上也夸大其词。回想一下他关于世界所说的话。他是对的，不仅舒伯特（Schubert）和歌德，而且克尔恺郭尔和尼采都属于已经逝去的世界。但是歌德的著名的"塔楼"仍然向我们敞开；在这个世界仍然有我们可以在其中过上好的生活的合适位置。在必然性中生活并不是必然的；我应该将这告诉劳伦斯吗？情感的贫困、未开化的姿态、**怨恨**是那个时代的秩序；但是我们可以自由地待在朋友圈里，可以有富裕的生活，有丰富的情感、品味和体验。可以有高贵的和美的生活。如果我们邀请我们的高贵的朋友进入我们的秘密圈子，这不是和谐的生活……但我们仍然可以邀请他们，我亲爱的！

毕竟，忧郁的人物是非悲剧时代的悲剧人物；不会将他们导向暴力行动的内在的激情、热情或伤感，至少将得到朋友们的同情理解，这些朋友们在没有宏伟的世界中保持着宏伟感。我现在再次明白了，你的劳伦斯是多么好的人物判断者啊！尽管我不尊重痛苦，但我对崇高的受难者仍然感同身受。他们失去得比我们多。他们值得我们伸出援手。我如你所说的，再次在空洞的天空中追寻着影子吗？

我亲爱的，不论你是否宣布对劳伦斯的爱，你都不会后悔。

你决定吧。我最亲爱的，不论你做什么，我都支持你。

祖母

菲菲写给祖母的信

最亲爱的祖母：

尽管有你的预料，但我还是将你的信给劳伦斯看了。我理解你在审判我——或者仅仅因为我认为它如此，所以它才是一个审判？我自愿地、勇敢地使我自己接受这个审判，难道不是吗？

劳伦斯慢慢地读完了这封信，停顿片刻，然后说："我们的教授写了四卷本论伦理和道德哲学的书。但是你看，菲菲，关于道德人们不能说任何事情，任何超越空洞的一般性的事情，说它们哪怕是接近对一个正派人的正派行为的描述。对智慧、善和美的爱与对一个朋友或一个女人的爱一样独特和不可仿效。我们理解被爱者吗？被爱者理解吗？最后你将说和你一开始所说的一样的话：道德的来源是超验的；人们不可能解释它，不可能在远处解释它。人们努力用爱去理解道德；爱的徒劳。仍然有不做出努力的男人和女人们，我们再次面临——爱的徒劳。"

于是我说："我可以爱你。"你可能会问我为什么不简单地说："我爱你。"不只是因为劳伦斯恰好例证了代表我们时代的情感贫困的"情感表达的最低限度"这一陈述，而是因为毕竟一个句子的含义被说话者所表达的意思至少与这个句子本身一样多。我选择说"我可以爱你"，因为相比较简单的"我爱你"，它意味着其他的东西，或许意味着更多的东西。它的意思是，"我向你承诺要好好爱你"。你可能会笑，说这是一个脆弱的承诺，因为它说的是关于未来的某种东西，它依赖于另一个人的行为，并且依赖于另一个人的期待。但是我的承诺与将来时态无关，因为它不是一个暂时的，而是一个永恒的承诺。一朝爱——永远爱。我从祖母你那里学到这些，并将它保存在我的记忆中。

劳伦斯回答："让我们一起去拜访你的祖母吧。"也就是说，他没有回答，对吗？

361 ·

下周三我们将乘坐从布达佩斯开来的 6:20 的火车。截至目前，只剩下 55 个小时了。

我甚至开始数时间了，就像我以前在圣诞节前所做的那样。在这 55 个小时之后我将收到什么样的礼物，我不知道，但它将是超出想象的美。

你的，一向开心的菲菲

【297】 **附：**

劳伦斯说："爱的徒劳。"但是在你尽一切努力去爱之前，你怎么知道爱是徒劳的？劳伦斯说"爱的徒劳"，似乎他正在总结个性伦理学的结果。

有哲学家——或许有，因为我不确定——可以立即跳入个性伦理学，而不用首先对一般伦理学和道德哲学付出虚弱的，有时候是枯燥的爱的辛劳。但是存在地选择她自己作为好的和勇敢的人则首先需要一根拐杖，只有在使用这根或长或短的拐杖之后，她才能丢掉拐杖。有人将永远无法丢弃他们的拐杖。所有这些拐杖都雕刻着爱的辛劳。

昨天晚上，我和往常一样去上莎士比亚课。我的头很晕：劳伦斯的话"爱的徒劳"充满着我的头脑，因为劳伦斯，也因为莎士比亚。我感到迫切地需要与人聊一聊它。课后，我和我的同学尤里（Youri）一起回家，他是一个好的倾听者和好朋友。我把告诉你的所有事情都告诉他了，除了个人的观点。在个性伦理学、道德哲学和一般伦理学的问题上他赞成我，并建议我再读一遍维特根斯坦的《逻辑哲学论》（*Tractatus Logico-Philosophicus*）的最后几句话。回到家，我从书架上抽出这本书，在那里我发现了某些我想要说的东西，以一种简洁的和美的形式。我想你没有维特根斯坦的《逻辑哲学论》，所以我摘录如下：

"我的命题可以这样来阐释：理解我的人当他通过这些命题——根据这些命题——越过这些命题（他可以说是在爬上梯子之后把梯子扔掉了）时，最终会发现它们是没有意义的。"（Meine Sätze erlautern dadurch, dass sie der, welcher mich versteht, am Ende als unsinnig erkennt, wenn er durch sie-auf ihnen-über sie hinausgestiegen ist. [Er muss sozussagen die Leiter wegwerfen, nachdem er auf ihr aufgestiegen is.] Er muss diese Sätze überwinden, dann sieht er die Welt richtig. Wovon man nicht sprechen kann, darüber muss man schweigen.)①

梯子的隐喻使我想起了约翰内斯·克利马科斯。拐杖的隐喻没那么雄心勃勃，这就是我为什么更喜欢它的原因。扔掉拐杖不是和扔掉梯子一样表示一种最后的姿态。人们仍然可以捡起这根或者另一根拐杖，但是如果梯子被扔掉，那么人们就彻底被笼罩在沉默中了。我想要我的同伴、尤里、约阿希姆、维拉、尤迪特的陪伴——想要劳伦斯、你，我亲爱的祖母的陪伴。爱永远是徒劳的吗？

永远的爱——没有更多的附言了。

周三见，菲菲

---

① 最后两句话赫勒没有翻译，意思是"他必须排除这些命题，那时他才能正确地看世界"。（参见维特根斯坦：《逻辑哲学论》，郭英译，商务印书馆1985年版，第97页。——译者注）（Ludwig Wittgenstein, *Tractatus Logico-Philosophicus*, trans C. K. Ogden, Routledge & Kegan Paul, London, 1922. ）

索　引

（词条中的页码为原书页码，即本书边码）